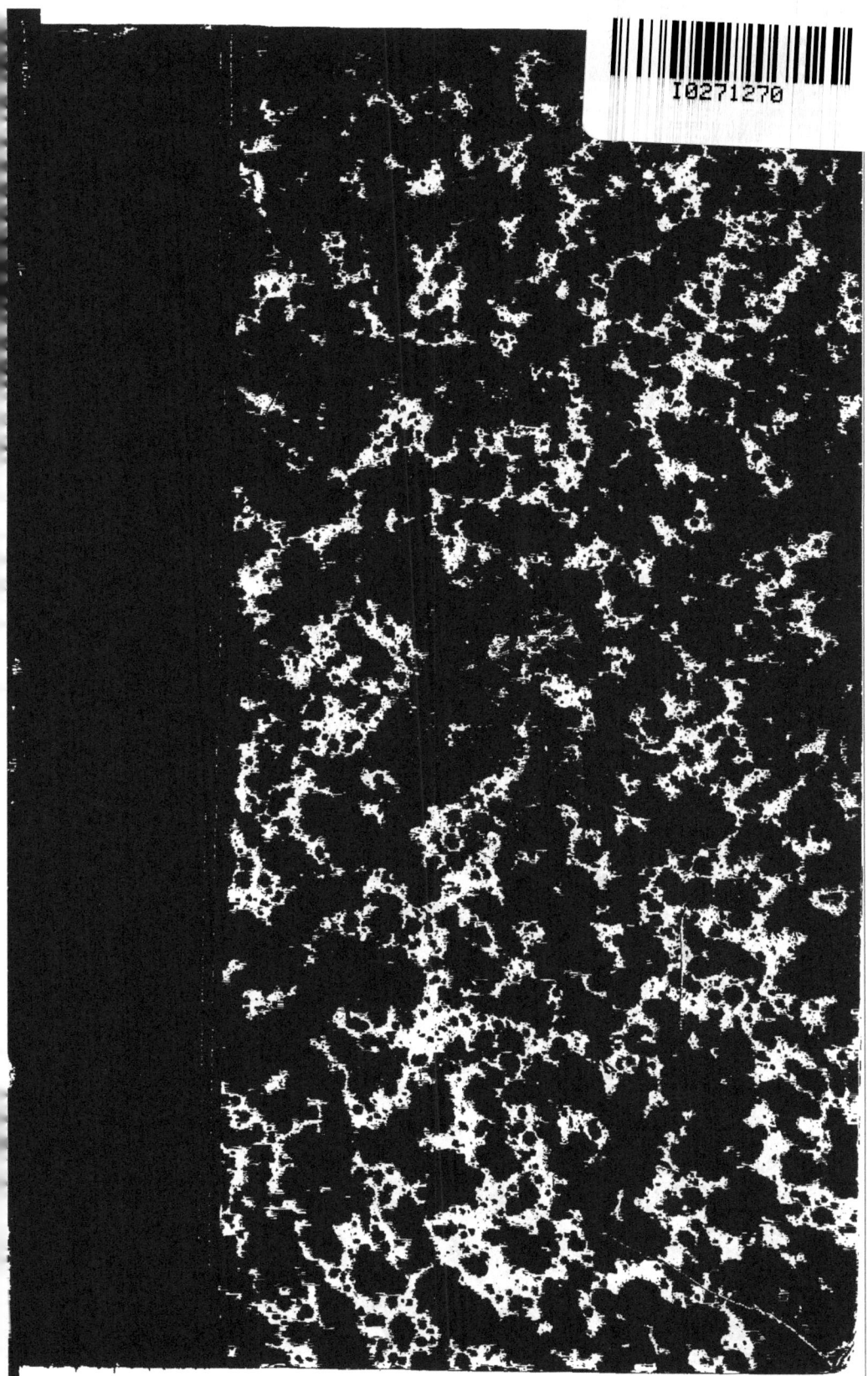

(Conserver la couverture)

LA Guerre
DE 1870-71

L'ARMÉE DE CHALONS

I

Organisation et Projets d'opérations
La marche sur Montmédy

(DOCUMENTS ANNEXES)

PARIS
LIBRAIRIE MILITAIRE R. CHAPELOT et C°
IMPRIMEURS-ÉDITEURS
30, Rue et Passage Dauphine, 30

1906
Tous droits réservés.

Lh 4
2305

LA
GUERRE DE 1870-71

L'ARMÉE DE CHALONS

I

**Organisation et Projets d'opérations
La marche sur Montmédy**

(DOCUMENTS ANNEXES)

Publié par la **Revue d'Histoire**

rédigée à la Section historique de l'État-Major de l'Armée

LA Guerre DE 1870-71

L'ARMÉE DE CHALONS

I

Organisation et Projets d'opérations
La marche sur Montmédy

(DOCUMENTS ANNEXES)

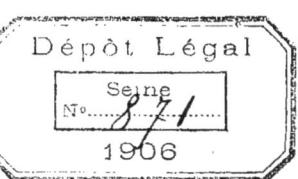

PARIS
LIBRAIRIE MILITAIRE R. CHAPELOT et C°
IMPRIMEURS-ÉDITEURS
30, Rue et Passage Dauphine, 30

1906

Tous droits réservés.

SOMMAIRE

DOCUMENTS ANNEXES

Ordre de bataille de l'armée de Châlons.

État-major général	1	7ᵉ corps	5
1ᵉʳ corps	1	12ᵉ corps	7
5ᵉ corps	4	Réserve de cavalerie	10

Journée du 17 août.

État-major général	11	12ᵉ corps	27
1ᵉʳ corps	12	Réserve de cavalerie	27
5ᵉ corps	17	Renseignements	29
7ᵉ corps	26		

Journée du 18 août.

État-major général	35	7ᵉ corps	55
1ᵉʳ corps	43	Réserve de cavalerie	56
5ᵉ corps	46	Renseignements	57

Journée du 19 août.

État-major général	61	7ᵉ corps	79
1ᵉʳ corps	66	Réserve de cavalerie	80
5ᵉ corps	71	Renseignements	84

Journée du 20 août.

État-major général	87	12ᵉ corps	104
1ᵉʳ corps	95	Réserve de cavalerie	107
5ᵉ corps	97	Renseignements	108
7ᵉ corps	102		

Journée du 21 août.

État-major général	113	12ᵉ corps	125
1ᵉʳ corps	119	Réserve de cavalerie	130
5ᵉ corps	120	Renseignements	132
7ᵉ corps	124		

Journée du 22 août.

État-major général	135	12ᵉ corps	150
1ᵉʳ corps	139	Réserve de cavalerie	151
5ᵉ corps	144	Renseignements	153
7ᵉ corps	148		

Journée du 23 août.

État-major général	163	12ᵉ corps	176
1ᵉʳ corps	167	Réserve de cavalerie	179
5ᵉ corps	169	Renseignements	180
7ᵉ corps	174		

Journée du 24 août.

État-major général	189	12ᵉ corps	203
1ᵉʳ corps	193	Réserve de cavalerie	206
5ᵉ corps	195	Renseignements	207
7ᵉ corps	198		

Journée du 25 août.

État-major général	213	12ᵉ corps	230
1ᵉʳ corps	219	Réserve de cavalerie	235
5ᵉ corps	224	Renseignements	240
7ᵉ corps	227		

Journée du 26 août.

État-major général	249	12ᵉ corps	263
1ᵉʳ corps	254	Réserve de cavalerie	265
5ᵉ corps	256	Renseignements	266
7ᵉ corps	260		

Journée du 27 août.

État-major général	275	12ᵉ corps	307
1ᵉʳ corps	282	Réserve de cavalerie	310
5ᵉ corps	285	Renseignements	311
7ᵉ corps	304		

Journée du 28 août.

État-major général	321	12ᵉ corps	343
1ᵉʳ corps	325	Réserve de cavalerie	347
5ᵉ corps	327	Renseignements	349
7ᵉ corps	341		

DOCUMENTS ANNEXES.

ORDRE DE BATAILLE DE L'ARMÉE DE CHALONS (1).

Commandant en chef	Maréchal DE MAC-MAHON.
Chef d'état-major général..	Général de brigade FAURE.
Commandant de l'artillerie.	Général de division FORGEOT.
Commandant du génie	Général de division DEJEAN.
Intendant général	Intendant général UHRICH.

1er CORPS.

Commandant	Général de division DUCROT.
Chef d'état-major général..	Colonel ROBERT.
Commandant de l'artillerie.	Général de brigade JOLY FRIGOLA.
Commandant du génie	Général de brigade LE BRETTEVILLOIS (2).
Intendant	Intendant militaire DE SÉGANVILLE.
Prévôt	Chef d'escadron de gendarmerie FLAMBART-DELANOS.

1re division d'infanterie.

Commandant	Général de brigade WOLFF.
Chef d'état-major	Lieutenant-colonel DE MONTIGNY.
Commandant de l'artillerie.	Lieutenant-colonel LECŒUVRE.
Commandant du génie	Chef de bataillon BARRILLON.
1re *brigade*	Colonel BRÉGER. (13e bataillon de chasseurs, 18e et 96e de ligne.)
2e *brigade*	Général DE POSTIS DU HOULBEC (45e de ligne et 1er de zouaves).
Artillerie	6e, 7e et 8e (à balles) batteries du 9e (3).
Génie	3e compagnie de sapeurs du 1er régiment.

(1) Cet ordre de bataille n'existe pas aux Archives de la guerre tel qu'il est reproduit ici. Il a été reconstitué au moyen de divers documents des Archives.

(2) Le général Le Brettevillois ne reprenait ses fonctions au 1er corps que le 23 août, le général Dejean étant arrivé la veille.

(3) $\frac{6^e}{9^e}$ batterie est réduite à une section et complète $\frac{7^e}{9^e}$ bat-

2ᵉ division d'infanterie (1).

Commandant............	Général de division PELLÉ.
Chef d'état-major........	Commandant LAMBRIGOT.
Commandant de l'artillerie.	Lieutenant-colonel CAUVET.
Commandant du génie....	Chef de bataillon DHOMBRES.
1ʳᵉ *brigade*..............	Général PELLETIER DE MONTMARIE (16ᵉ bataillon de chasseurs à pied, 50ᵉ et 74ᵉ de ligne).
2ᵉ *brigade*..............	Général GANDIL (78ᵉ de ligne, 1ᵉʳ tirailleurs algériens) (2).
Artillerie..............	9ᵉ, 10ᵉ (à balles) et 12ᵉ batteries du 9ᵉ (3).
Génie.................	8ᵉ compagnie de sapeurs du 1ᵉʳ régiment.

3ᵉ division d'infanterie.

Commandant............	Général de division L'HÉRILLER.
Chef d'état-major........	Colonel MOREL.
Commandant de l'artillerie.	Lieutenant-colonel CHEGUILLAUME.
Commandant du génie....	Chef de bataillon LANTY.
1ʳᵉ *brigade*..............	Général CARTERET-TRÉCOURT (8ᵉ bataillon de chasseurs à pied, 36ᵉ de ligne et 2ᵉ de zouaves).
2ᵉ *brigade*..............	Général LEFEBVRE (48ᵉ de ligne, 2ᵉ tirailleurs algériens).
Artillerie..............	5ᵉ, 6ᵉ et 9ᵉ (à balles) batteries du 12ᵉ.
Génie.................	9ᵉ compagnie de sapeurs du 1ᵉʳ régiment.

4ᵉ division d'infanterie.

Commandant............	Général de division DE LARTIGUE.
Chef d'état-major........	Colonel D'ANDIGNÉ.
Commandant de l'artillerie.	Lieutenant-colonel LAMANDÉ.
Commandant du génie...	»

---

terie, qui a perdu une pièce le 6 août. $\frac{8^e}{9^e}$ batterie a laissé une mitrailleuse et cinq caissons à Frœschwiller.

(1) Le bataillon des francs-tireurs de Paris, fort d'environ 600 hommes, fut versé à la 2ᵉ division le 27 août.

(2) Le 1ᵉʳ régiment de marche fut rattaché à cette brigade à dater du 29 août.

(3) Une pièce et un caisson de $\frac{9^e}{9^e}$ batterie étaient restés à Wissembourg; deux caissons de $\frac{10^e}{9^e}$ batterie avaient sauté le 4 août; à Frœs-

1re *brigade*............	Général Fraboulet de Kerléadec (1er bataillon de chasseurs à pied, 36e de ligne et 3e de zouaves).
2e *brigade*............	Général de Carrey de Bellemare (3e tirailleurs algériens) (1).
Artillerie............	7e, 10e (à balles) et 11e batteries du 12e.
Génie...............	13e compagnie de sapeurs du 1er régiment.

Division de cavalerie.

Commandant............	Général de brigade Michel.
Chef d'état-major........	Commandant Régnier.
1re *brigade*.............	Général de Septeuil (3e hussards, 11e chasseurs).
2e *brigade*.............	Général de Nansouty (2e et 6e lanciers) (2).
3e *brigade*.............	Colonel Perrot (10e dragons, 8e cuirassiers).
Réserve d'artillerie.......	11e et 12e batteries (12) du 6e (3). 5e et 11e batteries (4) du 9e (4). 1re, 2e, 3e et 4e batteries à cheval du 20e (5). 3e compagnie de pontonniers. Détachement de la 4e compagnie d'ouvriers.
Réserve du génie........	2e compagnie de mineurs du 1er régiment. 1/2 de la 1re compagnie de sapeurs du 1er régiment. Détachement de sapeurs-conducteurs du 1er.

---

chwiller, $\frac{10^e}{9^e}$ batterie perdait une pièce, trois caissons; $\frac{12^e}{9^e}$ batterie une pièce.

(1) Le 87e de ligne, qui comptait à cette brigade, avait été laissé à Strasbourg. Le 2e régiment de marche fut rattaché à cette brigade à dater du 29 août.

(2) $\frac{1,3}{6^e}$ lanciers avaient été détruits à Frœschwiller. Il ne restait donc à ce régiment que les 4e et 5e escadrons (le 4e constituait l'escorte du Maréchal).

(3) $\frac{12^e}{6^e}$ batterie n'avait que trois pièces à l'armée de Châlons.

(4) $\frac{5^e}{9^e}$ batterie avait perdu quatre pièces et trois caissons le 6 août, elle recevait deux pièces à Reims; $\frac{11^e}{9^e}$ batterie était réduite à trois pièces.

(5) $\frac{1^{re}, 2^e, 4^e}{20^e}$ batteries avaient chacune perdu une pièce; $\frac{1^{re}}{20^e}$ passe le 27 à $\frac{D.C.}{1}$.

5ᵉ CORPS.

Commandant...	Général de division DE FAILLY.
Chef d'état-major général..	Général de brigade BESSON.
Commandant de l'artillerie.	Général de brigade LIÉDOT.
Commandant du génie....	Colonel VEYE *dit* CHARETON.
Intendant...............	Intendant militaire LÉVY.
Prévôt.................	Chef d'escadron de gendarmerie BELLISSIME.

1ʳᵉ division d'infanterie.

Commandant............	Général de division GOZE.
Chef d'état-major.......	Lieutenant-colonel CLAPPIER.
Commandant de l'artillerie.	Lieutenant-colonel ROLLAND.
Commandant du génie....	Chef de bataillon MERLIN.
1ʳᵉ brigade..............	Général SAURIN (4ᵉ bataillon de chasseurs à pied, 11ᵉ et 46ᵉ de ligne).
2ᵉ brigade..............	Général NICOLAS-NICOLAS (61ᵉ et 86ᵉ de ligne) (1).
Artillerie..............	5ᵉ, 6ᵉ et 7ᵉ (à balles) batteries du 6ᵉ régiment.
Génie	6ᵉ compagnie de sapeurs du 2ᵉ régiment.

2ᵉ division d'infanterie.

Commandant............	Général de division DE L'ABADIE D'AYDREIN.
Chef d'état-major.......	Colonel BEAUDOUIN.
Commandant de l'artillerie.	Lieutenant-colonel PEUREUX DE BOUREULLE.
Commandant du génie....	Chef de bataillon HEYDT.
2ᵉ brigade (2)...........	Général DE MAUSSION (3) (14ᵉ bataillon de chasseurs (4), 49ᵉ et 88ᵉ de ligne).
Artillerie..............	5ᵉ (à balles) et 8ᵉ batteries du 2ᵉ régiment (5).

---

(1) $\frac{11^e}{86^e}$ était resté à Bitche.

(2) La 1ʳᵉ brigade (84ᵉ et 97ᵉ, général Lapasset), à l'armée de Metz, rattachée au 2ᵉ corps.

(3) Le général de Maussion, promu divisionnaire le 25 août, partit pour Paris le 27, et passa au 14ᵉ corps. Le colonel Kampf, du 49ᵉ, prit le commandement de la brigade.

(4) La 2ᵉ compagnie du 14ᵉ bataillon de chasseurs à Metz.

(5) $\frac{7^e}{9^e}$ batterie (troisième batterie divisionnaire) était avec la brigade Lapasset.

Génie.................	8e compagnie de sapeurs du 2e régiment.

3e division d'infanterie.

Commandant............	Général de division GUYOT DE LESPART.
Chef d'état-major........	Colonel LAMBERT.
Commandant de l'artillerie.	Lieutenant-colonel MONTEL.
Commandant du génie....	Chef de bataillon HUGON.
1re *brigade*.............	Général ABBATUCCI (19e bataillon de chasseurs à pied, 27e et 30e de ligne).
2e *brigade*	Général de FONTANGES DE COUZAN (17e et 68e de ligne).
Artillerie...............	9e (à balles), 11e et 12e batteries du 2e régiment.
Génie	14e compagnie de sapeurs du 2e régiment.

Division de cavalerie.

Commandant...........	Général de division BRAHAUT.
Chef d'état-major........	Lieutenant-colonel PUJADE.
1re *brigade*.............	Général DE PIERRE DE BERNIS (5e hussards (1), 12e chasseurs) (2).
2e *brigade*.............	Général SIMON DE LA MORTIÈRE (5° lanciers) (3).
Réserve d'artillerie	6e et 10e batteries (4) du 2e régiment. 11e batterie du 10e régiment et 11e du 14e (12). 5e et 6e batteries du 20e régiment à cheval.
Réserve du génie	5e compagnie de sapeurs du 2e régiment. Détachement de sapeurs-conducteurs.

7e CORPS.

Commandant............	Général de division DOUAY (Félix).
Chef d'état-major général..	Général de brigade RENSON.
Commandant de l'artillerie.	Général de brigade DE LIÉGEARD.
Commandant du génie....	Général de brigade DOUTRELAINE.
Intendant................	Intendant militaire LARGILLIER.
Prévôt..................	Chef d'escadron de gendarmerie MÉNY.

---

(1) Le 5e escadron avait été dirigé sur Metz par erreur.
(2) Le 1er escadron avec la brigade Lapasset.
(3) Le 3e lanciers, qui faisait brigade avec le 5e, était resté avec la brigade Lapasset et avait été rattaché, comme celle-ci, au 2e corps.

1re division d'infanterie.

Commandant............	Général de division Conseil Dumesnil.
Chef d'état-major........	Colonel Sumpt.
Commandant de l'artillerie.	Lieutenant-colonel Guillemin.
Commandant du génie....	» (1).
1re *brigade*..............	Général Le Normand de Bretteville (17e bataillon de chasseurs à pied, 3e et 21° de ligne) (2).
2e *brigade*..............	Général Chagrin de Saint-Hilaire (47e et 99e de ligne).
Artillerie...............	5e, 6e et 11e (à balles) batteries du 7e régiment.
Génie..................	2e compagnie de sapeurs du 2e régiment.

2e division d'infanterie.

Commandant............	Général de division Liébert.
Chef d'état-major........	Colonel Rozier de Linage.
Commandant de l'artillerie.	Lieutenant-colonel Clouzet.
Commandant du génie...	Chef de bataillon Dormont.
1re *brigade*..............	Général Guiomar (6e bataillon de chasseurs à pied, 5e et 37e de ligne).
2e *brigade*..............	Général de La Bastide (53e et 89e de ligne).
Artillerie...............	8e, 9e et 12e (à balles) batteries du 7e régiment.
Génie.................	3e compagnie de sapeurs du 2e régiment.

3e division d'infanterie.

Commandant............	Général de division Dumont.
Chef d'état-major........	Lieutenant-colonel Duval.
Commandant de l'artillerie.	Lieutenant-colonel Bonnin.
Commandant du génie...	Chef de bataillon Hélie.
1re *brigade*..............	Général Bordas (52e et 72e de ligne).
2e *brigade*..............	Général Bittard des Portes (82e et 83e de ligne).
Artillerie...............	8e, 9e et 10e (à balles) batteries du 6e régiment.
Génie..................	4e compagnie de sapeurs du 2e régiment.

---

(1) Le chef de bataillon Lesecq, fait prisonnier à Frœschwiller, ne fut pas remplacé.

$\frac{\text{II}^e}{21^e}$ faisait partie de la garnison de Strasbourg.

Division de cavalerie.

Commandant	Général de division AMEIL.
Chef d'état-major	Chef d'escadron BOQUET (*par interim*).
1ʳᵉ *brigade*	Général CAMBRIEL (4ᵉ hussards, 4ᵉ et 8ᵉ lanciers) (1).
Réserve d'artillerie	8ᵉ et 12ᵉ batteries (4) du 12ᵉ régiment. 7ᵉ et 10ᵉ batteries (12) du 7ᵉ régiment. 3ᵉ et 4ᵉ batteries du 19ᵉ régiment à cheval.
Réserve du génie	12ᵉ compagnie de sapeurs du 2ᵉ régiment. Détachement de sapeurs-conducteurs du 1ᵉʳ régiment.

12ᵉ CORPS.

Commandant	Général de division LEBRUN.
Chef d'état-major général..	Général GRESLEY.
Commandant de l'artillerie.	Général de division LABASTIE (2).
Commandant du génie....	Général de division DUCASSE (3).
Intendant	Intendant militaire ROSSI.
Prévôt	Chef d'escadron de gendarmerie LUBET.

1ʳᵉ division d'infanterie.

Commandant	Général de division GRANDCHAMP.
Chef d'état-major	Colonel MIRCHER.
Commandant de l'artillerie.	Lieutenant-colonel DE ROLLEPOT.
Commandant du génie ...	Chef de bataillon BOURGEOIS.
1ʳᵉ *brigade*	Général CAMBRIELS (4) (Deux compagnies (les 7ᵉˢ) des 1ᵉʳ et 2ᵉ bataillons de chasseurs à pied; 22ᵉ et 34ᵉ de ligne).

---

(1) La 2ᵉ brigade ne rejoignit pas l'armée. Elle fut rattachée au 13ᵉ corps, puis à l'armée de la Loire.

(2) Le général Labastie commandait primitivement l'artillerie du 6ᵉ corps et ne put rejoindre l'armée de Metz. Le général de brigade d'Ouvrier de Villegly, commandant l'artillerie du 12ᵉ corps, avant l'arrivée du général Labastie, conserva son commandement direct en ce qui concernait les batteries du 12ᵉ corps.

(3) Le général Ducasse commandait primitivement le génie du 6ᵉ corps et ne put rejoindre l'armée de Metz. Le général de brigade Cadart, commandant le génie du 12ᵉ corps, avant l'arrivée du général Ducasse, exerça en quelque sorte les fonctions de commandant en second du génie du corps d'armée.

(4) Nommé général de division le 25 août.

2ᵉ brigade.............. Général DE VILLENEUVE (1) (58ᵉ et 79ᵉ de ligne).
Artillerie.............. { 3ᵉ et 4ᵉ batteries du 15ᵉ régiment.
{ 4ᵉ batterie (à balles) du 4ᵉ régiment.
Génie.................. 5ᵉ compagnie de sapeurs du 3ᵉ régiment.

2ᵉ division d'infanterie.

Commandant............ Général de division LACRETELLE (2).
Chef d'état-major........ Chef d'escadron DÉADDE.
Commandant de l'artillerie. Lieutenant-colonel COLCOMB.
Commandant du génie.... »
1ʳᵉ brigade (3)........... Général LA SERRE (4) (Deux compagnies (les 7ᵉˢ) des 17ᵉ et 20ᵉ bataillons de chasseurs à pied ; 1ᵉʳ régiment de marche (IVᵉˢ bataillons des 1ᵉʳ, 6ᵉ et 7ᵉ de ligne); 2ᵉ régiment de marche (IVᵉˢ bataillons des 8ᵉ, 24ᵉ, 33ᵉ de ligne).
2ᵉ brigade............... Général MARQUISAN (3ᵉ régiment de marche (IVᵉˢ bataillons des 40ᵉ, 62ᵉ, 64ᵉ de ligne) (5) ; 4ᵉ régiment de marche (IVᵉˢ bataillons des 65ᵉ, 91ᵉ, 94ᵉ de ligne).
3ᵉ brigade............... Général LOUVENT (6), (14ᵉ, 20ᵉ et 31ᵉ de ligne) (7).
Artillerie............... { 3ᵉ et 4ᵉ batteries du 7ᵉ régiment.
{ 4ᵉ batterie (à balles) du 11ᵉ régiment.
{ 10ᵉ batterie (à balles) et 11ᵉ du 8ᵉ régiment (8).
Génie.................. 7ᵉ compagnie de sapeurs du 1ᵉʳ régiment de génie.

---

(1) Colonel au 22ᵉ ligne; nommé général de brigade le 25 août.
(2) Promu divisionnaire le 23 août, et remplace le général Maissiat.
(3) Cette brigade fut dissoute le 29 août et ses éléments versés au 1ᵉʳ corps. (Voir pages 2 et 3, notes 2 et 1.)
(4) Depuis le 23 août seulement, remplaçant le général baron Nègre.
(5) Le bataillon du 64ᵉ ne rejoignit que le 25 août, à Rethel.
(6) Le colonel Louvent, du 14ᵉ de ligne, fut promu général de brigade le 25 août.
(7) Ces trois régiments, appartenant primitivement à la 2ᵉ division du 6ᵉ corps, ne purent parvenir à Metz.
(8) Ces deux batteries étaient dans la même situation que les trois régiments ci-dessus.

3ᵉ division d'infanterie.

Commandant............	Général de division DE VASSOIGNE.
Chef d'état-major.........	Colonel DE TRENTINIAN.
Commandant de l'artilleri.	Lieutenant-colonel NOURY.
Commandant du génie ...	Chef de bataillon ROULET.
1ʳᵉ brigade.............	Général REBOUL (1ᵉʳ et 4ᵉ régiments de marche d'infanterie de marine).
2ᵉ brigade.............	Général MARTIN DES PALLIÈRES (2ᵉ et 3ᵉ régiments de marche d'infanterie de marine).
Artillerie.............	7ᵉ, 8ᵉ et 9ᵉ batteries du 10ᵉ régiment (1).
Génie................	11ᵉ compagnie de sapeurs du 2ᵉ régiment.

Division de cavalerie (2).

Commandant............	Général de division DE SALIGNAC-FÉNELON.
Chef d'état-major........	Lieutenant-colonel ARMAND.
1ʳᵉ brigade.............	Général SAVARESSE (1ᵉʳ et 7ᵉ lanciers).
Commandant............	Général de division LICHTLIN.
Chef d'état-major........	Chef d'escadron GRANTHIL.
1ʳᵉ brigade.............	Général LEFORESTIER DE VENDEUVRE (3) (7ᵉ et 8ᵉ chasseurs).
2ᵉ brigade.............	Général YVELIN DE BÉVILLE (1ᵉʳ et 7ᵉ lanciers).

---

(1) L'artillerie de la 3ᵉ division devait être constituée d'abord par les 11ᵉ, 12ᵉ et 13ᵉ (à balles) du régiment d'artillerie de marine qui ne rejoignirent pas à temps et furent rattachées à la réserve d'artillerie du 12ᵉ corps. Elles furent remplacées par les 7ᵉ, 8ᵉ et 9ᵉ du 10ᵉ, artillerie de la 4ᵉ division du 6ᵉ corps qui n'avait pu parvenir à Metz.

(2) La division de cavalerie du 6ᵉ corps n'ayant pu parvenir à Metz fut attribuée au 12ᵉ corps. Le général Margueritte recevait la 1ʳᵉ brigade pour constituer, avec les 1ᵉʳ et 3ᵉ chasseurs d'Afrique, une division de réserve de cavalerie. Sur ces entrefaites, le Ministre avait envoyé au camp de Châlons le général Lichtlin avec la brigade de Vendeuvre qui, jointe à la brigade de Béville encore à Paris, devait former une nouvelle division. Le général Lebrun donna au général de Fénelon le commandement supérieur de la cavalerie du 12ᵉ corps; le général Lichtlin conserva sous ses ordres directs les brigades de Vendeuvre et de Béville.

(3) Le colonel Leforestier de Vendeuvre, du 1ᵉʳ cuirassiers, promu général de brigade le 25 août, remplaça à cette date le général Arbellot, entré à l'hôpital.

Réserve d'artillerie .... { 5e, 6e, 10e et 12e batteries (4) du 10e régiment.
8e et 9e batteries (12) du 14e régiment.
1re et 2e batteries du 19e régiment à cheval (1).
3e batterie du 4e régiment.
3e et 4e batteries (12) du 8e régiment.
10e et 12e batteries (4) du 14e régiment.
11e, 12e, 13e (à balles) du régiment d'artillerie de marine.

Réserve du génie .... 4e, 11e, 14e compagnies de sapeurs du 3e régiment.

RÉSERVE DE CAVALERIE.

1re division de cavalerie.

Commandant............	Général de brigade MARGUERITTE.
Chef d'état-major........	»
1re brigade	Général TILLIARD (6e chasseurs, 1er hussards) (2).
2e brigade	»
	1er et 3e chasseurs d'Afrique.

2e division de cavalerie.

Commandant	Général de division BONNEMAINS.
Chef d'état-major........	Lieutenant-colonel DE TUGNY.
1re brigade	Général GIRARD (1er et 4e cuirassiers).
2e brigade.............	Général DE BRAUER (2e et 3e cuirassiers).
Artillerie	7e batterie du 19e régiment à cheval (3). Une pièce de la 8e batterie (à balles) du 19e (4).

---

(1) Ces huit batteries constituaient primitivement la réserve d'artillerie du 6e corps et n'avaient pu parvenir à Metz.

Le 25 août, $\frac{2^e}{19^e}$ batterie fut adjointe à la division de cavalerie Margueritte.

(2) Le 4e chasseurs d'Afrique fut rattaché à la brigade Tilliard à dater du 30 août; jusqu'à cette date, il reste provisoirement sous les ordres du général Fénelon.

(3) $\frac{7^e}{19^e}$ batterie perdait une pièce à Frœschwiller.

(4) $\frac{8^e}{19^e}$ batterie ne fut pas reconstituée (elle avait perdu cinq pièces); son matériel et ses chevaux furent répartis le 23 parmi les batteries du 1er corps; le personnel devait faire partie de la garnison de Sedan.

Journée du 17 août.

ÉTAT-MAJOR GÉNÉRAL.

b) Organisation.

L'Empereur au Général commandant Verdun (D. T.).

Quartier impérial, 17 août, 10 h. 30 matin.

Faites partir immédiatement par voie ferrée, pour le camp, le bataillon de la Garde impériale qui est à Verdun.

Le Ministre au maréchal de Mac-Mahon, au camp de Châlons (D. T.).

Paris, 17 août, 6 h. 7 soir.

J'ai reçu votre dépêche de 11 heures du matin. Vous avez bien fait de renvoyer le parc de siège à Paris ; mais ne renvoyez pas autre chose, ni personnel ni matériel, sans instructions émanant de moi.

Le même au même (D. T.).

Paris, 17 août, 6 h. 33 soir.

La division de cavalerie du 13ᵉ corps (7ᵉ et 8ᵉ chasseurs, 5ᵉ et 6ᵉ cuirassiers) va être dirigée de Paris sur le camp par chemin de fer, après la division Grandchamp.

Le Ministre à l'Empereur, au camp de Châlons (D. T. Ch.).

Paris, 17 août, 8 h. 26 soir.

Vous recevrez aujourd'hui et demain dans la journée la division d'infanterie Grandchamp destinée au 12ᵉ corps ; la division de cavalerie Reyau partira demain et sera sans doute après-demain au camp de Châlons. Je n'ai pas de nouvelles de Verdun, et je n'ai reçu aucun détail sur ce qui a eu lieu devant Metz. Je désire avoir une situation exacte des troupes par corps d'armée et par division. Les gardes nationaux mobiles envoyés de Paris au camp de Saint-Maur, sont dirigés sur les places du Nord. Il était impossible de les conserver à Paris, le campement faisant défaut. Vous savez que le corps de Failly occupe aujourd'hui Blesme et Saint-Dizier. Douay commence son mouvement sur le camp de Châlons.

c) Opérations et mouvements.

Le maréchal de Mac-Mahon au Général commandant Verdun et au général Margueritte (D. T.).

Camp de Châlons, 17 août, 5 h. 45 soir.

Au reçu de la présente, le général Margueritte se retirera sur Châlons en passant par Sainte-Menehould, où il ralliera la brigade de cavalerie qui se trouve sur ce point, et les deux brigades de cavalerie rentreront à Châlons.

1er CORPS.

a) Journaux de marche.

Journal de marche du 1er corps.

Le Maréchal arrive le 17 au camp de Châlons. Toutes les troupes d'infanterie sont arrivées au camp dans la journée ; elles ont été installées au fur et à mesure de leur arrivée sur la rive gauche de la Vesle, entre Livry et Vadenay. La 1re division se trouve à Livry, la 2e à Louvercy, la 3e entre Louvercy et Bouy, la 4e à Bouy (1) et la division Conseil Dumesnil entre Bouy et Vadenay.

Le Maréchal établit son quartier général au quartier impérial. Le même jour 17, l'artillerie du 1er corps se porte de Doulevant à Montiérender. La cavalerie des généraux Bonnemains et Duhesme prend la direction de Vitry-le-François par la route qui longe la Blaise ; elles couchent le 17 à Norrois, sur la Blaise, non loin de Vitry ; la brigade Septeuil la suit, et campe le soir à Larsicourt.

Le 17, Sa Majesté l'Empereur arrive au camp de Châlons après avoir

---

(1) Ces indications ne sont pas exactes. Voir plus loin.

confié le commandement de l'armée au maréchal Bazaine. Les 1er, 3e et 4e régiments de chasseurs d'Afrique, sous les ordres du général Margueritte, qui lui ont servi d'escorte à son départ de Metz, se sont arrêtés à Verdun. Ils reçoivent l'ordre de se replier sur le camp de Châlons, et de rallier la brigade de cavalerie du général Fénelon à Sainte-Menehould.

L'Empereur ayant investi le maréchal de Mac-Mahon, sous les ordres du maréchal Bazaine, du commandement de toutes les forces réunies à Châlons, le général Ducrot est chargé du commandement provisoire du 1er corps, tout en conservant celui de la division.

Les gardes mobiles de la Seine qui occupaient le camp de Châlons à l'arrivée du 1er corps sont rappelés à Paris. Ils laissent leurs sacs aux hommes du 1er corps qui les avaient perdus en grande partie à Frœschwiller.

Le 1er corps complète en outre tous ses effets d'habillement, de campement, ses munitions de guerre (90 cartouches) au moyen des ressources qui se trouvent dans les magasins du camp. Il reçoit en outre des contingents venus des dépôts, sans compter environ 4,000 hommes du corps d'armée venus isolément par chemin de fer depuis Lunéville. Ces hommes sont en grande partie les éclopés laissés en route; d'autres se sont ralliés au camp après avoir été dispersés à Frœschwiller et n'avoir pas pu rejoindre leurs régiments. La réorganisation du 1er corps prend plusieurs jours, et n'est complétée que le 20 par des nominations faites par l'Empereur dans les divers grades d'officiers.

Les troupes réunies au camp de Châlons, et qui prennent le nom d'armée de Châlons, sous les ordres du maréchal de Mac-Mahon, sont :

Le 1er corps (général Ducrot).

Le 12e corps (général Trochu). Le général Trochu ayant été nommé gouverneur de Paris, est remplacé par le général Lebrun.

Le 5e corps (général de Failly).

Le 7e corps (général Douay).

Une fraction du 6e corps, restée au camp de Châlons après le départ de ce corps (maréchal Canrobert) pour Metz.

Ces divers corps ne sont arrivés ou ne se sont constitués que successivement. Lorsque le maréchal de Mac-Mahon est arrivé au camp de Châlons, il n'y avait que les fractions ci-après :

1° 1er corps en grande partie (les dernières fractions arrivent le 19);

---

(1) Les 1er et 3e régiments de chasseurs d'Afrique seulement; le 4e était à Vitry le 17.

2° Le 12ᵉ corps en formation : la division d'infanterie de marine, une partie de la 2ᵉ division composée de régiments de marche formés avec les quatrièmes bataillons. Ces bataillons arrivent successivement au camp de Châlons.

La division Grandchamp.

3° Du 6ᵉ corps : la division Bisson moins un régiment; l'artillerie de réserve du 6ᵉ corps; la division de cavalerie Fénelon; une brigade de cavalerie est détachée à Sainte-Menehould; le 20ᵉ régiment d'infanterie est détaché à Blesme pour couvrir ce point de bifurcation du chemin de fer de l'Est.

Le 17, la 1ʳᵉ division d'infanterie du 1ᵉʳ corps arrive par le chemin de fer au camp de Châlons.

Le même jour, l'artillerie de ce corps, sous les ordres du général Forgeot, se porte de Doulevant à Montiérender. La cavalerie (divisions Bonnemains et Duhesme) suit la rive droite de la Blaise et va coucher à Norrois. La brigade de Septeuil quitte son bivouac entre Nomécourt et Morancourt et suit, à distance, les deux divisions de cavalerie; elle couche le soir à Larsicourt.

Souvenirs inédits du maréchal de Mac-Mahon.

17 août.

Le 16 je me remis en route et arrivai le 17 à 4 heures du matin au camp de Châlons.

J'appris au camp de Châlons que l'Empereur y était arrivé lui-même dans la nuit. Je me rendis au logement qui m'était assigné, où je rencontrai le prince Napoléon et le général Lebrun. Ils me firent connaître les événements qui s'étaient passés aux environs de Metz. L'Empereur avait remis le commandement au maréchal Bazaine qui devait se replier avec toutes ses troupes directement sur le camp de Châlons. En passant par Verdun, l'Empereur avait dit au maire : « Bazaine me suit, il sera ce soir à Conflans et demain à Verdun. »

Je m'occupais de l'établissement des troupes qui devaient arriver dans la journée, lorsque je reçus vers 8 heures l'invitation de me rendre près de l'Empereur. Je le trouvai au quartier général. Il causait avec le prince Napoléon et le général Trochu. A quelques pas d'eux se tenaient le général Schmitz et le colonel Berthaut, commandant les dix-huit bataillons de mobiles arrivés au camp.

Le prince Napoléon exprimait à l'Empereur l'inquiétude qu'il éprouvait de voir un mouvement révolutionnaire éclater prochainement à Paris. Dans ce cas il n'y avait, selon lui, que le général Trochu qui, par ses antécédents, les principes libéraux qu'il avait toujours manifestés, fût en état d'arrêter une insurrection de ce genre. Il proposa à l'Empereur de le nommer de suite gouverneur de Paris.

Le général Trochu laissa entendre qu'il accepterait cette position, assurant que dans toute circonstance on pouvait compter sur son dévouement.

L'Empereur me parut étonné de cette offre et ne répondit que d'une façon évasive. Rentré dans son cabinet, il me fit appeler, et me demanda si je connaissais le général Trochu, et s'il pouvait avoir en lui une confiance entière. Je lui répondis que j'avais servi avec le général Trochu en Afrique, et que ma conviction intime était que c'était un homme de cœur et qu'il pouvait compter sur les engagements qu'il prendrait.

Le général Trochu partit vers 3 heures prendre son commandement. Tous les bataillons de mobiles, sous la conduite du colonel Berthaut, se mirent le lendemain matin en route pour Paris.

L'Empereur me donna le commandement de toutes les troupes du camp de Châlons : 1er, 5e, 7e et 12e corps, sous la dénomination d'armée de Châlons. Mais, afin de donner de l'unité dans l'ensemble des opérations, il donna au maréchal Bazaine qui avait déjà le commandement de l'armée de Metz celui de l'armée de Châlons.

Je reçus ma lettre de service à 3 heures, le 17.

Je me rendis aussitôt chez l'Empereur pour le prier de me faire connaître les relations de service qui devaient exister entre lui et moi. Sa Majesté me répéta ce qu'Elle m'avait dit le matin, que désormais Elle ne s'occuperait plus de la direction des opérations militaires et que je n'aurais à correspondre et à recevoir des ordres que du maréchal Bazaine et du Ministre de la guerre. Pendant toute cette campagne, l'Empereur n'a pas fait connaître même son opinion sur les mouvements à exécuter.

J'adressai au maréchal Bazaine un télégramme l'avisant que j'étais sous ses ordres, et lui demandant ses instructions sur les opérations que j'aurais à exécuter. Le Maréchal me répondit le 18 : « Vos opérations étant trop en dehors de mon rayon d'action, je craindrais de vous donner une fausse direction. »

Dans la soirée l'Empereur me dit qu'il avait l'intention de partir la nuit même pour Paris. Il ne me fit point connaître que, à 10 heures du matin, il avait envoyé le commandant Duperré pour informer le Ministre des résultats de sa conférence avec le général Trochu. Il ne me parla pas davantage de la lettre qu'il avait adressée à l'Impératrice pour lui annoncer qu'il avait l'intention de ramener l'armée de Châlons sur Paris, ni enfin, de la dépêche qu'il avait reçue du Ministre, ainsi conçue :

Le Ministre de la guerre à l'Empereur.

Paris, 17 août, 10 h. soir.

« L'Impératrice me communique la lettre par laquelle l'Empereur lui annonce qu'il veut ramener l'armée de Châlons sur Paris. Je supplie l'Empereur de renoncer à cette idée qui paraîtrait l'abandon de l'armée de Metz, qui ne peut faire en ce moment sa jonction à Verdun.

« L'armée de Châlons sera avant trois jours de 85,000 hommes, sans compter le corps de Douay, qui reviendra dans trois jours, et qui est de 18,000 hommes.

« Ne peut-on pas faire une puissante diversion sur les corps prussiens déjà épuisés par plusieurs combats?

« L'Impératrice partage mon opinion. »

Je suppose que c'est afin de ne pas m'influencer sur les opérations que j'aurais à exécuter, que Sa Majesté ne me donna pas connaissance de ces deux dépêches.

Le Ministre de la guerre, de son côté, ne crut point devoir me les adresser et ce ne fut que plus tard, à mon retour en France, que je les trouvai dans la correspondance de la famille impériale.

4ᵉ DIVISION.

Journal privé du colonel d'Andigné, chef d'état-major.

17 août.

Nous arrivons à Mourmelon à 3 heures du matin. On débarque et on attend le jour.

L'Empereur est arrivé la veille au soir, mais n'a vu personne.

Au point du jour, je vois le général Trochu, qui a passé la nuit à la gare dans le salon d'attente de l'Empereur, et se rend avec le Maréchal au quartier impérial. Quatre heures après, je vois revenir le général Trochu qui me dit que tout allait fort mal, m'annonça son départ pour Paris et ajouta que nous allions y rentrer sous peu.

On envoie le 1ᵉʳ corps camper derrière la Vesle. La 4ᵉ division est près de Louvercy où logent les états-majors. On distribue aux hommes des tentes-abris, des ustensiles de campagne et quelques effets.

La population paraît fort effrayée.

L'indiscipline des mobiles de la Seine, le délabrement de nos troupes épouvantent les habitants, habitués à voir les beaux régiments qui, chaque année, se succédaient au camp.

Les nouvelles de Metz sont confuses; on s'y est battu les 14 et 16 août, mais sans résultat connu.

Pour nous, nous éprouvons un vrai soulagement de voir terminée cette cruelle retraite.

La douleur de reculer toujours en livrant à l'ennemi ces patriotiques campagnes de la Lorraine, devenait intolérable. Que de souffrances aiguës m'a causé le spectacle des désespoirs muets nous regardant passer, la résignation désolée des femmes qui, à la demande d'un verre d'eau, apportaient leur laitage en disant : « Prenez sans crainte, car après votre départ, les Allemands pilleront tout. »

Nous continuions notre triste marche en arrière, affligés par la mauvaise tenue d'une partie de nos hommes, que les cadres détruits ne pouvaient plus surveiller, et révoltés dans nos consciences qui nous criaient que nous n'avions pas mérité cette voie douloureuse.

A Châlons, on se réorganisait. Nous retrouvions toute l'activité d'une armée en formation, et l'espoir ainsi que la confiance nous revenaient.

5ᵉ CORPS.

a) Journaux de marche.

Journal de marche du 5ᵉ corps, rédigé par le colonel Clémeur.

Dans la matinée du 17, le général en chef reçoit plusieurs dépêches du Ministre de la guerre et du maréchal de Mac-Mahon, qui déterminent la direction que va prendre le 5ᵉ corps d'armée sur le camp de Châlons.

Le Maréchal fait connaître que le 5ᵉ corps se trouve de nouveau placé sous ses ordres. Il lui prescrit de se rendre au camp de Châlons, par Vitry-le-François et d'embarquer sur le chemin de fer, jusqu'à cette dernière ville, l'infanterie, la cavalerie, l'artillerie et tout son matériel. Le Maréchal ajoute que le chemin de fer a reçu des ordres directs à cet égard.

En effet, toutes ces dispositions sont confirmées par la dépêche ministérielle reçue la veille au soir à 11 h. 30 et par une autre arrivée également dans la matinée, de Paris, et ainsi conçue :

« Vous trouverez à Chaumont des voitures pour transporter votre corps d'armée à Vitry-le-François où vous installerez votre quartier-général, et où vous vous placerez sous les ordres du maréchal de Mac-Mahon, établi à Châlons.

« Commencez le mouvement sans retard, et si votre parc d'artillerie est encore à Langres, comprenez-le dans le mouvement.

« Occupez la gare de Blesme, et faites reconnaître les environs par de la cavalerie pendant le mouvement de votre corps d'armée. »

Les derniers ordres contenus dans cette dépêche et relatifs aux mesures de surveillance à prendre à Blesme et aux environs, étaient déjà exécutés depuis la veille au soir. Le général de Failly en avait compris de suite toute la nécessité lorsqu'il n'était encore qu'à Montigny-le-Roi et avait à ce sujet, comme on l'a vu, adressé un télégramme au maréchal de Mac-Mahon. Depuis la veille, toute la division Goze et la cavalerie servaient à surveiller toute la ligne ferrée depuis Chaumont jusqu'à Blesme.

Cette surveillance fut très bien exécutée, et grâce à elle, la ligne ne fut pas interceptée pendant le temps que le 5ᵉ corps eut à s'en servir.

Conformément aux ordres du Ministre et du Maréchal, la journée du 17 est entièrement employée à l'embarquement des troupes sur Vitry-le-François.

La division de Lespart comme la division Goze la veille et pendant la nuit, est embarquée avec tous ses accessoires, cavalerie, artillerie, génie et ambulance divisionnaire ; six trains successifs sont formés à cet effet comme pour la 1ʳᵉ division.

Mais tous ces embarquements sont longs et pénibles par suite de la mauvaise disposition de la gare de Chaumont et la pénurie du matériel (contrairement à ce qu'avait annoncé le Ministre dans sa dépêche). Le personnel des chemins de fer est animé de la meilleure volonté, mais il est peu initié aux embarquements des troupes. En outre, les quais sont insuffisants pour ces opérations, et les wagons destinés aux chevaux et aux voitures ne peuvent en approcher, ce qui nécessite l'emploi de rampes mobiles et une énorme perte de temps.

Un officier de l'état-major général est sans cesse présent aux embarquements qu'il cherche à hâter par tous les moyens possibles. Mais l'insuffisance du matériel est telle qu'une partie seulement de la division Lespart avec son artillerie peut être mise ce jour-là en mouvement.

A 6 h. 30 du soir, le général de Failly reçoit du maréchal de Mac-Mahon la dépêche suivante adressée à Vitry.

« Au lieu de diriger par les voies ferrées votre artillerie de réserve sur Châlons, dirigez-là sur Paris où elle recevra les ordres du Ministre de la guerre. Ralliez les deux brigades placées à Saint-Dizier et Blesme, dès que le 5ᵉ corps aura passé. »

Le général de Failly ayant l'ordre de se trouver avec son quartier général à Vitry, le 18 au matin, quitte Chaumont par le dernier train du 17 au soir et arrive à Vitry-le-François à 1 heure du matin.

Il s'assure pendant son trajet, que tous les ordres donnés relativement à la surveillance de la voie sont bien exécutés et compris.

Il trouve campé à Bologne le 4e bataillon de chasseurs de la division Goze, protégeant l'embranchement du chemin de fer sur Neufchâteau, et ayant un détachement à Vignory.

Trois compagnies du 46e sont à Joinville, où elles ont remplacé le 20e de ligne, qui y avait été laissé par le 1er corps, jusqu'à son relèvement.

La brigade Saurin (1re de la division Goze) est campée à l'Est et près de Saint-Dizier.

La 2e brigade Nicolas près de Blesme.

Le génie a couvert les positions par quelques ouvrages de campagne.

Tous les postes sont reliés et protégés par les différents régiments de la division de cavalerie, qui poussent des reconnaissances au loin sur tous les chemins conduisant de la voie ferrée vers l'Est (1).

Journal de marche du 5e corps, rédigé par le capitaine de Piépape.

17 août.

Le général en chef reçoit du Ministre de la guerre le télégramme vant : (*Voir ce télégramme*, page 17).

Puis il reçut les instructions suivantes du maréchal de Mac-Mahon :

« Au lieu de diriger, par les voies ferrées votre artillerie de réserve sur Châlons, dirigez-là sur Paris où elle recevra les ordres du Ministre de la guerre. Ralliez les deux brigades placées à Saint-Dizier et à Blesme dès que le 5e corps aura passé.

« Des circonstances nouvelles me font vous inviter à laisser votre artillerie de réserve. Je vous rejoindrai à Vitry. »

Le Ministre prescrit en même temps d'occuper Blesme, si c'est possible, avec une brigade, jusqu'à l'arrivée de la tête de colonne du général Douay qui rallie Châlons.

Par une autre dépêche adressée à Chaumont, il recommande de s'éclairer à une distance suffisante, tout autour de la gare de Bologne et des gares adjacentes, bien qu'on ne signale pas de forces prussiennes dans le voisinage.

---

(1) En contradiction avec le Journal de marche de la division Brahaut qui mentionne un séjour à Chaumont.

La 2ᵉ brigade de la division Goze est embarquée également en trois trains et dirigée sur Saint-Dizier.

Dans l'après-midi du 17 est embarquée la division Guyot de Lespart, à destination de Vitry-le-François. La composition des trains est analogue à la précédente.

Ces divisions ont été embarquées avec tous leurs accessoires en cavalerie, génie, artillerie et ambulances divisionnaires.

Les embarquements ont été rendus longs et pénibles par suite de la mauvaise disposition de la gare de Chaumont et la pénurie du matériel. Quais d'embarquement insuffisants, absence d'aiguilles permettant aux wagons à chevaux de s'en approcher ; personnel du chemin de fer peu initié aux embarquements de troupes.

Le premier train, composé uniquement d'infanterie, a mis une heure et demie à s'embarquer.

Il n'y a pas eu d'accident.

Le 20ᵉ de ligne du 1ᵉʳ corps d'armée, garde toute la ligne de chemin de fer depuis Blesme jusqu'à Joinville.

Le régiment est fractionné en trois parties.

Le Ministre télégraphie au général en chef : « Votre réserve d'artillerie et votre cavalerie suivront l'infanterie par la voie de terre. La route doit être sûre. Recommandez toutefois au général Goze de bien éclairer les abords de Blesme et de Saint-Dizier, en envoyant quelques cavaliers très au loin. Votre point de concentration est toujours Vitry. »

L'état-major général du 5ᵉ corps, avec ses chevaux et l'escadron d'escorte, quitte Chaumont par le dernier train du 17 au soir et arrive à Vitry le-François à 1 heure du matin.

Pendant sa route, il trouve à Bologne, protégeant l'embranchement du chemin de fer sur Neufchâteau, le 4ᵉ bataillon de chasseurs campé à Bologne.

Trois compagnies du 46ᵉ remplacent le 20ᵉ de ligne à Joinville.

La brigade Saurin de la division Goze est campée à Saint-Dizier.

La brigade Nicolas est campée à Blesme pour garder l'embranchement du chemin de fer.

Télégrammes arrivés le 17 août :

Le général Abbatucci au général de Failly.

De Joinville à Vitry.

Le 20ᵉ de ligne garde la ligne du chemin de fer depuis Blesme jusqu'à Joinville.

Le régiment est fractionné en trois parties.

Le Commandant du détachement de Bologne au général de Failly, à Vitry.

Il annonce que les Prussiens auront le 18 le gros d'une armée à Neufchâteau.

1re DIVISION.

La 2e brigade s'embarque le 17 au matin et est dirigée sur Blesme. La mission de la division est de couvrir la ligne du chemin pendant le passage du 5e corps. A partir de ce jour, le général de division n'a sous ses ordres pendant quelque temps que le 11e et le 46e, la batterie de canons à balles, les hussards du colonel Floguy (5e hussards) et quelques escadrons du 12e chasseurs (colonel de Tucé) et du 11e chasseurs (colonel Dastugue) qui arrive à Saint-Dizier pour le service des reconnaissances.

1re DIVISION (2e brigade).

A 1 heure du matin, l'embarquement eut lieu à destination de Blesme, en vue de la sûreté et de la conservation de cette position importante comme tête de deux grandes lignes ferrées.

Arrivée vers 2 heures du soir à Blesme, la brigade y trouve installés, aux abords de la gare, deux bataillons du 20e de ligne, détachés du camp de Châlons; le 3e bataillon du régiment, échelonné sur la ligne de Chaumont à Blesme, y occupait les stations intermédiaires entre Joinville et Blesme. Le 18, il est relevé de ce service par les troupes de la 1re brigade, dont l'état-major, établi à Saint-Dizier, eut pour mission de tenir les positions entre Chaumont et Blesme.

Au retour de sa reconnaissance des environs, le général de brigade prit les dispositions suivantes que lui commandaient les circonstances et le terrain.

Deux locomotives et un train composé d'un nombre de trucs nécessaires à l'embarquement de 500 hommes furent en permanence tenus prêts pour assurer au besoin les opérations sur les voies.

Le 1er bataillon du 20e se tint en réserve à la gare même; le 2e s'établit vers l'Est, sur le prolongement des deux bataillons du 61e. Ces trois bataillons déployés face au Nord, étaient couverts et défendus par les tranchées profondes des deux voies, bordées de haies épaisses, dans lesquelles on pratique des passages; leurs grand'gardes placées dans des bouquets d'arbres sur la rive gauche du ruisseau la Bruxenelle, de Ormsay à Dompremy, observaient la plaine découverte qui s'étend en avant jusqu'aux rives de l'Ornain.

Un poste fut également placé à Haussignemont, sur le derrière et dans le Sud-Ouest de la position occupée par les quatre bataillons des 20ᵉ et 61ᵉ; le flanc droit de cette position, rationnellement indiqué comme devant être le véritable point d'attaque de l'ennemi, débouchant dans l'angle formé pas les lignes ferrées, fut plus spécialement observé et plus fortement occupé.

A cet effet, dans les villages de Blesme et de Scrupt et celui de Saint-Lumier-la-Populeuse, en flèche, s'établirent en avant de ces derniers, les deux bataillons du 86ᵉ; le 3ᵉ bataillon du 61ᵉ se plaça en retour des deux premiers, face à l'Est; il occupait ainsi l'intervalle entre Blesme et Scrupt. Ce bataillon détache une compagnie de soutien à la 6ᵉ batterie en position à la gauche du bataillon, en arrière de la crête du mouvement de terrain, qui s'étend en glacis peu prononcé jusqu'au village. Cette crête en commande les abords, ainsi que la plaine du ruisseau la Bruxenelle. Les grand'gardes de cette ligne de défense se reliaient vers Ormsay à celle du 61ᵉ; elles se développaient depuis la route de Blesme à Le Buisson, jusqu'à celle de Scrupt à Cheminon, observant les bois de Maurupt et des Trois-Fontaines, percés de nombreux chemins venant de l'Est et donnant accès sur la position occupée par la brigade.

Ces dispositions prises, le général se mit en communications télégraphiques avec le général en chef à Vitry et le général de division Goze à Saint-Dizier.

En vue des réquisitions nécessaires aux transports, au couchage et aux vivres, il s'assure du concours des maires des localités occupées par la brigade; il se mit en rapport avec ceux de Cheminon et de Maurupt, du Buisson, de Sogny et de Sermaize; celui de ce dernier village témoigna plus particulièrement de son empressement à faire parvenir tous les avis utiles à la sûreté de la position occupée par la brigade.

2ᵉ DIVISION.

Le 5ᵉ corps occupe les emplacements ci-après : Division Goze surveillant toute la ligne du chemin de fer conjointement avec le 20ᵉ de ligne ; 4ᵉ bataillon de chasseurs à Bologne, où la ligne de Neufchâteau s'embranche avec celle de Chaumont-Vitry; 46ᵉ à Joinville; 11ᵉ à Saint-Dizier, où le quartier général de la division se trouve.

La brigade Nicolas, partie pour Blesme, y arrive à 2 heures de l'après-midi ; elle y rencontre deux bataillons du 20ᵉ de ligne.

Le général organise la défense de ce point important situé à la jonction des lignes de chemin de fer Paris—Nancy et Chaumont—Vitry.

A Chaumont se trouvent les divisions de L'Abadie et Guyot de Lespart, la division de cavalerie comprenant, le 5ᵉ lanciers et le 12ᵉ chasseurs (1) ; on y trouve en outre la réserve d'artillerie, le parc du génie, la réserve de mulets du train et le grand quartier général du corps d'armée.

Toute la division Goze étant partie, la division Guyot de Lespart commence son embarquement. L'opération est lente, malgré le zèle des employés de la Compagnie ; la gare n'est ni assez vaste, ni assez commodément disposée pour la prompte exécution d'un transport de troupes. La ligne n'ayant qu'une voie, on ne peut faire revenir de suite les wagons ayant effectué un transport sur Vitry. Le matériel manque ; on en demande à Paris ; il ne peut arriver à être garé que successivement. Le personnel d'équipe de la station n'est pas assez nombreux pour un pareil mouvement ; il se multiplie en efforts, mais se fatigue.

Cependant, vers 6 heures du soir, toute l'infanterie de la division Guyot de Lespart était en wagon et prête à se diriger sur Vitry. On continue de charger le matériel.

Le général de Failly transfère son quartier général à Vitry ; il laisse au général de L'Abadie le soin de veiller au départ du reste des troupes ; il prescrit de faire rester à Chaumont un bataillon d'infanterie, jusqu'à ce que tout le 5ᵉ corps soit écoulé. Ce bataillon emportera, pour les verser à l'artillerie, les fusils des hommes qui sont à l'hôpital. C'est le IIIᵉ bataillon du 88ᵉ (commandant Escarfail) qui est désigné. Il devait rallier la division à Vitry par le chemin de fer et prendre en passant à Bologne le 4ᵉ bataillon de chasseurs à pied.

Le parc du génie est transporté à Saint-Dizier. Les gares de Blesme, Saint-Dizier et Joinville sont mises en état de défense.

On annonce le prochain passage du 7ᵉ corps (général Félix Douay), venant de Belfort et se dirigeant sur Paris.

Dans la journée, un conseil de guerre avait été assemblé à Chaumont pour juger un homme inculpé d'espionnage. Cet homme fut acquitté.

La cavalerie du 1ᵉʳ corps couche à Vitry-le-François.

DIVISION DE CAVALERIE.

Le 5ᵉ lanciers et le 12ᵉ chasseurs séjournent à Chaumont. Le général en chef s'embarque en chemin de fer pour Saint-Dizier, ainsi qu'une partie du 5ᵉ corps, dont les détachements occupent déjà les points de Bologne, Joinville et Saint-Dizier, sur le chemin de fer de Chaumont à Châlons-sur-Marne. La division L'Abadie reste à Chaumont en attendant son tour d'embarquement.

---

(1) Le 5ᵉ hussards, dont quatre escadrons sont détachés dans les divisions.

Division de cavalerie (1re brigade).

Séjour à Chaumont. La division attend l'ordre de s'embarquer en chemin de fer. Les troupes qui s'étaient concentrées à Chaumont (corps d'armée du maréchal Mac-Mahon et 5e corps) partent par le chemin de fer pour aller prendre position entre Blesme et Vitry. Le départ est fixé pour le lendemain 18.

Le 12e chasseurs reçoit un détachement de 50 hommes et 40 chevaux, commandé par M. Sautelet, chef d'escadron. M. le chef d'escadron Sautelet prend le commandement des 5e et 6e escadrons.

Artillerie.

Rapport du colonel de Fénelon.

17 et 18 août.

Le 5e corps continue son embarquement par chemin de fer. La réserve d'artillerie séjourne deux jours à Chaumont. Ce séjour donne à la réserve d'artillerie un repos qui lui est nécessaire, après douze jours consécutifs de marche, dont plusieurs de nuit; ces marches rendues longues et très fatigantes, parce qu'elles se faisaient au milieu de l'infanterie et que l'allure des chevaux en était trop ralentie, avaient fortement éprouvé ces derniers; outre les crevasses et les prises de longe, quelques blessures produites par les selles et le mauvais temps, rendaient un certain nombre d'entre eux entièrement impropres à une plus longue route. Vingt de ces chevaux furent laissés à Chaumont.

Ajoutons ici que la réserve d'artillerie n'avait ni médecin ni vétérinaire; elle reçut plus tard, et la veille de Beaumont seulement, un aide-vétérinaire qui disparut le lendemain.

Pour venir en aide, tant à l'artillerie divisionnaire qu'à la réserve d'artillerie, le général en chef avait mis à notre disposition un certain nombre d'attelages de mulets du train des équipages, qui marchaient haut-le-pied et sans emploi, à la gauche du corps d'armée; ces attelages nous rendirent les meilleurs services.

Génie.

Rapport sur le service du génie.

Le 17, les 2e et 3e divisions d'infanterie sont transportées par le chemin de fer à Vitry, ainsi que le quartier général. Le général commandant l'artillerie fait partir la réserve de cette arme par le chemin de fer, en la dirigeant sur Paris.

c) Opérations et mouvements.

Le Ministre de la guerre au général de Failly, à Chaumont (D. T.).

Paris, 17 août.

Votre réserve d'artillerie et votre cavalerie suivront l'infanterie par la voie ferrée. La route doit être sûre. Recommandez toutefois au général Goze de bien éclairer les abords de Blesme et de Saint-Dizier en envoyant quelques cavaliers très au loin. Votre point de concentration est toujours Vitry.

Une dépêche du général de Failly au Ministre, datée du 17, 1 h. 28 soir, indique qu'il n'a pas encore reçu la dépêche ci-dessus.

Le général de Failly au Ministre de la guerre et au maréchal de Mac-Mahon, à Châlons (D. T.).

Chaumont, 17 août, 1 h. 24 soir. Expédiée à 2 h. 50 soir (n° 32504).

Je pars dans une heure pour Vitry. Emplacement probable de mes troupes ce soir : une brigade à Saint-Dizier, une brigade à Blesme, une division à Vitry. Ma dernière brigade en wagons vers Vitry. L'artillerie de réserve doit s'embarquer demain seulement, si les circonstances le permettent. Conformément à vos ordres, la cavalerie partira demain matin pour Châlons par voie de terre, sauf à faire un à-droite sur Vitry à Sommesous, ou à une étape de Vitry. Je compte faire rejoindre à Vitry les deux brigades qui sont à Saint-Dizier et à Blesme, aussitôt que le reste du 5° corps sera passé.

Le Ministre de la guerre au général de Failly, à Vitry ou à Chaumont (D. T. Ch.).

Paris, 17 août. Reçue à 8 h. 27 soir.

Occupez Blesme, si vous le pouvez, avec une brigade jusqu'à l'arrivée de la tête de colonne du corps Douay qui rallie Châlons.

Le même au même (D. T. Ch.).

Paris, 17 août, 10 h. 30 soir.

Éclairez-vous à une distance suffisante tout autour de la gare de Bologne et des gares adjacentes. On ne signale pas de forces prussiennes dans le voisinage, mais il est important de se tenir en garde.

7ᵉ CORPS.

c) Opérations et mouvements.

Le général Douay, commandant le 7ᵉ corps, au Ministre de la guerre (D. T.).

Belfort, 17 août, 9 h. 15 matin. Expédiée à 10 h. 40 matin (n° 32334).

Je n'ai pas encore d'avis de l'arrivée du matériel. Il faudra cinq jours pour embarquer le corps ; si on me le fournit complet, le mouvement ne pourra commencer au plus tôt que le 17 au soir. Mes renseignements sur l'ennemi, s'ils sont exacts, me font voir que la ligne de Langres, Chaumont et Blesme ne peut tarder à être compromise, je la considère comme peu sûre déjà et pouvant être périlleuse, d'ici au 22 ou 23. Je préférerai la première direction, avec retour sur Châlons. J'attends vos ordres définitifs.

Le Ministre de la guerre au général Douay, à Belfort (D. T.).

Paris, 17 août (n° 24694).

Blesme est occupé par une brigade de Failly qui restera jusqu'à l'arrivée de votre tête de colonne. Vous ferez occuper cette gare par votre première brigade jusqu'à ce que votre corps ait défilé. Concertez-vous avec le chemin de fer pour exécuter votre mouvement avec rapidité et sécurité.

GÉNIE.

Le général Doutrelaine au colonel Benoit, directeur des fortifications, à Besançon.

Belfort, 17 août.

Le 7ᵉ corps d'armée vient de recevoir du Ministre l'ordre de se rendre à Châlons et son mouvement va commencer immédiatement. Le général Douay m'a invité, en conséquence, à rappeler l'officier du génie que j'avais envoyé à Montbéliard et il rappelle également les deux compagnies qu'il y avait envoyées.

Puisque l'on renonce à défendre le camp retranché qui s'élevait sous Belfort, je ne vois plus d'intérêt sérieux à la continuation des travaux de Montbéliard, qui n'avaient d'autre effet que de renforcer la droite et le camp retranché ; vous allez être vraisemblablement d'ailleurs dans l'impossibilité de les poursuivre. Faites-le connaître au Ministre et dites-lui que, pour ma part, je n'y vois aucun inconvénient sérieux, les circonstances étant aujourd'hui toutes différentes de celles qui m'avaient fait réclamer l'amélioration du poste de Montbéliard.

Ne comptez plus sur moi pour vous donner des ordres relatifs à la mise de fin des fourneaux de mines.

Avisez-y par vous-même et sollicitez les ordres de votre général divisionnaire.

Rien ne presse d'ailleurs pour le moment.

12e CORPS.

a) Journaux de marche.

BRIGADE MARQUISAN.

Le général Marquisan arrive au camp de Châlons le 17 et prend aussitôt possession de son commandement. La brigade était en voie de formation. Les bataillons qui devaient composer les deux régiments étant arrivés successivement, excepté celui du 64e qui ne rejoignit qu'à Rethel. Les deux régiments prirent la dénomination des 3e et 4e de marche. Ils avaient un effectif à peu près égal, mais il existait entre plusieurs bataillons des différences considérables, et attendu que chaque bataillon s'administrait séparément, il en résultait que certaines compagnies étaient fortes tout au plus de 80 hommes, tandis que d'autres compagnies avaient un effectif supérieur à 200. Toutefois, les effectifs furent égalisés entre toutes les compagnies d'un même bataillon.

RÉSERVE DE CAVALERIE.

a) Journaux de marche.

DIVISION BONNEMAINS.

Départ de Vassy à 4 h. 1/2 du matin. La colonne traverse Humbécourt, Eclaron, Larsicourt et s'arrête à 2 kilomètres de Vitry-le-François au village de Frignicourt.

c) Opérations et mouvements.

Le général Tilliard au général Fénelon, au camp de Châlons (D. T.).

Clermont en Argonne, 17 août, 7 h. 35 matin. Expédiée à 1 h. 30 soir (n° 32454).

Reçois dépêche seulement aujourd'hui matin 7 h. 30. Aucune nouvelle du maréchal Canrobert, aucun ordre, grand'gardes, reconnaissances, espions envoyés au loin, n'ont rien vu de l'ennemi. Le courrier de Bar arrive à l'instant, aucun Prussien n'y est. Plus d'avoine, je pars sagement à 11 heures et vais coucher à Sainte-Menehould, où vous pourrez me télégraphier.

Le même au même (D. T.).

Clermont en Argonne, 17 août, 9 h. matin. Expédiée à 1 h. 35 soir (n° 32450).

Reçois deuxième dépêche, reste ici suivant vos ordres, surveillerai activement route et chemin de fer. Plus d'avoine, on en cherche. Pays très boisé, très couvert, et je fais fouiller par garde et cantonnier. Maréchal Canrobert n'était pas à Verdun ce matin.

Le général commandant la division de cavalerie du 6ᵉ corps au général Tilliard, commandant la 1ʳᵉ brigade, à Clermont en Argonne (D. T.).

Camp de Châlons, 17 août, 2 h. 40 soir. Expédiée à 4 h. 15 soir (n° 32554)

Vous n'avez pas bien interprété ma dernière dépêche, rentrez Sainte-Menehould sagement. Je tâcherai de vous faire rentrer au camp de Châlons. Demain, télégraphiez-moi, arrivée à Sainte-Menehould.

RENSEIGNEMENTS

L'Empereur au Maire d'Etain (D. T.).

Au quartier général, 17 août.

Avez-vous des nouvelles de l'armée du Rhin?

Le Maire d'Etain à l'Empereur, à son quartier général (D. T.).

Etain, 17 août, 11 h. 18 matin.

Hier on a entendu le canon toute la journée; on s'est battu vers Mars-la-Tour. On disait victoire à l'armée française, mais Bazaine et Canrobert blessés légèrement, Frossard tué. Ce matin la bataille a recommencée vers le même endroit, plus près, du côté de Ville-sur-Yron. On entend le canon, les routes sont interceptées d'ici Conflans par des Prussiens, et aussi la route vers Fresnes. Je crains qu'une personne de confiance qui portait les dépêches au général en chef soit retenue. On disait aussi que Canrobert était arrivé hier, venant de Pont-à-Mousson. Pas d'autres nouvelles. Aucune troupe en cette ville.

Le Ministre de la guerre au maréchal Bazaine, à Verdun ou Metz (D. T.). (Faire suivre.)

Ce matin, à 4 heures, il est arrivé à Verdun un convoi comprenant 1,200,000 cartouches ou charges chassepot, sous la conduite du commandant Portes; il y a un convoi en partance au camp de Châlons, sous la conduite du colonel Aubert, comprenant 8,000 coups à boulets de 4, 720 coups à boulets de 12, 340,920 cartouches ou charges chassepot. Verdun est bondé de biscuit, et je fais contribuer les environs.

Le Ministre de la guerre au maréchal Bazaine, à Metz, et au Commandant supérieur, à Verdun, avec ordre de faire parvenir sur la route au maréchal Bazaine et au Général de division, à Metz.

Est-il vrai que les Prussiens ont demandé un armistice pour enterrer leurs morts et relever leurs blessés? Réponse immédiate.

Le Préfet des Vosges au Ministre de l'intérieur (D. T.).

Épinal, 17 août, 8 h. 45 matin. Expédiée à 9 h. 45 matin (n° 32407).

Les Prussiens s'éloignent sans être rentrés à Épinal.

Le Ministre de la guerre au maréchal Bazaine, à Metz et à Verdun (D. T.). (Faire suivre.)

Paris, 17 août, 11 h. 2 matin (n° 24491).

Le préfet de la Meuse me télégraphie :

« Un nouveau renseignement qui me paraît certain, porte à 5,000 hommes les troupes prussiennes qui sont près de Saint-Mihiel, savoir : deux régiments de cavalerie, lanciers et dragons de la Garde, dit-on, un régiment d'infanterie, un régiment d'artillerie. La cavalerie est campée dans le village de Fresne-au-Mont, l'infanterie et l'artillerie dans les bois voisins. Ces troupes ne paraissent pas rassurées ; elles disent qu'elles ne savent pas où aller et qu'on veut les faire tomber dans un piège. Fresne-au-Mont est à 16 kilomètres de Bar et 8 kilomètres de Saint-Mihiel. »

Le même au même (D. T.).

17 août, 11 h. 55 matin.

Le sous-préfet de Schlestadt me télégraphie :

« Communications télégraphiques coupées du côté de Strasbourg avec Sundhausen, Benfeld, Erstein, Obenheim. Chemins de fer, ponts coupés par les soins de la compagnie de l'Est. Toutes nos communes avoisinantes, Erstein, Benfeld, Ebersheim, Dambach, Barr, Obernai, occupées par des détachements de cavalerie badoise de 20 à 40 hommes. Je ne crois pas cette occupation bien redoutable. On m'assure qu'elle compte trois brigades. Strasbourg aurait fait défense héroïque, et forcé ennemi à rétrograder après trois attaques successives en deux jours, elle aurait fait subir pertes sensibles à l'ennemi. On me dit aussi qu'à Bitche les Prussiens auraient perdu 15,000 hommes. Ces renseignements proviennent d'hommes sûrs qui arrivent de Saverne : l'un d'eux a été prisonnier au retour au moment où il essayait passer Strasbourg. Il me dit qu'armée prince Charles forte 170,000 à 180,000 hommes aurait passé vendredi par vallée Drusenheim, 10,000 hommes auraient passé par Saverne avec 70 pièces de canon et obligés venir reprendre vallée Drusenheim par suite résistance Phalsbourg. Le prince Charles aurait couché à Monwiller vendredi. »

Le Préfet de la Meuse au maréchal de Mac-Mahon, au camp de Châlons (D. T.).

Bar-le-Duc, 18 août, 12 h. 15 matin. Expédiée à 2 h. 25 matin (n° 48244).

On m'informe de l'arrivée à Void aujourd'hui de 120 Prussiens. Ils disent être suivis du prince Albert et se diriger sur Châlons.

En marge : Prévenir le maréchal Mac-Mahon et maréchal Bazaine.

Le Sous-Préfet de Verdun au Ministre de la guerre (D. T.).

Verdun, 17 août, 1 h. 55 soir. Expédiée à 3 h. 5 soir (n° 32510).

Le maire de Fresnes m'informe que 22 blessés prussiens ont été portés à son ambulance. Ils disent les Prussiens massacrés dans l'engagement d'hier près Mars-la-Tour et Rezonville.

On voit tout autour de Verdun, à l'Est et au Midi, des vedettes prussiennes.

Le Sous-Préfet au Ministre de la guerre, au Ministre de l'intérieur, au général Douay, commandant en chef à Belfort, et au Préfet de Colmar (D. T.).

Schlestadt, 17 août, 2 h. 32 soir. Expédiée à 3 h. 40 soir (n° 32532).

Je reçois des renseignements certains que 100 hommes du génie coupent la canalisation de l'Ill pour rejeter les eaux de l'Ill dans le Rhin et empêcher les eaux d'arriver autour de Strasbourg. Ces travaux se font à hauteur d'Erstein.

En marge : 5ᵉ Direction, que pourrait-on faire ?

La 5ᵉ Direction au cabinet du Ministre (Note).

17 août.

Il s'agit évidemment de 100 hommes du génie prussien.

On ne peut s'opposer à cette entreprise que si le commandement dispose, à Schlestadt ou à Strasbourg, de forces assez considérables pour se porter à Erstein, à moitié chemin entre ces deux places.

Du reste, les eaux de l'Ill ne sont pas les seules qui alimentent le bassin de l'inondation défensive de Strasbourg. Ce bassin est aussi alimenté par les eaux de la Bruche dont la vallée débouche à Strasbourg même.

Le Général commandant supérieur au Ministre de la guerre (D. T.).

Verdun, 17 août, 3 h. soir. Expédiée à 4 h. 15 soir (n° 32550).

Je reçois la dépêche suivante du maire d'Étain :

« Hier on s'est battu toute la journée entre Conflans et Mars-la-Tour et Chambley. On disait l'armée française victorieuse, mais plusieurs généraux tués ou blessés. Aujourd'hui on entend fortement le canon dans la même direction mais plus près. La route de Metz est interceptée d'ici à Conflans par des détachements prussiens et aussi celle de Fresnes à partir de 3 kilomètres d'Étain. »

Le général de Failly au Ministre de la guerre (D. T.).

Chaumont, 17 août, 6 h. soir. Expédiée à 7 h. 35 soir (n° 32659).

Un notable de Bayon, digne de foi, arrivant de Bayon, rapporte que le 15 un corps prussien considérable est arrivé dans cette ville, y a établi quatre ponts de chevalets, et fait séjour le 16 ; a fait chanter un *Te Deum* ce jour-là pour le combat de Longeville, et a fait parcourir toute la contrée par des éclaireurs, et préparer à Charmes 25,000 rations pour une autre colonne. Ce corps se compose de Bavarois, Hessois et Wurtembergeois, faisant partie de l'armée du Prince royal.

En marge, au crayon : Prévenu maréchal Mac-Mahon et maréchal Bazaine.

Le Préfet de la Meuse au Ministre de la guerre (D. T.).

Bar-le-Duc, 17 août, 8 h. 10 soir. Expédiée à 9 h. 25 matin (n° 32724).

Les renseignements fournis me sont confirmés. Les troupes paraissent se concentrer entre Saint-Mihiel et Apremont. C'est sur Apremont qu'on dirige la plus grande partie des réquisition.

En marge au crayon : « Prévenu maréchal Bazaine. »

Le même au même (D. T.).

Bar-le-Duc, 17 août, 9 h. 55 soir. Expédiée à 10 h. 50 soir (n° 32749).

Tout le monde s'accorde à dire que les ennemis concentrés à

Apremont sont démoralisés. Ils demandent surtout des nouvelles des chasseurs d'Afrique. Ils sont, dit-on, commandés par le prince Charles, qui aurait couché la nuit dernière à Loupmont.

En marge au crayon : « Prévenu le maréchal Bazaine à 10 heures du soir. »

Le Préfet de la Meuse au Préfet de la Haute-Marne, à Chaumont (D. T.).

Bar-le-Duc, 17 août, 11 h. soir. Expédiée le 18 à 1 h. 30 matin (n° 32782).

Un corps prussien paraît se diriger sur la Haute-Marne. Des cavaliers ont fouillé une voiture à Ménil-la-Horgne près Toul. Ce soir, vers 8 heures, on a vu aussi des éclaireurs à Demange-aux-Eaux, près Gondrecourt. Le courrier de Gondrecourt n'est pas arrivé ce soir.

Depuis trois jours, un autre corps se concentre entre Saint-Mihiel et Apremont; il paraît assez considérable. Je crois qu'il vient de Thiaucourt ou de Gorze et qu'il s'est battu. Quant aux éclaireurs vus à Demange-aux-Eaux et à Ménil-la-Horgne, ils doivent appartenir aux Prussiens qui ont investi Toul, mais je n'en suis pas certain ; ce n'est qu'une supposition.

Le Général commandant au Ministre de la guerre (D. T.).

Verdun, 17 août, 7 h. 40 soir. Expédiée le 18 à 1 h. 30 matin (n° 32780).

La dépêche relative aux forces prussiennes à Mouilly et à Rupt vient du maire de Recourt et elle est ainsi conçue : « Une armée de Prussiens arrive par Rupt et Mouilly, emmenant avec elle sur son parcours tous les hommes valides des villages qu'ils traversent ; il y a urgence de prendre des mesures. »

Demain matin, je pourrai donner des détails plus précis, ayant envoyé sous bois et de nuit à Rupt et à Mouilly, des gardes forestiers qui pousseront même plus loin si c'est nécessaire. Je demande qu'il soit mis à la disposition de mon chef d'état-major, une certaine somme pour rétribuer mes éclaireurs civils qui commencent à se fatiguer de marcher sans être payés.

En marge au crayon : « Quelle somme voulez-vous ? »

Le Ministre de la guerre au Général commandant supérieur à Verdun (D. T.).

Paris, 17 août, 7 h. 15 (n° 24664).

De qui tenez-vous les renseignements du passage par Mouilly et Rupt d'une armée de 30,000 hommes?
Ajoutez des détails si vous en avez.

Le maréchal de Mac-Mahon aux Préfets des Ardennes, de la Meuse, de la Haute-Marne et de l'Aube (D. T.).

Camp de Châlons, 17 août, 10 h. 25 soir. Expédiée à 11 h. soir (n° 24703).

Prière, par tous les moyens en votre pouvoir, de vous faire renseigner sur tous les mouvements de l'ennemi, ses projets, ses effectifs, sur toutes choses qu'il peut être intéressant de connaître, m'expédier fréquemment, par les voies les plus rapides, au camp de Châlons, jusqu'à nouvel avis, tous renseignements recueillis. M'envoyer par des individus intelligents les renseignements importants qui parviendraient à votre connaissance, même copies communications télégraphiques interrompues.

Journée du 18 août.

ÉTAT-MAJOR GÉNÉRAL.

b) Organisation et administration.

Le maréchal de Mac-Mahon au Commandant supérieur de Verdun (D. T.).

Camp de Châlons, 18 août, 11 h. matin.

Il ne peut dans ce moment être envoyé de troupes à Verdun.

Le Ministre à l'Empereur, au camp de Châlons.

18 août, 12 h. 30 soir.

La question de l'incorporation des gardes mobiles dans les rangs de l'armée est immédiatement mise à l'étude.

Il est parti hier soir et ce matin, voie ferrée, direction Thionville, pour le maréchal Bazaine, cinq millions de cartouches et des quantités considérables de pain et de biscuit.

On annonce l'arrivée à Bar-le-Duc d'un petit corps de 5,000 à 6,000 hommes.

Le Ministre au maréchal de Mac-Mahon, au camp de Châlons.

Paris, 18 août, 1 h. 24 soir.

Le commandant supérieur de Verdun vous demande 2,000 hommes et de l'artillerie pour se relier avec l'armée. Donnez-lui ce qu'il vous demande si vous le jugez convenable.

L'Empereur au Ministre, à Paris (D. T.).

Camp de Châlons, 18 août, 2 h. 15 soir.

Il faudrait faire refluer vers l'intérieur les dépôts des corps qui pourraient tomber aux mains de l'ennemi.....

Le maréchal Bazaine a besoin aussi de munitions pour les canons et les mitrailleuses.

Le Ministre au maréchal de Mac-Mahon, au camp Châlons.

Paris, 18 août, 2 h. 40 soir.

Une batterie à balles de l'artillerie de marine, attachée à la 1re division du 12e corps, partira de Paris, demain 19, pour le camp de Châlons par les voies ferrées.

Le Ministre à l'Empereur, au camp de Châlons.

Paris, 18 août, 4 h. 30 soir (n° 24909).

Je n'ai jusqu'ici aucun avis de la nomination du général Lebrun comme commandant du 12e corps. Faut-il faire le décret à Paris ou l'Empereur l'enverra-t-il ?

Le Ministre au Général commandant supérieur, à Verdun

Paris, 18 août, 5 h. soir.

Prescrivez au commandant Portes de faire expédier au camp de Châlons les deux millions de cartouches 1866 arrivées à Verdun de la gare de la Villette (vitesse accélérée).

Conservez le reste à Verdun.

Le Ministre à l'Empereur, au camp de Châlons.

18 août, 5 h. 35.

Les ordres sont donnés pour les dépôts.....

J'ai envoyé des munitions pour canons de 4 et de 12 au maréchal Bazaine. J'ai prescrit à la Fère de lui envoyer tout ce dont on pouvait disposer de coups de mitrailleuses.

Le maréchal de Mac-Mahon au Ministre.

Camp de Châlons, 18 août.

Monsieur le Ministre, l'Empereur m'ayant désigné pour commander en chef, sous les ordres de M. le maréchal Bazaine, toutes les forces réunies autour de Châlons, j'ai confié le commandement provisoire du 1er corps à M. le général de division Ducrot, avec M. le colonel Robert de la 2e division pour chef d'état-major général, M. le commandant Corbin pour sous-chef, et M. le capitaine Rouff, aide de camp de

M. le général Raoult. M. le général Ducrot complétera enfin son état-major au moyen de lieutenants stagiaires dans les corps sous ses ordres.

Sa Majesté ayant également désigné M. le général Lebrun pour remplacer M. le général Trochu dans le commandement du 12e corps, en formation au camp de Châlons, j'ai mis aussi sous les ordres du général Lebrun la fraction du 6e corps qui est restée au camp.

Enfin j'ai désigné, toujours à titre provisoire, M. le général Forgeot pour commander toute l'artillerie de l'armée placée sous mes ordres et M. le général Le Brettevillois pour commander tout le génie de la même armée.

Ces mesures, combinées avec celles qu'a prises Votre Excellence, en mettant M. l'intendant général Uhrich à la tête des services administratifs de l'armée de Châlons, donneront, j'espère, à cette armée, une force de cohésion bien nécessaire.

Je conserve naturellement M. le général Faure comme chef d'état-major général.

Ordre.

Au quartier général du camp de Châlons, 18 août.

M. le général de division Forgeot, commandant l'artillerie du 1er corps, est provisoirement investi du commandement en chef de l'artillerie du camp de Châlons, et il sera remplacé dans le commandement provisoire de l'artillerie du 1er corps par M. le général Joly-Frigola, commandant la réserve de l'artillerie.

c) Opérations et mouvements.

Le maréchal de Mac-Mahon au Ministre de la guerre (D. T.).

Camp de Châlons, 18 août, 7 h. matin. Expédiée à 7 h. 30 matin (n° 24724).

J'ai le corps de Failly à Vitry-le-François ; une division de cavalerie à Sainte-Menehould.

Si l'ennemi se présente en forces, je prendrai avant son arrivée la position la plus rapprochée de Mourmelon, ma droite près d'Épernay, ma gauche dans la direction de Reims à peu près parallèlement au canal de la Marne.

Je chercherai à me relier au maréchal Bazaine.

Je pense qu'il y aura lieu de faire évacuer sur Paris toutes les grandes tentes du camp et le matériel qui n'est pas absolument nécessaire.

L'Empereur au Ministre de la guerre (D. T.).

Camp de Châlons, 18 août, 7 h. 55 matin. Expédiée à 9 h. 20 matin (n° 24733). (Nouveau chiffre).

Je reçois par un officier une lettre du maréchal Bazaine, datée de Gravelotte le 16 août. Elle contient ce qui suit :

« La bataille a été acharnée. Nous sommes néanmoins restés sur nos positions conquises après avoir éprouvé des pertes sensibles.

« La concentration des 3ᵉ et 4ᵉ corps n'était pas complète quand l'attaque a commencé. Ce n'est que vers midi que le maréchal Lebœuf et le général Ladmirault ont pu arriver sur le terrain de l'action, en opérant, par mes ordres, un mouvement tournant vers la gauche de l'ennemi, ce qui l'a obligé à se replier sur sa droite.

« Je me verrai obligé de prendre la route de Verdun par le Nord. La difficulté gît dans le manque de munitions et de vivres. »

Je reçois votre dépêche d'hier soir, je crains qu'on ne se fasse des illusions. Rétrograder de Châlons sur Paris serait plus dangereux que de marcher de Paris à la rencontre de l'ennemi ; en tout cas, Reims me paraît être une bien meilleure position que Châlons.

Le Ministre à l'Empereur, au camp de Châlons (D. T.).

Paris, 18 août, 8 h. 20 matin (n° 24732).

Je n'ai pas vu le commandant Duperré que vous m'avez annoncé hier matin. Je retarde jusqu'à nouvelle instruction le départ de la division de cavalerie.

Le maréchal de Mac-Mahon au maréchal Bazaine, à Metz (D. T.).

Camp de Châlons, 18 août, 8 h. 30 matin.

Demain soir, toutes les troupes sous mes ordres seront réorganisées ; Failly est à Vitry-le-François ; Margueritte avec une division de cavalerie à Sainte-Menehould. Si l'armée du Prince royal arrivait en forces sur moi, je prendrais position entre Épernay et Reims, de manière à me rallier à vous ou à marcher sur Paris, si les circonstances me forcent à le faire (1).

L'Empereur au Ministre de la guerre, à Paris (D. T.).

Camp de Châlons, 18 août, 9 h. 4 matin.

Je me rends à votre opinion. Ne retardez pas le mouvement de la cavalerie.

Bazaine demande avec instance des munitions.

Je vous envoie par Béville les dépêches du Maréchal qui ne contiennent rien de nouveau.

Le régiment des cuirassiers blancs de M. de Bismarck a été totalement détruit.

Le maréchal Bazaine au maréchal de Mac-Mahon, à Bar-sur-Aube (D. T.).

Metz, 18 août, 12 h. soir (n° 32904).

Je reçois votre dépêche ce matin seulement. Je présume que le Ministre vous aura donné des ordres, vos opérations étant tout à fait en dehors de ma zone d'action pour le moment, et je craindrais de vous indiquer une fausse direction.

Le Ministre à l'Empereur, au camp de Châlons (D. T.).

Paris, 18 août, 12 h. 33 soir.

La tête du 7ᵉ corps arrive à la gare de Bercy et continue sa route sur le camp de Châlons.

La division de cavalerie de Paris suivra immédiatement le mouvement du 7ᵉ corps.

---

(1) Cette pièce existe en double aux archives, le directeur des transmissions en ayant gardé copie conforme.

Les deux pièces portent : « Camp de Châlons, le 18 août 1870, 8 h. 30 du matin. »

La copie du directeur porte en plus : « Expédiée le 18 août à *10 h. 35* du matin. »

La pièce du cabinet des dépêches porte d'autre part : « Reçue du camp de Châlons le 18 (heure non indiquée). Transmise à Metz le 18, à *9 h. 30* du matin. »

Le maréchal Bazaine au maréchal de Mac-Mahon, au camp de Châlons (D. T.).

Metz, 18 août, 4 h. 5 soir. Reçue à 4 h. 50 soir. (Transmise au camp de Châlons à 5 h. 20 soir.)

Par suite des combats successifs que j'ai livrés le 14 et le 16, ma marche sur Verdun a été arrêtée, et je suis obligé de séjourner dans la partie Nord de Metz, pour me ravitailler en munitions surtout, et en vivres.

Depuis ce matin, l'ennemi montre de fortes masses qui paraissent se diriger vers Briey et qui peuvent avoir l'intention d'attaquer le maréchal Canrobert, qui occupe Saint-Privat-la-Montagne, se reliant par la gauche avec Amanvillers, point d'appui de la droite du 4ᵉ corps.

Nous sommes donc de nouveau sur la défensive, jusqu'à ce que je sache la véritable direction des troupes qui sont devant nous et surtout celle de l'armée de réserve que l'on dit être à Pange, sur la rive droite de la Moselle, sous les ordres du Roi, dont le quartier serait au château d'Aubigny.

Transmettez cette dépêche à l'Empereur et au Ministre de la guerre. Je crains pour la voie ferrée des Ardennes.

Le Général de division commandant l'artillerie du 1ᵉʳ corps au maréchal de Mac-Mahon, au camp de Châlons (D. T.).

Vitry, 18 août, 4 h. 40 soir.

Toutes les troupes de l'artillerie sous mes ordres sont cantonnées sur la rive gauche de la Marne, entre Blacy et Songy, sur la route de Vitry à Châlons.

Monsieur le général de Failly est informé de la position de ces troupes.

L'Empereur au Ministre (D. T.).

Camp, 18 août, 5 h. 55 soir.

Avant l'attaque d'avant-hier, les reconnaissances n'avaient pas signalé la présence de l'ennemi. La cavalerie avait desselé et conduisait ses chevaux à l'abreuvoir, lorsque tout à coup le canon se fit entendre. Le premier moment de confusion fut bientôt passé, grâce au sang-froid du général Frossard et des maréchaux Canrobert et Bazaine. Toute l'armée s'est admirablement battue. Un moment, on crut le général en chef perdu. Le général Bourbaki montra une grande fermeté dans ce moment critique. La Garde a soutenu sa réputation et repoussé l'effort des Prussiens sur notre gauche avec un aplomb imperturbable. Le corps du maréchal Lebœuf, qui commande par intérim en attendant le rétablissement du général Decaen, est venu à point pour forcer l'ennemi à replier sa droite. La cavalerie a rivalisé avec l'infanterie. Le général Bataille est blessé. Le général de Montaigu a disparu dans la charge. Le général Legrand a été tué.

Le maréchal de Mac-Mahon au Ministre, à Paris (D. T.).

Camp de Châlons, 18 août, 7 h. soir.

Je n'ai trouvé aucune position convenable à proximité du camp. La position de Reims est la seule convenable. D'un autre côté, afin d'être à même de soutenir le maréchal Bazaine, je quitterai le camp de Châlons le 21 pour me porter sur Reims. Je vous demande avec instance de faire évacuer le matériel qui se trouve au camp.

Je ne puis rester immobile dans le camp.

Le Ministre à l'Empereur, au camp de Châlons (D. T.).

Paris, 18 août, 9 h. 30 soir (n° 24978).

Je prie instamment Votre Majesté de donner les ordres les plus formels pour que l'on détruise tous les moyens de communication dans tous les lieux que nous abandonnons.

Le Ministre de la guerre au maréchal de Mac-Mahon, au camp de Châlons (D. T).

Paris, 18 août, 9 h. 40 soir (n° 24979).

Je donne les ordres les plus formels pour que l'on évacue tout le matériel qui se trouve au camp.

Le même au même (D. T.).

Paris, 18 août, 10 h. 22 soir.

Je vous communique la dépêche suivante que je reçois du général Douay :

« Le mouvement du corps sera terminé le 20, à 10 heures du matin. Une brigade, l'artillerie et la cavalerie par Dijon, le reste par Chaumont et Troyes. A Chaumont, un officier de confiance me tient au courant de la situation. »

Le Ministre de la guerre au maréchal de Mac-Mahon (D. T.).

18 août, 11 soir. Datée 19 août (1), 12 h. 15 matin.

Je partage entièrement votre avis au sujet du mouvement sur Reims ; ralliez à vous, aussitôt que vous le pourrez, le corps de Failly, qui doit appeler à lui sans retard, non seulement ses réserves divisionnaires, mais encore tout ce qui suit la voie de terre. Dans votre marche, à mesure que vous quittez les positions, ayez soin de couper les routes et les chemins de fer ; faites sauter les ponts, détruisez les télégraphes : en un mot, mettez en œuvre tout ce qui sera de nature à retarder la marche de l'ennemi. J'ai donné des ordres pour que l'on débarrasse le camp de Châlons de tout ce qui l'encombre ; mais, si vous trouvez trop lente l'évacuation exécutée par les moyens que j'ai prescrits, prenez vous-même des mesures pour hâter l'opération. Le mouvement du corps Douay sur Châlons est commencé ; j'ai donné l'ordre de l'accélérer par tous les moyens possibles ; dès que le corps aura défilé, je vous enverrai sans retard la cavalerie de Paris. Lorsque vous serez à Reims, tâchez de vous relier avec Canrobert, et s'il se peut avec Bazaine, de manière à frapper d'abord un grand coup sur l'aile droite de l'armée prussienne et à vous retourner contre le prince royal de Prusse qui arrive de Nancy.

Le maréchal de Mac-Mahon au Général commandant la 4ᵉ division, à Châlons.

Dirigez sur le camp de Châlons le 4ᵉ de chasseurs d'Afrique, et les deux batteries d'artillerie qui doivent arriver aujourd'hui à Châlons.

Le maréchal de Mac-Mahon au Colonel du 20ᵉ d'infanterie, à Blesme.

Vous avez dû recevoir du général de Failly l'ordre de revenir au camp de Châlons. Mettez-vous en route si ce n'est déjà fait.

---

(1) Pour la date, il y a un grattage sur l'original du cabinet des dépêches, le 9 étant en surcharge sur un chiffre effacé. Mais il existe d'autre part la dépêche télégraphique en double : L'un des exemplaires, signé : « Le lieutenant-colonel, sous-chef de cabinet, comte de Clermont-Tonnerre (n° 25017 *duplicata*) », porte à l'envers la date du 18 août.

L'autre exemplaire, conforme, mais non signé, porte cette date du 18 au crayon, et de plus, à l'encre : « Expédiée le 18, à 11 heures du soir. »

1ᵉʳ CORPS.

a) Journaux de marche.

L'artillerie du 1ᵉʳ corps se dirige de Montiérender sur le camp de Châlons, et couche le 18 à hauteur de Vitry, sur la rive gauche de la Marne. Les divisions de cavalerie Bonnemains et Duhesme suivent la rive droite et bivouaquent le 18 au soir à Pogny. La brigade Septeuil reste à Vitry, à la disposition du général de Failly (5ᵉ corps) qui occupe ce point important du chemin de fer de l'Est.

Le général Forgeot est nommé au commandement de l'artillerie de l'armée de Châlons et remplacé au 1ᵉʳ corps par le général Joly-Frigola.

Le général Le Brettevillois est désigné pour accomplir provisoirement les fonctions de commandant du génie de l'armée.

Le 1ᵉʳ corps continue les opérations nécessaires pour sa réorganisation, les isolés appartenant à ce corps et réunis au camp de Châlons rejoignent leurs régiments. Les armes détériorées sont changées ou réparées à l'arsenal du camp.

Toutes les troupes du 6ᵉ corps restées au camp de Châlons et qui, jusqu'à ce jour, étaient commandées par le général Fénelon, sont placées sous le commandement du général Lebrun, commandant en chef le 12ᵉ corps.

Le 4ᵉ régiment de chasseurs d'Afrique, qui n'avait pu rejoindre en temps utile la division du général du Barrail, à laquelle il appartient, arrive le 18 à Châlons, et reçoit l'ordre de se porter au camp.

Le 20ᵉ de ligne (division Bisson du 6ᵉ corps), détaché à Blesme, reçoit l'ordre de revenir au camp de Châlons.

On donne l'ordre de diriger sur Vendôme et sur le Mans les dépôts des 1ᵉʳ et 2ᵉ cuirassiers, qui se trouvaient à Lunéville et qui, par suite du mouvement de retraite de l'armée, avaient été envoyés au camp de Châlons.

Ordre est donné également d'évacuer sur Soissons et sur la Fère tout le matériel de siège qui se trouve à l'arsenal du camp de Châlons, et dont l'emploi prochain ne peut être prévu.

On évacue également l'ambulance et l'hôpital du camp sur Paris ; tous les malades doivent être dirigés directement sur la capitale.

Le 12ᵉ corps se complète par l'arrivée des batteries d'artillerie qui lui sont affectées, de quatre compagnies de chasseurs à pied, des 1ᵉʳ, 2ᵉ, 17ᵉ et 20ᵉ bataillons, et de deux compagnies du génie.

Souvenirs inédits du maréchal de Mac-Mahon.

18 août.

Le 18 au matin, l'Empereur me communiqua la dépêche suivante ainsi conçue :

Maréchal Bazaine à Empereur au camp de Châlons.

Metz, 17 août.

« J'ai eu l'honneur d'écrire à Votre Majesté hier soir pour l'informer de la bataille soutenue de 9 heures du matin à 8 heures du soir contre l'armée prussienne qui nous attaquait dans nos positions de Doncourt à Vionville.

« L'ennemi a été repoussé et nous avons passé la nuit sur les positions conquises.

« La grande consommation qui a été faite de munitions d'artillerie et d'infanterie, la seule journée de vivres qui restait aux hommes, m'ont obligé à me rapprocher de Metz, pour réapprovisionner le plus vite possible nos parcs et nos convois.

« J'ai établi l'armée du Rhin sur les positions comprises entre Saint-Privat et Rozérieulles.

« Je pense pouvoir me mettre en marche après demain, en prenant la direction plus au Nord, de manière à venir déboucher sur la gauche de la position d'Haudiomont, dans le cas où l'ennemi l'occuperait en forces pour nous barrer la route de Verdun, et pour éviter des marches inutiles qui nous retarderaient.

« Le chemin de fer des Ardennes est toujours libre jusqu'à Metz ce qui indique que l'ennemi a pour objectif Châlons et Paris.

« On parle toujours de la jonction des armées des deux princes.

« Nous avions devant nous hier, le prince Frédéric-Charles et le général Steinmetz. »

Cette dépêche fut confirmée dans la matinée par l'arrivée au camp du commandant Magnan, aide de camp du maréchal Bazaine.

Cet officier vint me voir et me dit, au nom du Maréchal, qu'il avait toujours l'intention de gagner Châlons un peu plus au Nord de Verdun.

Le 17, dans la matinée, j'avais donné ordre au colonel Broye de se rendre à Metz pour y faire connaître au maréchal Bazaine la situation de l'armée de Châlons et lui demander ses instructions.

Il portait une lettre de l'Empereur, invitant les généraux Frossard et Jarras, qui avaient eu quelques difficultés de service avec le maréchal Bazaine, à rejoindre l'Empereur à Châlons.

Si le général Jarras avait pu se conformer à cet ordre, je l'aurais probablement pris comme chef d'état-major, le considérant comme un homme d'une réelle valeur.

En arrivant à Verdun, à 9 heures du soir, le chef de gare remit au colonel Broye une dépêche par laquelle je lui annonçais que les communications avec Metz étaient interrompues par l'ennemi qui bloquait cette place ; je lui enjoignais de rétrograder et de me rejoindre à Châlons.

D'après mes renseignements, pensant que le maréchal Bazaine ne pourrait être à Châlons avant quelques jours et que, même après l'arrivée des 5ᵉ et 7ᵉ corps, qui ne pouvait avoir lieu avant le 20, je ne serais point en état de combattre dans de bonnes conditions les armées ennemies dans les plaines du camp de Châlons, j'allais reconnaître plus en arrière, dans la direction d'Épernay et de Reims, une position défensive, qui ne m'éloignât pas de la route que pouvait suivre le maréchal Bazaine pour me rejoindre et qui me permît au besoin de me retirer sur Paris.

Après cette reconnaissance, je jugeai que la position au Nord de Reims, de l'autre côté de l'Aube (*sic*), était celle qui remplissait le mieux ces conditions.

Les troupes de l'armée de Châlons arrivèrent successivement au camp le 1ᵉʳ et le 12ᵉ corps le 19.

Le 5ᵉ et 7ᵉ corps le 20.

Je m'occupai spécialement de compléter les cadres du 1ᵉʳ corps et fis signer à l'Empereur une longue lettre pour l'avancement et la légion d'honneur en faveur des officiers qui s'étaient fait remarquer à Wissembourg et à Frœschwiller.

Le commandement du 1ᵉʳ corps fut donné au général Ducrot.

Le 12ᵉ corps avait été donné au général Trochu. Je proposai à l'Empereur de le donner au général Lebrun. J'aurais dû le prendre pour chef d'état-major, et dans le cours de la campagne, je regrettai de ne pas l'avoir fait, mais, dans son intérêt, je demandai pour lui le 12ᵉ corps, ce qui me fut accordé.

L'armée de Châlons devait être au complet dans la journée du 20 août et être en état de partir le 21. D'ici là, j'espérais recevoir une lettre du maréchal Bazaine me faisant connaître le jour où il aurait quitté Metz et la route qu'il avait l'intention de suivre pour me rejoindre ainsi qu'il en avait reçu l'ordre de l'Empereur.

5ᵉ CORPS.

a) Journaux de marche.

Journal de marche rédigé par le colonel Clémeur.

Le général de Failly devant, par ordre, se trouver le 18 à Vitry a laissé, à son départ de Chaumont, le général de division L'Abadie dans cette ville avec son unique brigade (Maussion), pour faire continuer le plus vite possible l'embarquement de la division Lespart et du corps d'armée. Il ne doit partir pour Vitry qu'avec le dernier bataillon, rallier à chaque station les détachements chargés de garder la voie, et ne quitter Chaumont qu'après avoir vu effectuer le passage du 7ᵉ corps.

Le général Liédot, commandant l'artillerie du 5ᵉ corps, a également reçu l'ordre de rester à Chaumont pour présider à l'embarquement de l'artillerie de la réserve.

Les embarquements marchent toujours avec la plus grande lenteur, en raison de l'insuffisance du matériel et de la mauvaise disposition de la gare. Cependant, dans la journée et la nuit du 18 au 19, l'infanterie peut former quatre trains, et être dirigé en partie sur Vitry.

Mais les difficultés sont beaucoup plus grandes pour l'artillerie de réserve, à cause de l'insuffisance absolue des quais d'embarquement et du manque du genre de voitures qui lui sont nécessaires. En présence de ces difficultés qui vont amener un long retard à l'embarquement de cette artillerie, et des craintes que l'on peut avoir d'un moment à l'autre sur l'arrivée de l'ennemi à Chaumont, le général en chef télégraphie au général Liédot, dans la nuit du 17 au 18, de tâcher de construire des quais à Bologne et d'y conduire, par voie de terre, une partie de son matériel pour l'embarquer à cette gare. Le général Liédot répond que c'est impossible, qu'on ne peut trouver à Bologne le matériel nécessaire et qu'il est préférable d'embarquer toute l'artillerie de réserve en même temps à Chaumont, lorsqu'on le pourra.

Journal de marche rédigé par le capitaine de Piépape.

Les renseignements suivants parviennent au général en chef, à Vitry-le-François :

« Le mouvement agressif de l'ennemi sur la ligne de Chaumont à Blesme semble se ralentir. Un corps prussien paraît se diriger sur la

Haute-Marne ; un autre corps venant de Thiaucourt et Gorze, se concentre entre Saint-Mihiel et Apremont. »

Le maréchal de Mac-Mahon télégraphie au général en chef :

« L'ordre est donné au général Duhesme de mettre à votre disposition un régiment de dragons et un régiment de lanciers. »

Le quartier général du 5ᵉ corps doit se trouver à Vitry le 18 (par ordre). Le général de L'Abadie est laissé à Chaumont avec une seule brigade pour faire continuer l'embarquement et le hâter autant que possible. Il doit ne partir qu'avec le dernier bataillon, rallier à chaque station les détachements chargés de garder la voie et ne quitter Chaumont qu'après le passage du 7ᵉ corps.

Le général en chef, craignant de voir l'artillerie de réserve coupée du corps d'armée, par suite de la menace de l'ennemi sur le chemin de fer de Blesme à Chaumont, insiste vivement par dépêche, auprès du général Liédot, commandant l'artillerie, pour qu'il embarque son grand parc immédiatement.

Les quais d'embarquement étant insuffisants à Chaumont, il lui prescrit d'en faire improviser à Bologne, et d'y conduire une partie de son matériel, pour l'embarquer à cette gare.

Le général Liédot répond que le matériel du chemin de fer est inférieur aux besoins, et qu'il est préférable d'embarquer toute l'artillerie en même temps à Chaumont.

Le maréchal de Mac-Mahon adresse au général en chef le télégramme suivant à Vitry-le-François :

« Prenez vos dispositions pour venir me rejoindre au camp. Faites filer par le chemin de fer tous vos *impedimenta* et votre artillerie. Faites rétrograder sur Chaumont et Paris les batteries qui ne pourraient pas vous rallier dans la journée. Votre dernière brigade d'infanterie ne devra quitter Vitry que le 21 au matin ; à moins de circonstances provenant de l'ennemi, elle se dirigera sur Châlons où elle recevra des ordres.

« La cavalerie du général de Septeuil et la vôtre quitteront Vitry en même temps que vous, et marcheront sur la rive droite de la Marne. »

Plusieurs autres dépêches du maréchal de Mac-Mahon confirment la précédente. L'une est ainsi conçue :

« Tout le 5ᵉ corps doit être dirigé sur le camp de Châlons. »

Et une autre :

« Votre dernière brigade ne devra quitter Vitry que le 21 de grand matin. »

Télégrammes reçus le 18 août :

Le Capitaine du génie de Blesme au général de Failly, à Vitry.

18 août, 3 h. soir (n° 271).

Le mouvement agressif de l'ennemi sur la ligne du chemin de fer de Chaumont à Blesme semble se ralentir. On propose, avec l'assentiment du colonel du 20e, de continuer à tenir la position de Joinville, pour assurer le passage en chemin de fer par Blesme.

Il serait désirable alors qu'un régiment de cavalerie séjournât à Joinville et Saint-Dizier.

Le commandant Clément au général de Failly, de Chaumont à Vitry-le-François.

18 août, 3 h. 15 (n° 272).

Un corps prussien paraît se diriger sur la Haute-Marne. Un autre corps, venant de Thiaucourt et Gorze, et qui s'est probablement battu, se concentre depuis trois jours entre Saint-Mihiel et Apremont.

Le général Liédot au général de Failly, de Chaumont à Vitry.

18 août, 5 h. 50 matin (n° 273).

Je reçois votre dépêche de Vitry. Le premier train de la 2e division va partir, chargé d'infanterie seulement. On attend des wagons-écuries pour charger les deux batteries de la 2e division. On espère qu'ils arriveront avant 6 heures du matin. Je ferai suivre la division L'Abadie des deux autres mitrailleuses qui sont encore à Chaumont. J'exécuterai vos ordres en faisant partir les six batteries de la réserve, dès que le chemin de fer aura le matériel nécessaire; il me le promet, on en demande partout. Que dois-je faire du parc du génie? Je l'emmènerai, si vous ne me donnez pas d'ordre contraire. Je vous rendrai compte à Vitry de tous mes mouvements, après le départ de chaque train : il convient mieux d'embarquer toute ma réserve à Chaumont, ce sera plus rapide.

Le général de Failly au général Goze, de Vitry-le-François à Saint-Dizier.

18 août (n° 274).

Le général L'Abadie m'annonce son départ de Chaumont à 9 heures. Pour éviter une longue étape en quittant Saint-Dizier, arrêtez-vous et campez militairement à cheval sur la route, à hauteur du village d'Écriennes.

La cavalerie resterait à Perthes.

Demain vous vous dirigerez sur Vitry où, à moins d'ordres contraires, vous camperez. Vous êtes éclairé à Blesme par un régiment de cavalerie.

Le général de Failly au général Liédot, à Chaumont.

18 août, 8 h. 45 matin (n° 275).

Faites comme vous pourrez pour l'artillerie. Il fallait envoyer à Bricon et à Bologne le matériel nécessaire à l'embarquement.

Le général Nicolas au général de Failly.

18 août, 2 h. soir (n° 276).

Le 20e de ligne, rappelé au camp, est remplacé à Joinville par trois compagnies du 46e. On signale une avant-garde de 6,000 Prussiens en arrière de Bar. Le général demande des instructions et des renforts pour tenir Blesme.

Renseignements transmis de Vassy à Vitry.

18 août, 6 h. 30 (n° 277).

Des uhlans sont signalés près de Vassy.

Renseignements de Chaumont à Saint-Dizier et Vassy.

18 août (n° 278).

On signale à Bayon un corps de 15,000 hommes en deux colonnes, marchant sur Bar-le-Duc et sur Saint-Dizier.

Renseignements de Chaumont à Vitry.

18 août, 8 h. soir (n° 279).

On signale les Prussiens à Joinville.

1re DIVISION.

Séjour à Saint-Dizier. Trois compagnies du 46e, avec le commandant de Prud'homme, sont envoyées à la gare de Joinville.

1re DIVISION (2e brigade).

Blesme, 18 août.

A 9 heures du matin arrivaient en gare les administrateurs du télégraphe de Bar-le-Duc, ils annonçaient qu'ils venaient d'être contraints par la pointe d'avant-garde de l'ennemi de livrer leurs appareils ; qu'un officier avait également pris possession de la poste aux lettres et avait sommé le préfet et le maire de mettre à sa disposition tous renseignements statistiques et autres pouvant l'intéresser. A 10 heures le capitaine du génie Varaigne, monté sur une locomotive, est envoyé en reconnaissance vers Bar. A la station de Révigny il apprend qu'en effet des cavaliers ennemis occupaient Bar, et qu'une avant-garde, composée de toutes armes, d'environ 6,000 hommes, et dont le corps principal est en entier à 40 kilomètres dans l'Est, se montre aux abords de la ville.

A midi, en vue d'intercepter à l'ennemi la voie de Bar, sur laquelle s'est replié le matériel roulant, le général de brigade forme un détachement de 200 hommes dont 50 munis d'outils, il en confie la direction au capitaine Varaigne ; ce détachement, monté sur des trucs, se porte à un viaduc voisin de Révigny et y enlève sur une longueur de 30 mètres les rails et les traverses qui sont ramenés à Blesme. Le maire de Sermaize devait, en outre, faire rapidement prévenir le général de tout incident nouveau.

A 3 heures les détachements du 20ᵉ, remplacés sur la ligne de Chaumont par ceux de la 2ᵉ brigade, rallient l'état-major ; ce régiment en entier quitte Blesme pour se rendre en entier à Châlons. A 4 heures, le général en chef, prévenu par le général de brigade de la situation à Bar et de l'apparition de cavaliers ennemis sur la ligne de Chaumont, particulièrement à Chevillon, où le chef de la station télégraphique, malgré la ferme attitude du poste, brise étourdiment ses appareils, dirige de Vitry sur Blesme le général de Septeuil à la tête d'un régiment de cavalerie légère qui, à 6 heures, campe en arrière du 61ᵉ.

A 10 heures du soir, le général de brigade, d'accord avec l'inspecteur des forêts accouru à Blesme, arrête que, dès la nuit même, des abatis seront faits sur les principaux chemins de la forêt des Trois-Fontaines.

2ᵉ DIVISION.

18 août.

Dans la matinée, on achève l'embarquement du matériel de la division Guyot de Lespart, dont le quartier général est à Vitry. Celui du général Goze reste à Saint-Dizier.

La ligne de chemin de fer étant menacée par des coureurs, ordre est donné de diriger deux escadrons de cavalerie sur chacun des points ci-après : Biesles, Andelot, Joinville, Saint-Dizier. Cette cavalerie doit s'éclairer jusqu'à 20 kilomètres de la voie ferrée en s'établissant à 12 kilomètres de Chaumont, Bologne, Joinville et Saint-Dizier. Le 5ᵉ lanciers fournit les escadrons envoyés à Biesles et à Andelot ; ceux de Joinville et de Saint-Dizier appartiennent au 12ᵉ chasseurs. On songe à utiliser le chemin de fer pour faire arriver promptement ces derniers à leur destination, mais par suite de l'insuffisance du matériel, on ne peut embarquer qu'un escadron pour Joinville et un pour Saint-Dizier. Les deux autres vont à leurs postes par la route ordinaire. Cette opération ralentit le départ de la compagnie du génie et de l'infanterie de la division de L'Abadie ; elles peuvent cependant quitter Chaumont dans l'après-midi, sous la conduite du général de Maussion. A leur arrivée à Vitry, elles vont bivouaquer sur la rive gauche de la Marne, au nœud de la route de Sézanne et de l'ancienne route de Châlons. Le général de Maussion a avec lui les cinq compagnies du 14ᵉ bataillon de chasseurs à pied, trois bataillons du 49ᵉ et deux bataillons du 88ᵉ. Le IIIᵉ bataillon de ce régiment reste à Chaumont. On s'occupe de charger le matériel d'artillerie de la division de L'Abadie. Le soir, un convoi d'une partie du personnel et du matériel des batteries de cette division était prêt à partir. On apprend que le chef de station de Chevillon a coupé ses fils télégraphiques et fermé son bureau, parce que des uhlans se sont présentés au village. Le départ se trouve retardé par suite de cette circonstance, et le général de division juge prudent de faire reconnaître la voie en avant des trains qui partiront la nuit. Une réquisition est faite par son ordre au chef de l'exploitation pour qu'il ait à faire marcher devant les convois une seconde locomotive qui sera isolée et se tiendra à la distance nécessaire pour prévenir à temps et faire rebrousser chemin si la ligne est coupée ou menacée. Le personnel de Chaumont se montre plein de hardiesse et de zèle pour faire cette reconnaissance. Le lieutenant-colonel de Boureulle, commandant l'artillerie de la division de L'Abadie, reçoit l'ordre de rendre compte par télégramme si quelque incident se présente pendant le trajet. Le train s'éloigne, et le transport est effectué sans encombre, cette artillerie rejoint le général de Maussion.

Dans la soirée, un convoi chargé de troupes du 7ᵉ corps fait arrêt à la gare de Chaumont. On continue, la nuit, de former des trains chargés de l'artillerie de la division de L'Abadie, mais le personnel d'équipe est exténué et le travail marche avec peine.

La réserve d'artillerie et de mulets du train sont encore à Chaumont, ainsi que le quartier général du général Brahaut, resté dans cette ville avec son état-major seulement et les généraux de La Mortière et de Bernis.

Le IIIᵉ bataillon du 88ᵉ vient camper sur la place qui précède la gare du chemin de fer, et prend des dispositions pour se garder hors de Chaumont.

Le génie avait prêté son concours au commandant du génie de Vitry, pour la mise en état de défense de la place, à laquelle des troupes du

5e corps avaient travaillé. Le général avait donné un ordre pour étendre les inondations autour de la ville. A 9 heures du matin, les employés du chemin de fer de Bar-le-Duc s'étaient repliés sur Vitry, en présence d'une pointe d'avant-garde composée de 6,000 hommes environ de toutes armes, et précédant de 40 kilomètres des forces plus nombreuses.

Des uhlans s'étaient effectivement présentés à Chevillon, mais ils y avaient été accueillis à coups de fusil, par le poste établi à cette station, et avaient éprouvé quelques pertes qui les avaient obligés à se retirer; mais leur apparition avait fait perdre contenance au chef de gare qui s'était trop hâté de rompre les fils télégraphiques. Le général de Septeuil, avec un régiment de cavalerie, était venu renforcer le général Nicolas à Blesme, ce dernier officier général avait fait couper le chemin de fer de Bar-le-Duc.

A 3 heures de l'après-midi, le 20e de ligne, remplacé sur toute la ligne par des gardes du 5e corps, était parti pour le camp de Châlons.

Le 18, la cavalerie du 1er corps arriva à Châlons.

DIVISION DE CAVALERIE.

Par suite d'ordres envoyés par le général en chef, les huit escadrons reçoivent les destinations suivantes : deux escadrons du 5e lanciers, avec le lieutenant-colonel, se rendent à Biesle; les deux autres escadrons du 5e lanciers, avec le colonel, se rendent à Andelot par Bologne. Deux escadrons du 12e chasseurs, avec le lieutenant-colonel, sont envoyés à Joinville, et les deux autres, avec le colonel, à Saint-Dizier. Ces quatre détachements avaient pour mission de couvrir la ligne du chemin de fer, depuis Chaumont jusqu'à Saint-Dizier. On la savait menacée par la cavalerie prussienne, notamment du côté de Chevillon, entre Joinville et Saint-Dizier. Les escadrons devaient s'éclairer jusqu'à 20 kilomètres de la voie ferrée, en s'établissant eux-mêmes à 12 kilomètres environ de Chaumont, Bologne, Joinville et Saint-Dizier. Vu l'urgence, le général de division aurait voulu faire embarquer par le chemin de fer les quatre escadrons du 12e chasseurs, mais par suite de l'insuffisance du matériel, deux escadrons seulement purent être embarqués. Le général fit alors prendre la voie ferrée à un escadron du détachement de Joinville et à un escadron du détachement de Saint-Dizier. Tous les autres escadrons se rendirent à destination par la voie de terre. Le service des reconnaissances, des grand'gardes et des vedettes fut fait avec une très grande vigilance qui fit échouer partout les tentatives de surprise de la cavalerie ennemie. Après le départ de ces huit escadrons, le général de division restait seul avec les généraux de La Mortière et de Bernis et son état-major.

Le général de L'Abadie occupait encore Chaumont avec ses derniers bataillons qu'il faisait successivement embarquer pour Saint-Dizier.

DIVISION DE CAVALERIE (1re brigade).

La division quitte son bivouac à 5 heures du matin, et vient occuper l'esplanade de la ville. A 9 heures, le général de division donne communication de l'ordre suivant :

Chaumont, 18 août.

« Le chemin de fer devant être protégé jusqu'à ce que le passage des troupes soit complètement terminé, le régiment de chasseurs enverra deux escadrons à Joinville avec mission de pousser des reconnaissances sur Commercy et sur Toul.

« Deux autres escadrons se rendront à Saint-Dizier et pousseront des reconnaissances sur les routes de Bar-le-Duc et de Commercy. Ces détachements devront avoir des pointes d'avant-gardes au moins à 20 kilomètres de la ligne du chemin de fer pour éclairer au loin. Ils resteront stationnés à 12 ou 15 kilomètres de ces gares dans la direction de l'ennemi et ne se replieront que s'ils y sont sérieusement forcés.

« Les chefs de détachements rendront compte directement à Vitry au général de Failly et à Chaumont au général L'Abadie de tout ce qu'ils sauraient d'intéressant au sujet de l'ennemi.

« Le point de ralliement de chaque détachement est, sur son chef de détachement, et, de là, s'il est nécessaire, ou gagnera Saint-Dizier et Vitry.

« Dans chacun des deux détachements, un escadron partira de suite en chemin de fer, l'un pour Joinville, l'autre pour Saint-Dizier. Ces escadrons, dès leur arrivée, enverront des reconnaissances sur les routes qu'ils doivent surveiller et continueront ce service jusqu'à l'arrivée du 2e escadron de chaque régiment.

« Les deux escadrons qui doivent partir par terre se mettront en route de suite pour coucher ce soir à Joinville : celui des deux qui doit gagner Saint-Dizier partira demain matin pour cette destination.

« Le régiment de lanciers détachera immédiatement par la ligne la plus courte deux escadrons dans la direction de Chaumont à Montigny, deux autres dans celle de Bologne à Neufchâteau. Ces deux détachements devront avoir des pointes d'avant-garde au moins à 20 kilomètres de la ligne du chemin de fer, pour éclairer au loin. Ils resteront stationnés à 12 ou 15 kilomètres de ces gares dans la direction de l'ennemi, et ne se replieront que s'ils y sont sérieusement forcés.

« Les chefs de détachements devront rendre compte directement à Vitry au général de Failly et à Chaumont au général L'Abadie, de tout ce qu'ils sauraient d'intéressant au sujet de l'ennemi. Le point de ralliement pour chaque détachement sera, autant que possible, sur son point de départ, et, de là, dans la direction de Joinville et de Vitry. »

En vertu de cet ordre, les deux régiments se mettent en marche. Les généraux Brahaut, de Bernis et de La Mortière ont l'ordre de gagner Châlons.

c) Opérations et mouvements.

Le maréchal de Mac-Mahon au général de Failly, à Vitry-le-François (D. T.).

Camp de Châlons, 18 août, 9 h. 30 soir. Expédiée à 11 h. soir (n° 24982).

Prenez vos dispositions pour venir nous rejoindre au camp ; faites filer par le chemin de fer tous vos *impedimenta* et votre artillerie. Faites rétrograder sur Chaumont et Paris les batteries qui ne pourraient pas vous rallier demain dans la journée. Votre dernière brigade d'infanterie ne devra quitter Vitry que le 21 au matin, à moins de circonstances provenant de l'ennemi. Elle se dirigera sur Châlons, où elle recevra des ordres. La cavalerie de Septeuil et la vôtre quitteront Vitry en même temps que vous et marcheront sur la rive droite de la Marne.

En marge au crayon : Écrire au maréchal de Mac-Mahon que l'on se garde toujours mal.

Le général de Failly au Ministre de la guerre (D. T.).

Vitry, 18 août, 2 h. 25 matin (n° 32795).

Je ne partage pas votre confiance sur la sûreté de la voie ferrée de Chaumont à Vitry.

Le maréchal de Mac-Mahon vient de donner l'ordre à l'artillerie de réserve de se diriger sur Paris. Je fais rallier la cavalerie par voie de terre.

En marge, de la main du général de Palikao, Ministre de la guerre :
« Le corps de Douay passera par la vallée du Doubs. Il est arrivé à Paris aujourd'hui. »

7e CORPS.

a) Journaux de marche.

Notes sur les opérations de la 1re division d'infanterie du 7e corps.

Le 18, sur un ordre du grand quartier général, la division est déplacée et portée à la gauche du 1er corps....., entre les villages de Bouy et de Vadenay, la gauche près du premier de ces villages, le dos tourné à la rivière la Vesle. Le quartier général de la division est à Vadenay.....

C'est à cette époque que les divers corps de la division, excepté le bataillon de chasseurs reçoivent un assez grand nombre d'hommes soit de la réserve, soit des deuxièmes portions des contingents, mais le 47e, seul, complète à peu près son effectif. Ces hommes ne sont ni aguerris, ni instruits; beaucoup d'entre eux ne connaissent même pas le maniement du chassepot. La réorganisation de la division reste donc fort incomplète. A son départ du camp, elle manque encore de havresacs et d'effets de campement. La 1re brigade n'aura même pas son approvisionnement de cartouches malgré les demandes réitérées faites par le général Conseil-Dumesnil.

2e DIVISION (2e brigade).

Itinéraire.

Le 18 août, la 2e brigade reçoit l'ordre de quitter le camp de Bellevue pour se rendre à Blesme par le chemin de fer; là elle prendra position pendant que le 7e corps se rendra à Châlons par le chemin de fer. Elle sera renforcée par une batterie d'artillerie et le bataillon de chasseurs.

Ordre de départ.

10 h. 30 du matin : 6e bataillon de chasseurs et partie du 53e, avec le général commandant la 2e brigade.

Midi : reste du 53e.

2 heures : une batterie de 4.

3 heures : moitié du 89e.

4 h. 30 : reste du 89e.

Le général commandant la 2e division suivra avec le 89e. La 1re brigade est partie dans la nuit du 17 au 18 août pour Châlons en passant par Dijon.

A Vesoul, le général commandant la 1ʳᵉ brigade reçoit simultanément deux dépêches : la première prescrivant d'arrêter le train jusqu'à l'arrivée de nouveaux ordres ; la deuxième portant ordre de se rendre à Châlons en passant par Troyes.

A Chaumont, le train repart sans itinéraire tracé et marche à volonté, selon l'état de la ligne.

Division de cavalerie.

Quatre escadrons du 4ᵉ hussards et quatre escadrons du 4ᵉ lanciers partent pour aller s'embarquer en chemin de fer à Montbéliard, sous le commandement du général Cambriels et quittent ce point en deux convois.

RÉSERVE DE CAVALERIE

Journal de marche de la 2ᵉ division.

Départ de Frignicourt à 5 heures du matin, arrivée à Châlons-sur-Marne à 10 heures.

RENSEIGNEMENTS

Le Ministre de la guerre au maréchal Bazaine, à Metz (D. T.).

Paris, 18 août, 3 h. 15 matin.

Je reçois les renseignements suivants qui me sont fournis par le préfet de la Meuse :

« Corps d'armée considérable dans environs d'Apremont; depuis trois jours, le pays de Vigneulles est envahi; les communications avec Vigneulles sont coupées; les télégraphes ne vont plus et l'affluence des ennemis est telle qu'il n'y a plus moyen passer. Le 15 au soir 150 à 200 cuirassiers Garde royale ont occupé Saint-Mihiel, 5,000 à 6,000 hommes sont à Apremont; outre lanciers et cuirassiers, 500 hommes d'infanterie ont logé dans la ville; il y a de l'artillerie; des détachements se trouvent dans presque tous les villages autour Apremont. On attend 6,000 à 8,000 hommes devant se diriger sur (?). Tout le monde dit les troupes d'Apremont démoralisées; elles seraient commandées par prince Charles. »

L'Inspecteur de la Meuse à M. le Directeur général des lignes télégraphiques, à Paris (D. T.).

Bar-le-Duc, 18 août, 6 h. matin. Expédiée à 9 h. 35 matin (n° 32817).

J'envoie M. Gilles à Revigny vous prévenir que petite avant-garde prussienne arrivée à Bar-le-Duc, suivie de près par un petit corps de 4,000 à 5,000 hommes, dit-on. Je m'inspire des circonstances pour me diriger sur Paris ou pour rester ici avec un employé et un surveillant.

Le Préfet de la Meuse au Ministre de la guerre (D. T.)

Revigny, 18 août, 1 h. 10 soir. Expédiée à 1 h. 50 (n° 32916).

150 Prussiens à Bar-le-Duc, au Champ-de-Mars.
6,000 à Demange-aux-Eaux (1).

---

(1) Renseignement transmis au général Bazaine à 3 h. 18 soir.

Le Ministre au maréchal de Mac-Mahon, au camp de Châlons (D. T.).

Paris, 18 août, 10 h. 42 matin.

On me signale l'ennemi en assez forte masse, d'une part à Saint-Mihiel et surtout à Apremont. Ce sont des troupes qui ont dû prendre part aux combats sous Metz ; d'autre part, dans les environs de Toul et de Gondrecourt.

Le général de Failly me télégraphie qu'un corps prussien considérable a fait séjour le 16 à Bayon, et fait préparer à Charmes-sur-Moselle, 25,000 rations pour une autre colonne.

Le Ministre au maréchal Bazaine, à Verdun et à à Metz. (Faire suivre.) (D. T.).

Paris, 18 août, 10 h. 44 matin (n° 24776).

Les renseignements que je vous ai adressés hier sur une concentration de l'ennemi, à Saint-Mihiel et surtout à Apremont sont confirmés. Le préfet de la Meuse est informé de l'arrivée à Void de 120 Prussiens qui se disent suivis du prince Albert et se dirigent sur Châlons.

Le général de Failly me télégraphie qu'un corps prussien considérable a fait séjour le 16 à Bayon, et fait préparer à Charmes-sur-Moselle 25,000 rations pour une autre colonne.

Le Préfet de la Meuse au Ministre de la guerre (D. T.).

Revigny, 18 août, 1 h. 30 soir. Expédiée à 2 h. 35 soir (n° 32926).

Les Prussiens éclaireurs paraissent vouloir se diriger sur Saint-Dizier et semblent être les mêmes que ceux qui étaient à Nancy.

X... à Arlon (Luxembourg belge), au Ministre des affaires étrangères (D. T.).

Longwy, 18 août, 2 h. 15 soir. Expédiée à 3 h. 35 soir (n° 5409).

Troupes prussiennes landwehr évaluées cinquante mille passées hier et avant-hier, avec artillerie, par Trèves, vers Sarrelouis, Sarrebruck, ligne défense Argonne.

Emploi ballon captif utile découvrir mouvement ennemi ; pourrait peut-être y attacher fil télégraphique.

En marge : « Envoyé chiffré au maréchal Mac-Mahon, le 19 août 1870. »

Le Préfet de la Meuse au Ministre de la guerre (D. T.).

Revigny, 18 août, 3 h. 15 soir. Expédiée à 4 h. soir (n° 32988).

600 à 700 Prussiens sont à Bar en ce moment, un plus grand nombre sont attendus.

Prévenir maréchal Mac-Mahon.

En marge de la main du général de Palikao, Ministre de la guerre :
« Prévenir le maréchal Mac-Mahon. »

Le Préfet au Ministre de l'intérieur (D. T.).

Chaumont, 18 août, 4 h. soir. Expédiée à 5 h. 5 soir (n° 33004).

Sept éclaireurs prussiens, venus de Colombey, étaient hier à Neufchâteau, gare vide, télégraphe détruit. Ils ont questionné sur Mac-Mahon et l'état de son corps d'armée. L'ennemi, campé à Colombey, se serait dirigé au nombre de 4,000 sur Vaucouleurs où se trouveraient de nombreux cavaliers et à Commercy. Son avant-garde aurait fait des réquisitions à Mirecourt et rétrogradé sur Charmes.

Toul serait investi et continuerait à résister.

Rien de nouveau à Neufchâteau à 2 heures aujourd'hui.

On présume que l'ennemi reprend la direction de Vaucouleurs.

Le même au même (D. T.).

Chaumont, 18 août, 4 h. 15 soir. Expédiée à 5 h. 10 soir (n° 33011).

150 Prussiens sont campés au Champ-de-Mars à Bar-le-Duc et 6,000 à Demange-aux-Eaux. Les éclaireurs ennemis paraissent vouloir se diriger sur Saint-Dizier où ils trouveront des troupes du général de Failly. L'évacuation de ce corps d'armée par la ligne de Chaumont à Blesme a commencé hier et ne se terminera que demain à midi. Il est à craindre que les éclaireurs ennemis ne remontent vers Chevillon ou Joinville et coupent la voie ferrée.

J'ai envoyé un télégramme au maréchal Mac-Mahon.

Le Ministre au maréchal Bazaine, à Metz ou Verdun (ancien chiffre).

Paris, 18 août, 7 h. 15 soir.

Le général Uhrich me télégraphie en date du 17 août, à 8 heures du soir :

« De nombreuses troupes ennemies passent en vue de Strasbourg, se dirigent vers l'Ouest et peut-être ensuite vers le Sud ; quelques obus nous ont été envoyés le 15. Peu de dommages importants. »

Dépêche de service de Paris pour quartier impérial (D. T.).

Remise au quartier général (camp de Châlons), 18 août, 8 h. 28 soir.

La communication télégraphique est interrompue entre Paris et Metz, au delà de Mézières.

Le Ministre au maréchal de Mac-Mahon, au camp de Châlons (D. T.).

Paris, 18 août, 9 h. 50 soir.

Le préfet de la Haute-Marne signale des coureurs ennemis vers Saint-Dizier, et craint que la voie ferrée ne soit coupée vers Chevillon. Le préfet de la Meuse signale Prussiens en petit nombre à Bar et en attend un plus grand nombre. Ce sont les mêmes qui ont traversé Nancy.

Le Sous-Préfet de Vitry au Ministre de l'intérieur et au Commandant du camp de Châlons (D. T.).

Vitry-le-François, 18 août, 10 h. 3 soir. Expédiée le 19 à 1 h. 30 soir (n° 33124).

Le sous-préfet de Vassy m'informe qu'une armée prussienne de 150,000 hommes, en deux corps, se dirige sur Bar-le-Duc et Saint-Dizier, l'un venant de Gondrecourt (Meuse) et Ligny-en-Barrois, l'autre venant de Verdun. Le procureur impérial de Vassy fait connaître que des uhlans ont été vus à Vassy. Des habitants de Bar ont vu un escadron de cavalerie prussienne entrer dans la journée à Bar-le-Duc.

L'Intendant au Ministre de l'intérieur (D. T.).

Charleville, 18 août, 10 h. 45 soir. Expédiée à 11 h. 50 soir (n° 33125).

La gare de Mézières vient d'être avisée que la voie est coupée à Uckange, entre Thionville et Metz, et à Hayange, entre Audun et Thionville. Je suis dans l'obligation d'arrêter à Mézières, Sedan ou Montmédy, les convois venant de Paris, Givet et Châlons. Je chercherai à arriver demain de ma personne à Thionville.

Journée du 19 août.

ÉTAT-MAJOR GÉNÉRAL.

b) Organisation et administration.

Le Ministre de la guerre au maréchal de Mac-Mahon, au camp de Châlons (D. T.).

Paris, 19 août, 9 h. 50 matin. Transmis à Reims le 19, à 10 h. 29 matin.

Monsieur le Maréchal, il y doit y avoir au camp de Châlons 18,000 fusils modèle 1866, avec leurs rechanges, qui étaient destinés à l'armement de la garde nationale mobile de la Seine. Ces armes sont actuellement à votre disposition pour armer les hommes isolés qui auraient perdu leurs fusils. Le surplus devra être dirigé sur Paris, place de Vincennes.

Je vous prie de me faire connaître ce qui aura été fait.

Le Ministre au maréchal de Mac-Mahon, au camp (D. T.).

Paris, 19 août, 11 h. 26 matin.

Je fais partir aujourd'hui un train de munitions d'artillerie pour Metz, avec un sous-officier qui a pour instruction de ne pas dépasser Reims sans un ordre de vous.

Veuillez, si la voie est libre, lui faire continuer sa route, et, dans le cas contraire, lui donner telle direction que vous jugerez convenable.

Le même au même (D. T.).

19 août, 3 h. 30 soir.

Je fais partir ce soir ou cette nuit encore un train de munitions par Thionville pour Metz, portant 2 millions de cartouches modèle 1866 et 4,000 coups de canon de 4. Ce train sera accompagné par un sous-officier ou employé qui a ordre d'aller jusqu'à Reims. Je prescris en même temps au général Mitrecé, directeur général des parcs, d'envoyer à Reims deux officiers d'artillerie dont l'un, après s'être assuré que la voie est libre et après avoir pris vos ordres, partira avec le train de Reims pour Metz, et dont l'autre restera à Reims pour veiller dans la gare aux trains de munitions qui pourraient y arriver à destination.

Assurez l'exécution.

Le maréchal de Mac-Mahon au commandant Magnan, à Montmédy (D. T.).

Camp de Châlons, 19 août, 9 h. 55 soir.

Gardez les trains de munitions à Montmédy jusqu'à nouvel ordre.

c) Opérations et mouvements.

Le maréchal de Mac-Mahon au Ministre (D. T.).

Camp de Châlons, 19 août, 6 h. matin.

L'Empereur a reçu du maréchal Bazaine un télégramme, 4 heures du soir, annonçant que l'ennemi, grossi de l'armée de réserve commandée par le roi de Prusse, l'attaque sur tout son front, que ses troupes résistaient, mais que plusieurs de nos batteries étaient déjà démontées.

A 9 heures du soir, la ligne télégraphique avec Metz était coupée. Dans cette situation, le maréchal Bazaine a dû cette nuit s'ouvrir un passage, mais il est impossible de savoir dans quelle direction, Nord-Ouest probablement.

Je me porterai après-demain sur Reims où je prendrai position.

Le maréchal de Mac-Mahon au Général commandant supérieur et au Sous-Préfet, à Verdun (D. T.).

Camp de Châlons, 19 août, 6 h. 25 matin.

Nous sommes sans nouvelles directes du maréchal Bazaine, et je crains que nous n'en ayons de longtemps. Employez tous les moyens possibles pour vous en procurer en expédiant des courriers ou des gens du pays et renseignez-moi.

Le maréchal de Mac-Mahon au Commandant militaire, à Verdun (D. T.).

Camp de Châlons, 19 août, 10 h. 40 matin.

Faites charger les approvisionnements que je vous ai invité à diriger sur Reims, mais ne les mettez en route que si vous apprenez, ce qui est probable, que le maréchal Bazaine a pris une autre direction. Faites le possible pour connaître la direction qu'il a choisie en quittant Metz.

Le maréchal de Mac-Mahon au commandant supérieur, à Thionville (D. T.).

Camp de Châlons, 19 août, 10 h. 50 matin. Reçue à 11 h. 11 matin.

Employez tous les moyens possibles pour avoir des nouvelles du maréchal Bazaine.

Est-il encore à Metz? Si non, quelle direction a-t-il pris? Réponse télégraphique.

Le même au même (D. T.).

Camp de Châlons, 19 août, 11 h. 50 matin. Expédiée à 1 h. 40 soir (n° 25116).

Envoyez en reconnaissance un officier intelligent, monté sur une machine à vapeur, qui ne s'arrêtera que lorsque la voie sera coupée ou lorsqu'il aura été arrêté par l'ennemi. Ce système nous a bien réussi. Rendez-moi compte des renseignements de cet officier sur la marche du maréchal Bazaine.

Le Ministre au maréchal de Mac-Mahon, au camp de Châlons (D. T.).

Paris, 19 août, 4 h. soir (n° 25196).

J'apprends de source certaine que les corps ne se gardent pas, qu'il n'y a pas de reconnaissance sérieusement organisée jusqu'ici. Je fais exception pour la division de cavalerie du général Fénelon qui nous a fourni des renseignements utiles. J'ai su que le corps de Failly à Chaumont et à Blesme n'était ni éclairé ni gardé; cette absence de vigilance permet à des partis isolés et sans importance de couper les chemins de fer. Cette opération a été exécutée déjà avec bonheur et adresse dans plusieurs endroits par quelques cavaliers qu'il eût été facile de chasser à coups de fusil si l'on s'était gardé.

Veuillez donner des ordres pour que l'on redouble de vigilance en ce moment. Vous avez sans doute eu connaissance d'un corps prussien peu considérable, 1000 à 1200 hommes environ et 200 voitures, qui paraissait séparé du reste de l'armée et semblait se diriger de Saint-Mihiel vers Montmédy.

Le Directeur du télégraphe, à Thionville, au Directeur du télégraphe, au camp de Châlons (D. T.).

Thionville, 19 août, 4 h. 56 soir. Transmise au camp à 5 h. 5 soir.

Prière de prévenir le maréchal de Mac-Mahon que je suis aujourd'hui depuis 1 heure soir sans communication télégraphique avec Metz et sans espoir d'en avoir ce jour. Je remets les dépêches qui me parviennent à M. le Commandant de place de Thionville qui restera chargé de les faire parvenir à Metz.

Le Ministre au maréchal de Mac-Mahon, au camp de Châlons (D. T.).

Paris, 19 août, 6 h. 50 soir (n° 25279).

Le corps du général de Failly a-t-il dépassé Vitry et a-t-on gardé Blesme jusqu'à ce qu'il soit entièrement passé ? Comment se fait-il que depuis trois jours le général de Failly n'ait pas franchi la gare de Vitry et ne soit pas déjà à Châlons ? Dites-moi où est son parc ?

On annonce les éclaireurs ennemis à Blesme.

Le commandant Magnan au maréchal de Mac-Mahon, au camp de Châlons (D. T.).

Montmédy, 19 août, 7 h. 19 soir.

Je reviens pour la deuxième fois de Thionville. La voie a été coupée en trois endroits la nuit dernière en deçà de Thionville. Elle est réparée maintenant ; mais elle est coupée et gardée par l'ennemi, 3,000 hommes environ, sur une grande étendue entre Thionville et Metz. Impossible de diriger les trains de munitions sur Metz. Faut-il les laisser aller jusqu'à Thionville, ou les maintenir à Montmédy, jusqu'à nouvel ordre pour plus de sûreté ? En attendant, je reste ici avec Larrey, Préval et Métairie qui n'ont pu passer. Aussitôt votre décision reçue pour les trains de munitions, je chercherai à rallier le camp français comme je pourrai.

Hier, engagement sur la droite, heureux, paraît-il. Je ne crois pas l'armée en mouvement.

Le Préfet de la Marne au Ministre de l'intérieur (D. T.).

Châlons, 19 août, 8 h. 45 soir. Expédiée à 10 h. 40 soir (n° 33508).

La Compagnie de l'Est a fait couper le chemin de fer entre Sermaize et Blesme. J'ai encore des communications télégraphiques avec Vitry. Les trains pour Paris ne partent plus que de Vitry. Nos troupes continuent à se concentrer dans le département.

Au bas de la page, au crayon : « Notifier aux Directions ; fait le 20 août. »

Le commandant Magnan au Ministre de la guerre.

Charleville, 19 août.

Le maréchal Bazaine m'a envoyé, hier 18, de son quartier général de Plappeville vers l'Empereur au camp de Châlons.

J'ai communiqué à Sa Majesté divers renseignements sur notre situation et sur la bataille, et Elle a dû vous les faire parvenir sans retard.

Après avoir pris les ordres de l'Empereur, je ralliais le maréchal Bazaine, quand j'ai été arrêté à Hayange, en deçà de Thionville par une coupure de la voie.

J'apprenais en même temps que la ligne de fer et le télégraphe étaient coupés à Uckange (première station entre Thionville et Metz) et qu'on avait des craintes pour Longuyon, des partis de uhlans ayant été vus dans les environs (1).

Nos évacuations de blessés, par la seule ligne qui nous restait étaient désormais impossibles et il devenait prudent d'arrêter en deçà même de Longuyon tous les trains de munitions et de vivres qui se dirigeaient vers Metz par Thionville et dont nous avions mission, M. l'intendant de Préval et moi, d'organiser et d'accélérer la marche, car vous savez que la place de Metz n'a pu donner à l'armée du Rhin que des ravitaillements complètement insuffisants en vivres comme en poudre.

Dans cette situation, je n'ai même pas laissé aller les trains jusqu'à Montigny. Ils se groupent à Charleville, qui deviendra un fort centre d'approvisionnements pour l'armée du Rhin, dont l'objectif, suivant les indications de Sa Majesté, devrait être plutôt actuellement la ligne

---

(1) Cette crainte s'est réalisée ; la voie a été coupée en trois endroits, entre Longuyon et Pierrepont, vingt minutes après notre passage en retour sur Montmédy. (*Note du commandant Magnan.*)

de Thionville à Charleville que la zone de Verdun, trop fortement occupée par les armées prussiennes.

Il paraît qu'il y aurait eu hier de sérieux engagements, mais je n'en connais pas les résultats positifs.

Quand j'ai quitté le Maréchal, sa pensée était, dès qu'il aurait eu quatre jours de vivres et complété à peu près ses caissons, de marcher rapidement sur Verdun par la route de Briey, en tournant la forte position d'Haudiomont et en évitant des combats inutiles, qui retardent notre marche sur la Meuse.

La bataille du 14 a été un succès très glorieux pour nos armes, puisque l'ennemi a cédé le terrain et a été refoulé dans les bois avec des pertes énormes, mais cela nous a fait perdre trois jours (ce qui était bien le but du prince Frédéric-Charles) et en outre, à la fin de la journée, nous n'avions plus que 25 coups par pièce, et nos munitions d'infanterie étaient réduites à une proportion qui n'eut pas permis de recommencer la lutte le lendemain.

Celle du 16 a été acharnée et a duré treize heures. Nos pertes sont sensibles; nous les estimons à 500 ou 600 hommes hors de combat.

Les généraux Bataille, Valazé sont blessés. Le général Montaigu est tué. On dit aussi le général Legrand tué, mais cela demande confirmation.

Le maréchal de Mac-Mahon au Ministre de la guerre, à Paris.

Quartier général, 19 août.

Veuillez dire au Conseil des Ministres qu'il peut compter sur moi, et que je ferai tout pour rejoindre Bazaine.

1er CORPS.

a) Journaux de marche.

Journal de marche du 1er corps.

L'artillerie du 1er corps arrive au camp de Châlons, ainsi que les divisions de cavalerie Bonnemains et Duhesme. Le 9e cuirassiers, dont l'effectif est extrêmement réduit par les pertes qu'il a faites à la bataille de Fræschwiller, est dirigé sur Paris pour y être réorganisé.

Le 4e chasseurs d'Afrique arrive au camp et est placé provisoirement sous les ordres du général Lebrun (division Fénelon).

Le 20e de ligne rejoint sa division au camp.

Le 5e corps (général de Failly) quitte Vitry pour le camp de Châlons. Il laisse une brigade à Vitry.

Arrivée des équipages régimentaires destinés au 12e corps. Toutes les troupes complètent leur approvisionnement de 90 cartouches par homme.

Souvenirs inédits du maréchal de Mac-Mahon.

19 août.

Le 19, ne recevant aucune instruction du maréchal Bazaine, je pris mes dispositions pour me porter sur Reims où, d'après ses ordres je pourrais le rejoindre, ou au contraire, si je ne recevais de lui aucune instruction dans ce sens, me porter sur Paris et y organiser une armée qui me permît de combattre l'armée allemande. J'informai le maréchal Bazaine de ce projet par télégramme :

Châlons, 19 août, 8 heures matin.

« Demain soir, toutes les troupes sous mes ordres seront réorganisées.

« Failly est à Vitry-le-François, Margueritte avec une division de cavalerie à Sainte-Menehould.

« Si l'armée du Prince royal arrive en forces sur moi, je prendrai position entre Épernay et Reims, de manière à être prêt à me rallier à vous ou à marcher sur Paris, si les circonstances me forcent à le faire. »

Dans l'ouvrage que le général Montauban a publié sur son ministère, il indique qu'il avait envoyé en diverses circonstances à l'Empereur plusieurs plans de campagne. Il pensait que Sa Majesté me les avait communiqués, mais il était dans l'erreur. L'Empereur ne m'a jamais communiqué ni même parlé d'aucun de ces projets.

Dans la matinée du même jour, 19 août, l'Empereur me donna connaissance de deux dépêches qu'il venait de recevoir du maréchal Bazaine. Elles étaient datées du 18.

La première, de 4 heures du soir, était ainsi conçue :

« En ce moment, 7 heures, une attaque conduite par le roi de Prusse en personne avec des forces considérables, est dirigée sur tout le front de nos lignes. Les troupes tiennent bon jusqu'à présent, mais nos batteries ont été obligées de cesser leur feu. »

La deuxième, de 7 h. 50, disait :

« J'arrive du plateau, l'attaque a été vive. En ce moment, 7 heures, nos troupes sont restées sur nos positions. »

Ayant lu ces dépêches et sachant d'autre part que l'armée du Prince royal continuait son mouvement sur Châlons, j'adressai au Ministre de la guerre la dépêche ci-après :

« L'Empereur a reçu du maréchal Bazaine un télégramme d'hier soir 4 heures, annonçant que l'ennemi, grossi de l'armée de réserve commandée par le Roi, l'attaquait sur tout son front, que nos troupes résistaient, mais que plusieurs de nos batteries étaient démontées.

« A 9 heures du soir, la ligne télégraphique avec Metz était coupée.

« Dans cette situation, le maréchal Bazaine a dû cette nuit s'ouvrir un passage. Mais il est impossible de savoir dans quelle direction. Au Nord-Ouest probablement.

« Je me porterai après-demain sur Reims, où je prendrai position. »

Je crus alors devoir demander au maréchal Bazaine des instructions plus précises sur les opérations que j'avais à exécuter. Je lui envoyai le télégramme suivant :

« Si, comme je le crois, vous êtes obligé de battre en retraite très prochainement, je ne sais, à la distance où je suis, comment vous venir en aide sans découvrir Paris. Si vous en jugez autrement, faites-le moi connaître. »

Cette dépêche peut paraître n'avoir pas toute la clarté désirable. Je l'avais rédigée ainsi afin que si elle venait à tomber entre les mains de l'ennemi, il ne put en déterminer le sens, restant toutefois assez claire pour le maréchal Bazaine, pour lui faire comprendre que j'avais l'intention de marcher sur Paris, si je ne recevais aucun contre-ordre de sa part.

Dès le 19, la ligne télégraphique était réellement coupée, mais je dois ajouter que le maréchal Bazaine a toujours pu communiquer avec l'extérieur par des émissaires. Je cherchai par tous les moyens possibles à rester en communication avec le Maréchal.

Le 19, j'envoyai au commandant supérieur de Thionville une dépêche ainsi conçue :

« Envoyez en reconnaissance sur Metz un officier intelligent monté sur une machine à vapeur, etc. (Voir p. 576). »

J'écrivis en même temps au commandant et au sous-préfet de Verdun pour les prévenir que nous étions sans nouvelles de Bazaine et les inviter à prendre tous les moyens possibles pour savoir si le Maréchal était sorti de Metz et s'il se dirigeait vers l'Ouest ou le Sud. Ils pouvaient se servir des agents forestiers, des employés des douanes, des gens du pays et mettre à cet effet à leur disposition toutes les sommes qu'ils demanderaient.

4ᵉ DIVISION.

Journal privé du colonel d'Andigné, chef d'état-major.

Séjour à Louvercy.

On évacue les malades sur Paris. Les cadres se réorganisent. L'arsenal réapprovisionne en munitions et remplace les armes détériorées. On distribue aux hommes quelques effets de linge et chaussure, de campement et un sac de toile cirée pour deux hommes. Les zouaves reçoivent d'Algérie 550 hommes, ce qui relève leur effectif à 1100. L'artillerie du 1ᵉʳ corps, qui a fait route par étapes depuis Neufchâteau, arrive au camp.

Mon frère me quitte vers 5 heures du soir.

Renseignements extraits du carnet de campagne du général Lefort sur certains événements de la guerre de 1870 (1ᵉʳ corps d'armée).

Le 19 août, dans l'après-midi, le maréchal de Mac-Mahon, qui venait de prendre le commandement de l'armée de Châlons, prescrivit au général Le Brettevillois, commandant le génie du 1ᵉʳ corps d'armée, de se rendre immédiatement à Reims, d'y reconnaître les positions environnant cette ville, en vue de les faire occuper par l'armée et d'adresser un rapport à ce sujet dans le plus bref délai.

Le général Le Brettevillois emmena avec lui le capitaine Masson, de l'état-major du génie du 1ᵉʳ corps, et le lieutenant Lefort de la demi-compagnie de sapeurs de chemins de fer, qui avaient parcouru les environs de Reims avant le commencement de la campagne.

Tous trois prirent place dans un train préparé à la gare de Mourmelon et emmenant les équipages du prince Napoléon. Ils arrivèrent à Reims dans la soirée.

Après avoir fait commander une voiture pour le lendemain, le général Le Brettevillois étudia les positions des abords de Reims, à l'aide de cartes de diverses échelles, dont une géologique avec courbes, remise par le Maréchal.

d) Situation du 1ᵉʳ corps.

DÉSIGNATION des DIVISIONS.	ÉTAT-MAJOR.			SERVICES ADMINISTRATIFS. Ambulance et force publique.			GÉNIE.			ARTILLERIE.			INFANTERIE.			CAVALERIE.			TOTAUX PAR DIVISION.		
	Officiers.	Troupe.	Chevaux.	Officiers.	Troupe.	Chevaux.	Officiers.	Troupe.	Chevaux.	Officiers.	Troupe.	Chevaux.	Officiers.	Troupe.	Chevaux.	Officiers.	Troupe.	Chevaux.	Officiers.	Troupe.	Chevaux.
État-major général et réserve du génie.	11	6	35	30	222	184	17	198	110	35	1,064	901	»	»	»	»	»	»	93	1,490	1,230
1ʳᵉ division d'infanterie.	»	»	»	4	40	5	4	98	15	15	407	303	206	7,601	102	»	»	»	226	8,146	425
2ᵉ —	7	»	5	4	47	5	5	98	17	»	»	»	162	5,250	73	»	»	»	175	5,365	95
3ᵉ —	8	7	24	9	17	34	5	95	17	14	388	307	83	4,453	77	»	»	»	119	4,960	459
4ᵉ —	8	13	20	1	10	5	3	78	11	»	»	»	123	4,134	45	»	»	»	135	4,235	81
Division de cavalerie.	»	»	»	12	41	8	»	»	»	»	»	»	»	»	»	193	2,335	2,575	205	2,576	2,583
Totaux du corps d'armée.	34	26	84	54	317	236	34	567	170	64	1,859	1,511	574	21,438	297	193	2,335	2,575	953	26,745	4,873

5ᵉ CORPS.

a) **Journaux de marche.**

Journal de marche du 5ᵉ corps, rédigé par le colonel Clémeur.

La brigade Maussion de la division L'Abadie continue son embarquement dans la matinée du 19. Trois trains la conduisent à Vitry, où elle se trouve réunie pour 4 heures. La division Lespart quitte Vitry à 5 heures du matin et va coucher à Châlons.

La division de cavalerie chargée d'éclairer et protéger les différents détachements gardant la voie, pousse depuis le 17 au soir des reconnaissances, par deux escadrons à la fois, dans les directions de Chaumont sur Montigny, Bologne sur Neufchâteau, Joinville sur Commercy, et de Saint-Dizier sur Bar-le-Duc. Un régiment de dragons et un régiment de lanciers de la division Duhesme du 1ᵉʳ corps, concourent à ce service de surveillance, surtout dans les directions de Blesme et de Saint-Dizier sur Bar-le-Duc, et relèvent la brigade légère de Septeuil.

Très inquiet sur le sort de son artillerie de réserve, qui n'a encore pu s'embarquer en entier le 19 au matin, le général de Failly télégraphie au général Liédot de se porter avec cette artillerie sur Bar-sur-Aube. Les chevaux et voitures, qui ne sont pas encore sur des trucs, s'y rendront par la voie de terre, et on procédera à leur embarquement immédiat.

Cette opération terminée, toute cette artillerie devra être dirigée sur Paris, ainsi que le bataillon d'arrière-garde par la voie de Mulhouse, et revenir ensuite sur Châlons par la voie de Strasbourg.

Le général en chef donne avis au Ministre de cette mesure, nécessitée par les difficultés que présente la gare de Chaumont, et que, du reste, le Ministre lui-même a conseillée, par sa dépêche reçue le 16 au soir, à 11 h. 30 ; pour le parc et l'équipage de pont (voir plus haut, le 16).

Le général Liédot fait connaître, à 8 heures du soir, que son artillerie de réserve est arrivée sans encombre à Bar-sur-Aube, que l'embarquement s'y est fait régulièrement et que le départ des convois pour Paris a eu lieu en ordre. Deux escadrons du 5ᵉ lanciers revenus de Biesles, l'ambulance et les caissons légers de la 2ᵉ division, ainsi que son trésor, furent embarqués également de cette manière pour Paris. Le bataillon d'arrière-garde du 88ᵉ dut aussi prendre cette voie, après le passage du 7ᵉ corps, dirigé également sur Paris.

En rendant compte au Ministre de cette disposition, le général en chef le prie de faire donner des ordres aux gares de Paris, pour que cette artillerie et ces troupes puissent être dirigées de suite, à leur arrivée, sur Châlons.

Pendant la nuit du 18 au 19, le général de L'Abadie, chargé de l'embarquement de ce qui restait de troupes à Chaumont, écrivait également au Ministre pour réclamer le matériel annoncé et qui n'arrivait pas.

Grâce aux dispositions prises, Chaumont put être complètement évacué dans la matinée du 19. En quittant Chaumont, le général de L'Abadie emmène avec lui des voitures de réquisition pour le cas où la ligne se trouvant subitement coupée, il aurait à prendre rapidement, par voie de terre, les détachements en retard, et à les diriger sur Vitry. Cette éventualité ne se présente pas et les voitures sont renvoyées.

Le grand parc d'artillerie de réserve du 5e corps, qui a été formé à Épinal et envoyé de là à Langres, reste dans cette dernière place.

La division de cavalerie reçoit l'ordre de se diriger des divers points qu'elle garde, par Doulevant et Brienne sur Troyes, où elle doit être concentrée le 20, et repartir de là pour Châlons.

Les différents détachements de la 2e brigade de la division Goze, détachés entre Chaumont et Saint-Dizier, ont successivement quitté leurs bivouacs, au fur et à mesure que le dernier train de la division L'Abadie arrivait à leur hauteur, et se sont concentrés autour de la place, en prenant une position défensive, ainsi que l'a fait déjà la 1re brigade à Blesme.

Les renseignements recueillis dans la journée signalent une concentration de forces prussiennes entre Saint-Mihiel et Sampigny.

Deux escadrons du 11e chasseurs, du 1er corps, ont à Ancerville un léger engagement avec des dragons prussiens et des partis de uhlans s'avancent jusque près de Saint-Dizier.

Le commandant du génie de Vitry a mis la place en état de défense avec l'aide de la garde nationale. Les remparts ont été réparés, les fossés garnis de palissades et protégés par de nombreux abatis. Mais la place est dominée par des hauteurs qui rendent sa défense impossible. Aussi doit-elle être évacuée.

Le Chemin de fer et l'Administration du télégraphe replient leur matériel au fur et à mesure que les troupes du 5e corps se retirent sur Châlons. La gendarmerie, les services publics se retirent également partout devant l'invasion.

Bientôt on apprend que la ligne de Chaumont est rompue sur plusieurs points; mais tout le 5e corps, grâce à de grands efforts, est parvenu à ne pas se laisser couper, et l'on dut se féliciter d'avoir dirigé sur Paris l'artillerie de réserve pour la faire revenir par une autre voie.

Il est probable que sans cette mesure, elle eût été des plus compromises, et qu'un retard de quelques heures dans son départ de Chaumont l'eût fait tomber au pouvoir de l'ennemi.

Dépêches du 19 août.

Au général Liédot à Chaumont (7 heures matin).

Portez-vous avec votre réserve à Bar-sur-Aube.

Procédez-y immédiatement à votre embarquement, et dirigez-vous en toute hâte, par Paris, sur le camp de Châlons. Avis en est donné au Ministre.

Du maréchal de Mac-Mahon (8 h. 40 soir).

Votre dernière brigade ne devra quitter Vitry que le 21 de grand matin.

Du maréchal de Mac-Mahon (12 h. 35 soir).

Tout le 5ᵉ corps doit être dirigé sur le camp de Châlons.

Renseignements.

Plusieurs dépêches signalent une concentration de forces ennemies sur la Meuse, entre Saint-Mihiel et Sampigny.

Du colonel du 11ᵉ chasseurs (7 h. 10 soir).

Le commandant de Bonne n'a pu se tenir en avant d'Aulnois-en-Perthuis. Il s'est replié sur Ancerville. On signale 600 ou 700 cavaliers ennemis sur sa droite. Les uhlans se sont montrés à Saint-Dizier.

Du colonel du 11ᵉ chasseurs (8 heures soir).

A Ancerville, le commandant de Bonne a eu un engagement avec des dragons prussiens. Je viens de recevoir un blessé et un prisonnier.

Du préfet de la Meuse (9 heures soir).

Les 154 hussards prussiens, qui avaient couché cette nuit à Mussey, reviennent en désordre aujourd'hui 19, à 2 heures, et se dirigent sur Clermont par Naives. On croit avoir entendu une fusillade aux environs de Mussey.

Du général Liédot (8 heures soir).

Arrivée sans encombre à Bar-sur-Aube de l'artillerie de réserve; embarquement régulier, départ en ordre des convois.

Journal de marche du 5ᵉ corps rédigé par le capitaine de Piépape.

La division de L'Abadie (brigade Maussion) est embarquée à Chaumont, sous la direction du colonel Clémeur (de l'état-major général). Elle arrive à Vitry et est campée dans les prairies de la Marne, vers 5 heures du soir.

La division de cavalerie, chargée d'éclairer la ligne du chemin de fer de la Haute-Marne, pousse des reconnaissances par deux escadrons à la fois dans les directions de Chaumont sur Montigny; Bologne sur Neufchâteau; Joinville sur Commercy et Toul; enfin de Saint-Dizier sur Bar-le-Duc et Commercy. Ces reconnaissances s'avancent jusqu'à 20 kilomètres du chemin de fer.

La mauvaise installation des gares n'ayant pas permis au général Liédot de fractionner son artillerie, pour l'envoyer par terre s'embarquer partie à Bricon, partie à Bologne, ordre lui est donné de faire filer sur Paris, par Troyes, les chevaux et les voitures déjà embarqués à Chaumont. Ce qui reste doit être dirigé par terre sur Bar-sur-Aube, et de là gagner Vitry en chemin de fer.

Pendant la nuit du 19 au 20, les nouvelles de l'ennemi étant plus pressantes, et avis étant reçu : 1° d'une concentration de 150,000 hommes entre Saint-Mihiel et Apremont; 2° d'une tentative faite pour couper le chemin de fer à Chevillon, le mouvement de retraite sur Vitry est accéléré et toutes les fractions échelonnées depuis Chaumont se replient.

La cavalerie est dirigée des divers points qu'elle garde, sur Troyes, par Doulevant et Brienne.

Un ordre plus pressant est envoyé de nouveau au général d'artillerie, à Chaumont :

« Portez-vous avec votre réserve à Bar-sur-Aube.

« Procédez immédiatement à son embarquement, et dirigez vous en toute hâte par Paris sur le camp de Châlons. Avis en est donné au Ministre. »

Le général Liédot répond à 8 heures du soir :

« La réserve d'artillerie est arrivée sans encombre à Bar-sur-Aube. L'embarquement s'est fait régulièrement. Le départ des convois a eu lieu en ordre. »

Le général de L'Abadie rentre à Vitry, ramenant le bataillon d'arrière-garde qui devait attendre le 7ᵉ corps. Il emmène avec lui des voitures de réquisition, de manière à prendre rapidement par voie de terre les détachements en retard, si la ligne se trouve subitement coupée.

Le grand parc d'artillerie de réserve du 5ᵉ corps, qui a été formé à Épinal et de là envoyé à Langres, reste dans cette dernière place.

La division Lespart commence le mouvement de retraite sur Châlons. Elle quitte Vitry à 5 heures du matin, et va camper le 19 au soir à Châlons, le 20 à Mourmelon.

Le commandant Perrotin (de l'état-major général) se rend de sa personne à Châlons pour y préparer l'arrivée du 5ᵉ corps.

Plusieurs dépêches signalent une concentration de forces prussiennes sur la Meuse, entre Saint-Mihiel et Sampigny.

Deux escadrons du 11ᵉ chasseurs (commandant de Bonne) ont à Ancerville un léger engagement avec des dragons prussiens. De la cavalerie se montre sur sa droite. Les uhlans arrivent devant Saint-Dizier.

Au fur et à mesure que les détachements du 5ᵉ corps, échelonnés entre Chaumont et Blesme sur la ligne du chemin de fer de la Haute-Marne, sont parvenus à Saint-Dizier, ils ont été concentrés autour de la place et ont pris position.

De grands travaux de défense ont été organisés à Vitry-le-François par la garde nationale sédentaire. Les remparts ont été mis en état, les embrasures, palissades, etc., ont été réparées ou faites. De grands abatis ont été créés autour des fossés. Cette place, située sur la ligne de l'Est, semble de nature à devoir arrêter l'ennemi par sa position stratégique. Malheureusement, elle est dominée, et des ordres supérieurs, reconnaissant que c'est un nid à bombes, la font évacuer.

Le chemin de fer de l'Est replie son matériel à mesure, ainsi que le télégraphe. La gendarmerie, les services publics se retirent également partout devant l'invasion. A peine le dernier convoi d'infanterie a-t-il passé de Chaumont à Blesme qu'on signale la rupture de la ligne par l'ennemi sur plusieurs points, et notamment à Saint-Dizier. La communication a suffi néanmoins, grâce à de grands efforts, pour assurer le transport de tout le corps d'armée, moins l'artillerie de réserve, obligée de passer par Paris.

1ʳᵉ DIVISION.

19 août.

Une section du 46ᵉ se rend à la gare d'Eurville où elle tue quelques éclaireurs ennemis. Ordre est donné de partir lorsque les dernières troupes du 5ᵉ corps seront passées en chemin de fer.

A 2 heures on quitte Saint-Dizier, après avoir fait rentrer les détachements du 46ᵉ. On passe à Halligniсourt, Perthes, Farémont, et l'on arrive à la nuit à Écriennes où l'on campe des deux côtés de la route.

1ʳᵉ DIVISION (2ᵉ brigade).

A Blesme et à Vitry, 19 août.

A l'aube le général de Septeuil se porte de Sermaize sur Bar; il rencontre à Contrisson et à Révigny des postes de la cavalerie ennemie, qu'il refoule sur Laimont et Neuville. Ces postes semblent couvrir en ces points, outre le débouché de la vallée de l'Ornain, un corps engagé sur la voie romaine de Bar à Reims.

A 10 heures, ordre est donné au général Nicolas de quitter ses positions au moment où le dernier train se repliant sur Chaumont sera passé en gare de Blesme, dont les appareils télégraphiques devront être enlevés. L'ordre prescrivait au général de se diriger sur Vitry par Loisy-sur-Marne, en ralliant à son passage, sur la route de Saint-Dizier, la 1re brigade venant de cette dernière ville. A midi les tentes sont pliées, les sacs faits, la troupe tenue prête à partir. A 1 heure, le convoi de la brigade est dirigé sur Loisy et le général de Septeuil est avisé que Blesme sera évacué vers 4 heures à 4 h. 30 ; le général de brigade, après le passage du dernier train, effectue sa retraite par Favresse et Vauclerc où, après une attente vaine de trente minutes de la 1re brigade, il continue sa marche ; arrivé à Marolles, il y reçoit un nouvel ordre de route lui prescrivant de camper le soir même à l'Ouest sous les murs de Vitry, le 20 à Châlons, le 21 aux Grandes-Loges, et le 22 à Reims.

Observation essentielle. — L'emploi des troupes de la 2e brigade à Blesme, aussi bien que celui des régiments de la 1re brigade sur la ligne de Chaumont, dans les journées des 17, 18 et 19 août, réfutent utilement la dépêche du 19 de Paris du Ministre de la guerre au maréchal de Mac-Mahon. A cet égard le général de la 2e brigade fait observer que si la ligne télégraphique de Blesme à Chaumont a été interrompue, elle ne l'a été que par le seul fait de la précipitation du chef de station à Chevillon où le poste, comme tous les autres de la 1re brigade, a fait bonne garde et bonne contenance, en repoussant à coups de fusil et avec pertes les coureurs ennemis.

2e DIVISION.

Le transport du reste du 5e corps de Chaumont à Vitry par le chemin de fer était en voie de continuer, quand l'ordre arriva de très bonne heure de le suspendre, et d'autres dispositions furent ordonnées.

L'ambulance de la 2e division, les voitures de munitions de l'infanterie (caissons à deux roues), l'escadron divisionnaire, la réserve d'artillerie et la réserve de mulets du train n'étaient pas chargés sur les wagons.

Le général de L'Abadie communiqua les ordres du général en chef ci-après : les deux escadrons envoyés à Biesles se replieront sur Chaumont, s'y embarqueront en chemin de fer pour Paris, et, s'ils ne peuvent le faire, ils suivront la voie de terre jusqu'à une station de la ligne de Troyes où ils trouveront le matériel convenable et nécessaire pour les charger et les transporter à Paris et de là à Châlons ; les escadrons dirigés sur Bologne et Andelot se replieront sur Châlons par étapes et en passant par Doulevant et Brienne ; les escadrons de Joinville se replieront sur Châlons, également par Doulevant ; ceux dirigés sur Saint-Dizier suivront le mouvement de retraite sur Châlons de la division Goze.

La réserve d'artillerie du corps d'armée ira soit à Bar-sur-Aube, soit à tout autre point de la ligne de Troyes où elle trouvera le matériel qui lui est nécessaire pour être transportée à Paris et de là à Châlons. (Elle passa la nuit à Bar-sur-Aube).

Le quartier général de la division de cavalerie n'ayant pu embarquer ses chevaux sur un train de chemin de fer prendra la voie de terre pour se rendre à Châlons en passant par Doulevant et Brienne. (Il couche à Bar-sur-Aube.)

L'escadron divisionnaire de la division de L'Abadie, la réserve de mulets du train prendront la même route que le quartier général de la division de cavalerie. (Il bivouaque le soir à Doulevant.)

L'ambulance de la division, les caissons à deux roues portant les munitions de l'infanterie, le trésor, reçurent aussi l'ordre de partir pour Châlons par le chemin de fer en passant par Paris. Il fut prescrit au bataillon du 88ᵉ de ligne, resté à Chaumont, de ne quitter cette ville que lorsque tout le 7ᵉ corps serait écoulé, et de prendre ensuite le chemin de fer pour Châlons, en passant par Paris ; ce bataillon plaça un poste sur les hauteurs auprès de Chaumont, de manière à se garder et à surveiller la route de Neufchâteau.

Toutes ces instructions données, le général de L'Abadie en informe le Ministre de la guerre, puis, avec son état-major, prend le dernier train qui doit circuler sur la ligne. Il est environ 9 heures du matin. Le convoi est composé de manière à pouvoir emmener en passant le 4ᵉ bataillon de chasseurs à pied posté à Bologne, ce qui a lieu. Le trajet se fait sans obstacle, la ligne étant très bien gardée par la division Goze et bien éclairée par la cavalerie du 5ᵉ corps, qui rendit vaine toute tentative de l'ennemi, voulant y arriver pour la couper.

La division de L'Abadie fait séjour près de Vitry-le-François, le quartier général de la division Goze évacue Saint-Dizier, la brigade Saurin, également. La brigade Nicolas, partie de Blesme dans l'après-midi, devait être rejointe par cette dernière et aller bivouaquer à Loisy-sur-Marne. Mais ayant vainement attendu cette brigade à Vaucler, elle avait continué sa marche, quand parvenue à Maroles, elle reçut un nouvel ordre lui prescrivant de camper le soir à l'Ouest de Vitry, le 20, à Châlons, le 21, aux Grandes-Loges, le 22, à Reims.

La division Guyot de Lespart était partie pour Châlons.

Division de cavalerie.

La ville de Chaumont devant être évacuée, et le général de division n'ayant pu obtenir de s'embarquer avec ses chevaux, prend la route de terre avec les généraux de brigade et son état-major, après avoir envoyé l'ordre aux deux escadrons du 5ᵉ lanciers, qui étaient à Biesle, de se replier sur Chaumont, et, s'ils ne pouvaient s'y embarquer, de suivre la voie ferrée de Troyes, jusqu'à une station où ils trouveraient du matériel pour les conduire à Paris et de là à Châlons.

Les deux escadrons du 5ᵉ lanciers, à Bologne, devaient se replier par Doulevant sur Châlons. (Ils ont rejoint le général de division à Sommesous.)

Les deux escadrons du 12ᵉ chasseurs, à Joinville, devaient également se replier par Doulevant. (Ils ont rejoint à Brienne.) Les deux autres escadrons du 12ᵉ chasseurs, à Saint-Dizier, devaient suivre le mouvement de retraite sur Châlons de la brigade Goze. (Ils ont rejoint à Bierme, près de Rethel.)

Le général de division se dirigea sur Juzennecourt et Colombey sur Bar-sur-Aube où il passa la nuit. L'artillerie de réserve du 5ᵉ corps y était arrivée également, venant de Chaumont, ainsi qu'un convoi de 150 mulets du train. (L'artillerie de réserve put s'embarquer à Bar-sur-Aube pour Paris et Châlons.)

Division de cavalerie (1ʳᵉ brigade).

Départ de Chaumont pour Bar-sur-Aube. Le général Brahaut apprend qu'il sera rejoint à Sommesous par deux escadrons du 5ᵉ lanciers et à Brienne par deux escadrons du 12ᵉ chasseurs.

On reçoit une dépêche télégraphique du maréchal Bazaine faisant connaître les succès de trois jours près de Metz.

Artillerie.

Rapport du colonel de Fénelon.

La voie ferrée étant menacée, la réserve d'artillerie est envoyée par voie de terre et sans aucune escorte (1) à Bar-sur-Aube en vue de s'y embarquer pour Châlons en passant par Paris.

---

(1) Généralement, la réserve d'artillerie était escortée par la brigade de Maussion, et le général de L'Abadie marchait avec nous.

c) Opérations et mouvements.

Le général de Failly au général de L'Abadie, à Chaumont (D. T.).

Vitry, 19 août.

Ne plus rien embarquer, même le trésor, faites tout filer avec la réserve par voie de terre vers Bar-sur-Aube, pour s'embarquer sur un point de la route de Paris, faites partir par voie de terre immédiatement l'escadron divisionnaire et dirigez-le sur Châlons par Doulevant et Brienne.

Ordre de marche.

Demain 20 août, la brigade Maussion de la division L'Abadie se mettra en marche avec tout son matériel pour Châlons. Le 21, elle se dirigera sur le camp de Châlons par La Veuve et Bouy.

La compagnie de réserve du génie marchera avec cette brigade. Elle recevra des ordres.

Envoyer avant d'arriver au camp de Châlons, un officier d'état-major pour se renseigner sur l'emplacement des troupes du 5e corps.

7e CORPS.

a) Journaux de marche.

2e DIVISION D'INFANTERIE (2e brigade).

Itinéraire.

Arrivée à la gare de la Villette à 7 heures du matin.
Le train repart à 9 heures et arrive à Châlons dans la soirée.
De Châlons, le train repart pour le camp où il arrive vers 2 heures du matin.

DIVISION DE CAVALERIE.

Rapport du général baron Ameil.

Le 7e corps ayant reçu l'ordre de rallier les troupes réunies autour de Châlons, je partis le 19 au matin de Belfort pour Montbéliard avec mes premiers escadrons, pour y prendre à 9 heures du soir le chemin de fer de Paris.

ARTILLERIE.

Journal de route du Lieutenant-Colonel, chef d'état-major de l'artillerie.

Le 19, les trois batteries de la 3e division et son parc divisionnaire partent également pour s'embarquer aux gares d'Héricourt et de Voujaucourt, et filer sur Paris par Vesoul ; les trains se succèdent environ de deux heures en deux heures.

Le 19, à 10 heures du matin, l'état-major de l'artillerie, celui du génie avec le parc de cette arme et un bataillon du 52e, partaient de Belfort. Notre train remontait à Langres le parc d'artillerie qu'on remettait sur trucks pour lui faire suivre le mouvement.

RÉSERVE DE CAVALERIE.

2e DIVISION.

a) Journal de marche et opérations.

19 août.

Départ de Châlons à 6 heures du matin. Arrivée au camp à 10 heures. La division établit son bivouac près du village de Livry.

RENSEIGNEMENTS

Le Général commandant supérieur, à Verdun, au maréchal de Mac-Mahon, au camp de Châlons (D. T.).

Verdun, 19 août, 8 h. matin (n° 33183).

Pas de nouvelles du maréchal Bazaine. Les quatre gardes forestiers déguisés que j'ai expédiés le 16, par différentes voies vers l'armée, ne sont pas revenus. Je reçois à l'instant les rapports des quatre autres gardes de Manheulles, Mouilly et Mesnil-sous-les-Côtes. Leur rapport peut se résumer ainsi : colonne légère d'ennemis, 1000 à 1200 hommes, 200 voitures munitions et un mortier, se dirigeant de Saint-Mihiel vers Montmédy par Étain, très incertaine dans sa marche, paraissant coupée de l'armée prussienne. Le découragement se remarque même parmi les officiers qui disent hautement qu'ils ne sortiront pas de France, déplorant les motifs de la guerre. D'après les coups de canon entendus le 16 et le 18, la direction générale de l'armée paraît être vers le Nord.

J'apprends par les francs-tireurs de cette nuit que Saint-Mihiel a été rançonné par une colonne qui, d'après eux, serait de 2,000 cavaliers, 1200 fantassins avec de l'artillerie. Pas de renseignements sur le moral de cette troupe.

Télégraphe coupé entre Verdun, Bar, Commercy et Étain.

Montmédy me dit : « Chemin de fer coupé à Hayange et Audun-le-Roman. »

Bloqués ici : généraux Dejean et Marmier, intendants Wolff et Vigo Roussillon.

Un immense approvisionnement pour l'armée attend ici des forces pour l'escorter. Le moral des troupes et des habitants est excellent.

J'expédierai journellement des émissaires et il faudra bien que nous ayons à toute force des nouvelles du Maréchal coûte que coûte.

Le Ministre au maréchal de Mac-Mahon, au camp de Châlons (D. T.).

Paris, 19 août, 9 h. 40 matin (n° 25043).

Le préfet des Vosges télégraphie ce qui suit :

« Nombreuses colonnes ennemies passent au Nord du département, venant de l'Est, direction Strasbourg à Paris. L'infanterie traversant Nancy. Grosses colonnes cavalerie sur les flancs défilent presque en vue d'Épinal. Ont occupé hier Mirecourt et Neufchâteau. Paraissent composées de landwehr. Demandent Mac-Mahon. Marchent avec grande prudence. Sont en quête de journaux.

Le Maire de Joinville au Préfet de Chaumont et au Sous-Préfet de Vassy.

19 août, 9 h. 45 matin.

Le maire de Gondrecourt signale une armée prussienne dont l'extrême gauche, qui a suivi la ligne de Colombey à Gondrecourt, fait route sur Châlons.

En ce moment, une division de six régiments de cavalerie légère est campée à Demange-aux-Eaux. Elle annonce sur ses derrières une réserve d'infanterie de 6,000 hommes. L'ennemi s'étonne de ne trouver sur sa route aucun soldat français depuis la bataille de Reichshoffen ; il questionne beaucoup sur les traces du maréchal Mahon (*sic*) (1).

Le Commandant de place au maréchal de Mac-Mahon, au camp de Châlons (D. T.).

Thionville, 19 août, 2 h. 12 soir (n° 33306).
Transmise au camp de Châlons à 2 h. 22 soir.

D'après tous les renseignements, le maréchal Bazaine est au Nord-Ouest de Metz vers Briey. Il livrerait tous les jours des combats heureux. La voie de Thionville à Metz, coupée hier soir, est libre maintenant ; celle de Thionville à Longuyon est aussi libre. Des détachements ennemis sont très rapprochés de ces voies qu'ils inquiètent et coupent constamment.

Le Commandant de place au maréchal de Mac-Mahon, au camp de Châlons (D. T.).

Thionville, 19 août, 6 h. 45 soir (n° 33428).
Transmise au camp de Châlons à 6 h. 40 soir.

Impossible d'avoir des nouvelles du maréchal Bazaine que l'on disait ce matin à Metz. Chemin de fer et télégraphe coupés près Metz. Aide de camp Magnan arrivé de Thionville. Retourné à Longuyon. Convois arrêtés en route.

---

(1) Copie littérale d'une pièce sans timbre ni date. (*Papiers* du maréchal de Mac-Mahon.)

X..., à Arlon, au Ministre des affaires étrangères.
(Envoyé chiffré en communication aux maréchaux
Bazaine et de Mac-Mahon, 19 août, 11 h. soir) (D. T.).

Longuyon, 19 août, 7 h. 20 soir. Expédiée à 8 h. 30 soir.

Corps d'armée prussien, mentionné ma dépêche d'hier, entré par Sierk, se dirigeant Briey.

Le Préfet de la Meuse au Général commandant supérieur, à Verdun (D. T.).

Revigny, 19 août, 8 h. soir. Expédiée à 9 h. 50 soir (n° 33509).

L'armée ennemie paraît se concentrer entre Saint-Mihiel, Sampigny, Apremont. Je crois que deux corps d'armée doivent se réunir sur ce point, l'un venant de Gorze et Thiaucourt, l'autre venant de Toul; mais je n'ai que des renseignements très vagues, les communications étant absolument coupées, même aux piétons.

Nous avons eu hier 150 hussards prussiens qui sont aujourd'hui aux environs de Revigny.

On nous annonce aujourd'hui un corps de 600 cavaliers et un plus grand nombre de fantassins. Ils ont demandé hier des rations pour eux, mais nous n'avons encore personne. Soyez très prudent dans vos communications. Tous les courriers sont arrêtés et ouverts par les éclaireurs prussiens, tous les piétons sont fouillés; je n'ai plus qu'un télégraphe, celui de Revigny, peut-être est-il coupé en ce moment.

Les renseignements que vous me donnez dans votre dépêche et la position de l'ennemi à Saint-Mihiel me portent à penser que les Prussiens suivront la vallée de la Meuse pour se rendre à Verdun. Ils n'ont peut-être envoyé des troupes à Bar que pour nous tromper et je trouve extraordinaire qu'ils aient laissé subsister le télégraphe de Revigny.

Le Préfet de la Meuse au Ministre de la guerre (D. T.).

Revigny, 19 août, 8 h. soir. Expédiée à 10 h. 40 soir (n° 33494).

Un corps de 1000 hommes environ, cavalerie, se dirige sur Saint-Dizier, passant par Dammarie, Juvigny, Cousances-aux-Forges, Ancerville.

Le Sous-Préfet au Ministre de l'intérieur et au maréchal de Mac-Mahon, au camp de Châlons (D. T.)

Verdun, 19 août, 12 h. 40 soir. Expédiée le 20 à 2 h. 30 matin (n° 33288).

Communications avec maréchal Bazaine interceptées. J'envoie des hommes à pied pour en chercher des nouvelles. Étain et ses environs occupés par l'ennemi, en nombre de 3,000 à 4,000. Des personnes arrivées ce matin de Saint-Mihiel assurent que cette ville est occupée par le prince Frédéric-Charles et son armée qui s'y concentre. Deux officiers d'état-major prussiens et un uhlan, venus hier à deux kilomètres de Verdun, rive gauche de la Meuse. Ils paraissent surtout s'occuper du chemin de fer. Cette seule voie de communication avec Châlons n'est pas gardée. En les poursuivant, deux gendarmes grièvement blessés, le uhlan tué. Je m'occupe sans relâche de centraliser à Verdun tous les vivres et fourrages disponibles pour alimentation de l'armée.

Le Préfet au maréchal de Mac-Mahon, à Châlons, et au ministre de l'intérieur (D. T.).

Chaumont, 19 août, 11 h. 15 soir. Expédiée le 20 à 6 h. matin (n° 33548).

Une lettre de Gondrecourt annonce que 5,000 cavaliers et 7,000 fantassins se dirigent de Gondrecourt par Demange-aux-Eaux et Ribeaucourt sur Saint-Dizier, ayant un prince à leur tête.

Une dépêche que je reçois à l'instant du sous-préfet de Neufchâteau annonce que la cavalerie et l'artillerie ennemies sont montées toute la journée vers Vaucouleurs, venant de Vézelise. Il y a aussi de l'infanterie.

Le Ministre au maréchal de Mac-Mahon, au camp de Châlons, et au maréchal Bazaine, à Metz (D. T. Ch.) *(Faire suivre.)*

Paris, 19 août, 11 h. 30 soir. Transmise au camp de Châlons, le 20, à 3 h. matin; à Thionville, le 20, à 5 h. 30 matin (n° 25348).

X..., à Arlon, télégraphie : « Corps armée ennemie muni d'artillerie a été vu hier Sierk marchant vers Briey. Nombreux matériel de siège arrivait par grande vitesse de Wesel et Coblentz sur frontière française. »

Le Préfet des Vosges au Ministre de l'intérieur
(*Lettre*).

Épinal, 19 août 1870.

Les Prussiens ont occupé hier Mirecourt et Neufchâteau ; on les attendait à Saint-Dié ; mais ils n'y ont point paru. Toutes mes communications télégraphiques avec le Nord du département étaient coupées ; elles sont rétablies maintenant avec Saint-Dié.

Des colonnes nombreuses d'ennemis paraissant appartenir à la landwehr, traversent le Nord du département depuis plusieurs jours, elles viennent de l'Est ; l'infanterie suit la grande route de Strasbourg à Paris, traversant Nancy ; et elles sont flanquées par de grosses colonnes de cavalerie qui passent presque en vue d'Épinal. Les unes, paraissant se diriger sur Vézelise, franchissent la Moselle à Bayon sur les ponts qu'elles ont construits ; l'un de ces ponts se serait rompu avant-hier sous le poids de l'artillerie. Les autres colonnes de cavalerie suivent la ligne de Mirecourt et de Neufchâteau, s'informant du maréchal Mac-Mahon.

Toutes ces troupes sont disciplinées et se sont contentées jusqu'ici de requérir des vivres, des chevaux pour leurs transports, et de vider les caisses publiques où, bien entendu, il n'y a rien ou presque rien.

Elles marchent avec une très grande défiance et paraissent redouter quelque piège. Quelquefois, elles se gardent en interceptant les routes ; plus souvent, elles coupent les cordes des cloches dans les églises des villages ; elles interdisent, sous peine de mort, les rassemblements et les signes de ralliement quelconques. Une de ces troupes, qui occupait hier Rothau et Schirmeck, paraissait plus inquiète que les autres ; elle aurait été refoulée à coups de fusils par la garnison de Schlestadt et les paysans alsaciens du canton de Villé qu'elles avaient exaspérés par leurs exactions.

Les troupes prussiennes demandent partout des journaux de France ; on ne peut leur en donner, car il n'y en a pas un seul dans le département.

Il y a peut-être utilité à ce qu'ils ne trouvent pas ces journaux, mais, comme j'ai eu déjà l'honneur de l'exprimer à Votre Excellence, les populations sont fort irritées de ne pas les recevoir et s'en prennent au Gouvernement de cette privation.

A mon appréciation, il y a certainement un grand dommage à les priver du confortatif que leur procureraient les journaux de Paris.

Renseignements de la frontière.

Thionville, 21 août 1870.

Depuis le 19, le chemin de fer et le télégraphe de Thionville à Metz sont coupés. Un corps de 3,000 à 4,000 Prussiens, retiré dans les forêts qui longent la ligne, vient enlever les rails aussitôt que la voie est réparée. Il est à craindre que Metz ne finisse par être complètement isolé.

La ligne des Ardennes, Thionville à Charleville, a été également coupée le 18 par quelques fuyards prussiens; elle a été immédiatement rétablie et est restée intacte depuis. La ville de Trèves et la vallée de la Sarre sont complètement dégarnies de troupes, mais les derniers bans de la landwehr et un grand nombre de jeunes recrues paraissent s'avancer de tous côtés pour aller combler les vides de l'armée prussienne. On prétend de nouveau que l'armée du général Vogel de Falkenstein se dirige à marches forcées vers nos frontières. On assure que toute l'artillerie de Coblentz et de Wesel, avec un immense matériel de siège, est en route pour Metz. On parle aussi d'un projet qu'aurait conçu l'ennemi de relier Forbach à Frouard par une voie ferrée qui se rendrait de Courcelles ou de Peltre à Ars, afin que les troupes prussiennes puissent tourner Metz. Le corps de landwehr et de jeunes recrues qui campe depuis quelques jours entre Perl et Sierck, menace de marcher sous peu sur Thionville. La *Gazette* de Trèves annonce même que ce mouvement est en train de s'effectuer. Les troupes prussiennes tendent à remonter de Metz vers Thionville. La place est en très bon état de défense et résistera énergiquement en cas de besoin.

Journée du 20 août.

ÉTAT-MAJOR GÉNÉRAL.

a) Journal de marche.

Arrivée au camp du 5ᵉ corps qui s'établit à la gauche du baraquement permanent de l'infanterie et du 7ᵉ corps qui va bivouaquer avec la division Conseil Dumesnil entre Vadenay et Cuperly.

Toutes les troupes s'alignent en vivres jusqu'au 23 inclus; la cavalerie, en vivres et en fourrages jusqu'au 22.

Le 9ᵉ cuirassiers quitte le camp pour Paris, où il fera partie du 13ᵉ corps.

Les trois régiments de cavalerie du 12ᵉ corps (1ᵉʳ et 7ᵉ lanciers et 4ᵉ chasseurs d'Afrique) partent dans la soirée pour Châlons où ils doivent rester jusqu'à nouvel ordre avec la mission d'éclairer au loin tout l'intervalle compris entre les routes de Châlons à Vitry et de Châlons à Sainte-Menehould; ces trois régiments sont conduits par le général Fénelon.

La brigade du 5ᵉ corps laissée à Vitry reçoit l'ordre de quitter cette place le 21 et de se replier sur Châlons.

A la date du 21, l'armée de Châlons est composée comme il suit : voir ordre de bataille, p. 1.

Ces troupes présentent un effectif de 130,000 hommes avec les compagnies du génie attachées à chaque corps ainsi que les services administratifs.

b) Organisation et administration.

Le Ministre de la guerre au général Mitrecé, directeur du parc, au camp de Châlons (D. T.).

Paris, 20 août, 8 h. 45 matin (n° 25367).

Faites partir immédiatement pour Paris tout le matériel de campagne et de siège et toutes les armes qui ne sont pas nécessaires à l'armée réunie sous les ordres du maréchal de Mac-Mahon.

Le maréchal de Mac-Mahon au Commandant supérieur, à Verdun (D. T.).

Camp de Châlons, 20 août, 9 h. 15 matin.

Dirigez immédiatement sur le camp de Châlons le convoi de vivres que vous me dites chargé sur voitures ou sur rails et prêt à partir.

Le Général commandant à l'Intendant général, à Montmédy (D. T.).

Verdun, 20 août, 1 h. 15 soir.

Je reçois postérieurement à votre dépêche l'ordre du maréchal de Mac-Mahon de diriger le convoi sur Mourmelon ; général Margueritte éclaire la voie.

Le Ministre de la guerre au maréchal de Mac-Mahon, au camp de Châlons.

Paris, 20 août, 1 h. 44 soir (n° 25451).

Ordre formel au général Berthaut de se rendre immédiatement au camp de Saint-Maur pour y prendre le commandement de la garde mobile.

L'Intendant du 6e corps à l'Intendant en chef, à Montmédy.

Verdun, 20 août, 1 h. 45 soir (n° 25530).

En vertu d'un télégramme du maréchal de Mac-Mahon, le convoi sur rail et le convoi par terre ainsi que les munitions partent immédiatement pour le camp de Châlons. Le garde envoyé au maréchal Bazaine n'a pas encore paru.

Le Ministre au maréchal de Mac-Mahon, au camp de Châlons (D. T.).

Paris, 20 août, 5 h. 17 soir.

Le parc du 5e corps a été envoyé à Langres par le général Soleille. Le général commandant l'artillerie de ce 5e corps a prescrit, le 16 août, au colonel directeur de son parc d'embarquer à Langres, sur le chemin de fer, 120 voitures ayant leurs attelages ; il lui a laissé le soin de choisir sa route.

Le reste du parc doit être dirigé demain dimanche sur Paris, où l'on pourra lui donner des moyens d'attelage et d'où on pourra l'envoyer au camp de Châlons par le chemin de fer, si vous le jugez utile.

Le Ministre de la guerre au Commandant supérieur de Vitry-le-François (D. T.).

Paris, 20 août, 4 h. 50 soir. Expédiée à 5 h. 30 soir (n° 25596).

Puisque vous êtes dans les conditions que vous me faites connaître, enclouez les canons au dernier moment et faites replier à temps le bataillon de mobiles sur Châlons. Détruisez en vous retirant les chemins de fer, coupez les ponts, ne laissez pas de munitions au pouvoir de l'ennemi.

Le Ministre au maréchal de Mac-Mahon, au camp de Châlons (D. T.).

Paris, 20 août, 6 h. 35 soir (n° 25574).

Vous allez recevoir en deux convois deux bataillons d'éclaireurs de la Seine. Cette troupe sera traitée sur le même pied que le restant de l'armée et vous l'emploierez comme vous le jugerez à propos dans son service spécial auquel elle a l'air parfaitement apte.

Le même au même.

Paris, 20 août.

Monsieur le Maréchal, la mise sur le pied de guerre de toutes les batteries montées et à cheval de l'artillerie et l'envoi dans les places de la frontière des batteries à pied a laissé les régiments d'artillerie à peu près sans officiers autres que les comptables, les capitaines instructeurs et les adjudants-majors ; encore bon nombre de ces derniers ne sont-ils pas valides.

Dans l'impérieuse nécessité où nous nous trouvons de créer de nouvelles batteries, je prie Votre Excellence de vouloir bien renvoyer à Paris, pour entrer dans la composition de ces batteries et en les prenant dans l'artillerie des 1er, 5e, 7e et 12e corps d'armée, savoir : 2 lieutenants-colonels, 8 chefs d'escadron, 16 capitaines de 1re ou 2e classe, 16 lieutenants ou sous-lieutenants.

Votre Excellence remplacerait partie de ces officiers au moyen de promotions qu'elle ferait elle-même et qui comprendraient : 1 lieutenant-colonel, 4 chefs d'escadron au choix, 8 capitaines au choix, 24 sous-lieutenants.

Votre Excellence devra donner les ordres les plus impératifs pour que les officiers désignés se rendent immédiatement à Paris.....

Le même au même (D. T.).

Paris, 20 août.

Un bataillon d'environ 700 hommes des volontaires de la Seine est prêt à partir. Où voulez-vous qu'il soit dirigé pour rejoindre votre armée? Il sera suivi bientôt d'un détachement un peu plus considérable du même corps.

1er *corps. — Correspondance avec les divisions.*

Les troupes de tous les corps d'armée, à l'exception de la cavalerie, s'aligneront aujourd'hui en vivres de toute nature jusqu'au 23 inclus; elles recevront un jour de pain et trois jours de biscuit.

La cavalerie prendra trois jours de vivres de toute nature pour les hommes et les chevaux et sera aussi alignée jusqu'au 22 inclus.

c) Opérations et mouvements.

Le Commandant de place au Ministre de la guerre, à Paris (D. T.).

Thionville, 20 août, 7 h. 18 matin (n° 1983).

Les ordres relatifs aux mines sont exécutés; plusieurs agents sont occupés à porter à Metz toutes les dépêches. On fait le possible pour avoir des nouvelles du maréchal Bazaine. Il était, dit-on, hier avec l'armée sous les murs de Metz. Communications avec Metz interrompues, avec Paris, libres. Convois restés à Montmédy, en plus en arrière, jusqu'à ce que les communications avec Metz soient rétablies.

Le maréchal de Mac-Mahon au Préfet des Vosges (D. T.).

Camp de Châlons, 20 août, 8 h. matin. Expédiée à 8 h. 25 matin (n° 25361).

Faites votre possible pour avoir des nouvelles du maréchal Bazaine et savoir s'il se retire vers le Midi, à travers le pays situé sur la rive droite de la Moselle.

Le Commandant de la place de Longwy au maréchal Bazaine, au grand quartier général de l'armée par Reims et Châlons (D. T.).

Longwy, 20 août, 3 h. 18 matin. Expédiée à 8 h. 30 matin (n° 33571).

Ministère guerre télégraphie ordre formel de veiller qu'on ne charge pas les fourneaux de mine sur la ligne du chemin de fer de Mézières à Thionville; poudre déposée en lieu sûr, à portée chaque fourneau; ordre exécuté de suite par commandant de Longwy.

Le maréchal de Mac-Mahon au Commandant supérieur de Thionville et au Commandant supérieur ou au Sous-Préfet de Montmédy (D. T.).

Camp de Châlons, 20 août, 8 h. 1 matin. Expédiée à 8 h. 34 matin (n° 25362).

Faites votre possible pour avoir des nouvelles du maréchal Bazaine; envoyez-les moi.

Le maréchal de Mac-Mahon au Ministre (D. T. Ch.).

Camp de Châlons, 20 août, 8 h. 45 matin (n° 25368).

Les renseignements parvenus semblent indiquer que les trois armées ennemies sont placées de manière à intercepter à Bazaine les routes de Briey, de Verdun et de Saint-Mihiel. Ne sachant la direction de la retraite de Bazaine, bien que je sois prêt à marcher, je pense que je vais rester au camp jusqu'à connaissance de la direction prise par Bazaine soit au Nord, soit au Sud.

Le Ministre au maréchal de Mac-Mahon, au camp de Châlons (D. T. Ch).

Paris, 20 août, 11 heures soir (n° 25623).

Veuillez, ce soir ou demain matin, avant de partir, me donner quelques explications sur votre mouvement et sur les conditions dans lesquelles il s'effectue.

Le Ministre au maréchal Bazaine, à Metz, et aux Commandants supérieurs de Mézières, Thionville et Longwy.

Paris, 20 août, 12 h. 30 soir.

Les commandants supérieurs des places de Mézières, Sedan, Montmédy, Longwy ont l'ordre de veiller à ce qu'on ne charge point sans ordre formel les fourneaux de mine sur la ligne du chemin de fer de Mézières à Thionville. Les poudres doivent être déposées en lieu sûr à portée de chaque fourneau. Les commandants supérieurs doivent donner des instructions aux autorités civiles; faire parvenir cette dépêche par tous les moyens possibles au maréchal Bazaine; obtenir aussi à tout prix des nouvelles du maréchal Bazaine et me les faire connaître constamment. Ne pas épargner l'argent.

Le Ministre au maréchal de Mac-Mahon, au camp de Châlons (D. T).

Paris, 20 août, 3 h. 29 soir (n° 25502).

Le commandant supérieur de Vitry me télégraphie :

« En prévision d'événements graves prochains, le Conseil de défense de la place de Vitry croit de son devoir de prévenir :

« 1° De l'insuffisance de la garnison et surtout de l'absence complète de l'instruction de l'artillerie de la mobile, huit pièces à peine en batterie, les travaux de défense et les travaux d'abords sont loin d'être terminés ;

« 2° Pas d'approvisionnements de bouche; des farines dans la ville, mais appartenant au commerce ;

« 3° Les munitions pour infanterie au tiers du chiffre normal ;

« 4° Le trésorier-payeur quitte la ville par ordre, le service de la solde n'est plus assuré, et les travaux de défense peuvent être forcément suspendus faute d'argent ;

« 5° La disposition des habitants est complètement hostile non seulement à une résistance énergique, mais même à une simple résistance, et cette situation sera d'autant plus difficile à combattre que la place ne possède aucun soldat de l'armée active, ni fantassin, ni artillerie ;

« 6° Pas de servitudes militaires, des habitations très nombreuses et venant jusqu'à quelques mètres des fossés.

« Peut-on faire démolir ces constructions et une partie des faubourgs qui peuvent compromettre la défense?

« Veuillez bien, Monsieur le Maréchal, donner à ces questions les solutions qui concorderont le mieux avec vos projets. »

Au Général commandant la 4ᵉ division, à Vitry (1).

Si nous devons quitter le camp de Châlons, je vous en donnerai avis aussitôt que possible, et vous aurez alors à vous conformer (2), lorsque le dernier moment sera venu pour vous de vous retirer, aux instructions que vous a données le général Trochu. Quant à la place

---

(1) Cette lettre est enregistrée dans un cahier de correspondance avec les divisions (1ᵉʳ corps), commencé le 22 juillet 1870, n° *423*, dans le carton 47, de l'*Armée du Rhin*.

(2) Le registre porte : informer.

de Vitry, je donne l'ordre au général de Failly d'y laisser jusqu'à nouvel ordre la brigade du 5ᵉ corps qui s'y trouve et qui devait partir demain. Retenez-y cette brigade de votre propre autorité et en vous servant de mon nom pour éviter que mes ordres au général de Failly n'arrivent trop tard. Cette brigade gardera Vitry et aidera à sa mise en défense jusqu'au moment où on pourra se passer d'elle. Vous devez connaître le commandant actuel de la place; s'il ne vous paraissait pas à la hauteur de sa mission, il faudrait pourvoir à son remplacement par un officier vigoureux. Il est important de pourvoir de suite à l'approvisionnement de Vitry au point de vue des objets de première nécessité qui peuvent y faire défaut; on m'a rendu compte qu'il y a de la farine en quantité suffisante, mais qu'il y a très peu de sel et de sucre. Enfin je sais qu'il y a à Vitry 400,000 cartouches, tant pour fusils à tabatière que pour chassepots; il sera sans doute possible d'en envoyer encore de Châlons ou du camp (faites-moi des demandes s'il y a lieu).

En somme, mon cher Général, il ne faut pas admettre que la place de Vitry sera livrée sans défense; sa conservation a de l'importance; aussi je vous prie d'employer votre connaissance du pays et votre patriotisme pour la sauvegarder au moins contre les tentatives de l'ennemi pendant le plus longtemps possible.

Le Ministre au maréchal de Mac-Mahon, au camp de Châlons (D. T.).

Paris, 20 août, 4 h. 50 soir. Expédiée à 5 h. 30 soir (n° 2553?).

Le général commandant la 4ᵉ division me télégraphie:

« (Urgent). La place de Vitry-le-François va rester seule dans un état de défense peu avancé. Elle ne peut résister que peu d'heures à une attaque sérieuse, et peut être facilement incendiée, étant toute bâtie en bois. Sa garnison est un bataillon de mobiles armés depuis quelques jours, et une batterie de même origine très insuffisante pour le service des pièces. Doit-on défendre la place ou l'évacuer aussi? Dans ce dernier cas, sur quel point? Le chemin de fer est coupé de Vitry à Châlons. Le temps presse, il faudrait des ordres ce soir. »

Je réponds:

« Enclouez les canons au dernier moment, et faites replier à temps le bataillon de mobiles sur Châlons. Détruisez en vous retirant les chemins de fer, coupez les ponts, ne laissez pas de munitions au pouvoir de l'ennemi. »

Je serais d'avis que ce bataillon fut adjoint au corps d'éclaireurs de la Seine qui vous est annoncé.

Le maréchal de Mac-Mahon au général de Failly

La brigade de votre corps, qui devait quitter Vitry demain matin pour rentrer au camp de Châlons, sera maintenue à Vitry jusqu'à nouvel ordre, afin d'aider à la mise en état de défense de cette place.

Cette brigade devra garder à Vitry les trains destinés à la transporter à Châlons, afin de s'en servir dès que l'ordre de quitter cette place lui sera parvenu.

Le maréchal de Mac-Mahon au Général commandant la 4ᵉ division militaire, à Châlons.

Des circonstances nouvelles m'obligent à rappeler au camp de Châlons, dès demain, la brigade qui devait rester jusqu'à nouvel ordre à Vitry-le-François.

Le maréchal de Mac-Mahon au général de Failly.

Je vous prie d'envoyer ce soir même un officier de votre état-major à Vitry-le-François pour porter à la brigade de votre corps qui s'y trouve l'ordre de se replier dès demain 21 sur Reims en passant par Châlons et Épernay ; on couchera dans ces deux dernières villes.

La brigade de Septeuil se repliera également avec la brigade de l'infanterie.

Ces troupes voyageront par étapes ; l'ordre contenu dans cette lettre annule l'ordre que j'avais donné de laisser ces troupes à Vitry jusqu'à nouvel ordre.

Ordre du maréchal de Mac-Mahon.

Camp de Châlons, 20 août.

Le Ministre de la guerre se plaint avec raison que les corps d'armée ne se gardent pas et qu'il n'y a pas de reconnaissances sérieusement organisées. Il fait cependant exception pour la division de cavalerie du général de Fénelon qui a fourni des renseignements utiles. Cette absence de vigilance permet à des partis isolés et sans importance de couper les chemins de fer et les lignes télégraphiques. Des opérations de cette nature ont été exécutées avec hardiesse et bonheur dans plusieurs endroits par quelques cavaliers qu'il eût été facile de chasser à coups de fusil si l'on s'était gardé. Le Maréchal commandant en chef l'armée de Châlons recommande de se garder et de s'éclairer avec plus de soin à l'avenir. Il invite les commandants de corps d'armée à pousser au loin et dans toutes les directions des reconnaissances de cavalerie qui puissent les renseigner sur la position et les mouvements de l'ennemi.

Un rapport faisant connaître le résultat de ces reconnaissances lui sera adressé chaque jour par les commandants de corps d'armée.

Ordre de mouvement.

Au quartier général du camp de Châlons, 20 août.

Demain 21 août, l'armée quittera le camp de Châlons pour se porter sur Reims. Le 1er corps ira s'établir en arrière de Reims entre Ormes et Thillois, en passant par Livry, les Petites-Loges, Sillery, où il quittera la grande route pour gagner les positions indiquées par Puisieulx, Trois-Puits et Bezannes. Le 7e corps prendra position au Sud de Reims sur la rive gauche du Rouillat, sa droite à Villers-aux-Nœuds, sa gauche s'appuyant à la route d'Épernay. Il détachera une division sur un contrefort qui se trouve sur la rive droite du Rouillat entre Trois-Puits et Cormontreuil. Le 7e corps suivra la même route que le 1er. Le 12e corps s'établira en arrière du canal, sa gauche à Saint-Thierry, sa droite à la Vesle, près les Marais, château ; il prendra la route directe de Reims qui passe entre les deux Mourmelon. Le 5e corps s'établira en arrière du canal, sa droite à Reims, sa gauche à Champigny (sur la rive gauche de la Vesle). Il suivra la même route que le 12e corps.

Les 1er et 12e corps se mettront en route à 4 h. 30, les 5e et 7e à 9 heures.

La division de cavalerie de réserve restera au camp et ne rejoindra l'armée que dans la journée du 22.

La cavalerie du général de Fénelon restera dans les positions qu'elle occupe jusqu'à nouvel ordre.

Le quartier général sera à Reims.

1er CORPS.

c) **Opérations et mouvements.**

Ordre de mouvement.

Camp de Châlons, 20 août.

Demain 21 août, l'armée quittera le camp de Châlons pour se porter sur Reims.

Le 1er corps ira s'établir à l'Ouest de Reims entre Ormes et Thillois.

La 4e division partira à 4 h. 30, passera par Livry, gagnera la grande route de Reims, et la suivra jusqu'à Sillery ; là elle prendra les chemins de traverse qui passent par Puisieulx, Montbré, Champ-Fleury,

Bezannes, Ormes et Thillois. Cette division bivouaquera au Sud de Thillois, faisant face à Reims.

La 3ᵉ division partira à 5 heures, gagnera Billy par un chemin de traverse qui part de Louvercy, suivra la route qui passe par Villers-Marmery, laisse Verzenay à gauche et à Puisieulx.

De là, elle suivra le même chemin que la 4ᵉ division, derrière laquelle elle s'établira.

La 2ᵉ division se mettra en mouvement à 5 heures, suivra la même route que la 4ᵉ et bivouaquera au Nord d'Ormes, faisant face à Reims.

La 1ʳᵉ division se mettra en mouvement à 5 h. 30 et suivra la même route que la 3ᵉ et s'établira derrière la 2ᵉ division.

La division de cavalerie (1) partira une heure et demie après que la 2ᵉ division aura défilé et suivra la même route que cette division ; elle s'établira en arrière d'Ormes.

Les batteries divisionnaires marcheront à la gauche de leur division.

Les bagages de chaque division en queue de colonne serrant le plus possible.

L'artillerie de réserve partira derrière la 4ᵉ division et suivra la même route que cette division.

Elle s'établira entre Thillois et Ormes en arrière de l'infanterie.

Le général commandant le corps d'armée partira à 5 h. 30 et établira son quartier général à Ormes.

MM. les généraux commandant les 4ᵉ et 3ᵉ divisions s'assureront de deux guides connaissant bien le pays.

Les corps qui ont envoyé des officiers à Paris sont autorisés, dans le cas où ces officiers ne seraient pas rentrés demain matin, à laisser en arrière un officier et une voiture pour recevoir les bagages.

Les généraux commandant les divisions enverront à l'avance leurs sous-intendants au point indiqué comme gîte et étape.

Le 7ᵉ corps prendra position au Sud de Reims, sa droite à Villers-aux-Nœuds, sa gauche s'appuyant à la route d'Épernay.

Le 12ᵉ corps s'établira en arrière du canal, sa gauche à Saint-Thierry, sa droite à la Vesle.

Le 5ᵉ corps en arrière du canal, sa droite à Reims, sa gauche à Champigny.

(Cet ordre s'est trouvé modifié pendant la route après une reconnaissance faite sur les villages d'Ormes et de Thillois et constatant l'insuffisance de l'eau dans les communes et le territoire voisin.)

---

(1) Il faut observer que dans cette marche le 1ᵉʳ corps est au centre ; il a à sa droite le 7ᵉ corps, à sa gauche les 12ᵉ et 5ᵉ ; l'objectif est Reims qu'on sait libre d'ennemis, ainsi que la région avoisinante.

d) Situation.

Situation sommaire du 1er corps d'armée à la date du 20 août 1870.

CORPS.	OFFI-CIERS.	TROUPE.	CHEVAUX.	OBSERVATIONS.
État-major général	11	»	19	
1re division d'infanterie	230	8,137	432	
2e — —	175	4,357	100	Non compris son artillerie.
3e — —	119	4,958	459	
4e — —	135	4,253	81	*Ibid.*
Division de cavalerie	193	2,535	2,575	Compris le 9e cuirassiers.
Artillerie	»	»	»	
Génie de la réserve	17	498	110	
Services administratifs	59	347	230	
TOTAUX	939	24,785	4,006	

L'artillerie n'a pas encore envoyé sa situation.

5e CORPS.

a) Journaux de marche.

Journal de marche rédigé par le colonel Clémeur.

Conformément aux ordres du Maréchal, tout le 5e corps est dirigé sur le camp de Châlons.

La 1re division (Goze), après avoir rallié la veille au soir, à Blesme, la brigade Saurin qui avait pris position à Saint-Dizier, pendant deux jours, reçoit l'ordre de se porter sur Vitry. La brigade (Nicolas) va coucher à Blacy, 4 kilomètres au delà de Vitry, sur la route de Châlons. La 2e à Vitry même, et forme l'arrière-garde du corps d'armée.

La brigade de la 2e division (L'Abadie) part de Vitry à 4 heures du matin et va coucher à Châlons, où elle arrive vers 2 heures.

Châlons. I. — Docum.

La 3ᵉ division (de Lespart) part à 5 heures également de Châlons pour le camp.

Le général de Failly arrive au camp vers 1 heure de l'après-midi, avec son état-major général. L'Empereur, le maréchal de Mac-Mahon avec les 1ᵉʳ et 12ᵉ corps s'y trouvent déjà.

A son arrivée au camp vers 1 heure, la division Lespart est établie sous la tente, à gauche du baraquement.

Le 5ᵉ corps, toujours en marches forcées depuis le 6 août (jour de son départ de Bitche), faisant de longues étapes souvent par la pluie, et ne vivant qu'avec peine par réquisitions, avait le plus grand besoin d'un peu de repos.

Le général de Failly compte à juste titre l'obtenir au camp, s'y ravitailler et prendre sa part des approvisionnements qui y avaient été réunis.

Mais à 5 heures du soir, tous les corps reçoivent l'ordre de partir le lendemain matin, 21, pour Reims.

La division de Lespart fut donc la seule du 5ᵉ corps qui put se reposer une demi-journée et se ravitailler aux magasins du camp.

Le général de Failly ordonne aussitôt aux généraux L'Abadie et Goze de se diriger directement sur Reims, le premier de Châlons, le deuxième de Vitry, et donne également avis de ce changement de destination au général Liédot, parti avec l'artillerie de réserve pour Paris.

Il en informe aussi le Ministre de la guerre et le prie de donner des ordres pour que cette artillerie soit dirigée sur Reims au lieu de Châlons.

Les nouvelles reçues ce jour-là du maréchal Bazaine sous Metz semblent indiquer que ses communications sont coupées.

A partir de ce jour-là, les 1ᵉʳ, 5ᵉ, 7ᵉ et 12ᵉ corps, ainsi qu'un corps de cavalerie de réserve (divisions Margueritte et Bonnemains), constituent l'armée de Châlons.

Journal de marche rédigé par le capitaine de Piépape.

Châlons, 20 août.

Le quartier général du 5ᵉ corps est transporté au camp de Châlons, où le général en chef se rend par le chemin de fer et arrive à 2 heures après-midi. L'Empereur et le maréchal de Mac-Mahon s'y trouvent avec les 1ᵉʳ et 12ᵉ corps.

La division Goze opère son mouvement de Blesme sur Vitry. Elle va coucher : la brigade Nicolas à Blacy, près Vitry, la brigade Saurin à Vitry. Elle forme l'arrière-garde.

La division de cavalerie est en route de Chaumont au camp de Châlons par Doulevant.

La brigade de Maussion va coucher à Châlons.

Le corps d'armée prend à son arrivée au camp la gauche de la division baraquée.

Le 5e corps, toujours en marches forcées depuis le 6 août, avait grand besoin d'un peu de repos. Il comptait l'obtenir au camp, s'y ravitailler et prendre sa part des approvisionnements qui y avaient été réunis. Mais à 5 heures du soir ordre est donné à tous les corps de se porter le lendemain sur Reims. Les divisions Goze et L'Abadie, par suite des retards subis à Chaumont, ne purent comme les autres venir se ravitailler au camp et furent dirigées sur Reims directement. Avis fut envoyé au général Liédot de ce changement de destination. Le Ministre fut aussi prévenu que la réserve d'artillerie devait rejoindre directement à Reims.

Les nouvelles du maréchal Bazaine sous Metz indiquent que les communications sont coupées.

Le camp de Châlons est reconnu n'être pas une position stratégique où l'armée puisse tenir. Le mouvement de retraite de l'armée doit continuer sur Paris.

Désormais les opérations du 5e corps ne sont plus distinctes de celles de l'armée du maréchal de Mac-Mahon.

1re DIVISION.

Départ à 5 heures. Arrivée à Vitry vers 10 heures.

Les troupes campent au delà de la ville à l'embranchement des routes de Sézanne et de Châlons.

1re DIVISION (1re brigade).

A 5 heures du matin, la brigade se met en mouvement dans la direction de Vitry-le-François. Elle traverse, sans s'y arrêter, cette ville, dont les abords sont déjà en certains points couverts d'eau pour la défense. On travaille aux fortifications, on met des pièces en batterie en barbette ou dans les embrasures. C'est la garde nationale mobile qui fait le service de la place.

La ville traversée, la colonne s'arrête, à 10 heures du matin, près de la route de Vitry à Fère-Champenoise, à quelques centaines de mètres du chemin de fer, entre Maisons-en-Champagne et la gare de Loisy, dont le camp est éloigné de 700 à 800 mètres.

Le 11e de ligne et le 4e bataillon de chasseurs sont campés au même endroit.

Le soir, on annonce pour le lendemain une étape assez longue, et un train de chemin de fer emporte tous les soldats qui ne sont pas reconnus capables de la faire. Ils sont dirigés sur le camp de Châlons.

Le réveil est prescrit pour 3 heures et le départ pour 4 heures.

En même temps, l'ordre de marche suivant est donné :

« Un bataillon du 11ᵉ de ligne ;

« Génie ;

« Batterie de mitrailleuses avec la compagnie de soutien du 46ᵉ ;

« Deux bataillons du 11ᵉ de ligne ;

« Un bataillon du 46ᵉ ;

« La 5ᵉ batterie d'artillerie avec la compagnie de soutien des chasseurs à pied ;

« Un bataillon du 46ᵉ ;

« Un bataillon du 46ᵉ formant l'arrière-garde. »

Le soir on fait aux troupes des distributions de vivres.

1ʳᵉ DIVISION (2ᵉ brigade).

Châlons, 20 août.

Après avoir rallié son convoi à Loisy, la brigade traverse Drouilly, Pringy, Songy, Saint-Martin, Cheppes et Vitry-la-Ville (grand'halte) où, traversant la Marne, elle prend à Pogny la grande route de Châlons. Arrivée aux portes de cette ville, à 3 heures, elle campe en deux colonnes de régiment sur le terrain de manœuvres avec la brigade de Maussion.

2ᵉ DIVISION.

La division L'Abadie part de Vitry à 4 heures du matin ; elle se dirige sur Châlons par l'ancienne route qui longe la rive gauche de la Marne, passe par Loisy, Drouilly, Pringy, Cheppes, Vitry-la-Ville ; elle traverse ensuite la rivière et arrive à Pogny, sur la rive droite, où elle fait la grand'halte. De là, elle continue sur Châlons, par la grand'route et y arrive vers 2 heures de l'après-midi. Elle bivouaque au champ de Mars de la ville, où se trouvent établies déjà les troupes du train d'artillerie.

Les distributions de vivres ont lieu, ainsi que de fourrages et de bois.

La division Guyot de Lespart était allée au camp de Châlons, où le 1ᵉʳ corps était arrivé depuis le 15.

La brigade Saurin et le quartier général de la division Goze avaient quitté Vitry se rendant à......

La brigade Nicolas de la même division part de Vitry à 4 heures du matin, rallie son convoi à Loisy, marche sur les traces de la division de L'Abadie, fait sa grand'halte à Vitry-la-Ville et campe aussi à Châlons dans le champ de manœuvres.

La réserve d'artillerie n'avait pas trouvé à Bar-sur-Aube un matériel suffisant pour être transporté rapidement. Elle fut chargée sur des trains successifs. L'opération absorba toute la journée du 20.

Le général Brahaut, avec son état-major, arrivé le 19 à Bar-sur-Aube, se porte le 20 à Brienne ; là il est rallié par les deux escadrons du 12ᵉ chasseurs venus de Joinville, par l'escadron divisionnaire appartenant à la division de L'Abadie (5ᵉ hussards) et par la réserve de mulets du train.

Le 3ᵉ bataillon du 88ᵉ reste à Chaumont.

Deux escadrons du 5ᵉ lanciers arrivent de Biesles et s'arrêtent à Chaumont afin de s'y embarquer sur le chemin de fer pour aller à Châlons par Paris. Le lieutenant-colonel du régiment voyage avec eux.

Le 7ᵉ corps continue de traverser Chaumont pour aller en chemin de fer à Paris.

Division de cavalerie.

Le général de division se rend par la Rothière à Brienne, où il est rallié par les deux escadrons du 12ᵉ chasseurs venant de Joinville, et par l'escadron du 5ᵉ hussards, détaché à la division L'Abadie, et qui n'avait pu être embarqué à Chaumont sur la voie ferrée.

Le convoi de 150 mules du train vient aussi bivouaquer à Brienne.

Rapport du colonel de Fénelon sur l'artillerie du 5ᵉ corps d'armée.

Faute de matériel suffisant à la gare de Bar-sur-Aube, l'embarquement de la réserve par trains successifs pour Paris se fait lentement et absorbe la journée. Cependant, vers 11 heures du soir, la dernière batterie de la réserve parvient à partir. Les différents trains emportant la réserve arrivent chacun après huit ou dix heures de marche, le 21 août, à la gare de Pantin, y prennent par le chemin de Ceinture la ligne de Soissons—Reims, et arrivent dans la matinée du 22 à la gare de Reims ; là seulement, nous apprenons qu'une grande résolution a été prise, que le camp de Châlons a été évacué.

Ordre nous est donné de débarquer à Reims, rien n'était préparé à cette gare pour un semblable débarquement, les quais y étaient insuffisants, les hommes d'équipe y étaient en trop petit nombre et le plus grand désordre y régnait ; il y avait d'ailleurs en gare, outre les six batteries de la réserve du 5ᵉ corps, des batteries du 7ᵉ et le parc de ce corps ; enfin, vers 4 heures de l'après-midi, cinq des batteries de la réserve avaient pu débarquer et avaient été camper sur les boulevards de Reims ; quant à la dernière batterie de la réserve arrivée en gare, il fut décidé qu'elle irait opérer son débarquement à Witry-lès-Reims, petite gare située à 6 kilomètres au-delà de Reims ; cette batterie y opéra son débarquement à 9 heures du soir, après avoir mis plus de cinquante heures pour venir de Bar-sur-Aube.

c) Opérations et mouvements.

Le maréchal de Mac-Mahon au général de Failly.

A votre arrivée au camp de Châlons, votre corps devra s'établir à la gauche du baraquement permanent de l'infanterie. Toutefois la brigade que vous avez laissée la veille en arrière, et qui ne doit quitter Vitry que demain 21, sera transportée par le chemin de fer jusqu'à Suippes, d'où elle gagnera Saint-Hilaire, point sur lequel votre corps d'armée devra se porter quand nous ferons mouvement.

7ᵉ CORPS.

a) Journaux de marche.

2ᵉ DIVISION (2ᵉ brigade).

Le convoi s'arrête à environ 1 kilomètre avant d'arriver à la gare de Mourmelon-le-Petit. Les hommes descendent de wagon et les voitures et les chevaux sont seuls emmenés à la gare pour être débarqués à quai.

Lorsque le détachement est descendu de voiture et formé en dehors de la voie, M. le capitaine d'état-major de Fayet (état-major général du 7ᵉ corps) fait connaître au général qu'il doit aller camper sous les grandes tentes. La colonne se met en marche et n'arrive qu'à 4 heures à son campement, par suite d'une fausse direction qui lui est donnée tout d'abord par un sergent du génie qui lui sert de guide.

A 10 heures du matin, la 2ᵉ brigade, composée du 53ᵉ en entier, et la 1ʳᵉ brigade (6ᵉ bataillon de chasseurs, 5ᵉ et 37ᵉ de ligne), arrivée le matin, reçoivent l'ordre d'aller camper le jour même au Nord de Vadenay, sur la rive droite de la Vesle, la 2ᵉ brigade en seconde ligne.

Le 89ᵉ, à son arrivée, sera arrêté à la gare de Saint-Hilaire et dirigé sur Vadenay.

Le mouvement a lieu à midi et demi et s'effectue ainsi qu'il a été prescrit, sauf en ce qui concerne le 89ᵉ qui, arrivé vers 1 heure à Vadenay, a été campé par M. le lieutenant-colonel Sumpt, chef d'état-major de la 3ᵉ division, dans un autre endroit que celui qu'il devait occuper.

M. le général Guiomar, commandant la 1ʳᵉ brigade, laisse les choses en état pour la nuit.

Itinéraire. — Camp de Châlons, ferme de Bouy, Vadenay; 7 kilomètres.

A 9 heures du soir la 2ᵉ division reçoit l'ordre de se tenir prête à partir le lendemain pour Reims. Le 7ᵉ corps devra prendre position au Sud de Reims, sur la rive gauche du Rouillat, la droite à Villers-aux-Nœuds, la gauche s'appuyant à la route d'Épernay, ayant la 1ʳᵉ division sur la rive droite du Rouillat, sur une hauteur entre Trois-Puits et Cormontreuil.

On devra à l'arrivée à Sillery quitter la grand'route pour aller prendre les positions indiquées.

Les hommes malades et éclopés seront envoyés en chemin de fer et dirigés sur Paris.

3ᵉ DIVISION (1ʳᵉ brigade).

La division part par les voies rapides de Belfort, dirigée sur le camp de Châlons, passant par Paris.

Le trajet se fait lentement, longs arrêts près de Paris.

20 août, arrivée à Reims.

DIVISION DE CAVALERIE.

Rapport sur la part prise par la division de cavalerie du 7ᵉ corps à la campagne de 1870.

Le 7ᵉ corps ayant reçu l'ordre de rallier les troupes réunies autour de Châlons, je partis le 19 au matin de Belfort pour Montbéliard avec mes premiers escadrons, pour y prendre, à 9 heures du soir, le chemin de fer de Paris, où j'arrivai le 20 dans la soirée.

Je fus aussitôt dirigé, par Châlons, sur Reims, où j'étais rendu le 21.

Rallié par mes escadrons, j'y fait séjour le 22.

Journal de marche.

20 août.

Les deux premiers régiments et l'état-major vont, par Dijon, à Paris et Reims. Le 8ᵉ lanciers s'embarque à Montbéliard.

ARTILLERIE.

Journal de route.

Nous voyageons lentement à cause de l'encombrement de la voie; nous passons en wagon toute la journée du 20 et la nuit suivante.

12ᵉ CORPS.

a) Journaux de marche.

1ʳᵉ DIVISION.

La division Grandchamp séjourne au camp de Châlons. Ses corps complètent autant que possible leur matériel. Tir à la cible pour les jeunes soldats.

2ᵉ DIVISION (2ᵉ brigade).

Les quelques jours qui précédèrent la levée du camp furent employés à l'instruction théorique et pratique, particulièrement à tout ce qui concernait l'exercice du tir et à la marche. Les hommes furent envoyés deux fois seulement au tir à la cible.

Durant la marche dans la direction de Mouzon et pendant les séjours à Reims et à Rethel, tous les moments dont on a pu disposer furent consacrés aux exercices et aux théories, afin de hâter autant que possible l'instruction militaire.

c) Opérations et mouvements.

(1ᵉʳ *corps. — Correspondance avec les divisions*). *Au* 12ᵉ *corps.*

Les trois régiments de cavalerie du 12ᵉ corps, sous les ordres du général de Fénelon, se rendront dans la soirée à Châlons où ils resteront jusqu'à nouvel ordre, avec la mission d'éclairer au loin tout l'intervalle compris entre les routes de Châlons à Vitry et de Châlons à Sainte-Menehould. Le général de Fénelon dirigera sur les différents points qu'il aura choisis, les détachements destinés à éclairer l'armée.

Plusieurs de ces détachements n'auront pas besoin de passer par Châlons pour se porter sur les points qu'ils doivent occuper.

Instructions du Général commandant le 12ᵉ *corps d'armée.*

Camp de Châlons, 20 août.

On s'occupera dans les divisions de former les conseils de guerre, un par division. Il sera formé un conseil de revision pour tout le corps d'armée.

Toutes les fois qu'il y aura un mouvement, l'ordre général émanera du quartier général du corps d'armée. La mise en mouvement des diverses troupes sera indiquée de telle façon qu'on ne mette pas inutilement sur pied les troupes qui devront attendre pour prendre leur place dans la colonne.

Partout on s'attachera à laisser les hommes prendre le café, manger la soupe, se reposer, etc., jusqu'à ce que le moment vienne de battre l'assemblée pour la mise en marche de leur régiment.

Dans les marches, soit du corps d'armée, soit de la division, la tête de la colonne fera une halte quand elle aura marché 45 minutes : cette halte sera de 10 minutes. Tous les corps qui suivront la tête de la colonne serreront successivement à leur distance et feront pour leur compte la halte de 10 minutes.

En principe, la cavalerie marchera réunie, précédant l'infanterie, à moins de dispositions contraires qui seraient prescrites par l'ordre de marche.

Dans l'ordre de marche, deux batteries, dont une de mitrailleuses, quand il y en aura, marcheront toujours derrière le bataillon, tête de colonne. La 3e batterie divisionnaire se placera entre les deux brigades de la division.

Dans les marches, quand les côtés de la route permettront de marcher librement, les colonnes d'infanterie laisseront la route ouverte, de façon à faciliter la marche des voitures. Les compagnies du génie attachées aux divisions d'infanterie marcheront avec leurs voitures d'outils. L'ordre de mouvement indiquera toujours la place des bagages dans les convois ; d'une façon générale, ces places sont les suivantes : ambulances complètes, bagages des divisions d'infanterie, dans l'ordre que ces divisions auront dans la colonne, trésors, voitures de l'administration, vivres, etc.

Le grand prévôt et les prévôts devront exiger de la façon la plus impérieuse que les voitures de bagages ne perdent jamais leurs distances et doublent les files toutes les fois que les circonstances le permettront. Ils veilleront à ce que les bagages se placent dans l'ordre qui vient d'être indiqué.

Un peloton d'escorte, commandé par un officier, sera fourni au général commandant le corps d'armée pendant toutes les marches.

Toutes les fois qu'une colonne changera de direction, les officiers généraux auront soin de laisser sur le point de bifurcation un officier ou sous-officier de cavalerie qui indiquera la route.

Les troupes du corps d'armée doivent toujours être prêtes à partir, soit de jour, soit de nuit.

MM. les généraux de division sont invités à exiger que les généraux sous leurs ordres président toujours eux-mêmes à l'installation des troupes au bivouac, et ne mettent jamais pied à terre qu'après avoir placé eux-mêmes les grand'gardes et les petits postes et pris toutes les dispositions pour la sécurité du bivouac.

MM. les généraux et chefs de corps devront tenir la main à ce qu'en arrivant au bivouac, les hommes n'aillent jamais isolément, soit à l'eau, soit au bois. Il y a eu des hommes enlevés très près du camp parce qu'ils en étaient sortis imprudemment. On organisera toujours des corvées régulières, au besoin sous la protection de détachements armés pour l'eau, le bois, etc.

Une fois l'extinction des feux sonnée, le plus grand silence régnera dans tous les bivouacs, afin que les hommes puissent reposer. Le signal du réveil sera donné tous les jours par le quartier général ; si l'artillerie, la cavalerie, les troupes à cheval ont besoin de devancer l'heure, les hommes seront réveillés sans sonnerie.

Quand on sera appelé à combattre, un régiment de cavalerie sera mis à la disposition de chaque général de division commandant l'infanterie.

Le général commandant la cavalerie proposera la répartition qu'il y aura lieu de faire des régiments placés sous ses ordres qui constamment seront les mêmes pour les mêmes divisions.

Sur le champ de bataille, soit qu'on attaque, soit qu'on défende une position que l'ennemi se propose d'enlever, l'infanterie du corps d'armée sera, à moins de circonstances qui obligeraient de faire autrement et que le commandement indiquerait, disposés sur trois lignes, chaque division présentant deux lignes à distance moyenne de 400 mètres par brigades accolées, afin que chaque général de brigade ait la moitié de son monde en première ligne et la moitié en deuxième.

Les 1re et 3e divisions formeront les deux premières lignes ; la 2e division et les trois régiments du 6e corps formeront la réserve en troisième ligne.

Les deux premières lignes seront généralement disposées en ordre déployé ; cependant, dans la deuxième ligne, les troupes pourront être formées en colonnes à distances entières, si cette formation permet de les placer derrière un pli de terrain qui les dérobe à la vue de l'ennemi. Les régiments de cavalerie attachés aux divisions recevront les ordres des commandants des divisions ; la cavalerie de la réserve de la cavalerie se placera près de la réserve d'infanterie dans des conditions analogues.

Les officiers généraux, lorsqu'ils se trouvent à portée de l'artillerie ennemie et qu'ils se trouvent sur les lignes de feux, doivent éviter de s'entourer de leur état-major et de leur escorte, afin de ne point fournir des points de mire à l'ennemi et exposer des hommes inutilement.

Pendant le combat, les officiers généraux devront se tenir en communication avec le général commandant le corps d'armée, de manière à ce que celui-ci sache toujours ce qui se passe sur la ligne ; il indiquera le point sur lequel on le trouvera.

Lorsque les généraux auront envoyé un ordre par un officier, ils prendront le soin de confirmer cet ordre en envoyant un deuxième officier qui suivra le premier à quelque distance.

Les troupes du corps d'armée doivent toujours être prêtes à partir, soit de jour, soit de nuit.

Dès aujourd'hui, on donnera aux généraux de division un brigadier et quatre cavaliers, et aux généraux de brigade deux cavaliers.

Le général de division commandant la cavalerie est chargé d'assurer l'exécution de ce service de planton.

RÉSERVE DE CAVALERIE.

a) Journal de marche.

DIVISION BONNEMAINS.

Séjour à Livry. — Le général Bonnemains prend le commandement des troupes qui sont au camp de Châlons et qui peuvent y arriver.

d) Situation.

Situation sommaire de l'effectif (présents) au 20 août (division Bonnemains).

CORPS.	OFFI-CIERS.	TROUPE.	TOTAL.	CHEVAUX		TOTAL des chevaux.
				disponibles.	indisponibles.	
État-major	13	7	20	33	»	33
1re brigade. { 1er cuirassiers (1).	35	442	477	358	74	432
{ 2e — (2).	32	455	487	297	162	459
2e brigade. { 2e cuirassiers (3).	30	441	471	220	112	332
{ 3e — (4).	33	452	485	349	75	424
Gendarmerie..............	1	20	21	21	»	21
TOTAUX.....	144	1817	1961	1278 (5)	423	1701

(1) Subsistants : 6 hommes, 7 chevaux.
(2) Subsistants : 6 hommes, 9 chevaux.
3 officiers, 44 hommes et 78 chevaux arrivés le 19.
(3) Subsistants : 7 hommes, 6 chevaux.
78 hommes et 32 chevaux arrivés le 19.
(4) Subsistants : 3 hommes, 12 chevaux.
(5) Sur les 1278 chevaux portés disponibles, il y en a 80 qui ne le sont pas aujourd'hui mais qui, devant l'être dans quelques jours, ont été portés dans cette colonne.

RENSEIGNEMENTS

Le Ministre de l'intérieur à l'Empereur et au maréchal de Mac-Mahon (D. T.).

20 août, 4 h. 35 matin.

On m'écrit de Thionville, le 19 août, à 11 h. 26 du soir, ce qui suit :

« Aucune nouvelle du maréchal Bazaine, communications télégraphiques et voies ferrées interrompues entre Thionville et Metz. Les convois de munitions sont arrêtés dans les Ardennes. Un convoi de vivres, arrivé à Thionville ce soir, a été obligé de retourner sur Mézières. »

Le Préfet de la Meuse aux Ministres de la guerre, de l'intérieur, et au maréchal de Mac-Mahon (D. T.).

Revigny, 20 août, 2 h. matin. Expédiée à 9 h. 15 matin (n° 33584).

J'ai enfin des renseignements de Saint-Mihiel. Il y a 2,000 hommes dans la ville, débris de tous les corps qui se sont battus dans la Woëvre, uhlans, cuirassiers, chasseurs, infanterie ; ils n'ont plus de munitions et sont dans un piteux état. Rien d'Apremont et de Vigneulles ; je ne sais quelles sont les forces massées sur ce point. On me dit que ce matin on entendait le canon dans cette direction. Les 150 chasseurs, qui étaient venus hier à Bar, ont rencontré aujourd'hui à Vassincourt des chasseurs français qui les ont mis en déroute et leur ont tué trois hommes.

Un petit engagement aurait eu lieu aujourd'hui à Aulnois-en-Barrois près Stainville, l'ennemi aurait perdu sept hommes.

Bar est traversé depuis 4 heures par des hussards de la mort qui paraissent assez désorientés. Quant aux 150 hussards repoussés à Vassincourt, ils ont demandé le chemin de Clermont-en-Argonne et de Pierrefitte.

Ligny ne renferme que 150 uhlans ; l'excitation des habitants à Bar contre les Prussiens augmente malgré les conseils qu'on leur donne, les femmes, les ouvriers et les enfants tuent les Prussiens quand ils passent. Prière de m'envoyer les appareils et les agents nécessaires pour remonter le télégraphe de Bar.

Le Commandant de place au maréchal de Mac-Mahon, au camp de Châlons (D. T.).

Thionville, 20 août, 9 h. 15 matin (n° 33615).

Communications avec Metz coupées en deux points. Agents partis pour Metz porteurs de dépêches et avec mission de rapporter des nouvelles du maréchal Bazaine. On affirme qu'il était hier matin sous Metz et qu'il s'est reposé à la gare de Devant-les-Ponts.

Le Général commandant de la Meuse à l'intendant Wolff, à Montmédy (D. T.).

Verdun, 20 août, 9 h. 25 matin.

Des renseignements de Spincourt font connaître que l'avant-garde française ne serait éloignée que de quelques kilomètres de ce village, et que l'armée se rapproche du chemin de fer entre Audun et Longuyon.

Le Préfet au maréchal de Mac-Mahon et au Ministre de l'intérieur (D. T.).

Chaumont, 20 août, 10 h. 30 matin. Expédiée à 11 h. 50 soir (n° 33672).

J'apprends de source sûre que ce matin, à 3 h. 25, les Prussiens, infanterie et cavalerie, campaient à Colombey (Vosges) et qu'ils étaient arrivés depuis hier soir à 3 heures ; leur parc d'artillerie a campé cette nuit, entre Sauvigny et Greux, à 12 kilomètres de Neufchâteau.

En marge : « Vu et transmis au maréchal de Mac-Mahon. »

Le maréchal de Mac-Mahon au Commandant supérieur de Montmédy et au Maire de Longuyon (D. T.).

Camp de Châlons, 20 août, 10 h. 38 matin (n° 33701).

Des renseignements de Spincourt annoncent que l'avant-garde de l'armée française ne serait qu'à quelques kilomètres de ce village. Employez tous les moyens possibles pour me renseigner à cet égard le plus tôt possible.

L'Adjoint de Longuyon au maréchal de Mac-Mahon, à Châlons.

20 août, 5 h. 05.

Un exprès arrive de Spincourt. Il n'y a pas de troupes françaises entre Étain et Spincourt, ni trace autour de Spincourt. Le matin, il y avait un régiment prussien à Spincourt.

Le Préfet de la Haute-Marne au Ministre de l'intérieur, au maréchal de Mac-Mahon et au Préfet de l'Aube (D. T.).

Chaumont, 20 août, 12 h. 27 soir. Expédiée à 1 h. 35 soir (n° 33737).

Des hussards de la mort et des dragons prussiens sont arrivés ce matin à Saint-Dizier. Ils ont demandé 10,000 francs de contributions et commandé 800 rations pour une troupe qui les suit. Ils se sont emparés du télégraphe, ont saisi les lettres à la poste et reçu 2,000 francs au lieu de 10,000 francs qu'ils demandaient.

Le Sous-Préfet de Montmédy au Ministre de l'intérieur, à Paris. (Très urgent, chiffre spécial; à transmettre de suite au Ministre de la guerre.)

Montmédy, 20 août, 12 h. 40 matin.

Commandant Magnan chargé par l'Empereur d'une mission pour le maréchal Bazaine n'a pu encore le rejoindre. La voie entre Montmédy et Thionville peu sûre. Nous envoyons cette nuit des hommes intelligents et sûrs rechercher où il peut être. Les convois de munitions et de vivres sont échelonnés entre Mézières et Montmédy, ils seront portés sur le point indiqué par le Maréchal.

Le Ministre au maréchal de Mac-Mahon, au camp de Châlons (D. T. Ch.).

Paris, 20 août, 3 h. 40 soir (n° 25196).

J'ai reçu votre dépêche de 8 h. 45. Le seul renseignement que je puisse vous donner est le suivant. Le 18 soir, Bazaine occupait comme position la ligne Amanvillers à Jussy.

Le Sous-Préfet aux Ministres de la guerre et de l'intérieur et au Commandant supérieur, à Belfort (D. T.).

Schlestadt, 20 août, 3 h. 55 soir. Expédiée à 9 h. 30 soir (n° 34010).
(Chiffre spécial.)

Il semble se confirmer que la division badoise autour de Strasbourg reçoit renfort Bavarois et Wurtembergeois. Ennemi annonce vouloir bombarder Strasbourg et avoir reçu gros matériel siège; dans les villages de Niedernai à Strasbourg, troupes nombreuses. Je crains avoir bientôt nos communications interceptées avec Colmar. Reconnaissances ennemies sont venues ce matin à Châtenois, ville près Schlestadt.

Le Préfet de la Haute-Marne au maréchal de Mac-Mahon, à Châlons; au Général, à Langres, et au Ministre de l'intérieur (D. T.).

Chaumont, 20 août, 5 h. 45 soir. Expédiée à 8 h. 15 soir (n° 33970).

Le maire de Saint-Blin m'annonce que 150 Prussiens arrivent à Neufchâteau et font préparer des vivres pour 30,000 qui doivent arriver demain.

Le Commandant de gendarmerie de Chaumont au Colonel de gendarmerie de Besançon (D. T.).

Chaumont, 20 août, 5 h. 46 soir. Expédiée à 8 h. 45 soir (n° 34008).

Dépêche reçue du lieutenant, de Vassy :
« L'ennemi est arrivé à Saint-Dizier et se dirige, dit-on, sur Vassy et Montiérender.
« Je pars avec ma troupe pour me diriger sur le camp de Châlons. »

Le Sous-Préfet au Ministre de l'intérieur (D. T.).

Thionville, 20 août, 5 h. 40 soir. Expédiée à 9 h. 10 soir (n° 33986).
(Chiffre spécial.)

Les communications avec Metz interrompues. Chemin de fer et fil télégraphique coupés depuis hier soir par uhlans.
Un convoi de vivres et trois convois de munitions se sont repliés vers Montmédy pour attendre que la voie soit rétablie.
A Thionville, depuis l'affaire de dimanche dernier, dont résultat a été de repousser tentative de surprise, en causant à l'ennemi perte de 200 hommes, tués ou blessés par l'attaque nouvelle ; mais Prussiens parcourent campagnes en levant contributions. Chemin de fer par les Ardennes libre jusqu'à Thionville. On croit maréchal Bazaine encore à Metz.

Le Préfet de l'Aube au maréchal de Mac-Mahon (D. T.).

Troyes, 20 août, 9 h. 20 soir. Expédiée à 11 h. 5 soir (n° 49311).

D'après plusieurs renseignements, l'ennemi qui était hier à Bar-le-

Duc, se dirigerait sur Saint-Dizier, ensuite sur Vitry, Champaubert et Montmirail. Ces renseignements sont donnés sous toutes réserves. Il pourrait peut-être se faire aussi que cette armée vienne par Vassy, Montiérender et Brienne, mais on croit plutôt à la première direction.

Les corps de Failly, Douay continuent à passer à Troyes.

Le Procureur impérial au Ministre de la justice (D. T.).

Mirecourt, 20 août, 9 h. 52 soir. Expédiée à 11 h. 10 soir (n° 34379).

Depuis mercredi 17, 10 heures du matin à vendredi 19, passage non interrompu de troupes prussiennes marchant sur Vézelise, Colombey et Vannes, évaluées 100,000 hommes au moins; grand nombre de canons. Les voitures d'ambulance, extrêmement nombreuses, hermétiquement fermées, paraîtraient suspectes et pourraient renfermer engins de guerre.

Journée du 21 août.

ÉTAT-MAJOR GÉNÉRAL.

a) **Journaux de marche.**

Le 21, l'armée quitte le camp de Châlons et se porte à Reims.

Le 1er corps (général Ducrot) suit la route de Livry, des Petites-Loges, de Sillery, où il quitte la route pour se diriger par Puisieulx sur Cormontreuil; il établit sa droite à Cormontreuil et sa gauche dans la direction de Reims.

Le 7e corps (général Douay) suit la même route et prend position à Sillery. Une division occupe Reims.

Le 12e corps (général Lebrun) suit la grande route de Reims qui passe entre les deux Mourmelon; il prend position en arrière de Reims, sa gauche à Saint-Thierry et sa droite vers Champigny.

Le 5e corps (général de Failly) suit la même route que le 12e, et s'établit derrière le canal, sa droite à Reims et sa gauche à Champigny.

Le 1er et le 12e corps se mettent en mouvement à 4 h. 30 du matin; le 7e et le 5e, à 9 heures.

La cavalerie de réserve du général Bonnemains reste au camp de Châlons et ne doit rejoindre que dans la journée du 22.

La cavalerie du général Fénelon (1er et 7e lanciers, 4e chasseurs d'Afrique), qui éclaire le terrain en avant de Châlons, a l'ordre de rester dans ses positions jusqu'à nouvel ordre.

La brigade du 5e corps, restée à Vitry, et la brigade de cavalerie de Septeuil se mettent en mouvement pour se replier sur Reims en passant par Épernay.

Trois escadrons du 6e cuirassiers, arrivés le matin au camp de Châlons, restent avec la division Bonnemains.

Un bataillon d'infanterie du 12e corps reste également au camp pour protéger la gare. Le quartier général est à Courcelles, faubourg de Reims.

Souvenirs inédits du maréchal de Mac-Mahon.

Le 21, l'armée de Châlons vint prendre position près de Reims, sur la rive droite du canal de la Marne.

Cette marche fut des plus pénibles. Grand nombre d'hommes de l'infanterie de marine et des régiments de marche restèrent en arrière. Je fus obligé d'arrêter la tête du 12° corps et de lui faire prendre position en arrière de celle qui lui avait été précédemment assignée.

Je visitai les camps et ne rentrai qu'à 7 heures du soir à mon quartier général, établi à Courcelles. J'y fus informé que M. Rouher était auprès de l'Empereur et cherchait à lui persuader que je devais diriger l'armée non sur Paris, mais vers l'Est à la rencontre du maréchal Bazaine.

N'ayant rien reçu de ce dernier, j'étais alors bien décidé à marcher sur Paris. Je me rendis au quartier impérial.

M. Rouher expliqua devant moi à Sa Majesté les motifs politiques et militaires qui lui paraissaient exiger de porter l'armée sur Metz et non sur Paris.

Je répliquai à M. Rouher que, d'après ce que je savais, je devais supposer le maréchal Bazaine bloqué dans Metz par les armées du Roi et du prince Frédéric-Charles, que l'armée du prince de Saxe, évaluée à 90,000 hommes, devait être établie au Nord de Verdun; que le Prince royal, avec 150,000 hommes, était à hauteur de Vitry; que, dans cet état de choses, si le maréchal Bazaine n'était point sorti de Metz, je pouvais être assailli par des forces très supérieures. Qu'enfin le maréchal Bazaine avait peut-être été forcé d'opérer sa retraite vers le Sud, ce qui, dans le cas d'un mouvement en avant de ma part, pouvait me mettre dans une position encore plus fâcheuse. J'ajoutai que si l'armée de Metz venait à être battue, il était de la plus haute importance de conserver à la France la seule armée qui lui restât. Je terminai en disant que, bien qu'éprouvant une douleur réelle d'abandonner le maréchal Bazaine et sachant que, s'il venait à succomber, je serais hautement accusé de lâcheté pour ne pas lui être venu en aide, je croyais que l'intérêt du pays exigeait que je me porte sur Paris.

En conséquence si le lendemain 23, je ne recevais pas d'instructions du maréchal Bazaine, ou l'avis de sa part qu'il était en route pour me rejoindre, je me porterais sur Paris.

Dans le cours de cette conversation l'Empereur ne fit qu'une seule observation : « Si l'armée de Châlons était battue, ce serait très grave! Que deviendrions-nous? »

M. Rouher l'interrompit : « Votre Majesté n'aurait alors qu'une seule chose à faire, se jeter au milieu de l'ennemi et se faire tuer. »

M. Rouher, voyant que ma décision était irrévocable, prit les dispositions qu'il jugeait nécessaires.

Il proposa : 1° un décret me nommant général en chef de toutes les forces composant les armées de Châlons et de Paris ; 2° une lettre de l'Empereur, à moi adressée, indiquant que par suite de la rupture des communications avec le maréchal Bazaine, il faisait appel à mon patriotisme en me conférant le commandement général ; 3° une proclamation qui devait être adressée par moi à l'armée. M. Rouher devait regagner immédiatement Paris et faire paraître ces pièces le 23, au *Moniteur officiel*, s'il était informé du départ de l'armée de Châlons pour Paris.

b) Organisation et administration.

Le Ministre au maréchal de Mac-Mahon, au camp de Châlons (D. T. Ch.).

Paris, 21 août, 10 h. 50 matin (n° 25683).

On me signale de plusieurs côtés des actes de désordre et d'indiscipline, même parmi quelques-unes des troupes du camp de Châlons. J'appelle votre attention sur ces faits, convaincu que vous êtes aussi pénétré que moi de la nécessité d'arrêter la désorganisation, qui, à l'approche de l'ennemi et au moment où l'on évacue le camp, peut entraîner des conséquences graves. S'il faut des exemples, n'hésitez pas.

c) Opérations et mouvements.

Le maréchal de Mac-Mahon au Général commandant la 4ᵉ division, à Châlons (D. T.).

Camp de Châlons, 21 août, 8 h. 45 matin. Expédiée à 9 h. 30 matin.

Vous ne quitterez Châlons que sur ordre de moi ; vous êtes couvert par deux divisions de cavalerie et n'avez par conséquent rien à craindre ; je laisse au camp, pour son évacuation, une division de cavalerie, un bataillon d'infanterie et tous les services qui doivent concourir à cette opération ; tous les trains engagés au delà d'Épernay doivent continuer leur marche sur Reims par Châlons. Donnez l'ordre à la station télégraphique de ne quitter que sur l'ordre formel donné par vous et cela sous leur responsabilité personnelle.

Le Ministre de la guerre à l'Empereur, au camp de Châlons (D. T.).

Paris, 21 août, 10 h. matin.

Il y a deux partis à prendre : ou dégager promptement Bazaine, dont la position est des plus critiques, en se portant en toute hâte sur Montmédy, ou marcher contre le prince royal de Prusse, dont l'armée est nombreuse et qui a la mission d'entrer dans Paris, où il serait proclamé empereur d'Allemagne. Dans ce dernier cas, je puis envoyer le 13ᵉ corps d'armée, général Vinoy (27,000 hommes), occuper la Ferté-sous-Jouarre, où il serait le pivot d'un mouvement tournant de l'armée de Mac-Mahon, qui marcherait vigoureusement sur le flanc de l'armée prussienne, soit qu'elle prenne la route de Vitry, Champaubert et Montmirail, soit qu'elle se dirige sur Vassy, Montiérender et Brienne.

Le Ministre au maréchal de Mac-Mahon (D. T. Ch.).

Paris, 21 août, 5 heures soir (n° 25817).

Je considère comme indispensable que votre armée aille dégager le maréchal Bazaine. Songez à l'effet moral que produirait toute apparence d'abandon de cette armée, qui a héroïquement combattu et qui est formée d'excellentes troupes. Faites-moi connaître votre intention. Vous savez que les convois de munitions et de vivres sont échelonnés sur la route de Montmédy à Thionville, et que l'armée de Bazaine en manque totalement.

d) Situation.

Situation sommaire de l'armée de Châlons au 21 août 1870.

CORPS.	OFFICIERS.	TROUPE.	TOTAUX.	CHEVAUX.
1ᵉʳ CORPS.				
Etat-major....................	11	6	17	35
1ʳᵉ division...................	219	7,810	8,029	233
2ᵉ division....................	189	5,683	5,872	438
3ᵉ division....................	120	5,015	5,135	520
4ᵉ division....................	152	4,900	5,052	175
Division de cavalerie...........	199	2,450	2,649	2,407
Artillerie de réserve...........	35	1,065	2,100	908
Génie (réserve).................	17	198	215	110
Services administratifs.........	60	399	459	244
TOTAUX........	1,002	27,579	28,581	5,070
5ᵉ CORPS.				
Etat-major.....................	10	15	25	37
1ʳᵉ division...................	229	6,177	6,406	456
2ᵉ division (1)................	154	3,843	3,997	171
3ᵉ division....................	308	8,523	8,831	783
Division de cavalerie...........	»	»	»	»
Artillerie (parc) (2)..........	6	450	456	600
Génie (3)......................	11	100	111	97
Services administratifs (4)....	»	»	»	»
Artillerie de réserve (4).......	»	»	»	»
TOTAUX........	718	19,108	19,826	2,144
12ᵉ CORPS.				
Etat-major.....................	11	28	39	29
1ʳᵉ division...................	291	10,586	10,874	526
2ᵉ division (régiment de marche)..	166	8,029	8,191	508
3ᵉ division (marine)............	321	10,039	10,360	556
Artillerie (réserve)............	37	1,224	1,261	1,363
Génie..........................	14	302	316	117
TOTAUX........	971	32,194	33,165	3,030

(1) La brigade DE MAUSSION seulement.
(2) 114 voitures.
(3) 30 voitures.
(4) Mémoire.

CORPS.	OFFICIERS.	TROUPE.	TOTAUX.	CHEVAUX.
6ᵉ CORPS.				
Division Besson..................	89	6,828	6,917	241
Fraction faisant partie provisoirement du 12ᵉ corps....... { Artillerie..	83	2,774	2,857	2,905
Génie.....	21	491	512	152
Cavalerie.....................	148	1,647	1,795	1,685
Totaux......	341	11,740	12,081	4,983
7ᵉ CORPS.				
1ʳᵉ division....................	185	7,783	7,968	468
2ᵉ division....................	282	9,112	9,394	384
3ᵉ division....................	291	11,325	11,616	598
Cavalerie.....................	211	2,802	(1)3,013	2,889
Artillerie.....................	24	961	985	1,004
Génie.........................	6	167	173	80
Totaux......	999	32,150	33,149	5,403
Division Bonnemains...........	148	1,647	1,795	1,685
Division Margueritte...........	158	1,801	(2)1,959	2,448
RÉCAPITULATION.				
1ᵉʳ corps.....................	1,002	27,579	28,581	5,070
5ᵉ corps.....................	718	19,108	19,826	2,444
12ᵉ corps.....................	971	32,194	33,165	5,030
6ᵉ corps.....................	341	11,740	12,081	4,983
7ᵉ corps.....................	999	32,150	33,149	5,403
Division Bonnemains...........	148	1,647	1,795	1,685
Division Margueritte...........	158	1,801	1,959	2,448
Totaux......	4,337	126,219	130,556	26,763
A ajouter :				
Division de cavalerie du 12ᵉ corps (non compris l'état-major).......	175	2,434	2,606	2,349

(1) A défalquer 1329 hommes de la 2ᵉ brigade, qui ne rejoignit pas.
(2) Non compris le 4ᵉ chasseurs d'Afrique.

1er CORPS.

a) Journaux de marche.

Souvenirs personnels du capitaine Peloux.

Camp de Châlons, 18, 19, 20 août. Cormontreuil, 20, 22 août.

Le 1er corps se porte du camp de Châlons sur Reims en deux colonnes ; il doit prendre position sur les hauteurs qui entourent cette ville. A 10 heures, lorsque la tête de la colonne de droite (4e division) arrive à Sillery, l'on reçoit l'ordre de se rendre à Cormontreuil et d'y camper entre Cormontreuil et Taissy ; les positions précédemment indiquées manquent d'eau potable.

La 4e division arrive au bivouac à 2 heures ; elle est suivie par la 3e, la 2e, la division de cavalerie Duhesme.

La 1re division ayant changé l'itinéraire qui lui était indiqué, ne reçoit pas l'ordre de se rendre à Cormontreuil et ne rejoint que le lendemain matin.

Des abreuvoirs sont construits par le génie et l'artillerie, le long de la Vesle, mais la difficulté d'abreuver les chevaux n'en fut pas moins grande et les rues de Cormontreuil et de Taissy furent constamment encombrées.

La 2e division envoya une grand'garde d'un bataillon au hameau de Trois-Puits.

2e DIVISION.

Départ du camp de Châlons pour Taissy. La division y reçoit le personnel et le matériel de son ambulance qui lui manquait absolument depuis le commencement de la campagne.

3e DIVISION D'INFANTERIE.

L'armée quitte le camp de Châlons à 5 heures du matin. La division arrive à 5 heures du soir à Cormontreuil, près de Reims, après une marche très pénible.

4e DIVISION.

Journal du colonel d'Andigné.

La 4e division part à 4 h. 30 du matin pour aller camper entre Ormes et Thillois.

Le manque d'eau sur les hauteurs décide à camper le 1er corps le long et derrière la Vesle.

La division est à Cormontreuil.
La cavalerie, restée en arrière dans ce but, détruit le camp.

Division de cavalerie (1re brigade).

Rapport du général de Septeuil.

Camp de Châlons.

Le camp avait été levé le matin, et les derniers régiments étaient en marche. A son arrivée vers midi, le général envoya un officier prendre les ordres du Maréchal qui était à cheval et prêt à partir. Celui-ci lui ordonna de se mettre au bivouac à la disposition du général Bonnemains qui devait rester encore un jour, peut-être deux, au camp.

En résumé, du 26 juillet au 21 août, la 1re brigade passe successivement, en entier ou en partie, sous les ordres des généraux Duhesme, Douay, Ducrot, de Failly et Bonnemains.

5e CORPS.

a) Journaux de marche.

Journal rédigé par le colonel Clémeur.

L'Empereur et l'armée de Châlons quittent, le 21 au matin, le camp de Châlons, pour se retirer sur Reims.

La 3e division de Lespart, du 5e corps, la seule de ce corps qui se trouve au camp, attend pour partir que les 1er et 12e corps aient quitté le camp.

Elle ne peut commencer son mouvement qu'à 9 heures du matin.

Une brigade suit le chemin qui longe la Vesle parallèlement à la voie romaine, laquelle conduit de Mourmelon à Reims.

L'autre suit cette voie même.

La 3e division arrive à Reims à 8 heures du soir et établit son camp entre la ville et Tinqueux, petit village situé au Sud-Ouest de Reims, près de la Vesle.

Le quartier général est à Tinqueux.

La brigade de la division L'Abadie, partie de Châlons, va coucher aux Petites-Loges. En passant à la Veuve, le général L'Abadie envoie sur des voitures de réquisition ses officiers de détail au camp de Châlons pour y chercher des effets dont les hommes ont le plus grand besoin.

La 1ʳᵉ division, partie le matin de Vitry, passe la nuit à Grande-Rilly, la division de cavalerie à Arcis-sur-Aube.

Journal rédigé par le capitaine de Piépape.

L'Empereur et l'armée de Châlons se retirent sur Reims. Le 5ᵉ corps, après s'être ravitaillé et réapprovisionné en fournitures de toutes sortes, quitte le camp à midi, après le 12ᵉ corps.

La 3ᵉ division arrive à Reims à 8 heures du soir par la voie romaine et campe entre la ville de Tinqueux, le long de la Vesle. Le quartier général est à Tinqueux.

1ʳᵉ DIVISION.

Départ à 4 heures du matin. Arrivée à Châlons vers 2 heures. On campe sur le terrain de manœuvres.

1ʳᵉ DIVISION (2ᵉ brigade).

Au mont de Billy, 21 août.

Dès 4 heures du matin, précédée par la brigade de Maussion, elle s'engage sur la route de Reims par la Veuve et les Grandes-Loges (grand'halte), puis prend position au mont de Billy, près de Mourmelon-le-Petit, où le commandant de l'artillerie et les chefs de corps ont la facilité de pouvoir aller se ravitailler de munitions et d'effets de toutes sortes, vu l'abandon, en ce moment même du camp de Châlons dont l'incendie dans la nuit du 21 au 22 projetait au loin et jusque sur notre bivouac du mont de Billy, de lugubres et sinistres lueurs.

2ᵉ DIVISION.

La division de L'Abadie part pour le camp de Châlons à 4 heures du matin; son itinéraire est fixé par la Veuve et Bouy, mais en route elle reçoit un nouvel ordre, prescrivant de continuer vers Reims, point de concentration qui est indiqué pour l'armée placée sous le commandement du maréchal de Mac-Mahon. Le camp de Châlons doit être abandonné et livré aux flammes pour n'en rien laisser tomber aux mains de l'ennemi.

On fait la halte au village des Grandes-Loges, au sortir duquel on franchit la ligne de partage des eaux de la Marne et de la Vesle, cours d'eau qui arrose Reims.

Il est prescrit au général de L'Abadie de camper aux Petites-Loges. Avant d'y arriver, on franchit le canal de la Marne.

Le bivouac est formé à 2 heures après midi, au Nord-Ouest de ce village, sur un plateau qui domine les environs et qui est protégé par la Vesle et le canal.

On fait des distributions de pain, viande, riz, sucre, sel, café et avoine.

Le temps a été beau, la route facile.

En passant à la Veuve, le général de division avait fait requérir des voitures et les avait fait mettre à la disposition des corps pour aller au camp chercher des effets dont les hommes avaient grand besoin. Les officiers de détail y avaient été envoyés en même temps avec des indications sur ce qui était nécessaire pour demander ou recueillir tout ce que l'on pourrait rapporter. De son côté, le sous-intendant militaire, parti le matin en avant pour préparer les vivres, revient le soir avec un petit convoi, sur lequel il a fait charger des souliers, des caleçons, des chemises et d'autres objets devenus bien utiles après les marches exécutées depuis le 4 août sans interruption et souvent par le mauvais temps.

Des troupes de cavalerie et d'infanterie évacuent le camp de Châlons, passent le village de Petites-Loges durant une grande partie de l'après-midi.

Un détachement d'hommes destinés au 97º de ligne et venant de Quimper arrive du camp de Châlons où il a été envoyé pour rejoindre ensuite les bataillons actifs à Metz. Il rallie la division. Ces hommes amenés par le capitaine Mocquet sont au nombre de 374 ; ils sont pourvus de cartouches et d'effets de campement ; on les met par moitié en subsistance au 49º et au 88º.

Le soir, la gendarmerie départementale abandonne les Petites-Loges, se repliant sur Paris.

La division Guyot de Lespart se porte du camp de Châlons à Reims ; elle campe sur la rive gauche de la Vesle, vers Tinqueux.

La brigade Nicolas de la division Goze, couvrant les derrières de la division de L'Abadie, passe la nuit à Billy-le-Grand sur la hauteur, au Nord de ce village.

La brigade Saurin de la même division et le quartier général de cette division.

La réserve d'artillerie du corps d'armée, arrivée à la gare de Pantin par trains successifs qui ont mis dix heures chacun pour faire le trajet depuis Bar-sur-Aube, prend par le chemin de fer de ceinture la ligne de Soissons—Reims.

Le général Brahaut avec les détachements qui le suivent va à Arcis-sur-Aube.

Le 3º bataillon du 88º attend à Chaumont le dernier convoi du 7º corps qui passe dans cette ville pendant la nuit du 21 au 22 ; les deux escadrons de lanciers du 5º régiment y prolongent leur séjour.

2ᵉ DIVISION (2ᵉ brigade).

Souvenirs du général Faulte de Vanteaux (49ᵉ de ligne).

Départ de Châlons vers 5 heures du matin, route de Reims. Toute la brigade de Maussion (la seule restée à la division de L'Abadie) marchait sur cette route ; d'autres troupes la suivaient aussi.

A la Veuve, à l'endroit où le chemin de fer coupe la route, nous aperçûmes un train chargé de troupes allant fort lentement ; les hommes suivaient à pied sur la voie, à côté des wagons ; c'était un régiment de marche, un des quatre premiers formés.

A peu de distance de la Veuve, le colonel me fit appeler dans la colonne et me dit de me préparer à m'en aller au camp de Châlons dès qu'on sera à sa hauteur pour y prendre des couvertures, des souliers, des tentes-abris dont le régiment avait besoin......

J'allai au petit Mourmelon, aux magasins de campement ; on y entrait comme les ânes entrent dans les moulins ; on y pouvait prendre ce qu'on voulait......

Arrivé au camp du 49ᵉ, à 700 ou 800 mètres au delà des Petites-Loges, je mis mes voitures en parc et distribuai au régiment, puis à l'artillerie, au génie et au 88ᵉ.

Le soir on nous amena un détachement de 300 hommes du 97ᵉ de ligne qui ne pouvait rejoindre son régiment à Metz ; comme le 97ᵉ faisait partie de la division, ce détachement fut partagé en subsistance dans le 49ᵉ et le 88ᵉ ; je répartis ces hommes dans les compagnies où ils formèrent une 9ᵉ escouade.

Le colonel, à la fin de la journée, s'était dirigé du côté du camp de Châlons pour assister à l'incendie annoncé pour la nuit ; cet incendie n'eut pas lieu.

DIVISION DE CAVALERIE.

Le général de division se rend à Arcis-sur-Aube avec ses trois escadrons suivis du convoi des mulets du train.

ARTILLERIE.

Rapport du colonel de Fénelon.

Les différents trains emportant la réserve arrivent chacun après huit ou dix heures de marche, le 21 août, à la gare de Pantin, y prenant par le chemin de ceinture la ligne de Soissons—Reims.

7ᵉ CORPS.

a) Journaux de marche.

Notes sur les opérations de la 1ʳᵉ division d'infanterie du 7ᵉ corps d'armée.

Le 21 août, l'armée du maréchal de Mac-Mahon quitte le camp de Châlons. La 1ʳᵉ division du 7ᵉ corps prend la route de Bouy à Sillery et Reims par Beaumont, tandis qu'une autre colonne de l'armée suit le chemin de Suippes à Reims. La division Conseil Dumesnil forme l'arrière-garde.

L'intention du Maréchal est de gagner Reims ; de là, il peut ou marcher vers l'Est pour donner la main au maréchal Bazaine enfermé dans Metz, ou se diriger sur Paris pour protéger la capitale.

Quelle que soit celle de ces deux directions qu'il prenne, l'ennemi sera forcé de suspendre sa marche sur Paris par la vallée de la Marne pour le suivre vers le Nord.

Le 21 août, M. le général de brigade Le Normand de Bretteville, nommé en remplacement du général Nicolaï au commandement de la 1ʳᵉ brigade de la division, vient se rendre à son poste.

Ce jour-là, la division bivouaqua à Sillery, où elle séjourna le 22 ; le reste de l'armée s'établit autour de Reims.

2ᵉ DIVISION (2ᵉ brigade).

Le 7ᵉ corps commence son mouvement à 9 heures du matin.

Itinéraire (26 kilomètres) : Vadenay (le 53ᵉ passe la Vesle au pont de Vadenay, le 89ᵉ au pont de Ponreux), Bouy, Livry, route de Châlons à Reims, les Petites-Loges, Beaumont, Bellevue.

Ordre de marche : la gauche en tête.
2ᵉ brigade (1ʳᵉ division).
Artillerie.
1ʳᵉ brigade.
Convoi de voitures.
2ᵉ brigade (2ᵉ division). Génie, 89ᵉ, 53ᵉ.
Artillerie (l'artillerie débarquée à Suippes a campé au camp de Châlons et rejoint la colonne à Bouy où elle prend sa place dans la colonne).
1ʳᵉ brigade.
Convoi.

Grand'halte aux Petites-Loges (16 kilomètres).

Arrivée au camp de Sillery à 4 heures du soir ; la 2ᵉ division campe sur deux lignes, la 1ʳᵉ brigade le long de la route, la 2ᵉ brigade parallèlement à la 1ʳᵉ. La gauche du campement est à la ferme de Bellevue.

Division de cavalerie.

Le 4ᵉ hussards a été débarqué au camp de Châlons, le 4ᵉ lanciers à Reims ; le 8ᵉ lanciers est en route ; l'état-major bivouaque à la Savonnerie (?) près Reims.

Artillerie.

Journal du Lieutenant-Colonel, chef d'état-major de l'artillerie du 7ᵉ corps.

Le 21 au matin, nous arrivons à Paris (gare de Pantin) ; de là, les projets ayant varié, nous continuons notre voyage vers Châlons, où nous arrivons le 21 au soir ; nous y apprenons l'évacuation commencée du camp de Châlons, et au lieu de débarquer au Grand-Mourmelon, nous continuons sur Reims, pour n'arriver en vue de la gare que le 22, par suite de l'encombrement de la voie sur laquelle les trains se suivaient à peu de distance.

12ᵉ CORPS.

a) Journaux de marche.

1ʳᵉ division.

Marche de Châlons à Reims. Au moment du départ, la division est ralliée par le sous-intendant militaire Birouste, avec l'ambulance et les services administratifs ; par le chef de bataillon du génie Bourgeois, avec une compagnie du génie et son outillage ; enfin par le colonel d'artillerie de Rollepot, avec deux batteries de 4 rayé et une de mitrailleuses.

2ᵉ division.

D'après un ordre de mouvement émané, le 20 août au soir, du quartier général du 12ᵉ corps, la 2ᵉ division prit les armes à 5 heures du matin et se mit en route à 5 h. 30 pour se rendre à Saint-Thierry en passant par Reims.

L'ordre de marche fut le suivant :
1re brigade de marche ;
2e brigade de marche ;
Brigade de la division Bisson.

L'artillerie de la 2e division marchait : deux batteries derrière le 1er bataillon de la 1re brigade, une batterie entre les deux brigades.

L'artillerie de la division Bisson entre la 2e brigade de marche et la division Bisson.

Le génie en tête de leurs divisions respectives.

La division arriva à son campement à 4 h. 30 du soir et a campé en deuxième ligne, en arrière du centre du 12e corps.

3e DIVISION.

La route à faire est de 40 kilomètres ; elle est pénible pour des hommes peu habitués à la marche ; le soleil est ardent ; la poussière crayeuse qui s'élève sous les pieds des hommes augmente la fatigue. A 10 heures, on fait la grand'halte ; les hommes peuvent se rafraîchir et prendre le café. A 10 h. 45 on se remet en marche en ayant soin, comme précédemment, de faire un repos de dix minutes après avoir marché 45 minutes. A 1 heure, nous passons dans les faubourgs de Reims et nous arrivons au pont de la Neuvillette, sur la Vesle, que tout le 12e corps doit traverser. C'est la seule voie de communication ; par suite, la marche est longue, les à-coups se renouvellent sans cesse.

Ce serait le lieu, si nous avions but de critiquer ce qui s'est passé, de nous demander comment on n'a pas songé qu'un défilé comme le pont de la Neuvillette n'était pas suffisant pour un corps d'armée aussi considérable que celui dont la division fait partie.

Mais notre intention est de nous borner à dire seulement ce qui s'est déroulé sous nos yeux, la part que la division d'infanterie de la marine a prise aux événements, et cela sans réflexion aucune. Nous continuerons donc sans nous arrêter sur un fait qui, deux jours après, devait forcer nos troupes à attendre sous une pluie battante, dans la boue et pendant plusieurs heures (trois heures et demie), le moment de se mettre en marche.

Le chef d'état-major, accompagné des officiers qui lui étaient adjoints, étant allé reconnaître avec le général Gresley l'endroit où l'on devait camper, indique l'emplacement où les tentes doivent être dressées ; c'est dans la plaine, au pied de la colline de Saint-Thierry. Le front de bandière fait face à la ville de Reims, borde la route de Laon et se relie à la Vesle.

On campe par brigades accolées ; c'est le mode que nous avons adopté et que nous avons conservé pendant toute la campagne, chaque fois que cela a été possible.

L'artillerie divisionnaire qui nous avait été donnée momentanément, au départ de Châlons, est placée en arrière et au centre, dans l'intervalle laissé par les brigades. Elle est sous les ordres du lieutenant-colonel Noury et du chef d'escadron de Coatpont.

La compagnie du génie qui nous a été adjointe à la même époque est généralement placée à la tête de la division. Elle est sous les ordres du commandant Roulet; le capitaine commandant est M. Haxo.

Le quartier impérial et le grand quartier général s'établissent au château de Courcelles.

Le quartier général est au château des Marais, sur la Vesle, le quartier général de la division au château de Saint-Thierry.....

Tous les régiments, ce qui arrive presque toujours lors des premières étapes, avaient laissé un assez grand nombre de retardataires qui rejoignirent le 21 au soir et dans la journée du 22.

A Paris, le langage du maréchal de Mac-Mahon n'a pas été écouté; on veut donner à tout prix à l'opinion publique la vaine espérance que le maréchal Bazaine peut être secouru; en conséquence, le duc de Magenta reçut non seulement du Conseil des Ministres, mais encore du conseil privé et des présidents des deux Chambres, l'injonction la plus pressante de marcher dans la direction de Metz.

DIVISION DE CAVALERIE.

La division se trouve scindée en deux portions fort éloignées. Deux escadrons du 8° chasseurs avec le lieutenant-colonel, l'état-major et l'escadron du 6° cuirassiers, l'état-major de la division sont à Reims et le reste de la division campe au camp de Châlons.

Le général Lichtlin arrive à Reims le 21; il prend comme aide de camp le lieutenant Darricau, détaché au 6° cuirassiers, et prescrit pour seconder le chef d'état-major, que les officiers ci-après seront employés à l'état-major de la division : MM. Lion, capitaine au 7° chasseurs; Caumers, lieutenant d'état-major du 8° chasseurs. M. Delarue-Beaumarchais, capitaine en 2° au 8° chasseurs, prend les fonctions d'intendant de la division.

Il est impossible de pourvoir aux autres services qui manquent et qui ne furent jamais organisés et l'état-major ne possède aucune carte du pays où il est appelé à opérer.

A Reims, les trois escadrons de la division campent sur les boulevards qui sont devant la gare du chemin de fer.

Les différents corps présentent les effectifs suivants :

7° chasseurs : 46 officiers, 665 hommes, 637 chevaux, 5 escadrons.

Ce régiment n'a pas de forge de campagne. Il lui manque un capitaine en 1er (M. Goujon étant entré à l'hôpital du Val-de-Grâce).

8e chasseurs : 48 officiers, 666 hommes, 629 chevaux, 5 escadrons. Ce régiment n'a pas de cantine, d'infirmerie régimentaire.

5e cuirassiers : 40 officiers, 548 hommes, 527 chevaux, 4 escadrons. Ce corps n'a pas de cantine d'ambulance, mais il a reçu une paire de sacoches doubles. Il lui manque un officier, M. Chatelain, lieutenant en 1er, qui n'a pas encore rejoint.

6e cuirassiers : 41 officiers, 552 hommes, 556 chevaux, 4 escadrons. Ce corps est pourvu de tout ce qui lui est nécessaire.

Génie des 6e *et* 12e *corps.*

Départ de l'armée du camp de Châlons pour Reims. On arrive au bivouac en pleine nuit ; l'état-major du génie du 6e corps, son parc, sa compagnie spéciale et les deux compagnies divisionnaires (4e et 11e du 3e régiment) séparées de leurs divisions campent auprès du village de la Neuvillette.

b) Organisation et administration.

Ordre général du 12e *corps d'armée.*

La journée d'hier a été très pénible ; les dernières troupes n'ont pu s'installer au bivouac que dans la nuit. La longueur de la route parcourue est une des causes des fatigues exceptionnelles que les hommes ont supportées, mais ces fatigues eussent été moindres si les ordres envoyés la veille du départ avaient tous été communiqués, et exécutés et si les instructions données pour assurer l'ordre et la police des convois des bagages avaient été exactement suivies. Dans le but d'amener de promptes et certaines transmissions et exécutions des ordres, soit de jour, soit de nuit, le général commandant le 12e corps invite MM. les généraux commandant les troupes et les chefs des divers services à lui faire connaître, immédiatement après leur arrivée au bivouac ou dans un cantonnement, le point sur lequel ils se seront installés, en donnant toutes indications nécessaires pour qu'il soit possible de les trouver sans difficulté.

Quant aux instructions destinées à maintenir dans les convois et bagages un ordre invariable, le général commandant le 12e corps les rappelle aujourd'hui en entrant dans de nouveaux détails. Les dispositions qui vont suivre seront strictement exécutées. Le grand prévôt, auquel il appartient d'une façon absolue de prendre des mesures à cet effet, disposera pendant la route comme bon lui semblera des prévôts et de la gendarmerie des divisions des 6° et 12° corps qui marchent avec les convois de ces divisions.

Lorsque tout le corps d'armée se mettra en mouvement, ses bagages seront, ainsi qu'il a été dit dans les instructions du 20 août, disposés comme il est indiqué plus bas; s'il devait être dérogé à cet ordre, les généraux et chefs de service en seraient informés. La veille de chaque départ, le grand prévôt se présentera au quartier général pour y prendre des instructions.

Les convois seront invariablement formés comme il suit :
Ambulance de corps d'armée.
Bagages du général commandant le 12° corps et son état-major.
Bagages de l'intendant du corps d'armée.
Bagages du général commandant l'artillerie.
Bagages du général commandant le génie.
Bagages du grand prévôt.
Bagages de l'aumônier.
Bagages de la cavalerie.
Bagages des divisions d'infanterie dans l'ordre de leur marche.
Trésorerie et services des postes.
Voitures de l'administration militaire.
Vivres de réserves et approvisionnements.
Dans chaque division, les bagages seront disposés comme il suit :
Ambulance de la division.
Bagages du général commandant la division et de son état-major.
Bagages du sous-intendant.
Bagages du commandant de l'artillerie.
Bagages du commandant du génie.
Bagages du prévôt.
Bagages de l'aumônier.
Bagages de la brigade la première dans l'ordre de marche.
Bagages du génie et de l'artillerie.
Bagages de la brigade la deuxième dans l'ordre de marche.
Trésorerie et services des postes.
Voitures de l'administration.

Dans chaque régiment, les voitures seront placées sous la conduite d'un lieutenant ou sous-lieutenant, lequel sera porteur d'un ordre de colonne indiquant la composition et l'ordre des bagages du régiment. Cet officier sera changé chaque jour. Il recevra les ordres du grand prévôt et les fera exécuter. Si le corps d'armée se séparait de ses bagages, le convoi serait toujours formé ainsi qu'il vient d'être prescrit, soit qu'il suivît le corps, soit qu'il fût renvoyé en arrière, soit aussi qu'il prît une route différente. Dans tous les cas, le grand prévôt pourra toujours, s'il le juge nécessaire, faire jeter hors de la route toute voiture qui serait introduite malgré la défense dans les colonnes de troupes, et cela quel qu'en soit le propriétaire.

Ces instructions ont pour but de prévenir à tout jamais les incidents qui se sont produits dans la journée d'hier, journée dans laquelle les voitures et bagages d'officiers de tous grades des corps et de l'administration ont coupé la colonne et arrêté la marche des troupes ; et le désordre dans les marches ne peut qu'avoir les plus déplorables conséquences le jour où l'on se trouve en présence de l'ennemi.

Le général commandant le 12º corps veut les éviter et entend par conséquent que l'on se conforme exactement aux instructions qu'il donne pour l'organisation et la marche des convois.

RÉSERVE DE CAVALERIE.

a) Journal de marche.

2º DIVISION.

La division quitte le bivouac de Livry à 1 heure de l'après-midi et va s'installer, à cheval sur la voie romaine, entre les deux Mourmelon.

Dans la journée, le général reçoit du Maréchal l'ordre de prendre ses dispositions pour aller coucher le surlendemain à Épernay.

d) Situation.

Situation de la division Marguerite à la date du 21 août 1870.

Division composée des : 1er et 3e chasseurs d'Afrique, 1er hussards, 6e chasseurs.

CORPS.	EMPLACE-MENTS.	PRÉSENTS.			ABSENTS.											CHEVAUX.								
					OFFICIERS			TROUPE								DISPONIBLES					INDISPONIBLES ou laissés en arrière.			
		Officiers.	Troupe.	Total.	en mission.	détachés.	aux hôpitaux ou ambulances.	en congé.	aux hôpitaux ou ambulances.	détenus ou en jugement.	Déserteurs.	Prisonniers.	Détachés ou laissés en arrière.	Total.	Effectif.	d'officiers.	de troupe.	de trait.	Mulets.	Total.	Mulets.	Chevaux.	Total.	Effectif.
État-major général.		6	»	6	»	»	»	»	»	»	»	»	»	»	»	10	»	»	»	10	»	3	»	13
1er chass. d'Afrique.	A Sainte-Menehould.	39	392	431	»	4	»	»	20	»	»	»	218	243	674	43	390	»	»	433	3	175	178	611
3e id.		37	442	479	»	2	2	»	6	»	»	»	200	210	689	38	442	»	»	480	23	105	128	608
1er hussards.		43	540	583	2	2	»	»	7	»	»	»	101	112	695	88	487	12	3	590	»	»	»	590
6e chasseurs.		33	427	460	2	9	4	»	13	»	»	»	218	243	703	66	389	»	8	463	1	162	163	625
TOTAL.		158	1801	1959	4	17	3	»	46	1	»	»	737	808	2761	245	1708	12	11	1966	27	445	469	2448

RENSEIGNEMENTS

Le Ministre au maréchal de Mac-Mahon, au camp de Châlons (D. T. Ch.).

Paris, 21 août, 10 h. 15 matin (n° 25676).

On télégraphie de Vienne, 20 août :

On mande par une voie sûre du quartier général du prince royal de Prusse : Le choléra et le typhus font de nombreuses victimes dans l'armée et les ambulances sont si mal organisées qu'il est impossible de donner aux malades et aux nombreux blessés les soins nécessaires. Qu'arrivera-t-il si la guerre se prolonge ?

Le Préfet de la Haute-Marne au maréchal de Mac-Mahon (D. T.).

Chaumont, 21 août, 1 h. 40 soir. Expédiée à 2 h. 50 soir (n° 34229).

3,000 Prussiens environ, cavalerie et infanterie, occupent Saint-Dizier.

Ils paraissent inquiets, ignorants de la route qu'ils suivent. On est convaincu, d'après leurs allures, qu'ils ne sont pas suivis d'un corps d'armée considérable.

Le Ministre au maréchal de Mac-Mahon, au camp de Châlons (Faire suivre).

Paris, 21 août, 4 h. 55 soir. Expédiée à 5 h. 20 soir (n° 25846).

Le général commandant supérieur de Mézières télégraphie : Deux officiers porteurs d'une copie de votre dépêche du 20 août sont partis : l'un de Mézières, l'autre de Sedan pour tenter de les faire tenir au maréchal Bazaine. L'un a été à Longuyon et annonce qu'il existe de grands campements prussiens à Valleroy, Moineville, Sainte-Marie et Saint-Privat. L'autre, arrivé à Audun, a poussé jusque près de Mairy où se trouve de la cavalerie prussienne.

Ils n'ont pu avoir jusqu'à présent aucun renseignement sur la position du Maréchal.

Le Sous-Préfet au Ministre de l'intérieur, à Paris (D. T.).

Verdun, 21 août, 5 h. 45 soir. Expédiée à 6 h. 40 (n° 34346).

Un de mes émissaires rentré cet après-midi n'a pas pu atteindre l'armée qui s'est éloignée de nous ; communications toujours interceptées par l'ennemi. Vingt-cinq cavaliers et un officier prussien ont traversé aujourd'hui Damvillers se dirigeant sur Consenvoye pour reconnaître le pont sur la Meuse.

Le même au même (D. T.).

Montmédy, 21 août, 6 h. 49 soir (n° 34328).

Trois hommes sont à la recherche du Maréchal depuis plus de vingt-quatre heures. Aucune nouvelle encore.

Le Ministre de la guerre au maréchal de Mac-Mahon (D. T. Ch.).

Paris, 21 août, 8 heures soir.

Un voyageur sûr arrive de Nancy. L'armée prussienne a défilé jeudi et vendredi en grandes masses, allant vers Colombey et probablement Neufchâteau, au Sud par conséquent. Général Trochu paraît très certain de ce renseignement.

Le Ministre de l'intérieur au maréchal de Mac-Mahon, à Reims (D. T.).

Paris, 21 août. Transmise à Reims, le 21, à 8 h. 30 soir.

La communication télégraphique avec Thionville est interrompue depuis ce matin à 10 h. 15.

Le Sous-Préfet au Ministre de l'intérieur, à Paris (D. T.).

Montmédy, 21 août, 10 h. 1 soir. Expédiée à 10 h. 50 soir (n° 34371).

Aucune nouvelle du Maréchal. Commandant Magnan revenu à Montmédy à 5 h. 30 et reparti pour Carignan à 8 h. 30. Nous attendons. Rien de plus à faire quant à présent. Enverrai de suite tous renseignements qui me parviendraient.

Journée du 22 août.

ÉTAT-MAJOR GÉNÉRAL.

a) **Journal de marche.**

Le quartier général est à Courcelles, faubourg de Reims. L'armée fait séjour à Reims. Le général de Salignac-Fénelon reçoit l'ordre de se replier sur Reims ; il commence son mouvement le 22. Le bataillon d'infanterie et les services administratifs évacuent le camp de Châlons dans la soirée par le chemin de fer et rallient l'armée à Reims.

b) **Organisation et administration.**

Le Ministre de la guerre au maréchal de Mac-Mahon, à Reims (D. T.).

Paris, 22 août, 11 h. 25 matin (n° 25889).

Un équipage de pont, probablement celui du 7ᵉ corps, est en passage sur le chemin de ceinture ; je le fais diriger sur Soissons où il attendra vos ordres.

c) **Opérations et mouvements.**

Le maréchal de Mac-Mahon au Général commandant à Verdun, au Commandant supérieur de Montmédy et au Maire de Longuyon (D. T. Ch.).

Courcelles-lès-Reims, 22 août, 10 h. 55 matin. Expédiée à 12 h. 40 soir (n° 25891).

Envoyez au maréchal Bazaine la dépêche ci-après très importante. Faites-la lui parvenir par cinq ou six émissaires différents auxquels vous remettrez les sommes, quelles qu'elles soient, qui leur seraient nécessaires pour accomplir leur mission.

De Mac-Mahon à Bazaine.

« Reçu votre dépêche du 19. Suis à Reims ; me porte dans la direction de Montmédy. Serai après demain sur l'Aisne, d'où j'agirai suivant les circonstances pour vous venir en aide. Envoyez-moi de vos nouvelles. »

Le maréchal de Mac-Mahon au général de Liniers, à Châlons (D. T.).

22 août, 1 h. 32 soir. Expédiée à 3 h. 15 soir (n° 34557).

L'armée se porte dans la direction de Montmédy, il est de première nécessité de conserver Reims. Portez-vous dès demain sur ce point où vous aurez à votre disposition non seulement les 1500 hommes de garde mobile, mais encore un nombre considérable d'hommes peu valides (1).

Les Inspecteurs délégués de l'état-major (2) *au colonel d'état-major Stoffel, attaché près de S. E. le maréchal de Mac-Mahon, à Reims* (D. T. Ch.).

Longwy, 22 août, 4 h. 50 soir. Transmise à Reims à 10 h. 30 soir, au quartier impérial à 10 h. 40 soir (n° 34750).

Inspecteurs délégués font connaître que le maréchal Bazaine adresse à S. E. le maréchal de Mac-Mahon :

« J'ai dû prendre position près de Metz pour donner du repos aux soldats et les ravitailler en vivres et munitions. L'ennemi grossit toujours autour de moi et je suivrai très probablement pour vous rejoindre

---

(1) Par télégramme (n° 34635) du même jour, 4 h. 51 du soir, expédié à 6 h. 20 soir, le général de Liniers, commandant la 4ᵉ division militaire à Châlons, rend compte de ces instructions au Ministre de la guerre et ajoute qu'il partira le lendemain pour Reims.

(2) Il s'agit de Miès et Rabasse, inspecteurs de la sûreté, envoyés par le colonel Stoffel aux nouvelles du maréchal Bazaine.

la ligne des places du Nord et vous préviendrai de ma marche si je puis toutefois l'entreprendre sans compromettre l'armée. »

Le colonel commandant la place de Thionville,
TURNIER.

Nous sommes possesseurs de l'original. Dépêches envoyées en même temps à S. M. l'Empereur par le colonel Massaroly, commandant de place à Longwy, qui fait connaître les positions qu'occupe le maréchal Bazaine.

Faut-il rentrer ?

Réponse de suite.

Les Inspecteurs délégués au Sous-Préfet, à Sedan (D. T.).

Longwy, 22 août, 8 h. 35 soir. Expédiée à 9 h. 35 soir (n° 34740).

Inspecteurs délégués par M. le colonel Stoffel informent sous-préfet de Sedan qu'ils sont possesseurs de dépêches de sources certaines qu'ils remettront à S. M. l'Empereur et au maréchal de Mac-Mahon à leur arrivée demain au quartier général à Reims. Prévenir M. le commandant Magnan.

Le Commandant supérieur de Longwy au Ministre de la guerre (D. T.).

Longwy, 22 août, 4 h. 53 soir. Expédiée à 9 h. 35 soir (n° 34739).

M. Guyard, commissaire cantonal, envoyé par moi il y a deux jours, a pénétré au camp de Bazaine et a rapporté les deux dépêches envoyées aujourd'hui, plus deux dépêches chiffrées de Bazaine à l'Empereur, à Reims, et à Mac-Mahon.

Je recommande M. Guyard à la bienveillance du Ministre.

L'ennemi s'approche de nous à 12 kilomètres ; plus de communications avec Thionville et Metz.

Ici, nous sommes prêts s'il se présente.

Le Ministre de la guerre au maréchal de Mac-Mahon, à Reims (D. T.).

Paris, 22 août, 10 h. 10 soir (n° 26111).

Il est entendu que l'infanterie, l'artillerie, le génie et la cavalerie du corps Canrobert, qui se trouvent encore au camp de Châlons, vous suivent dans votre mouvement.

Le maréchal de Mac-Mahon au Commandant de place de Longwy (D. T.).

Reims, 22 août, 9 h. 30 soir. Expédiée le 23 août à 6 h. 35 matin (n° 34094).

Prière de dire aux deux inspecteurs télégraphiques de l'état-major de rejoindre le quartier général qui sera demain à Béthéniville sur la Suippe.

Le maréchal de Mac-Mahon au général de Liniers, à Châlons (D. T.).

22 août.

La cavalerie qui occupe le camp de Châlons partira le 24. Je vous laisse libre de vos mouvements à partir de demain soir 23.

Je vous écris pour vous faire connaître les mouvements de l'armée. Dirigez sur Dammartin tous les militaires qui seraient encore à Châlons.

Ordre de mouvement pour le 23 août.

Reims, 22 août, 5 h. 30 soir.

L'armée va marcher en avant dans la direction de Montmédy.

Les deux divisions du 7e corps (général Douay), campées à Sillery, se porteront demain 23 sur la Suippe et s'établiront à Saint-Martin et Dontrien. Elles partiront à 4 h. 30 et prendront la route de Reims à Sainte-Menehould jusqu'à la rencontre de la route de Baconnes à Vaudesincourt d'où elles seront dirigées sur les points indiqués.

La 3e division de ce corps, campée dans la ville, ira demain coucher à Prosnes et ne se mettra en route qu'à 10 heures. Le quartier général du corps sera à Saint-Martin.

Le 5e corps (général de Failly) ira demain prendre position sur la Suippe, à Selles et Pont-Faverger, où sera le quartier général du corps. Il suivra la route départementale n° 10, de Reims à Vouziers, en passant par Cernay et Epoye.

Le 5e corps partira à 4 h. 30.

Le 12e corps (général Lebrun) s'établira le même jour à Heutrégiville, et occupera Saint-Masmes ; il prendra la route directe de Reims à Mézières jusqu'à 1500 mètres au delà de Vitry-lès-Reims, où il prendra le chemin qui passe par Caurel-lès-Lavannes. Il se mettra en marche à 4 h. 30.

Le quartier général sera à Heutrégiville.

Le 1er corps (général Ducrot) partira à 4 h. 30 et s'établira sur la

Suippe, entre Saint-Hilaire et Bétheniville. Son quartier général sera à Saint-Hilaire.

Le grand quartier général sera établi à Bétheniville.

Les commandants de corps veilleront à ce que les réserves d'artillerie divisionnaire suivent toujours les mouvements de leurs divisions respectives.

Le général Bonnemains, avec toute sa cavalerie laissée au camp de Châlons, ira coucher demain sur la Suippe, occupant Vaudesincourt et Auberive-sur-Suippe. Son quartier général sera à Vaudesincourt.

Le bataillon d'infanterie et tous les services administratifs laissés au camp de Châlons partiront ce soir par le chemin de fer pour Reims où le bataillon rejoindra son corps.

Le général de Fénelon, en marche sur Reims, s'arrêtera aujourd'hui sur le point qu'il jugera convenable et rejoindra demain 23 son corps d'armée (12e corps).

Le général Margueritte s'établira demain 23 à Monthois, d'où il surveillera les défilés de Grand-Pré et de la Croix-aux-Bois.

Les corps devront s'alléger le plus possible en bagages de toute nature et n'emporter que le strict nécessaire.

Les éclopés, qui devaient être évacués par les voies ferrées, sont laissés à Reims et mis à la disposition du général commandant la 4e division, pour concourir à la garde de la ville.

1er CORPS.

a) Journaux de marche.

Souvenirs inédits du maréchal de Mac-Mahon.

Le 22 août, dans la matinée, je dictai à mon chef d'état-major des instructions pour diriger dès le lendemain l'armée sur Paris. Le lieutenant-colonel Broye prenait copie de ces ordres et devait se rendre le lendemain à Paris pour en informer le Ministre et le gouverneur, et prendre près d'eux les renseignements nécessaires pour l'établissement de l'armée sous les murs de Paris.

Je n'avais point terminé ce travail, quand M. Piétri, secrétaire de l'Empereur, me remit une dépêche du maréchal Bazaine, qui venait d'être envoyée à Sa Majesté par le Ministre de la guerre.

Elle était ainsi conçue :

Le maréchal Bazaine à Sa Majesté l'Empereur et au Ministre de la guerre, au camp de Châlons et à Paris.

Ban-Saint-Martin, 19 août.

« L'armée s'est battue hier toute la journée sur les positions de Saint-Privat-la-Montagne à Rozérieulles et les a conservées. Les 4ᵉ et 6ᵉ corps seulement ont fait, vers 9 heures du soir, un changement de front, l'aile droite en arrière, pour parer à un mouvement tournant par la droite, que les masses ennemies tentaient d'opérer à l'aide de l'obscurité. Ce matin, j'ai fait descendre de leurs positions les 2ᵉ et 3ᵉ corps, et l'armée est de nouveau groupée sur la rive gauche de la Moselle, de Longeville au Sansonnet, formant une ligne courbe passant par le haut du Ban-Saint-Martin, derrière les forts de Saint-Quentin et de Plappeville. Les troupes sont fatiguées de ces combats incessants qui ne leur permettent point les soins matériels, et il est indispensable de les laisser reposer deux ou trois jours. Le roi de Prusse était ce matin avec M. de Moltke à Rezonville et tout indique que l'armée ennemie va tâter la place de Metz. Je compte toujours prendre la direction du Nord et me rabattre ensuite par Montmédy, sur la route de Sainte-Menehould à Châlons, si elle n'est pas fortement occupée. Dans le cas contraire, je continuerai sur Sedan et même Mézières pour gagner Châlons...... »

En lisant cette dépêche, je pensai que le maréchal Bazaine était en ce moment en marche sur Montmédy; par suite, je changeai mes projets et me décidai à me porter dans cette direction. Ce fut cette persuation et cette persuasion seule qui me fit prendre cette résolution.

J'écrivis aussitôt au maréchal Bazaine :

« J'ai reçu votre dépêche du 19. Je suis à Reims et marche dans la direction de Montmédy. Je serai le 21 sur l'Aisne, d'où j'agirai suivant les circonstances pour venir à votre secours. »

J'envoyai cette dépêche au commandant de Verdun en lui disant de faire son possible pour la faire passer au maréchal Bazaine.

Au Ministre de la guerre, je faisais dire :

« Le maréchal Bazaine a écrit à la date du 19 qu'il compte toujours opérer son mouvement de retraite par Montmédy. Par suite, je prends des dispositions pour le rejoindre. »

Le même jour, 22, vers 9 heures du matin, M. Rouher se rendit au Conseil des ministres et fit connaître la décision prise par le commandant de l'armée de Châlons de se porter le 23 sur Paris s'il n'avait pas de nouvelles du maréchal Bazaine.

A la suite de ce conseil, le Ministre de la guerre avait adressé à l'Empereur la dépêche suivante (1) :

« Le sentiment unanime du Conseil, en présence des nouvelles du maréchal Bazaine, est plus énergique que jamais. Les résolutions prises hier au soir devraient être abandonnées. Ni décret, ni lettre, ni proclamation ne devraient être publiés. Un aide de camp du Ministre de la guerre part pour Reims avec toutes les instructions nécessaires. Ne pas secourir Bazaine aurait à Paris les plus déplorables conséquences. En présence de ce désastre, il faudrait craindre que la capitale ne se défendît pas. Votre dépêche à l'Impératrice nous donne la conviction que notre opinion sera partagée. Paris sera à même de se défendre contre l'armée du Prince royal de Prusse; les travaux sont poussés très promptement. Une armée nouvelle se forme à Paris. Nous attendons une réponse par le télégraphe. »

L'Empereur ne me communiqua pas le texte de cette dépêche, mais il m'en indiqua le sens à titre de renseignement. Comme il connaissait la résolution que je venais de prendre, il répondit au Ministre vers 4 heures du soir :

« Reçu votre dépêche. Nous partons demain pour Montmédy. Pour tromper l'ennemi, faites mettre dans le journal que nous partons avec 150,000 hommes sur Saint-Dizier. J'accepte de Wimpffen à la place de de Failly.

« Maissiat ne peut plus continuer. Vous nommerez Lacretelle à sa place.

« Supprimez les décrets que vous a portés Rouher, mais exécutez les conclusions pour l'appel des anciens soldats. »

Souvenirs personnels du capitaine Peloux.

La journée du 22 août se passa à Cormontreuil ; l'intendance devait fournir des vivres qui abondaient à Reims, mais n'arrivèrent à Cormontreuil que fort tard.

Le commandant Corbin, accompagné des lieutenants Desroches et Peloux, reconnaît le soir la route que doit suivre le lendemain le corps d'armée pour se rendre à Bétheniville et Saint-Hilaire-le-Petit.

Les ponts de Taissy étant en mauvais état, les compagnies du génie de la réserve se rendent sur ces points à 9 heures du soir.

---

(1) Ce télégramme chiffré (n° 25906), daté de Paris 1 heure soir, fut transmis à Reims à 1 h. 20 soir.

4ᵉ DIVISION.

Journal privé du colonel d'Andigné, chef d'état-major.

Séjour à Cormontreuil.

L'Empereur est parti de Reims et toute l'armée occupe les alentours de la ville.

Je vais à Reims pour y acheter des jambières pour moi et des couvertures pour mes hommes et mes chevaux.

Nous apprenons que le mouvement de retraite sur Paris est contremandé et que nous allons nous porter au secours de l'armée de Metz.

c) Opérations et mouvements.

Ordre de mouvement.

Au quartier général à Cormontreuil, 22 août.

L'armée doit se porter en avant demain, 23 août. Les directions à suivre seront ultérieurement indiquées.

La 2ᵉ et la 3ᵉ division partiront à 4 h. 30 et enverront en avant-garde leur compagnie du génie avec un bataillon; départ de l'avant-garde à 4 heures.

La 1ʳᵉ et la 4ᵉ division partiront à 6 heures.

La cavalerie et la réserve d'artillerie partiront à 9 heures.

Dans chaque division, les voitures marcheront dans l'ordre suivant :

1° Voitures du génie;
2° Batteries de combat ;
3° Réserve d'artillerie divisionnaire;
4° Bagages des officiers ;
5° Voitures du personnel et d'ambulance ; voitures d'administration.

Cet ordre de marche devra être rigoureusement suivi, personne n'aura le droit d'y rien changer, si ce n'est le général commandant le corps d'armée.

Toutes les voitures devront suivre la marche; chaque fraction de convoi ainsi formé sera commandée par un officier ou sous-officier responsable.

Tout le monde devra concourir à faire serrer les rangs pour la marche comme pour le combat, empêcher qu'on s'écarte des colonnes. MM. les officiers devront se faire obéir et maintenir la discipline, même par les moyens les plus extrêmes. Le général commandant le 1ᵉʳ corps d'armée les couvre de sa propre responsabilité.

On renverra d'ailleurs sur Paris tous les éclopés.

On rappelle que tout ce qui fait partie du personnel de santé et du matériel d'ambulance doit porter la croix rouge sur fond blanc pour avoir le bénéfice des conventions internationales.

Ordre de mouvement pour le 23 août.

Au quartier général à Cormontreuil, 22 août.

La reconnaissance des routes à suivre faite dans la soirée a apporté quelques modifications aux premiers ordres donnés dans la journée. En conséquence on se conformera strictement aux ordres suivants :

L'armée va marcher en avant dans la direction de Montmédy.

Le 1ᵉʳ corps s'établira sur la Suippe entre Saint-Hilaire-le-Petit et Bétheniville.

La 2ᵉ division partira à 4 h. 30 du matin, traversera Taissy, passera la Vesle et le canal à Couraux, gagnera Alger, suivra la chaussée romaine pendant 1800 mètres, prendra à gauche la route des Commelles, obliquera à droite sur Nauroy, passera par Moronvillers et arrivera à Saint-Hilaire-le-Petit (ne pas confondre avec les deux communes portant le même nom, Saint-Hilaire-le-Grand et Saint-Hilaire-au-Temple) où il s'établira face à la Suippe.

La 1ʳᵉ division partira à 5 heures et suivra la même route. Elle serrera sur la seconde de manière à ne pas perdre la direction donnée par cette division, les chemins à suivre présentent une assez grande complication.

La 3ᵉ division partira à 6 heures, entrera dans Taissy, traversera la Vesle au pont de Taissy, le canal à Saint-Léonard et suivra la grande route de Reims à Châlons, jusqu'à l'auberge d'Alger. Là elle prendra à la gauche de la route, des chemins de traverse qui passent par Beine, Pont-Faverger et Bétheniville, où elle s'établira aux points qui lui seront indiqués, faisant face à la Suippe.

La 4ᵉ division partira à 6 h. 30 et suivra la 3ᵉ. Deux officiers de l'état-major général conduiront les avant-gardes des 2ᵉ et 3ᵉ divisions. Ces avant-gardes se composeront chacune d'un bataillon d'infanterie et de la compagnie divisionnaire du génie. L'avant-garde de la 2ᵉ division se formera sur la route près du village de Taissy à 4 h. 15 et attendra pour se mettre en mouvement l'arrivée du général commandant le 1ᵉʳ corps.

L'artillerie de réserve partira à 8 h. 30 et suivra le chemin pris par les 2ᵉ et 1ʳᵉ divisions. Elle sera suivie par les voitures de l'administration.

La cavalerie se mettra en mouvement une heure après le passage des dernières voitures de ce convoi et suivra la même direction.

Les généraux commandant l'artillerie et la cavalerie, feront accompagner par des officiers les têtes de colonnes d'infanterie dont ils doivent suivre le mouvement pour éviter de prendre une fausse direction.

Les grand'haltes se feront à Nauroy et à Beine.

Les compagnies de réserve du génie resteront au pont de la ferme de Couraux et de Taissy jusqu'à l'écoulement complet du corps.

Le quartier général du corps d'armée sera établi à Saint-Hilaire-le-Petit.

Les corps devront s'alléger autant que possible en bagages de toute nature et n'emporter que le strict nécessaire. Les grandes tentes seront envoyées à Reims.

Les voitures d'administration ne devront être employées à transporter que des vivres ou des munitions.

Les éclopés qui devaient être évacués par les voies ferrées seront laissés à Reims et mis à la disposition du général commandant la 4e division militaire pour concourir à la garde de la ville.

Le 7e corps s'établira à Saint-Martin, Dontrien et Prosnes;
Le 5e corps à Selles et Pont-Faverger;
Le 12e corps à Heutrégiville.
Le grand quartier général sera à Béthéniville.
La division de cavalerie Bonnemains, à Vaudesincourt et à Auberive-sur-Suippe.
La cavalerie du général Margueritte à Monthois.

5e CORPS.

a) **Journaux de marche.**

Dans la journée du 22, tout le 5e corps, moins la cavalerie, se rallie à Reims.

La brigade de Maussion, de la 2e division, partie de Châlons le 21 au matin et ayant été coucher le même jour aux Petites-Loges, arrive à Reims le 22 dans la matinée à 10 h. 30, et va camper à la droite de la 3e division, entre Cormontreuil et Reims, face à l'Est. Ses caissons légers, son ambulance et son trésor venant de Paris arrivent dans la soirée, mais sont retenus en gare par l'encombrement.

La brigade Nicolas de la 1re division, qui a quitté Vitry le 21 au matin, arrive devant Reims vers 3 heures de l'après-midi, et établit son camp à la droite de celui de la 2e.

L'artillerie de réserve arrive de Paris, par le chemin de fer, cinquante heures après son départ de Bar-sur-Aube, campe derrière la Vesle. Le bataillon du 88e laissé à Chaumont jusqu'après le passage du 7e corps rejoint également; le général Brahaut, rejoint par les deux escadrons du 5e lanciers venant de Boulogne, campe à Sommesous.

La concentration des 1er, 5e, 7e et 12e corps de l'armée de Châlons s'opère ainsi autour de Reims. Cette concentration paraît avoir pour but de prendre simplement une position d'attente, à l'abri de toute surprise.

L'armée est campée derrière le canal de la Marne à l'Aisne.

Journal de marche du 5e corps.

La brigade de Maussion arrive à son tour, après avoir couché le 21 aux Petites-Loges, et va camper à droite de la 3e division, entre Cormontreuil et Reims.

La brigade Nicolas arrive devant Reims vers 3 heures après midi et va camper à droite de la brigade de Maussion, face à l'Est.

L'artillerie de réserve, partie de Bar-sur-Aube par le chemin de fer et de retour de Paris, campe derrière la Vesle.

Le but de la concentration des troupes autour de Reims (1er, 5e, 7e et 12e corps est simplement de prendre une position d'attente à l'abri de toute surprise.

(Le 5e corps tout entier, réserve d'artillerie comprise, se trouve rallié à Reims.)

1re DIVISION.

Départ à 5 heures, arrivée vers midi aux Petites-Loges où l'on campe.

1re DIVISION (1re brigade).

Historique.

On part à 5 heures du matin, on prend la route de Reims. On traverse les villages de la Veuve, des Grandes-Loges et des Petites-Loges. Après avoir dépassé ce dernier village, le 46e va camper à droite de la route, pendant que le 11e s'établit à gauche, à quelques centaines de mètres seulement des dernières maisons.

Une grande lueur d'incendie apparaît pendant la nuit dans la direction du camp de Châlons, et l'on apprend, le lendemain, qu'après avoir pris dans les magasins tous les effets qu'on pouvait emporter, le feu venait d'être mis aux baraques, aux meules de foin et de paille, etc.

1re DIVISION (2e brigade).

La brigade passe aux Petites-Loges (campement de la brigade de

Maussion), à Beaumont-sur-Vesle, à Sillery (grand'halte, campement du 7ᵉ corps), elle traverse le canal et la Vesle, et à 3 heures aborde Reims au cimetière Est, suit le canal, qu'elle traverse pour camper au Sud du faubourg d'Épernay, à la gauche de la brigade de Maussion. Les orages qui, depuis le 14 semblaient s'être dissipés, reparaissent dans la soirée du 22, pour nous accabler de nouveau et ne plus nous quitter. En effet, c'est par une pluie diluvienne que le 23, les camps de l'armée de Mac-Mahon, réunis à Reims sont levés.

2ᵉ DIVISION.

Concentration à Reims des corps formant l'armée de Châlons.

Le départ de la division a lieu à 4 heures du matin ; on arrive à Reims vers 10 h. 30. Le bivouac est établi sur la rive gauche de la Vesle, près de Cormontreuil.

Le temps est resté beau pendant la marche.

On a passé entre la montagne de Reims et la Vesle, sur la rive gauche du cours d'eau ; le canal de la Marne s'étendait à droite de la route, entre elle et la rivière. On a traversé Beaumont-sur-Vesle. Arrivé à Bellevue, non loin de Sillery, on a tourné à droite pour franchir le canal, puis bientôt la Vesle et la ligne ferrée de Reims à Châlons près de Petit-Sillery. On a rejoint ensuite la voie romaine à Alger et de ce point on est arrivé à Reims, après avoir coupé de nouveau la ligne du chemin de fer.

Les caissons à deux roues portant les munitions de l'infanterie qui, de Chaumont, avaient passé par Paris, arrivent à Reims ainsi que l'ambulance et le trésor ; mais elles sont retenues en gare où il y a un grand encombrement. Elles ne purent débarquer que le lendemain, à 9 heures du soir.

Le IIIᵉ bataillon du 88ᵉ, resté à Chaumont, ayant vu passer le dernier train chargé de troupes du 7ᵉ corps, s'embarque à son tour, ainsi que les deux escadrons du 5ᵉ lanciers revenus de Biesles et part à 2 heures du matin pour Paris ; de là, il rejoint la division à Reims le même jour.

La réserve d'artillerie du 5ᵉ corps arrive à Reims également ; la réserve d'artillerie et le parc du 7ᵉ corps s'y trouvaient en même temps à la gare, les quais étaient insuffisants, les hommes d'équipe en trop petit nombre ; aussi, à 4 heures, il n'y avait que cinq batteries de débarquées ; quant à la sixième, elle alla à Vitry-lès-Reims pour être déchargée des wagons. Cela n'eut lieu qu'à 9 heures du soir ; elle avait mis 50 heures pour venir de Bar-sur-Aube. La réserve d'artillerie passa la nuit sur les boulevards de Reims.

Le général Brahaut campe à Sommesous ; il y est rejoint par les deux escadrons du 5ᵉ lanciers venant de Bologne. La position se trouvant isolée du reste de l'armée, il ordonne de se garder militairement pour éviter toute surprise; on surveille principalement la direction de Soudé, sur la route de Vitry, où la présence de l'ennemi avait été signalée. Le général n'ayant reçu aucun ordre depuis son départ de Chaumont, envoie son aide de camp à Châlons pour s'informer de la direction à prendre.

La division Guyot de Lespart séjourne près de Tinqueux.

La brigade Nicolas de la division Goze vient camper près de la division de L'Abadie, aux environs de Cormontreuil.

Le 22, s'opérait aux environs de Reims, la concentration de l'armée dite *Armée de Châlons*, placée sous le commandement de M. le maréchal de Mac-Mahon, qui se composait des 1ᵉʳ, 5ᵉ, 7ᵉ et 12ᵉ corps et d'un corps de cavalerie de réserve. Ce dernier, resté au camp de Châlons, incendia, par ordre supérieur, les baraques et les établissements militaires qui y avaient été construits, ainsi que les approvisionnements des magasins.

Division de cavalerie.

La colonne s'établit au bivouac à Sommesous, où le général de division est rallié par les deux escadrons du 5ᵒ lanciers venant de Bologne.

La position de Sommesous étant très isolée du reste de l'armée, le général de division plaça ses grand'gardes de façon à éviter toute surprise, principalement dans la direction de Soudé, sur la route de Vitry, où la présence de l'ennemi était signalée.

Le général de division n'ayant reçu aucun ordre ni aucune nouvelle de l'armée et du 5ᵉ corps, depuis son départ de Chaumont, envoya son aide de camp, le capitaine Hacquart, à Châlons pour s'informer de la marche du 5ᵉ corps et de la direction que devait suivre la division de cavalerie après son arrivée à Châlons.

Artillerie.

Rapport du colonel de Fénelon.

Les différents trains emportant la réserve arrivent dans la matinée du 12 à la gare de Reims; là seulement nous apprenons qu'une grande résolution a été prise, que le camp de Châlons a été évacué.

Ordre nous est donné de débarquer à Reims. Rien n'était préparé à cette gare pour un semblable débarquement, les quais y étaient insuffisants, les hommes d'équipe en trop petit nombre, et le plus grand désordre y régnait; il y avait d'ailleurs en gare, outre les six batteries de la réserve du 5ᵉ corps, des batteries du 7ᵉ corps et le parc de ce corps;

enfin vers 4 heures de l'après-midi, cinq des batteries de la réserve avaient pu débarquer et avaient été camper sur les boulevards de Reims; quant à la dernière batterie de la réserve arrivée en gare, il fut décidé qu'elle irait opérer son débarquement à Vitry-lès-Reims; cette batterie y opéra son débarquement à 9 heures du soir, après avoir mis plus de cinquante heures à venir de Bar-sur-Aube.

c) Opérations et mouvements.

Ordre de marche.

Division de Lespart; division L'Abadie; artillerie de réserve; division Goze; convoi; un bataillon d'arrière-garde.

7e CORPS.

a) *Journal de route du Lieutenant-Colonel chef d'état-major d'artillerie.*

Nous nous dirigeons à pied vers la gare pour savoir l'heure où nous pourrions débarquer, le parc parti de Langres le 20 était également à Reims le 22; l'équipage de pont, seul, était resté en arrière (il avait pris l'embranchement d'Épernay); mais il ne pouvait débarquer, l'encombrement était tel que notre général en chef pria les agents de la gare de faire établir en pleine campagne quelques quais de débarquement par les sapeurs des compagnies du génie; au moyen de l'un d'eux notre train fut déchargé, et nous nous préparons à partir le lendemain par voie de terre. D'après les ordres du Maréchal commandant en chef l'armée de Châlons, tous les corps qui la composaient étaient dirigés vers l'Est. Notre 1re division avait suivi la fortune du 1er corps avec lequel elle avait combattu; comme lui, elle s'était réorganisée à Châlons; les trois batteries, arrivées trop tard pour prendre part à l'action à Reichshoffen, rallièrent la division, mais son parc divisionnaire fut capturé dans la retraite; on le reforma à Reims au moyen de caisses blanches portées dans les voitures du train des équipages.

c) Opérations et mouvements.

Ordre de mouvement.

Au quartier général à Reims, 22 août.

L'armée va marcher en avant dans la direction de Montmédy.

La 1re et la 2e division du 7e corps, campées à Sillery, se porteront, demain 23, sur la Suippe, et s'établiront : la 1re à Dontrien et la 2e à Saint-Martin; elles partiront à 4 h. 30 et prendront la route de Reims à Sainte-Menehould jusqu'à la rencontre de la route de Baconnes à Vaudesincourt, d'où elles seront dirigées sur les points indiqués. La réserve d'artillerie, campée également à Sillery, suivra la 2e division et s'établira de même à Saint-Martin où elle se placera en arrière et à une distance convenable de la 2e division. La 3e division, campée dans la ville, ira demain coucher à Prosnes, un peu à droite de la route de Sainte-Menehould, et ne se mettra en marche qu'à 10 heures. Le quartier général du 7e corps sera à Saint-Martin et se mettra en route à midi.

Le 7e corps formera ainsi la droite de l'armée en s'appuyant par sa gauche au 1er. Le général Bonnemains, avec toute la cavalerie laissée au camp de Châlons, ira coucher demain sur la Suippe, occupant Vaudesincourt et Aubérive-sur-Suippe. Le général Margueritte s'établira demain 23 à Monthois d'où il surveillera les défilés de Grand-Pré et de la Croix-aux-Bois.

Les divisions marcheront militairement et elles s'établiront de même sur les points indiqués en se conformant aux prescriptions de l'ordre déjà donné et en ayant soin de s'éclairer par leurs petits postes et leurs grand'gardes.

L'artillerie de chaque division sera placée en arrière des points où elle devrait agir et de façon à pouvoir s'y porter rapidement.

Toutes les divisions et tous les services devront s'alléger autant que possible en bagages de toute nature, et n'emporter que le strict nécessaire.....

Le 4e hussards, campé à Sillery, se répartira entre les 1re et 2e divisions; le colonel et deux escadrons marcheront avec la 1re division aux ordres du général Conseil-Dumesnil; le lieutenant-colonel et les deux autres escadrons marcheront avec la 2e division sous les ordres du général Liébert.

Les deux escadrons du 4e lanciers campés également à Sillery se rendront de ce point à Prosnes, en gagnant en face de Sillery la route de Reims à Sainte-Menehould. Le commandant de ces deux escadrons réglera son mouvement de manière à arriver sur cette dernière route un peu avant la 3e division (partant de Reims à 10 heures) pour se mettre à la disposition du général Dumont qui la commande.

Le général Ameil et la division de cavalerie partiront demain de Reims dans la journée après avoir fait débarquer et constituer les escadrons qui viennent d'arriver. Il se dirigera sur Saint-Martin où il s'établira en passant par Nauroy et Moronvilliers. Il assurera l'escorte du convoi de l'administration, qui doit, demain dans la journée, rallier le quartier général du corps.

La batterie de canons à balles de la 2ᵉ division, campée en ce moment avec la 3ᵉ, se mettra en marche en même temps que le quartier général et avec lui ; arrivée à Saint-Martin elle ralliera la division.

Les caissons chargés de la réserve de cartouches de la 1ʳᵉ division suivront aussi le quartier général pour, de Saint-Martin, gagner leur division campée un peu sur la droite, à Dontrien.

12ᵉ CORPS.

c) Opérations et mouvements.

Ordre de mouvement.

22 août.

L'armée va marcher en avant dans la direction de Montmédy.

Les deux divisions du 7ᵉ corps (général Douay) campées à Sillery... (Voir p. 149.).....

Pour assurer l'exécution des dispositions ci-dessus, le 12ᵉ corps fera son mouvement comme il va être dit :

La division Grandchamp partira à 4 h. 30 et prendra la route qui va de la Neuvillette à Saint-Masmes par Reims, Vitry-lès-Reims et Caurel-lès-Lavannes. Elle emmènera avec elle son ambulance et ses réserves de cartouches divisionnaires.

La division Maissiat quittera son bivouac à 4 h. 30, se dirigera sur la Neuvillette et de là marchera dans les traces de la division Grandchamp.

La division Vassoigne partira à 5 h. 30, se dirigera sur la Neuvilette, suivra les traces de la division Maissiat jusqu'à Caurel-lès-Lavannes. Après avoir dépassé Lavannes, elle prendra le chemin se dirigeant sur Heutrégiville, où elle s'établira en arrière du village.

Ces deux divisions, comme la première, emmèneront leurs ambulances et leurs réserves de cartouches divisionnaires.

Les réserves d'artillerie du 6ᵉ et du 12ᵉ corps, ainsi que les parcs du génie des mêmes corps, suivront la 3ᵉ division et viendront s'établir en arrière de Saint-Masmes, à droite de la 1ʳᵉ division d'infanterie. Les bagages des corps marcheront dans l'ordre indiqué et au point où les divisions se sépareront pour aller, la 1ʳᵉ à Saint-Masmes et la 3ᵉ à Heutrégiville; le grand prévôt prendra des dispositions pour que les bagages appartenant à ces divisions marchent sur les points ci-dessus indiqués. Il dirigera les bagages de l'état-major général des corps d'armée, de l'intendant du 12ᵉ corps, des généraux de l'artillerie et du génie et du grand prévôt sur Heutrégiville, où sera établi le quartier général.

RÉSERVE DE CAVALERIE.

a) Journal de marche.

2ᵉ DIVISION.

Dans la nuit du 21 au 22, et dans la matinée du 22, arrivent au camp de Châlons plusieurs corps constitués qui passent sous le commandement du général Bonnemains. Ce sont :

7ᵉ et 8ᵉ chasseurs à cheval ;
5ᵉ cuirassiers ;
2ᵉ escadron du 6ᵉ cuirassiers ;
Une batterie d'artillerie (1).

A ces troupes, il faut ajouter :

1º Deux énormes convois, l'un régulier, l'autre auxiliaire, chargés de toutes les dépouilles transportables du camp ;
2º Un dépôt d'isolés d'infanterie sous les ordres d'un chef de bataillon ;
3º Un dépôt d'isolés de cavalerie sous les ordres d'un lieutenant de dragons de la Garde.

A 5 heures du soir, les isolés d'infanterie sont embarqués à la gare de Mourmelon et dirigés sur Reims.

Dans la soirée, le général reçoit l'ordre de partir le lendemain et de se diriger sur Rethel.

c) Opérations et mouvements.

Le maréchal de Mac-Mahon au général Margueritte, à Sainte-Menehould (D. T.).

Reims, 22 août, 7 h. 40 matin. Expédiée à 8 h. 45 matin (nº 34400).

Mettez-vous en retraite sur Reims. Si le convoi n'y est point encore arrivé, protégez sa marche jusqu'à ce qu'il soit entré en gare.

---

(1) 4ᵉ du 19ᵉ à cheval.

*Le maréchal de Mac-Mahon au général Bonnemains,
au camp de Châlons.*

Conservez avec vous toute la cavalerie laissée au camp de Châlons. Vous quitterez le camp le 24 au matin pour aller coucher à Épernay. Le bataillon laissé au camp et tous les services administratifs devront être embarqués, demain soir 23, sur le chemin de fer de Dammartin, où ils seront débarqués, et attendront de nouveaux ordres. Les généraux de Fénelon et Margueritte ont ordre de se replier sur Reims. Éclairez-vous donc au loin avec votre cavalerie légère ; transmettez au général de Fénelon, qui suit la voie romaine, l'ordre de se diriger sur Reims, où il recevra des instructions.

RENSEIGNEMENTS

Le Ministre de l'intérieur aux Préfets, Sous-Préfets et Généraux commandant les divisions et subdivisions militaires (D. T.).

Paris, 22 août, 12 h. 20 matin. Expédiée à 2 h. 15 matin (n° 1536).

Le gouvernement n'ayant pas reçu de dépêches de l'armée du Rhin depuis deux jours, par suite de l'interruption des communications télégraphiques, a lieu de penser que le plan arrêté par le maréchal Bazaine n'a pas encore abouti.

La conduite héroïque de nos soldats, à différentes reprises en présence d'un ennemi bien supérieur en nombre, permet d'espérer la réussite d'opérations ultérieures.

Les coureurs de l'ennemi ont paru à Saint-Dizier.

Le Général commandant supérieur de Verdun à l'Empereur, au camp de Châlons, et au Ministre de la guerre (D. T.).

Verdun, 22 août, 8 h. 5 matin.

Enfin nous avons nouvelles du maréchal Bazaine par garde forestier qui apporte dépêche suivante :

Le maréchal Bazaine à l'Empereur, au camp de Châlons.

Ban-Saint-Martin, 19 août.

« L'armée s'est battue hier toute la journée sur les positions de Saint-Privat-la-Montagne à Rozérieulles et les a conservées..... (Voir p. 140.)..... Il y a dans la place de Metz 700 prisonniers qui deviendraient un embarras pour la place en cas de siège. Je vais proposer un échange à M. le général de Moltke pour pareil nombre d'officiers et de soldats français. »

Le Sous-Préfet au Ministre de l'intérieur (D. T.).

Montmédy, 22 août, 8 h. 18 matin. Expédiée à 9 h. 5 matin (n° 34405).

Aucune nouvelle précise sur la position du Maréchal.

Les hommes envoyés avant-hier ne sont pas encore rentrés. Le garde général de Spincourt est allé près de Fresnes-en-Woëvre en traversant détachements cavalerie ennemie. Il a appris que Fresnes et la Woëvre étaient occupés par armée prussienne et est revenu. Des voyageurs qu'il a rencontrés croient que notre armée doit s'être repliée sous les murs de Metz. Le matériel et le personnel de notre gare se retirent à Margut.

X... à l'agence Havas, à Paris (D. T.).

Londres, 22 août, 6 h. 45 matin. Expédiée à 10 h. 15 matin (n° 34428).

On dit à Berlin que Allemands construisent une voie ferrée demi-circulaire en partie autour de Metz leur permettant de se servir du chemin de fer Metz-Paris avant de prendre Metz. On reconstruit celui de Nancy à Commercy. Chemin de fer et télégraphe depuis quartier royal et Berlin en parfait état. Fils de Bismarck tous deux blessés. Régiment des cuirassiers de Bismarck pas présent le 14, conséquemment pas annihilé comme le dit Palikao. Gros canons de siège ont été envoyés de Prusse en France.

Grand nombre de canons pris le 18 août, bataille Rezonville. Pertes allemandes, tués, blessés, jusqu'à présent environ 40,000.

Le Préfet au maréchal de Mac-Mahon et au Ministre de l'intérieur (D. T.).

Chaumont, 22 août, 9 h. 45 matin. Expédiée à 10 h. 35 matin (n° 34429).

Renseignements certains du commandant des éclaireurs forestiers de la Haute-Marne :

Le 20, l'armée prussienne descendait la vallée de la Marne et s'étendait depuis Coussy jusqu'à Chermisey et Avrainville, elle était nombreuse et accompagnée d'une forte cavalerie et artillerie. Ces renseignements concordent avec ceux précédemment donnés indiquant que l'armée se dirige sur la Marne.

Le Préfet de la Marne au Ministre de l'intérieur (D. T.).

Châlons, 22 août, 11 h. 20 matin. Expédiée à 12 h. 45 soir (n° 34495).

Les communications télégraphiques prématurément interrompues avec Vitry-le-François sont rétablies.

Cette place renferme le bataillon et la batterie d'artillerie de la garde mobile qui se trouvent bloqués.

Le bataillon des mobiles de Châlons a été dirigé hier sur Château-Thierry; il ne reste plus en arrière qu'une brigade de cavalerie, qui est attendue aujourd'hui, et après le passage de laquelle les autorités militaires doivent se retirer, ce qui aura lieu vraisemblablement demain.

Le Procureur impérial au Ministre de la justice (D. T.).

Sedan, 22 août, 1 heure soir. Expédiée à 2 h. 15 soir (n° 34526).

Aucun détachement ennemi n'a paru jusqu'à ce jour dans l'arrondissement de Sedan, on ignore les mouvements des armées étrangères.

La ville complète activement ses travaux d'armement, les pièces sont sur les remparts et les fossés seront inondés demain.

Le Sous-Préfet au Sous-Préfet de Sedan (D. T.).

Montmédy, 22 août, 1 heure soir. Expédiée à 2 h. 35 soir (n° 34529).

Aucune nouvelle du théâtre de la guerre. Quelques personnes rencontrées dans l'arrondissement de Briey supposent que le maréchal Bazaine aurait rallié Metz.

Ces renseignements n'ont aucune valeur sérieuse.

Avez-vous reçu ce matin courrier de Paris? Nous ne l'avons pas.

Prière de répondre.

Le Général commandant supérieur au Général de division, à Besançon (D. T.).

Langres, 22 août, 12 h. 25 soir. Expédiée à 2 h. 40 soir (n° 34538).

D'après les renseignements les plus dignes de foi, un corps de 30,000 Prussiens venant de Blamont et Mirecourt qui avait été annoncé la veille par un détachement de 150 cavaliers a campé au Nord de Neufchâteau à Manois, etc. Dans la même journée il a envoyé 200 cavaliers parcourir la voie de Joinville vers Chaumont. Le soir, 400 hommes, cavalerie et génie, se sont retranchés sur le chemin de fer à Frouville, 3 kilomètres Sud de Joinville et ont coupé la ligne entre ces deux points. Ce corps d'armée qui paraît avoir recherché le corps Mac-Mahon et s'était avancé jusqu'à Châtenay avait été rejoint la veille par une estafette, avis certain qui peut-être l'a fait remonté par Joinville.

On assure que le 21, à 9 heures du soir, quelques cavaliers ennemis ont été vus aux environs de Langres, de Chaumont. Ce matin 22, une dépêche de Froncles m'annonce que l'ennemi paraît occuper les mêmes positions en s'éclairant à l'Est. Il a 73 pièces de canon comptées par des habitants et, dit-on 15,000 cavaliers. Depuis trois jours je fais des efforts pour achever l'organisation des francs-tireurs de Mirecourt et de Lamarche, qui était bien incomplète et bien défectueuse. J'aurais voulu pouvoir les obliger à se mettre en mouvement plus tôt. J'espère qu'ils partiront au nombre de 160 par un train spécial en prenant toutes les précautions possibles pour les faire arriver non loin de Chaumont.

Je fais diriger les mouvements du personnel et du matériel par Dijon pour les voies ferrées et par Châtillon pour les convois et isolés voyageant par étapes vers Paris.

Le général Ulrich au Ministre de la guerre (D. T. Ch).

Schlestadt, 22 août, 1 h. 35 soir. Expédiée à 3 h. 20 soir (n° 34558).

L'ennemi me dit que l'armée impériale a été complètement battue le 18 et m'offre de faire vérifier le fait par trois officiers qui recevraient un sauf-conduit. J'ai refusé, bien résolu à m'enterrer sous les ruines de la ville dont le commandement m'a été confié. J'ai une mauvaise garnison mais beaucoup d'officiers énergiques ; ce que des hommes de cœur peuvent faire nous le ferons.

Le Préfet au Ministre de l'intérieur et au maréchal de Mac-Mahon, à Châlons (D. T.).

Chaumont, 22 août, 3 h. 30 soir (n° 34557).

On m'annonce en le donnant comme certain qu'environ 100 Prussiens sont partis de Saint-Blin allant à Rimaucourt ; qu'environ 2,000 seraient à Prez-sous-la-Fauche.

Le Préfet du Haut-Rhin aux Ministres de la guerre et de l'intérieur (D. T.).

Colmar, 22 août, 3 h. 33 soir. Expédiée à 4 h. 40 (n° 34590).

L'absence de nouvelles de Metz cause de vives inquiétudes. Encore quelques feux de joie sur la rive badoise cette nuit. Les éclaireurs ennemis n'ont pas dépassé Schlestadt. L'ennemi cherche à rétablir le bac du Rhin à Rheinau, Bas-Rhin. La landsturm est levée dans le duché de Bade de 16 à 50 ans. A Strasbourg, échange d'hostilités depuis 3 jours. Kehl aurait été bombardé par nous. Le chemin de fer Est annonce reprise des trains de marchandises sur la ligne de Mulhouse jusqu'à Colmar.

Le Procureur impérial au Ministre de la justice (D. T.).

> Verdun, 22 août, 4 heures soir. Expédiée à 5 h. 40 soir (n° 34616).

L'ennemi occupe toujours en force Saint-Mihiel et tout l'Est du département, ses coureurs parcourent constamment les villages de la rive droite et viennent journellement par groupes de quatre jusqu'aux portes de Verdun, ils ont commencé à paraître sur la rive gauche de la Meuse dans le canton de Souilly.

Le Sous-Préfet au Ministre de l'intérieur et au Préfet de Colmar (D. T.).

> Mulhouse, 22 août, 4 h. 30 soir. Expédiée à 5 h. 55 soir (n° 34619).

Francs-tireurs enfin arrivés aujourd'hui Mulhouse venant de Belfort avec autorisation du général commandant; seront chaudement accueillis dans les villages où je signale leur passage. Je m'occupe de leur avoir des auxiliaires. Quelques fournitures essentielles manquent, nous tâcherons de les leur procurer ici.

M. de Castex, chambellan de l'Empereur, au Ministre de la guerre (D. T.).

> Saint-Louis, 22 août, 11 h. matin. Expédiée à 9 h. soir (n° 34707).

Les troupes de la forteresse d'Ulm passent le Rhin à Seltz; de Fribourg à Carslruhe, grand mouvement de troupes se dirigeant vers Seltz. Les populations refusent de partir dans Wurtemberg et Bade; elles cherchent à éviter le recrutement; vive agitation. Suis à la disposition du Ministre pour renseignements ou missions.

Le Sous-Préfet au Ministre de la guerre (D. T).

> Langres, 22 août, 8 h. 15 soir. Expédiée à 9 h. 20 soir (n° 34731).

Les éclaireurs prussiens, trente environ, viennent d'arriver à Montigny, 23 kilomètres de Langres.

Le Commandant de place de Longwy à l'Empereur et au maréchal de Mac-Mahon (D. T.).

> Longwy, 22 août, 4 h. 40 soir. Expédiée à 10 h. 20 soir (n° 24757).

Le 20 (1), les Prussiens ont attaqué notre armée sur les plateaux

---

(1) Il faut lire le 18.

d'Amanvillers, à 12 kilomètres à l'Ouest de Metz ; après un combat des plus vigoureux, nos troupes, cédant vers la droite faute de cartouches, se sont retirées sous Metz et sont entassées entre Longeville, Saint-Quentin, Plappeville, le Coupillon et la droite du fort Moselle.

C'est une assez mauvaise position attaquable sur les deux faces de l'Est et de l'Ouest.

Les Prussiens s'établissent fortement autour de nous et ne nous laisseront pas longtemps pour nous refaire. Nous avons 11,000 à 12,000 blessés dans la place et peu de ressources.

Le Procureur impérial au Ministre de la justice (D. T.).

Charleville, 22 août, 5 h. 15 soir. Expédiée à 10 h. 25 soir (n° 34751).

Rien de nouveau. L'ennemi n'a pas dépassé Longuyon, Moselle. Un train est arrivé à Charleville venant de Longwy. La voie est toujours coupée à Pierrepont.

Le Préfet de la Marne au Ministre de l'intérieur (D. T.).

Châlons, 22 août. Expédiée à 10 h. 30 soir (n° 34766).

Le camp est au pillage, les magasins sont dévalisés et les soldats y mettent le feu. On prescrit des mesures nécessaires pour sauver une partie de la lingerie des ambulances et de l'hôpital militaire.

Le même au même (D. T.).

Châlons, 22 août, 8 h. 45 soir. Expédiée à 10 h. 35 (n° 34760).

On a vu des tours de l'église de Vitry, toute cette journée, des groupes de cavaliers prussiens parcourir la plaine entre cette ville et Marolles. On a entendu le canon du côté de Bar-le-Duc.

Le Chef de section au Directeur des constructions de l'Est, gare de l'Est, à Paris (D. T.).

Sainte-Menehould, 22 août. Expédiée à 11 h. 9 soir (n° 34767).

Notre voie vient d'être coupée par l'ennemi, près de Nixéville. Je donne l'ordre d'enlever la mine du pont d'Aubréville.

Le Procureur impérial au Ministre de la justice (D. T.).

Montmédy, 22 août, 8 h. 10 soir. Expédiée à 11 h. 46 soir (n° 34771).

Cette nuit, un escadron de uhlans aurait coupé la voie ferrée sur une étendue de plusieurs kilomètres, entre Longuyon et Longwy. Les trains s'arrêtent, quoique la voie ferrée soit intacte jusqu'à Montmédy et Longuyon.

Le juge de paix de Montfaucon fait connaître que des cavaliers prussiens gardent la passerelle qui sert à traverser la Meuse à Consenvoye.

Un caporal de l'armée prussienne, arrêté cette nuit dans les bois, m'a déclaré avoir déserté après l'affaire de Gravelotte, parce que, dans l'armée ennemie, ils meurent tous de faim.

Le Sous-Préfet au Ministre de la guerre (D. T.).

Montmédy, 22 août. Expédiée à 12 heures soir (n° 34780).

Le juge de paix d'Amanvillers m'écrit aujourd'hui, 11 heures :
« Vu à d'Amanvillers un officier de chasseur, envoyé par le maréchal Bazaine à Verdun. D'après lui notre armée aurait manqué de munitions au combat de Saint-Privat et elle se serait retirée sous le canon de Metz. Il a quitté le camp depuis deux jours et ne sait ce qui s'est fait depuis. Il croit Verdun doit être bloqué. Prussiens seraient très nombreux. »

Le Ministre de la guerre au maréchal de Mac-Mahon (Lettre).

Paris, 22 août.

J'ai l'honneur d'adresser ci-après à Votre Excellence divers extraits des rapports de nos agents à l'étranger qu'il m'a paru utile de lui communiquer :

De la frontière prussienne du côté de Luxembourg, 13 août.

« Depuis trois jours, après deux journées de repos, l'armée prussienne s'avance de divers points pour envelopper, avec des forces considérables, l'armée française.

« C'est vers Strasbourg, Nancy et Metz que trois corps prussiens qui se lient, commandés par le général Steinmetz ; dans le bassin de la Sarre, le Prince royal et le prince Frédéric-Charles se sont avancés.

« Les forces des armées allemandes sont considérables. La Prusse dispose sur toute la ligne d'environ 500,000 hommes. La landwehr et la landsturm marchent. La concentration des forces doit être à peu près faite, si elle ne l'est déjà. Les Prussiens se massent à Hunspach, à Hoffen, Seltz et Soultz-sous-Forêts. Ils se sont groupés entre Bâle et Mulheim; il y a 39 équipages de pont. Ils pressent leurs opérations. Les habitants de Trèves ont dû se pourvoir de vivres.

« Après tout ce que j'ai vu, observé et entendu, j'ai la conviction que si le gouvernement français reste inébranlable dans sa résolution de poursuivre la guerre, s'il n'accepte pas une paix humiliante, *même en cas d'un nouveau revers*, l'Allemagne succombera dans cette lutte gigantesque. Les systèmes de la landwehr et de la landsturm sont vicieux. Les hommes murmurent déjà; ils disent que si cette guerre dure six semaines, ils quitteront en masse les rangs, ne voulant pas laisser à l'abandon femmes et enfants. On nous ruine, disent-ils. L'Allemagne est sourdement agitée; l'esprit public n'y est qu'assoupi. Attendez l'éclat au premier revers de la Prusse ! »

Même source, 14 août.

« J'ai appris de sources très sûres que des masses de troupes prussiennes arrivent de l'intérieur de l'Allemagne se dirigeant sur le théâtre de la guerre. Des trains spéciaux de diverses lignes de chemins de fer arrivent à Trèves avec des masses de militaires et de munitions. Un fort corps Nord-allemand a été dirigé vers Sarrebruck, que la Prusse veut à tout prix conserver comme position. Il a traversé Trèves.

« Les communications directes du Luxembourg avec la France sont interrompues. De la ville de Luxembourg on ne peut arriver à Metz; les rails ont été enlevés au-dessus de Thionville. »

De Bâle, 16 août.

« Les soldats wurtembergeois et prussiens qui restaient encore aux abords du Rhin, à la date du 14 août, depuis Bâle à Offenburg, ont tous évacué le pays badois et se sont dirigés sur le Nord. Ils avaient fait des trous et des monticules de terre pour cacher leurs pièces d'artillerie; tout est démoli, il ne reste rien de ces travaux.

« On m'assure que presque toute la Forêt-Noire est abandonnée par ces hommes. Tous les jours, depuis samedi (13), ils descendent par le val d'Enfer et la vallée de Lahr et se sont dirigés du côté de la ville de Strasbourg.

Il a passé à Offenburg, depuis samedi, près de 30,000 hommes, et de Constance à Offenburg, montagnes et plaines, il ne reste pas 10,000 soldats. Tenez ceci comme certain.

« Les transports par voie ferrée, de Constance à Léopoldshöhe, ne contiennent aussi plus de soldats; il paraît que le Wurtemberg et la Bavière ont donné tout ce qu'elles avaient en fait de militaires. »

Votre Excellence appréciera, d'après la date de ces extraits et ses propres informations, la valeur des renseignements qu'ils contiennent.

J'adresse la même communication à Son Excellence M. le maréchal Bazaine.

X..., à Luxembourg, au Ministre des affaires étrangères (Lettre).
Luxembourg, 22 août.

Je m'empresse de transmettre à Votre Excellence les renseignements suivants qui me parviennent à l'instant et qui ont été recueillis à Saint-Vith et dans un certain nombre de localités avoisinant la frontière luxembourgeoise :

1° Du 15 au 16 courant, une armée évaluée à 50,000 hommes de landwehr, venant d'Aix-la-Chapelle et des environs, s'est avancée vers Trèves par trois routes;

2° Pendant ces derniers jours, la Prusse a dégarni toutes ses villes de garnison, ne laissant que peu d'hommes valides dans les forteresses. Tous les hommes propres au service ont rejoint l'armée d'invasion dans les journées des 18, 19 et 20 de ce mois. On prétend que ce sont des troupes de landwehr, destinées à renforcer le corps d'armée Manteuffel et à combler les vides résultant du dernier échec essuyé par ce corps;

3° Des charrettes et voitures de transport, au nombre de 200, ont été requises entre Malmédy et Saint-Vith et ont été dirigées, les unes chargées, les autres vides sur Trèves. Dans cette ville, elles reçoivent du matériel de pontonniers et prennent la route de Metz;

4° Quatorze trains de troupes, remorqués par deux machines chacun, seraient arrivés le 21 août à Trèves; ces troupes viennent de Cassel. Des lettres venues d'Allemagne signalent en outre l'absence complète de troupes dans l'intérieur, entre autres à Darmstadt; Trèves est également, depuis cette nuit, dégarnie de troupes.

P.-S. — De nombreux cas de dyssenterie, de cholérine, d'ophtalmie et de typhus, se produiraient dans l'armée prussienne.

Journée du 23 août.

ÉTAT-MAJOR GÉNÉRAL.

a) Journal de marche.

L'armée change de direction ; elle se porte en avant dans la direction de Montmédy, dans le but d'aller débloquer Metz.

Les deux divisions du 7ᵉ corps (général Douay) campées à Sillery, se portent sur la Suippe et s'établissent à Saint-Martin et Dontrien ; leur mouvement commence à 4 h. 30 du matin ; elles suivent la route de Reims à Sainte-Menehould jusqu'à la rencontre de la route de Baconnes à Vaudesincourt, d'où elles se dirigent sur les points indiqués. La 3ᵉ division campée dans la ville ne se met en route qu'à 10 heures et vient coucher à Prosnes. Le quartier général du 7ᵉ corps est à Saint-Martin.

Le 5ᵉ corps (général de Failly) part à 4 h. 30 du matin et suit la route départementale n° 10 de Reims à Vouziers. Il prend position sur la Suippe, à Selles et à Pont-Faverger, son quartier général à Pont-Faverger.

Le 12ᵉ corps (général Lebrun) se met en mouvement à 4 h. 30. Il prend la route de Reims à Mézières jusqu'à 1500 mètres au delà de Vitry-lès-Reims, où il prend le chemin par Caurel-lès-Lavannes, et vient s'établir à Heutrégiville et à Saint-Masmes, quartier général à Heutrégiville.

Le 1ᵉʳ corps (général Ducrot) se met en route à 4 h. 30 du matin et s'établit sur la Suippe à Bétheniville et Saint-Hilaire, quartier général à Saint-Hilaire.

Le général Bonnemains, avec toute sa cavalerie laissée au camp de Châlons, se porte sur la Suippe, à Vaudesincourt.

Le général de Fénelon, en marche sur Reims, a couché le 22 au point dont le choix lui a été laissé, et d'où il doit rejoindre le 23.

Le général Margueritte conserve, outre la brigade de chasseurs d'Afrique (1ᵉʳ et 3ᵉ régiments), la brigade de la division Fénelon (1ᵉʳ hussards et 6ᵉ chasseurs) qu'il a rallié à Sainte-Menehould ; il s'établit à Monthois, d'où il a mission de surveiller les défilés de Grand-Pré et de la Croix-aux-Bois.

Le grand quartier général est à Bétheniville.

Tous les corps ont dû, avant de quitter Reims, s'alléger autant que possible en bagages de toute nature et n'emporter que le strict nécessaire.

Le quartier général de la 4ᵉ division militaire territoriale (général de Liniers) se transporte à Reims.

Le général de division Dejean prend à partir du 23 le commandement du génie de l'armée, en remplacement du général Le Brettevillois qui reprend ses fonctions au 1ᵉʳ corps.

b) Organisation et administration.

Le Ministre de la guerre à l'Empereur, à Reims (D. T.).

Paris, 23 août, 9 h. 15 matin. Transmise au quartier impérial à 9 h. 30 matin (n° 26142).

Il y a une urgence extrême à remplacer dans les régiments de cavalerie les vides qui se sont produits dans les rangs des officiers. Je prie Votre Majesté de m'envoyer immédiatement l'état nominatif des candidats aux diverses vacances ou de me faire connaître les nominations que l'Empereur a déjà faites pour pourvoir à ces emplois.

Je réorganise ici le 9ᵉ cuirassiers complètement détruit. Je me réserve, pour ce régiment, de faire les nominations et de compléter les cadres, si déjà Votre Majesté n'a pourvu aux vacances existantes.

L'intendant général Uhrich à l'Intendant général de l'armée, à Montmédy.

Paris, 23 août, 12 h. 36 soir (n° 738).

L'armée du maréchal de Mac-Mahon se rend à destination par voie de terre. Les quatre corps d'armée forment un effectif de 100,000 hommes et 20,000 chevaux.

Le Général Mitrecé au général Forgeot, à Bétheniville (D. T.).

Paris, 23 août, 2 h. 25 soir.

Je reçois du Ministre à votre adresse la dépêche suivante :

« Si le matériel d'artillerie restant sur les trucs est inutile à l'armée du maréchal de Mac-Mahon, renvoyez-le à Paris. Disposez de ce que vous croirez utile à l'armée. »

En marge : Répondre de tout renvoyer à Paris.

Le Ministre de la guerre à l'Empereur, à Courcelles (D. T.).

Paris, 23 août, 4 h. 20 soir.

Wimpffen est prévenu. Lacretelle est nommé. Les décrets donnés à Rouher sont supprimés. Je demande de nouveaux cadres pour l'infanterie et la cavalerie. Quatre régiments à 6 compagnies ; nous avons déjà 26 régiments de marche.

c) **Opérations et mouvements.**

L'Empereur au Ministre de la guerre (D. T. Ch.).

Courcelles, 23 août, 8 h. 15 matin (n° 26128).

Il est bien essentiel de constituer à Reims qui doit être diversement tête de ligne de chemin de fer, une force assez respectable pour que des coureurs ne viennent pas interrompre nos communications.

Le Ministre de la guerre au maréchal de Mac-Mahon (D. T. Ch.).

Paris, 23 août, 6 h. 12 soir (n° 26344).

Les deux batteries fournies par l'artillerie de marine appartenant à la 1re division du 12e corps, partent demain pour vous rejoindre. Voulez-vous que j'envoie une division d'infanterie avec ses batteries divisionnaires à Verdun pour appuyer votre mouvement ?

Ordre de mouvement du 24 août.

Au quartier général à Pont-Faverger, 23 août.

Le 7e corps (général Douay) se mettra en route demain 24, à 5 heures, pour aller s'établir aux environs d'Ardeuil, en suivant la route de grande communication qui passe par Saint-Souplet, Somme-Py, Aure, Manre et Ardeuil où sera son quartier général. (Il y a de l'eau dans le ruisseau de l'Avègres.)

Le 5e corps (général de Failly) partira demain à 4 heures du matin pour se porter aux environs de Montbois où sera le quartier général du corps (il trouvera de l'eau dans le petit ruisseau de la Tafna qui prend sa source à Liry). La route à suivre passe par Béthéniville et Liry.

Le 12ᵉ corps (général Lebrun) ira s'établir demain 24 entre Ville-sur-Retourne et Pauvres ; il partira à 5 heures et suivra la route qui passe par Aussonce, Juniville, Bignicourt. Son quartier général sera à Ville-sur-Retourne.

Le 1ᵉʳ corps (général Ducrot) se mettra en mouvement dès que le 5ᵉ corps aura dépassé Béthéniville et ira s'établir, en passant par Machault, à Semide et Contreuve, son quartier général à Semide.

La cavalerie du général Margueritte traversera l'Aisne demain matin et ira s'établir autour de Grand-Pré, s'éclairant au loin sur les différentes routes dont Grand-Pré est le nœud.

La division de cavalerie de réserve (général Bonnemains) partira demain 24 à 2 heures de l'après-midi pour aller s'établir à Saint-Étienne-à-Arnes.

Le grand quartier général sera placé à Monthois.

Monthois se trouve à environ 30 kilomètres de Pont-Faverger. Pour s'y rendre, le 5ᵉ corps passera par Béthéniville, Hauviné, Saint-Clément, Saint-Pierre, Saint-Étienne, la ferme d'Orfeuil et Liry.

MM. les généraux commandant les corps d'armée sont priés de se rendre aujourd'hui à 5 heures au grand quartier général à Béthéniville.

Ordre modifiant la marche indiquée pour la journée de demain, 24 août.

Grand quartier général de Béthéniville, 23 août.

Le 7ᵉ corps se portera demain 24 à Semide et Contreuve. Son quartier général sera à Contreuve. Le 1ᵉʳ corps se rendra à Juniville où il aura son quartier général. Les 5ᵉ et 12ᵉ corps se rendront à Rethel où seront les quartiers généraux de ces corps. La cavalerie du général Bonnemains ira, demain 24, coucher à Pont-Faverger en suivant la rive gauche de la Suippe ; le 25, elle se portera à Rethel. Le général Margueritte fera, demain 24, séjour à Monthois, où il recevra des ordres pour ses mouvements ultérieurs. Le grand quartier général sera à Rethel.

1ᵉʳ CORPS.

a) Journaux de marche.

Souvenirs personnels du capitaine Peloux.

23 août.

La deuxième colonne ne se met en marche qu'à 7 h. 30. Elle doit laisser défiler devant elle les 2ᵉ et 1ʳᵉ divisions qui, jusqu'à Taissy, suivent le même chemin qu'elle.

Elle passe la rivière à Taissy, suit un moment la route de Reims et s'engage à partir de ce point jusqu'à Beine, dans les chemins d'exploitation. Il y avait plu toute la nuit, le terrain était défoncé et la marche fut très pénible pour les troupes ; les bagages ne franchirent ce mauvais pas qu'avec peine.

A Beine, la deuxième colonne (3ᵉ et 4ᵉ divisions) reçoit l'ordre de camper, pour la grand'halte en arrière et à gauche du village.

La première colonne qui devait, quelque temps avant d'arriver à Beine, prendre jusqu'à Bétheniville des chemins de traverse, ayant changé d'itinéraire par suite du mauvais état de ces chemins et s'étant engagée sur celui que devait, à partir de Beine, suivre la deuxième colonne, la 1ʳᵉ division, attardée sur la route, campe à droite et en arrière du village.

Après la grand'halte, les troupes se dirigent sur une seule colonne (2ᵉ division, 1ʳᵉ division, 3ᵉ division, 4ᵉ division) sur Pont-Faverger et de là, en suivant les bords de la Suippe, sur Bétheniville et Saint-Hilaire-le-Petit.

Bétheniville est déjà encombré par l'état-major général de l'armée et celui de l'Empereur. Les vivres sont difficiles à s'y procurer, des boutiques de boulangers sont pillées.

Il y eut à 4 heures un conseil de guerre à Bétheniville, à la suite duquel, l'ordre précédemment donné de se porter le lendemain sur Semide fut modifié, le 1ᵉʳ corps dut se rendre sur deux colonnes à Juniville et Bignicourt, Ville-sur-Retourne.

2ᵉ DIVISION.

Historique.

De Taissy à Saint-Hilaire-le-Petit. Arrivée du général Gandil, qui prend définitivement le commandement de la 2ᵉ brigade.

On distribue aux corps des pièces d'armes de rechange, réclamées sans résultat depuis Strasbourg.

3ᵉ DIVISION.

23 août.

Départ de Cormontreuil. Arrivée au campement de Bétheniville près de Pont-Faverger vers 2 heures de l'après-midi.

L'Empereur a son quartier général à Bétheniville. Les pluies torrentielles du commencement du mois nous accompagnent de nouveau.

Le général Carteret prend le commandement de la 1ʳᵉ brigade en remplacement du général L'Hérillier nommé général de division.

4ᵉ DIVISION.

Journal privé du colonel d'Andigné, chef d'état-major.

23 août.

La pluie tombe avec violence de 5 à 10 heures du matin.

La 4ᵉ division part à 6 h. 30 et se porte par Taissy, la ferme d'Alger, Beine (où a lieu la grand'halte) et Pont-Faverger à Bétheniville, sur la Suippe, où nous arrivons à 6 heures du soir.

La marche à travers les boues crayeuses de la Champagne a été fatigante pour les troupes.

L'Empereur et le grand quartier général sont à Béthéniville.

Tout le 1ᵉʳ corps est campé autour de ce village où le sous-intendant Bonnaventure et moi réussissons à grand'peine à faire cuire du pain pour la distribution du 24.

Le 5ᵉ corps occupe Selles et Pont-Faverger.

Le 7ᵉ corps occupe Dontrien et Prosnes.

Le 12ᵉ corps occupe Heutrégiville.

La cavalerie Bonnemains est à Vaudesincourt et Auberive-sur-Suippe.

La brigade Margueritte, qui a escorté l'Empereur jusqu'à Verdun et n'a pu rentrer à Metz, est à Monthois.

c) Opérations et mouvements.

Ordre de mouvement pour le 24 août.

Au quartier général à Saint-Hilaire-le-Petit.

Le 1ᵉʳ corps continuera demain sa marche en avant mais les positions qu'il occupera sont autres que celles indiquées par la note déjà envoyée aujourd'hui.

Ces positions nouvelles sont aux villages de Juniville, Bignicourt et Ville-sur-Retourne.

Les 3e et 4e divisions et la réserve de l'artillerie iront s'établir à Juniville en passant par la Neuville, la route à suivre sera prise entre Pont-Faverger et Béthéniville. La 4e division prendra la tête de colonne et partira à 7 heures, la 3e division partira à 8 heures, la réserve et l'artillerie à 9 heures.

Les 1re et 2e divisions et le convoi du service administratif iront s'établir à Bignicourt en partant de Saint-Hilaire pour Hauviné et marchant ensuite sur Cauroy et Bignicourt; la 1re division prendra la tête de colonne et partira à 7 heures.

La 2e division partira à 8 heures. Le convoi de l'administration à 9 heures.

La division de cavalerie ira s'établir à Ville-sur-Retourne en passant par Saint-Hilaire, Hauviné et Cauroy. Le départ aura lieu à 11 heures.

La marche de demain sera très courte pour les diverses colonnes (20 kilomètres au plus).

Le quartier général du corps sera établi à Juniville.

Le convoi de vivres qui a suivi aujourd'hui le 1er corps d'armée ne pouvant arriver ce soir que tardivement, la distribution de pain n'aura lieu que demain matin de telle sorte que chaque division reçoive cette denrée avant son départ et devant son bivouac.

Le 7e corps se portera à Semide et Contreuve.

Le 5e corps et le 12e se rendant à Rethel.

5e CORPS.

a) Journaux de marche.

Journal de marche rédigé par le colonel Clémeur.

Par ordre de l'Empereur, l'armée de Châlons doit être portée sur l'Est et s'établir le 23 sur la Suippe. (L'intention du Maréchal est de marcher au secours du maréchal Bazaine par Montmédy.)

Le 5e corps reçoit l'ordre de se rendre à Selles et Pont-Faverger (34 kilomètres) en passant par Cernay et Epoye.

Il part de ses camps à l'Ouest de Reims à 5 heures du matin, traverse la ville où la rencontre avec le 12e corps occasionne quelque retard, et va gagner la route de Pont-Faverger au Nord-Est.

La brigade Saurin de la 1re division, chargée de couvrir la retraite du 5e corps depuis Blesmes, et qui est partie le 21 de Vitry et a traversé le 22 le camp de Châlons, rejoint la colonne du 5e corps dans la matinée.

L'artillerie de réserve suit le mouvement.

Quant à la division de cavalerie, qui ne comprend plus que le 12º chasseurs, le 5º hussards et deux escadrons du 5º lanciers (deux escadrons ont été envoyés à Paris) le premier ordre qu'elle avait reçu le 19, de se porter de là à Châlons, a été modifié. Son itinéraire a été tracé par Bar-sur-Aube, Brienne, Arcis, Sommesous et Jonchery où elle arrive le 23 à 8 heures du soir.

Une pluie battante règne pendant toute la marche du 23.

Arrivées à Selles et à Pont-Faverger entre 4 et 5 heures de l'après-midi, les troupes du 5º corps campent en arrière de ces villages sur la rive gauche de la Suippe.

Dans la soirée, le général de Failly reçoit des nouvelles de sa cavalerie, qui est arrivée à Jonchery, et qui lui annonce qu'elle n'a pas pu se ravitailler au camp de Châlons, où elle a trouvé tout incendié par les troupes de passage et les habitants.

Toute l'armée est, le 23 au soir, sur la Suippe, depuis Auberive à droite jusqu'à Heutrégiville à gauche. A droite le 7º corps, puis le 1er, le 5º et le 12º à gauche. La division de cavalerie Margueritte jusqu'à Montbois pour surveiller les défilés de Grand-Pré et la Croix-aux-Bois ; la division de cavalerie Bonnemains à Auberive sur la droite, venant du camp de Châlons où elle a tout incendié par ordre.

Journal de marche rédigé par le capitaine de Piépape.

Par ordre de l'Empereur et en raison des événements politiques de Paris, l'armée de Châlons est reportée vers l'Est et va s'établir sur la Suippe.

Le 5º corps quitte Reims, pour se rendre à Selles et Pont-Faverger, où s'établit le quartier général.

La brigade Saurin rejoint, en traversant le camp de Châlons.

L'artillerie de réserve suit le mouvement.

La division de cavalerie, moins le 3º lanciers, laissé à Sarreguemines, et deux escadrons du 5º envoyés à Paris se porte à Jonchery, venant de Chaumont par Bar-sur-Aube, Brienne, Arcis et Sommesous.

Une pluie battante règne pendant toute la marche du 23.

La division de cavalerie qui devait se ravitailler au camps de Châlons, y trouve tout incendié par ordre ou pillé par les troupes de passage.

Elle va bivouaquer à Jonchery.

1re DIVISION.

Départ à 5 heures par une pluie battante. On passe à Sept-Saulx, Prosnes, Nauroy. Arrivée vers 2 heures à Pont-Faverger où l'on campe. La 2ᵉ brigade et le bataillon de chasseurs rejoignent la division. Passage de l'Empereur et de sa maison militaire.

2ᵉ DIVISION.

L'armée de Châlons se porte sur la Suippe.
Le grand quartier général va à Bétheniville.
Le 1ᵉʳ corps à Saint-Hilaire-le-Petit.
Le 5ᵉ corps à Pont-Faverger et Selles (quelques escadrons de cavalerie à Jonchery-sur-Suippe, en route pour rallier le gros du corps d'armée).
Le 7ᵉ corps à Saint-Martin et Dontrien.
Le 12ᵉ corps à Heutrégiville.
La cavalerie de réserve à Auberive.

La division de L'Abadie devait se mettre en route à 5 h. 30 du matin, mais elle ne part qu'à 8 heures ; elle voit défiler la division Guyot de Lespart venant des environs de Tinqueux, qui, n'ayant qu'une seule voie pour franchir la Vesle met beaucoup de temps pour passer sur la rive droite.

Le général de L'Abadie doit suivre cette division. Le temps est très mauvais ; la route est indiquée par Cernay et Epoye. La division Guyot de Lespart ayant été induite dans une direction trop à gauche, elle entraîne avec elle celles qui marchent à sa suite, il en résulte que la colonne du 5ᵉ corps est rencontrée et coupée dans les rues de Reims par le 12ᵉ corps. Cela cause du retard et du désordre. On finit par sortir de la ville, on traverse Cernay, on passe par Berru, Milan et l'on fait la grand'halte à Epoye, village situé sur un affluent de la Suippe ; on arrive vers 3 heures de l'après-midi au bivouac qui est établi sur la rive gauche de la Suippe, à gauche de la route descendant à Pont-Faverger, et à l'ouest de ce village dans un terrain indiqué par l'état-major général du corps d'armée.

On a traversé entre Cernay et Berru les hauteurs couvertes de bois de sapins qui séparent les vallées de la Vesle et de la Suippe.

Les distributions ont lieu.

Le temps s'est amélioré dans l'après-midi.

La réserve d'artillerie, qui a marché derrière la division de L'Abadie, bivouaque aussi en arrière d'elle sur le plateau au Sud-Est de Pont-Faverger.

La division Guyot de Lespart campe à Selles en aval de Pont-Faverger et sur la rive gauche de la Suippe.

La division Goze est aussi sur la rive gauche de cet affluent de l'Aisne, elle bivouaque entre Bétheniville et Pont-Faverger, près de ce dernier village.

Le général Brabaut s'était rendu de Sommesous à Châlons ; là il avait appris par son aide de camp que la ville était évacuée par les troupes et les autorités militaires. D'après des ordres du général en chef, qui lui sont remis en triple expédition, il doit doubler l'étape et se rendre d'urgence à Jonchery. Après avoir fait reposer la colonne au quartier de cavalerie pendant 2 heures, le général continua son mouvement et arriva à destination vers 8 heures du soir.

2ᵉ DIVISION (2ᵉ brigade).

Souvenirs du général Faulte de Vanteaux (49ᵉ de ligne).

Les services administratifs de la division étaient nuls; sauf le sous-intendant, aucun officier d'administration n'était présent à cette distribution, et à peine avait-on quelques hommes de ces services. Il était 3 heures du matin, des voitures chargées de pain arrivaient sur la route, je les fis se décharger dans un champ, et on rangea le pain en tas par espèces, car ils étaient de plusieurs grosseurs et il y en avait plus de 4,000 rations. Je fis faire à l'œil des tas proportionnels aux effectifs des corps qui m'apportaient leurs bons..... Pendant ce temps les conducteurs avaient été se reposer au village eux et leurs chevaux ; à l'avenir je les fis garder scrupuleusement par un poste.

DIVISION DE CAVALERIE.

La colonne se rend à Châlons. A son arrivée, le général de division apprend par son aide de camp que la ville est complètement évacuée et qu'il n'y a plus ni troupe ni autorité militaire, et, d'après les ordres formels du général commandant en chef le 5ᵉ corps, qui lui sont remis en triple expédition, les escadrons doivent doubler l'étape et se rendre d'urgence à Jonchery, pour rallier toute l'armée du maréchal de Mac-Mahon qui est campée à Reims et sur les bords de la Suippe. Le général de division prescrivit alors un repos de deux heures, pour faire manger les hommes et les chevaux, qui furent établis au quartier de cavalerie, et, en conformité des ordres reçus, la colonne quitta Châlons à 2 heures pour se rendre à Jonchery, où elle fut bivouaquée, à 8 heures du soir, à l'extrême arrière-garde de l'armée.

ARTILLERIE.

Rapport du colonel de Fénelon.

23 août.

L'armée entière, sous les ordres du maréchal de Mac-Mahon, composée des 1er, 5e, 7e et 12e corps, le général de division Forgeot, commandant l'artillerie de cette armée, prend position sur la Suippe; le 5e corps à Pont-Faverger.

c) Opérations et mouvements.

Ordre de marche.

1° Le colonel Flagny avec l'escadron du 5e hussards non endivisionné et celui de la division Goze, le colonel de Tucé avec ses deux escadrons formeront l'avant-garde du corps d'armée sous le commandement du plus ancien colonel. Cette avant-garde partira à 3 h. 45 ;
2° La division Goze ;
3° La division L'Abadie ;
4° Artillerie de réserve ;
5° La division Lespart ;
6° Le convoi ;
7° Un bataillon d'arrière-garde fourni par la division Lespart.

L'avant-garde fera sa grand'halte à la ferme d'Orfeuil.

La division Goze fera la sienne à Saint-Étienne ; une brigade au delà et une en deçà.

Elle ne devra y rester qu'une heure.

La division L'Abadie fera sa halte en avant du village de Saint-Pierre.

L'artillerie de réserve fera la sienne en deçà de Saint-Pierre.

La division de Lespart fera sa grand'halte à Saint-Étienne, une brigade en avant et une en deçà. Elle ne devra se remettre en route qu'après le passage de la division L'Abadie et de l'artillerie de réserve.

Pendant la grand'halte, les voitures devront être garées, de manière à laisser la route complètement libre.

Le corps sera établi suivant l'ordre de bataille, de Monthois à Saint-Morel, à cheval sur le ruisseau de la Tafna. Les généraux de division camperont avec leurs troupes.

Ordre.

Il est possible que pendant quelques jours l'administration ne soit pas en mesure de donner la ration complète de pain ou de biscuit. Lorsque cela aura lieu, cette ration sera diminuée d'un tiers (soit 250 grammes pour la ration de pain).

Dans ce cas la ration de viande sera augmentée de 100 grammes et portée par conséquent à 500 grammes.

Modification à l'ordre de mouvement.

23 août, 7 h. soir.

La direction du 5ᵉ corps sera demain sur Rethel, où il ira camper en passant par Aussonce, Alincourt, Perthes.

Arrivé à Rethel le 5ᵉ corps campera en arrière de l'Aisne sur la rive gauche, à droite de la route, la gauche à Rethel où sera le quartier général.

Départ à 5 heures au lieu de 4. La distance est d'environ 24 kilomètres.

Arrivé à Rethel, on s'alignera de manière que le jour du départ le soldat ait quatre jours de vivres dans le sac.

Le parc d'artillerie quittera Reims le 24, ira coucher à Bergnicourt, et le 25 à Rethel.

Même ordre de marche.

Grand'halte à Alincourt pour tout le monde.

On passera la Suippe au pont de Pont-Faverger.

Le général en chef montera à cheval à 5 heures.

7ᵉ CORPS.

a) Journaux de marche.

Notes sur les opérations de la 1ʳᵉ division d'infanterie du 7ᵉ corps.

Le 23 août l'armée du maréchal de Mac-Mahon lève ses camps pour se diriger vers l'Est. La division Conseil Dumesnil fait étape à Dontrien et à Saint-Martin-l'Heureux, elle bivouaque entre ces deux villages, le front couvert par la rivière la Suippe, et protégé par des grand'gardes établies sur les hauteurs de la rive opposée. Les divisions Liébert et Dumont campent à la gauche de la 1ʳᵉ division, entre les villages de Saint-Martin-l'Heureux et de Saint-Hilaire-le-Petit (1).

2ᵉ DIVISION (2ᵉ brigade).

Itinéraire.

Le 7ᵉ corps part à 5 heures du matin, se dirigeant sur Saint-Martin-

---

(1) Inexact : $\dfrac{3\,D}{7}$ était à Prosnes.

l'Heureux ; les malades et les éclopés sont envoyés à Reims par le chemin de fer. La 2ᵉ brigade part à 6 h. 30.

Itinéraire (25 kilomètres) : Bellevue, Petit-Sillery, station de chemin de fer, les Deux-Maisons, ferme de Moscou, chemin de Baconnes à Vaudesincourt, Saint-Martin-l'Heureux.

Ordre de marche : 53ᵉ de ligne, artillerie, 89ᵉ de ligne, 6ᵉ bataillon de chasseurs.

Grand'halte à la ferme de Moscou (17 kilomètres).

Campement : La 2ᵉ division campe à la gauche de la 1ʳᵉ division sur deux lignes, la droite à la route de Reims et parallèlement à la Suippe.

La 1ʳᵉ brigade est dans la vallée, la 2ᵉ brigade sur la hauteur.

Division de cavalerie.

Le 8ᵉ débarque à Reims et part pour escorter le convoi du 7ᵉ corps. Il couche à Nauroy.

Les autres corps prennent une fausse direction mais arrivent néanmoins à Saint-Martin-l'Heureux, bivouac indiqué.

Rapport sur les opérations.

Le 23, l'armée entière se rendit avec l'Empereur à Saint-Martin-l'Heureux.

Je ferme la marche en partant de Reims avec ma cavalerie à 3 heures de l'après-midi.

J'y arrive fort avant dans la soirée et m'y établis au bivouac avec ma troupe.

Artillerie.

Journal de marche du Chef d'état-major.

Les ordres de détail pour le grand mouvement de l'armée étaient donnés et, dès le 23, le 7ᵉ corps, à peine sorti des wagons, se mettait en route vers Saint-Martin-l'Heureux, où nous passions la nuit dans une tente de la réserve, dont les six batteries étaient arrivées, dirigées directement de Sillery, à l'exception de la batterie de Lustrac laissée au général Bonnemains, qu'elle a suivi à Rethel pour ne rejoindre que le 27 à Vouziers.

La 1ʳᵉ division était aussi à Sillery le 22 et se portait le 23 à Dontrien, avec son artillerie.

La 2ᵉ division, également à Sillery, était à Saint-Martin.

La 3ᵉ division, de Reims, allait ce jour-même à Prosnes.

Les diverses fractions du 7ᵉ corps étaient donc en marche parallèlement en relation mutuelle.

c) Opérations et mouvements.

Ordre de mouvement.

Au quartier général à Saint-Martin, 23 août.

Le 7ᵉ corps se portera demain 24 à Semide et Contreuve, son quartier général sera à Contreuve. La 2ᵉ division partira à la tête de la colonne à 5 heures du matin, en passant par Somme-Py pour se rendre à Contreuve. Elle sera suivie par la réserve du génie et la réserve de l'artillerie qui s'établiront également à Contreuve. La 1ʳᵉ division suivra le le mouvement et s'arrêtera à Semide. La 3ᵉ division partira à 5 heures de Prosne et se dirigera sur Saint-Martin et de là à Saint-Étienne-à-Arnes, où elle s'établira.

Des ordres ultérieurs seront donnés pour la cavalerie et pour les services administratifs.

12ᵉ CORPS.

a) Journaux de marche.

2ᵉ DIVISION.

D'après un ordre de mouvement émané le 22 août au soir du quartier général du 12ᵉ corps, la 2ᵉ division prit les armes à 4 heures du matin et se mit en en route à 4 h. 30 pour se rendre à Heutrégiville, en passant par Vitry-lès-Reims et Caurel-lès-Lavannes. Distance : 20 kilomètres.

L'ordre de marche fut le suivant : Génie de la division Bisson, 1ᵉʳ bataillon du 14ᵉ de ligne, artillerie de la division Bisson, IIᵉ et IIIᵉ bataillons du 14ᵉ de ligne, 20ᵉ régiment de ligne, 31ᵉ régiment de ligne, génie de la 2ᵉ division, bataillon de marche de chasseurs à pied, 1ᵉʳ bataillon du 1ᵉʳ régiment de marche, deux batteries d'artillerie, IIᵉ et IIIᵉ bataillons du 1ᵉʳ régiment de marche, une batterie d'artillerie, 2ᵉ brigade de marche.

La division arriva à son campement à 1 h. 30 du soir et campa en deuxième ligne, par colonne par brigade, au centre du 12ᵉ corps.

Le général Baron Nègre, commandant la 1ʳᵉ brigade, est remplacé par le général Lasserre.

3ᵉ DIVISION.

Compte rendu du général de Vassoigne.

Dans la soirée du 22 août, le corps d'armée reçoit donc l'ordre de revenir sur ses pas et de se mettre en route le 23, à 6 heures du matin ; mais d'après les dispositions prises, comme les 1ʳᵉ et 2ᵉ divisions doivent franchir avant nous le pont de la Neuvillette, nous ne pouvons commencer notre mouvement qu'à 9 h. 30 du matin. Il est important de faire remarquer ici qu'à partir du 22 toute l'armée, placée sous les ordres du maréchal de Mac-Mahon, se trouve réunie, aussi l'ordre de marche de la journée prescrit-il aux 5ᵉ et 7ᵉ corps de se diriger sur Saint-Masmes ; le 12ᵉ doit se rendre à Heutrégiville, le 1ᵉʳ corps les relie entre eux. Nous arrivons au camp d'Heutrégiville à 3 heures du soir, après avoir parcouru une distance de 28 kilomètres et avoir traversé Reims, ainsi que les villages de Vitry-lès-Reims et Caurel-lès-Lavannes.

Les bagages de la division qui, à Saint-Thierry, étaient arrivés à 5 heures du soir, n'arrivent cette fois qu'à 7 heures du soir.

Le quartier impérial et le grand quartier général sont à Vitry-lès-Reims. Le quartier général du 12ᵉ corps à Heutrégiville. Le quartier général de la division est au centre, sous la tente et à la droite de l'artillerie divisionnaire.

La division campe par brigades accolées, le front de bandière parallèle au chemin d'Isles-sur-Suippe à Saint-Masmes, face à la Suippe et en arrière d'Heutrégiville.

L'ordre de marche du 24 août prescrit à la division de se rendre à Rethel en passant par Warmeriville, Isles-sur-Suippe, Bergnicourt et Tagnon.

DIVISION DE CAVALERIE.

Les trois escadrons campés à Reims partent à 3 heures du matin et se rendent sur la route de Berry-au-Bac, avec l'ordre de s'arrêter avant le pont du canal de l'Aisne, au point dit la Neuvillette. Le temps est affreux. Après être restés pendant deux heures arrêtés à ce point, ces escadrons reçoivent l'ordre de faire demi-tour, de se diriger sur Reims, de le traverser et de prendre le chemin de Berru, en se dirigeant sur la Suippe. Vers 2 heures de l'après-midi, ils arrivent près de cette rivière et campent en arrière du village de Selles, à un hameau dit Vaudétré.

RÉSERVE D'ARTILLERIE.

Le 23 août au matin, les 6ᵉ et 12ᵉ corps quittant Reims se portèrent à Heutrégiville sur la Suippe, en passant par Caurel-lès-Lavannes.

Quartier général à Heutrégiville; campement des réserves d'artillerie à Saint-Masmes.

RÉSERVE DU GÉNIE.

L'armée se remet en marche et, se dirigeant vers le Nord-Est, comme pour gagner Montmédy, va camper sur la Suippe. Le 12º corps formant aile gauche s'établit sous le village d'Heutrégiville, les deux états-majors du génie et leurs parcs sont installés dans une ferme.

c) Opérations et mouvements.

Ordre de mouvement.

Demain 24 août, le 12º corps partira pour Rethel (30 à 32 kilomètres).
Le réveil sera sonné à 5 heures. Le général commandant le 12º corps rappelle aux généraux commandant les divisions les prescriptions qu'il a déjà faites pour que, pendant la nuit, le plus grand silence soit observé dans les camps afin que les hommes se reposent.

La cavalerie partira à 5 h. 30. Il ne sera fait dans la division de cavalerie aucune sonnerie avant 5 heures. Si les hommes ont besoin d'être réveillés, on les réveillera sans trompettes.

La 2º division quittera le bivouac à 6 heures; la 3º à 7 heures; la 1ʳᵉ à 8 heures.

Les réserves d'artillerie et les parcs d'artillerie et du génie partiront à 9 heures.

Le mouvement sera suivi par les bagages qui marcheront dans l'ordre prescrit, et le grand prévôt est une fois de plus invité à veiller à ce que cet ordre soit exactement observé.

Les troupes du 12º corps recevront ce soir une ration extraordinaire de vin. Si elles n'ont pu la toucher, elles la recevront demain matin.

Le général commandant la cavalerie donnera l'ordre au capitaine qui a amené divers détachements au camp de Châlons, de marcher avec lui, en laissant comme il le fera lui-même pour sa division, ses bagages à la place qui lui est assignée dans le convoi.

En arrivant au bivouac, chaque division s'installera sur les points qui lui seront assignés par le chef d'état-major du 12º corps.

Le maréchal de Mac-Mahon au général de Fénelon.

Par suite de modifications apportées aux mouvements de l'armée, le général de Fénelon ira demain 24 coucher à Bignicourt avec la cavalerie et le lendemain 25 rejoindra son corps d'armée à Rethel.

RÉSERVE DE CAVALERIE

a) Journal de marche.

2ᵉ DIVISION.

Départ le 23 pour Saint-Hilaire-le-Grand, Aubérive et Vaudesincourt, où les régiments s'établissent ainsi :
Saint-Hilaire-le-Grand : 3ᵉ hussards, 11ᵉ chasseurs ;
Aubérive : 1ᵉʳ, 2ᵉ, 3ᵉ, 4ᵉ cuirassiers (artillerie sous les ordres du commandant Malhié), et deux escadrons du 8ᵉ chasseurs ; un escadron du même régiment à la ferme de l'Espérance ;
A Vaudesincourt : 5ᵉ et 6ᵉ cuirassiers (deux escadrons seulement de ce dernier), le 7ᵉ chasseurs, un détachement d'isolés de cavalerie et la gendarmerie.

RENSEIGNEMENTS

Le Sous-Préfet au Ministre de l'intérieur (D. T. Ch.).

Montmédy, 23 août, 12 h. 20 matin. Expédiée à 1 h. 10 matin (n° 34082).

Deux des hommes envoyés au maréchal Bazaine viennent de rentrer. Ils ont rencontré deux collègues à eux qui, partis de Verdun, avaient pu arriver à Metz auprès du maréchal et lui remettre la communication du commandant Magnan.

Entre Metz et Verdun, il y aurait une ligne continue de troupes prussiennes et pas de troupes françaises.

Le Sous-Préfet au Ministre de l'intérieur et au maréchal de Mac-Mahon (D. T.).

Langres, 23 août, 2 h. matin. Expédiée à 3 h. 10 matin (n° 34087).

Hier 22, vers 8 heures du soir, Chaumont a été surpris par une avant-garde d'environ 25 uhlans. L'un d'eux a tiré un coup de pistolet sur un pompier qui a été grièvement blessé. Les francs-tireurs des Vosges, au nombre de 150 qui venaient d'arriver à Chaumont, sont accourus et ont repoussé à coups de fusil les uhlans qui ont rebroussé chemin et disparu. Chaumont n'a plus de communication télégraphique. Le service se fera à l'avenir par Langres et Dijon.

Le Commandant de place de Longwy au maréchal de Mac-Mahon, à Reims (D. T.).

Longwy, 23 août, 5 h. 40 matin.

Les deux inspecteurs télégraphiques sont partis hier de Longwy avec quatre dépêches du maréchal Bazaine, dont deux chiffrées que je leur ai remises. M. Guyard, commissaire cantonal d'ici, a été envoyé par moi, il y a trois jours et a pu pénétrer et me rapporter ces dépêches. Je le recommande à Son Excellence.

Le Sous-Préfet au maréchal de Mac-Mahon, à Reims (envoyer exprès à Bétheniville) (D. T.).

Vouziers, 23 août, 3 h. 30 matin. Expédiée à 8 h. 30 matin (n° 35254).

Hier après midi, 4 hussards prussiens nous sont venus à Dun et ont été suivis peu après de 20 autres. Après avoir exploré les lieux, fait des réquisitions de vivres et coupé les fils télégraphiques, ils se sont dirigés sur Milly et Lion. 500 ou 600 Prussiens sont cachés à Sivry ; leur projet pourrait être de passer la Meuse à Consenvoye et Dun.

Le Général commandant supérieur de Verdun au maréchal de Mac-Mahon, au camp de Châlons (D. T.).

Verdun, 23 août, 7 h. 20 matin. Expédiée à 8 h. 45 matin (n° 34807).

D'après les renseignements qui nous parviennent de divers côtés, se confirmant l'un l'autre, les Prussiens cantonnés à Saint-Mihiel et dans la Woëvre se dirigeraient sur Damvillers et Consenvoye, annonçant qu'ils vont à Varennes et Grand-Pré.

Le Préfet de la Marne au Ministre de la guerre (D. T.).

Châlons-sur-Marne, 23 août, 10 h. 30 matin (n° 34869).

Le général de division a quitté Châlons ce matin avec tout son état-major et tous les militaires. Je communique encore télégraphiquement avec Vitry-le-François, mais ces communications peuvent cesser d'un instant à l'autre.

Le chemin de fer de Saint-Hilaire à Verdun a été coupé hier par l'ennemi près de Nixéville, à 10 kilomètres de Verdun.

Le Préfet des Ardennes au Ministre de la guerre (D. T.).

Mézières, 23 août, 10 h. 28 matin. Expédiée à 11 h. 56 matin (n° 34889).

Des Prussiens ont été vus traversant la Meuse entre Livry-sur-Meuse et Consenvoye.

Une dépêche de Monthois dit qu'hier 22 il y avait 2 régiments de uhlans à Consenvoye.

Une dépêche du sous-préfet de Vouziers annonce qu'hier, de 10 à 11 heures du soir, des Prussiens se dirigeaient sur Montfaucon sur Ivoiry.

Le Juge de paix au Ministre de la justice (D. T.).

Charmes, 23 août, 11 h. 46 matin. Expédiée à 1 h. 45 soir (n° 34943).

Un corps de cavalerie ennemi descendant sans relâche hier, vers 4 heures, de Laneville à Roville, a campé cette nuit dans la plaine de Roville (Meurthe).

La division indiquée dans ma lettre d'hier a traversé le 19 les communes (Vosges et Meurthe) de : Avrainville, Xaronval, Diarville, Forcelles, Gugney, Vaudemont, Eulmont, et le 20, Gelaucourt, Favières, Harmonville, Martigny, les Gerbonveaux, Autreville, Punerot, Ruppes, force marche et contremarche. Depuis ce matin, on entend d'ici gronder le canon du côté de Toul.

Le Sous-Préfet au Ministre de la guerre (D. T.).

Langres, 23 août, 12 h. 35 soir. Expédiée à 2 h. soir (n° 34954).

Les communications sont complètement interrompues entre Chaumont, qui serait occupé par les Prussiens, et Langres qui est aujourd'hui tête de ligne de Mulhouse ; les principaux chefs de service, le préfet excepté, sont ici, veuillez en informer les Ministres des finances et de la guerre.

Le Procureur impérial au Ministre de la justice (D. T.).

Langres, 23 août, 11 h. 55 matin. Expédiée à 2 h. 10 soir (n° 34929).

Éclaireurs prussiens à Montigny, Nogent, Lamarche. Troupes prussiennes assez considérables à Chaumont, ligne télégraphique et chemin de fer interrompus entre Chaumont et Langres.

Le Préfet aux Ministres de la guerre et de l'intérieur (D. T.).

Épinal, 23 août, 1 h. soir. Expédiée à 2 h. 15 soir (n° 34957).

Je reviens de ma reconnaissance dans la direction de Nancy que j'ai poussée jusqu'à Charmes, le pont détruit sur la Moselle n'ayant pas permis d'aller au delà.

Pas de corps d'armée français ni à Charmes, ni sur la route, mais entendu bien distinctement canonnade depuis 8 heures du matin jusqu'à midi dans la direction de Toul. 50,000 hommes de la Landsturm seraient entrés hier à Nancy.

Le Préfet des Ardennes au Ministre de la guerre (D. T.).

Mézières, 23 août, 2 h. soir. Expédiée à 3 h. soir (n° 34977).

D'après de nouveaux renseignements, les faits annoncés par mon télégramme de ce matin doivent être rétablis comme suit : 25 uhlans et non 2 régiments sont arrivés à Consenvoye.

Il n'y a de Prussiens ni à Montfaucon, ni à Ivoiry ; la rivière n'est pas encore passée.

Le Préfet au Ministre de l'intérieur (D. T.).

Châlons-sur-Marne, 23 août, 2 h. 15 soir. Expédiée à 3 h. 30 soir (n° 34986).

On me signale des cavaliers ennemis près de Châlons. Je vais évacuer le télégraphe.

Le Ministre au maréchal de Mac-Mahon, à Reims et à Bétheniville. (Faire suivre.)

Paris, 23 août, 3 h. 54 soir.

Le procureur impérial à Montmédy, télégraphie à S. E. le Garde des Sceaux ce qui suit (1) :

« Armée prussienne échelonnée entre Montmédy et Verdun, tourne vers Damvillers de manière à se rejoindre à Bar-le-Duc. »

Le Ministre de la guerre au maréchal de Mac-Mahon (D. T.).

Paris, 23 août, 11 h. 15 soir (n° 26410).

Le procureur impérial télégraphie de Mirecourt :

« Corps d'armée considérable (environ 200 canons) signalé se dirigeant sur Gondrecourt ou Vaucouleurs. Hier à Bayon réquisitions de vivres par un nouveau corps annoncé. Plusieurs divisions bavaroises auraient passé aujourd'hui à Colombey. Continuation de la canonnade dans la direction de Toul. »

---

(1) Dépêche télégraphique n° 34939. Montmédy, 12 heures soir. Expédiée à 1 h. 35 soir.

Le Général commandant supérieur au maréchal de Mac-Mahon, à Châlons (D. T.).

Verdun, 23 août, 12 h. 30 soir. Expédiée à 4 h. 45 soir (n° 35021).

Les Prussiens semblent marcher sur les défilés de l'Argonne. Ils passent la Meuse au Sud de Verdun et au Nord d'un côté à Dugny, de l'autre à Consenvoye et à Dun.

Le Préfet au Ministre de l'intérieur (D. T.).

Chaumont, 23 août, 4 h. 45 soir (n° 35062).

Hier vers 8 heures du soir, 17 hussards de la mort sont arrivés au galop à Chaumont. Cinq d'entre eux croyant la ville désarmée y entrèrent par la porte principale et firent feu sur un pompier qui escortait les bagages d'un corps de francs-tireurs vosgiens qui venaient de Langres. Le pompier a été blessé à mort par l'officier ennemi, lequel a rebroussé chemin au grand galop avec ses hommes. Des estafettes, venues dans la nuit de divers points, annonçaient la présence d'escouades de cavalerie ennemie sur le littoral des Vosges et de la Meuse et s'avançant jusqu'au centre de la Haute-Marne. Toute communication postale et télégraphique a été immédiatement interrompue. Les gendarmes et le capitaine de recrutement ont quitté Chaumont. Les francs-tireurs à qui le chef de gare de Bologne avait annoncé comme certaine la présence de grandes forces ennemies à Riaucourt, se sont repliés et ont pris une nouvelle direction. Sept uhlans ont passé la nuit à Bologne. Je viens de faire rétablir d'urgence le fil télégraphique avec lequel je corresponds. Toutes nouvelles manquant, même celles des journaux, on annonce en ville de grands succès pour nos armes qui seraient publiés à Troyes. La population est fiévreuse d'impatience.

Prière de me donner immédiatement nouvelles.

Le Procureur impérial au Garde des sceaux et au Procureur général, cour impériale à Paris (D. T.).

Châlons, 23 août. Expédiée à 4 h. 50 soir (n° 35206).

On annonce de tous côtés l'arrivée des Prussiens aux alentours de Châlons.

Le Sous-Préfet au Ministre de l'intérieur (D. T.).

Montmédy, 23 août, 3 h. 33 soir. Expédiée à 5 h. 5 soir (n° 35007).

Détachements de cavalerie prussienne sont allés hier reconnaître passages Meuse à Consenvoye; aujourd'hui 105 cavaliers sont passés à Damvillers se dirigeant sur Vilosnes, le gros de l'armée ennemie est toujours en arrière.

Le Procureur impérial au Ministre de la justice (D. T.).
Sedan, 23 août, 5 h. 40 soir. Expédiée à 6 h. 55 soir (n° 35118).

Pas d'ennemis dans l'arrondissement de Sedan. Aucun renseignement sur les mouvements des armées prussiennes.

Le Procureur impérial au Ministre de la justice (D. T).
Verdun, 23 août, 4 h. 25 soir. Expédiée à 7 h. 30 soir (n° 35103).

L'ennemi apparaît en plus grand nombre autour de la ville. On dit qu'un corps prussien est en marche de Saint-Mihiel sur Verdun.

Le Procureur impérial au Ministre de la justice (D. T.).
Mirecourt, 23 août, 6 h. 25 soir. Expédiée à 7 h. 30 soir (n° 35133).

Supposant que mes collègues circonvoisins n'ont plus communications avec Paris, j'essaie de centraliser renseignements. Le corps d'armée signalé dans dépêche du 21 aurait dit-on, 200 canons. Il paraît se diriger sur Gondrecourt ou Vaucouleurs. Hier à Bayon, on annonçait à son de caisse, pour provisions, l'arrivée d'un nouveau corps. Une nombreuse infanterie bavaroise aurait passé aujourd'hui à Colombey. On a entendu ce matin jusqu'à 1 heure canonnade dans la direction de Toul.

En marge, au crayon : « Mac-Mahon. Télégraphié à 10 heures le 23. »

Le maréchal de Mac-Mahon au Commandant de place de Longwy.
Reims, 23 août, 9 h. 30 soir.

Prière de dire aux deux inspecteurs télégraphiques de l'état-major rejoindre le quartier général qui sera demain à Bétheniville sur la Suippe.

Le Commandant supérieur de Longwy au maréchal de Mac-Mahon, à Reims (D. T.). *(Pour faire suivre à Bétheniville.)*
Longwy, 23 août, 10 h. 15 soir.

J'apprends à l'instant que vos deux inspecteurs télégraphe ont été obligés de passer par Arlon, Namur, Givet, porteurs de quatre dépêches du maréchal Bazaine que je leur ai remises. Je regrette ce retard à cause de l'importance des dépêches.

Le Sous-Préfet au Ministre de l'intérieur (D. T.).

Épernay, 23 août, 9 h. 10 soir. Expédiée à 10 h. 15 soir (n° 35224).

Des uhlans sont entrés à Châlons; leur nombre était peu considérable, un peloton environ. La gare a été évacuée par le personnel et le matériel.

X..., à Luxembourg, au Ministre des affaires étrangères. (Lettre.)

Luxembourg, 23 août.

Les Prussiens ont coupé les voies ferrées en plusieurs endroits, non seulement entre Metz et Thionville, mais encore entre cette dernière ville et Montmédy (ligne des Ardennes), de sorte que toute communication est interrompue entre Metz et le Nord de la France, ainsi qu'avec les lignes Guillaume-Luxembourg. Leur intention, à ce que me dit une personne arrivée ce soir du camp ennemi, serait d'user de la permission qu'ils ont sollicitée de transporter leurs blessés en Belgique et dans le grand-duché de Luxembourg pour se servir des lignes de Sarrebruck, Neunkirchen, Bingerbruck et des lignes au delà pour le transport de troupes fraîches, pendant qu'ils enverraient par la ligne de Sarrebruck, Trèves, Luxembourg, Munster, Aix et Cologne, leurs trains de malades et de blessés, lesquels, par leur grand nombre, entravent considérablement l'envoi en avant des troupes d'invasion.

Dans ces conditions, le transport des blessés par les territoires luxembourgeois et belge, en favorisant l'envoi des troupes, du matériel et des subsistances sur nos frontières, ne serait évidemment pas d'accord avec les lois de la neutralité.

P.-S. — Votre Excellence trouvera ci-joint une note contenant divers renseignements qui m'ont été donnés ce soir.

Note de X..., à Luxembourg.

23 août.

20,000 hommes de troupes de la landwehr, dont le passage à Trèves a été signalé dès le 19, font partie d'un corps de landwehr de 100,000 hommes qui se dirigent sur la frontière française par toutes les issues de la Sarre.

Des hussards noirs de la landwehr ont passé dans la nuit du 22 au 23 par Dillingen (près Sarrelouis).

Les États du Sud formeraient en ce moment 200,000 hommes de landwehr destinés à garder les places fortes de tous les États de l'Allemagne et à faire face, paraît-il, à une invasion étrangère, soit autrichienne, soit italienne.

Journée du 24 août.

ÉTAT-MAJOR GÉNÉRAL.

a) Journal de marche.

Le 24, l'armée continue son mouvement vers l'Est, mais en appuyant un peu au Nord. Cette modification dans la direction est motivée par le peu de ressources en vivres que l'on trouverait dans le pays en avant de la Suippe. On se porte, en conséquence, sur Rethel où le chemin de fer doit amener des vivres de toute nature de Reims, et d'où on pourra les faire suivre par le canal des Ardennes.

Le 7e corps (général Douay) se porte à Semide et Contreuve, son quartier général est à Contreuve.

Le 1er corps (général Ducrot) se rend à Juniville où il aura son quartier général.

Les 5e et 12e corps se rendent à Rethel où sont leurs quartiers généraux.

La cavalerie du général Bonnemains descend la Suippe sur sa rive gauche et vient coucher à Pont-Faverger.

Le général Margueritte fait séjour à Monthois.

Le général de Fénelon couche à Bignicourt avec la cavalerie du 12e corps.

Le grand quartier général est à Rethel.

b) Organisation et administration.

Le Ministre au maréchal de Mac-Mahon, par Reims (D. T. Ch.).

Paris, 24 août, 4 h. 16 matin. Transmise au quartier impérial à 4 h. 45 matin (n° 26420).

Vous trouverez à Rethel ce que vous demandez en vivres ainsi que les batteries d'artillerie de marine.

Le Ministre de la guerre au maréchal de Mac-Mahon, à Rethel (D. T.).

Paris, 24 août, 5 h. 15 soir. Transmise à Rethel à 5 h. 38 soir (n° 26667).

Vous me faites savoir que vous renvoyez à Paris 2,500,000 cartouches d'infanterie et 25,000 coups de canon qui sont en gare de Reims, faute de chevaux pour les transporter. Le général Mitrecé, directeur général des parcs, à qui j'avais prescrit de prendre vos ordres pour la constitution d'un grand parc, en lui offrant tous les attelages dont il aurait besoin, m'a répondu par télégramme en date du 19 août que vous ne le jugiez pas nécessaire. Je télégraphie aujourd'hui au général Mitrecé pour lui rappeler qu'il y a des caissons chargés à sa disposition ainsi que des attelages. Qu'il me les demande par télégramme et je les lui enverrai. Ni les voitures, ni les munitions, ni les attelages ne manquent, il faut seulement savoir où les envoyer.

Le Ministre de la guerre au maréchal de Mac-Mahon (D. T.).

Paris, 24 août, 5 h. 26 soir. Transmise à Rethel, le 25, à 12 h. 36 matin (n° 26678).

Le général de Wimpffen est nommé au commandement du 5ᵉ corps et reçoit l'ordre de rejoindre sans retard. Le général Lacretelle est promu général de division et remplace à la 2ᵉ division du 12ᵉ corps le général Maissiat qui rentre dans le cadre de réserve.

Le général Mitrecé, directeur général des parcs, au général Forgeot.

24 août.

Il est arrivé de Montmédy à Reims, 42 caissons légers d'infanterie contenant environ 500,000 cartouches modèle 1866 et qui n'ont jamais été destinées au maréchal Bazaine. Il ne paraît pas y avoir lieu de les faire retourner à Montmédy. En effet il existe, à destination de l'armée de Metz, un train de douze wagons contenant plus d'un million de cartouches, plus 8,000 coups de 4 et 720 coups de 12. Ce train est aujourd'hui à Sedan sous la conduite du capitaine d'artillerie Lefèvre. A Sedan se trouve aussi, à destination de Metz par Thionville, un train composé de 1 million de cartouches, 8,000 coups de 4 et 138 caissons de munitions pour canons à balles. Ce train est aussi sous la direction du capitaine Lefèvre.

Enfin à Sedan se trouvent encore, sous la direction du même capitaine, aidé du capitaine Lusson, trois autres trains venus l'un de Vincennes, un second de Paris (Villette) et le troisième de Reims. Ils ont des compositions analogues aux précédents, celui de Vincennes est néanmoins plus considérable que les deux autres.

Sur l'ordre de M. le maréchal Mac-Mahon, le capitaine Lefèvre mettra en mouvement, sur telle direction qui lui sera indiquée, telle fraction de ces convois qui sera nécessaire.

c) Opérations et mouvements.

Le Ministre de la guerre au Général commandant la 4ᵉ division, à Reims (D. T.).

Paris, 24 août, 11 h. 53 matin. Expédiée à 11 h. 55 matin (n° 893).

Dirigez par voies ferrées sur Rethel, de manière qu'elles y arrivent le 25, les deux batteries de 4 de l'artillerie de marine qui sont arrivées ou vont arriver à Reims.

Le maréchal de Mac-Mahon au Ministre (D. T.).

Rethel, 24 août, 11 h. 20 matin. Expédiée à 12 h. 15 soir (n° 35364).

L'occupation de Reims est de la plus haute importance; cette ville devant assurer les ravitaillements des armées qui opèrent dans le Nord-Est. Prière d'envoyer sur ce point une division d'infanterie qui aurait toujours le temps, si elle était attaquée par des forces supérieures, de se replier par les voies ferrées.

Le maréchal de Mac-Mahon au général de Liniers, à Reims (D. T.).

Rethel, 24 août, 5 h. 15 soir. Expédiée à 7 h. 5 soir (n° 26691).

Une partie de l'armée fera séjour demain 25 à Rethel. Envoyez dans cette ville des hommes disponibles des divers corps de l'armée.

Prévenez-moi de l'heure probable de l'arrivée à Rethel des hommes que vous enverrez. Ils doivent être porteurs de deux jours de vivres au moins. Ils prendront le chemin de fer.

Ordre.

Grand quartier général à Rethel, 24 août.

Le 7ᵉ corps se portera demain 25 à Vouziers, il s'éclairera avec sa cavalerie dans la direction de Grand-Pré et de Buzancy.

Le 1ᵉʳ corps ira demain 25 prendre position à Attigny.

Les 5ᵉ et 12ᵉ corps recevront des ordres ultérieurs s'ils doivent faire mouvement demain.

La cavalerie du général Margueritte se portera demain à Semuy et s'éclairera au loin, principalement dans la direction du Chesne.

Le 1ᵉʳ corps trouvera demain 120,000 rations de vivres de toutes natures à Attigny.

Le 7ᵉ corps prendra à Vouziers deux jours de vivres (60,000 rations).

Les 5ᵉ et 12ᵉ corps s'aligneront en vivres à Rethel jusqu'au 28 août inclus.

Le Ministre au Commandant de la 4ᵉ division militaire, à Reims.

24 août.

Général, il est très important, dans les circonstances actuelles, que Reims, qui est une gare de bifurcation pour diverses lignes de chemins de fer, soit garantie contre les incursions possibles des coureurs ennemis. Je vous prie donc de faire surveiller à grande distance, à l'aide d'éléments spéciaux, pris dans la garde nationale mobile locale, tout le réseau de chemins de fer qui environne cette localité.

Dans le cas où vous n'auriez pas sous la main toutes les ressources suffisantes pour assurer cet important service, vous pourriez y faire concourir une partie des volontaires de la Seine, dont deux bataillons viennent d'être mis à la disposition de M. le maréchal de Mac-Mahon et doivent passer à Reims.

Vous voudrez bien en rendre compte au Maréchal.

Le même au même.

24 août.

Il importe pour la facilité et la rapidité de nos communications que nous conservions le point d'Épernay qui permet à nos trains d'effectuer le trajet circulaire entre Paris et Reims, d'un côté par la ligne du Nord et de l'autre par celle de l'Est. Je vous invite donc à examiner s'il n'y aurait pas lieu d'envoyer sur ce point un bataillon de la division d'Exéa, dont le rôle consisterait à appuyer la garde mobile dans la protection de la gare et des lignes d'Épernay à Reims et à Château-Thierry, contre les éclaireurs prussiens parfaitement outillés pour la destruction des chemins de fer. Ces troupes pourraient au besoin avoir constamment des trains tout prêts pour les enlever d'Épernay en cas d'apparition de forces ennemies réellement supérieures. Je m'en rapporte à votre expérience pour agir sans retard dans ce sens si vous le jugez opportun.

1er CORPS.

a) Journaux de marche.

Souvenirs personnels du capitaine Peloux.

24 août.

La colonne de gauche (chemin reconnu par M. Peloux) suivit jusqu'à Pont-Faverger la route qu'elle avait prise la veille, se rendit de là à la Neuville et arriva à 10 h. 30 à Juniville.

Les chemins qu'elle avait parcourus étaient dans un excellent état d'entretien. La marche se fit sans difficultés. La réserve d'artillerie arriva vers midi.

La 3e et la 4e division fournirent chacune une grand'garde d'un bataillon qui s'établit sur la rive droite de la Retourne, des deux côtés de la route de Vouziers, au sommet de la hauteur qui domine la rive gauche.

2e DIVISION.

Historique.

De Saint-Hilaire-le-Petit à Bignicourt.

3e DIVISION.

Journal de marche.

Départ de Bétheniville, arrivée à Juniville.

4e DIVISION.

Journal privé du colonel d'Andigné.

Nous nous portons avec la 3e division à Juniville. Les deux premières vont à Bignicourt.

Nous recevons la plus cordiale réception de M. Doury, maire, chez qui je loge.

Le 7e corps est à Semide et Contreuve.

Le quartier général et les 5e et 12e corps sont à Rethel.

b) Organisation et administration.

Ordre.

Au quartier général de Juniville, 24 août.

L'indiscipline et le désordre prennent des proportions vraiment inquiétantes. Des officiers ont été insultés, des habitants pillés par des misérables indignes du nom de soldat; un pareil état de choses ne peut durer, il y va du salut et de l'honneur de l'armée. Le général commandant en chef le 1ᵉʳ corps fait appel au dévouement de tous MM. les officiers pour l'aider à conjurer ce danger. Il faut que chacun redouble d'activité et d'énergie et tâche de se faire obéir par les moyens les plus extrêmes. Le général en chef couvre MM. les officiers de sa responsabilité et les autorise à user des derniers moyens de rigueur.

Il est indispensable qu'un service soit organisé pour maintenir la discipline dans les convois et les cantonnements; en conséquence, toute la gendarmerie des divisions sera réunie au grand quartier général et placée sous les ordres de M. le capitaine Raymond qui, avant tout, se préoccupera de maintenir l'ordre dans les colonnes de bagages et dans les villages voisins des campements.

Les divisions désigneront des officiers et sous-officiers pris dans les corps de troupe pour diriger et surveiller leurs bagages.

Demain, en arrivant à Attigny, tous les gendarmes viendront se réunir au grand quartier général.

Le présent ordre sera lu à trois appels.

d) Situation.

Situation sommaire du 1ᵉʳ corps d'armée à la date du 24 août 1870.

DIVISIONS.	OFFICIERS.	TROUPE.	CHEVAUX.	OBSERVATIONS.
État-major général.........	11	6	35	
1ʳᵉ division...............	219	7,810	233	
2ᵉ —	189	5,683	438	
3ᵉ —	120	5,043	520	
4ᵉ —	152	4,900	475	
Division de cavalerie......	129	1,525	1,495	Non compris le 3ᵉ hussards et le 11ᵉ chasseurs, non encore arrivés.
Artillerie de réserve.......	35	1,065	908	
Réserve du génie	17	198	110	
Services administratifs	60	399	244	
Totaux.....	932	26,604	4,458	

5ᵉ CORPS.

a) Journaux de marche.

Journal de marche rédigé par le colonel Clémeur.

La veille au soir, le 5ᵉ corps a reçu l'ordre du Maréchal de se rendre le 24 à Rethel, par Aussonce, Alincourt et Perthes (35 kilomètres).

Grand'halte à Alincourt, sur la rive droite de la Retourne.

Le corps d'armée part à 5 heures du matin. Il arrive vers 4 heures au camp, qui est établi sur la rive gauche de l'Aisne, sur le plateau qui s'étend entre Sault et Biermes au Sud de Rethel.

La division de cavalerie partie le matin de Jonchéry est passée par Perthes, rejointe à Bétheniville par les deux escadrons du 5ᵉ lanciers dirigés sur Paris ; elle établit son bivouac dans la soirée, à droite du village de Biermes, derrière le canal des Ardennes. Deux escadrons du 12ᵉ chasseurs ont été envoyés à Amagne, pour surveiller la route du Chesne-Populeux.

L'artillerie de réserve se place entre la ville et la 3ᵉ division, le long du canal.

L'armée entière occupe la ligne Vouziers—Rethel, le 7ᵉ corps au Sud-Ouest de Vouziers, à Semide et Contreuve, à 10 et 15 kilomètres de Vouziers.

Le 1ᵉʳ à Juniville, Bignicourt et Ville-sur-Retourne, à 20 et 25 kilomètres au Sud-Est de Rethel.

Le 12ᵉ en avant et à gauche du 5ᵉ à Rethel.

La division de cavalerie Margueritte reste à Monthois pour garder les défilés des Argonnes. La division Bonnemains s'établit à Pont-Faverger.

Le grand quartier général à Rethel.

L'armée s'est ainsi dirigée vers le Nord pour se rapprocher du chemin de fer de Mézières, qui lui permet de se ravitailler. Sur les instances du Maréchal, le Ministre a fait de Mézières un grand centre d'approvisionnements de toute sorte.

1ʳᵉ DIVISION.

Départ à 5 heures. Arrivée à Rethel vers 1 heure. La division campe entre Rethel et Biermes. Le général de division s'installe à Biermes.

1ʳᵉ DIVISION (2ᵉ brigade).

En obliquant au Nord, vers le chemin de fer de Reims à Mézières, elle se dirige par Aussonce, Alincourt (grand'halte), Perthes et le Châtelet-sur-Retourne où, à 3 heures, elle campe en deux colonnes de régiment par pelotons à demi-distance derrière la 1re brigade, au Sud de la ville, entre le canal et la route de Vouziers.

2e DIVISION.

L'armée de Châlons arrive sur l'Aisne.

L'armée de Châlons continue son mouvement en avant. Le grand quartier général de l'armée va à Rethel.

Le 1er corps à Juniville.

Le 5e corps à Rethel.

Le 7e corps à Semide et Contreuve.

Le 12e corps à Rethel.

La cavalerie de réserve à Pont-Faverger.

Le départ était fixé à 5 heures du matin. La division Goze prenait la tête du corps d'armée ; elle ne suivit pas d'abord la bonne direction, cela retarda la division de L'Abadie, qui devait franchir la Suippe après elle. On se dirige sur Rethel par Aussonce, Alincourt et Perthes ; la route est assez bonne. Après avoir dépassé Aussonce, ont atteint les hauteurs qui séparent la Suippe de la Retourne, autre affluent de l'Aisne ; la division Goze et la division de L'Abadie font la grand'halte à Alincourt, sur la droite de la Retourne.

On arrive vers 3 heures de l'après-midi au bivouac, dont l'emplacement est indiqué par l'état-major général ; il se trouve sur la rive gauche de l'Aisne, en deçà du canal des Ardennes, au bord, un peu à l'Est du hameau de Sault-lès-Rethel, à 2 kilomètres au Sud-Est de la ville. Il touche à celui de la division Goze, situé un peu plus loin à l'Est.

La division Guyot de Lespart arrive ensuite et se place à l'Ouest. Les campements des trois divisions du corps d'armée semblent n'en former qu'un.

Le temps a été assez beau durant cette marche.

La réserve d'artillerie se place entre la ville et la division Guyot de Lespart, le long du canal.

Le grand quartier général du corps d'armée est à Rethel.

Le général Brahaut, parti de Jonchery sur la Suippe, se porte vers Bétheniville et Juniville sur Rethel ; arrivé auprès de la ville, il est envoyé à Biermes, village un peu au Sud-Est du bivouac de l'infanterie. C'est le qu'il s'établit avec le 5e lanciers et deux escadrons du 12e chasseurs. Il avait été rallié au delà de Bétheniville par les deux escadrons de lanciers qui, revenus de Biesles par Bologne, le 19, avaient pris le chemin de fer à Chaumont et avaient passés par Paris pour se rendre à Reims. Quant aux deux escadrons du 12ᵉ chasseurs partis de Saint-Dizier avec la division Goze, le général en chef les avait envoyés à Amagne, sur la rive droite de l'Aisne, avec le colonel, pour observer la route conduisant de Rethel au Chesne-Populeux.

La réserve de mulets du train, arrivée avec le général Brahaut, rejoint la réserve d'artillerie.

L'escadron de hussards du capitaine Fleury, qui avait marché avec le général Brahaut, rallie la division de L'Abadie.

Des ordres sont donnés pour des distributions, des denrées étant arrivées par le chemin de fer.

Le temps devient mauvais dans la soirée.

L'ambulance, le trésor et les voitures de munitions de l'infanterie se réunissent à la division un peu avant son arrivée à Perthes. Ils avaient passé par Paris pour aller de Chaumont à Reims; arrivés en gare le 22, ils avaient été retenus jusqu'au 23 au soir à cause de l'encombrement.

Division de cavalerie.

La colonne s'est rendue par Béthéniville et Juniville, à Biermes, après être arrivée jusqu'aux portes de Rethel, où était le quartier général du 5ᵉ corps et où elle devait primitivement s'établir.

Le général de division a été rallié, au delà de Béthéniville, par les deux escadrons du 5ᵉ lanciers, qui avaient été embarqués à Chaumont et avaient été dirigés sur Paris et Reims, où ils avaient été débarqués. A son arrivée à Biermes, l'escadron de L'Abadie, du 5ᵉ hussards, rejoignit sa division d'infanterie et le général de division établit au bivouac le 5ᵉ régiment de lanciers et deux escadrons du 12ᵉ chasseurs.

Les deux autres escadrons du 12ᵉ chasseurs avec le colonel, étaient à Amagne.

Le convoi de mulets du train, qui avait suivi la colonne depuis Bar-sur-Aube, se sépare de la division.

Artillerie.

Rapport du colonel de Fénelon.

L'armée prend position sur l'Aisne, le 5ᵉ corps à Rethel.

b) Organisation.

Ordre.

Les soldats pillent la paille, les fruits, dévastent les champs de pommes de terre et ruinent les populations qui leur donnent de grand cœur l'hospitalité. De tels actes ne sont pas dignes d'un bon et brave soldat, d'un véritable soldat. Le commandant du 5ᵉ corps engage MM. les officiers généraux, non seulement à donner des ordres pour faire cesser ces déprédations, mais encore à exercer une surveillance rigoureuse, à commander au besoin des gardes spéciales et des patrouilles.

Il est indispensable de mettre un terme à ces désordres qui détruisent la discipline et indisposent les habitants. Les maraudeurs qui seront pris en flagrant délit devront être traduits en conseil de guerre et jugés dans les vingt-quatre heures.

Le Général commandant l'artillerie du 5ᵉ corps au Général de division commandant l'artillerie de l'armée.

Rethel, 24 août.

J'ai l'honneur de vous rendre compte que, conformément aux ordres du général commandant en chef le 5ᵉ corps, le parc d'artillerie du colonel Gobert a quitté aujourd'hui Reims pour se rendre à Bergnicourt sur la Retourne, village situé à 15 ou 20 kilomètres de Rethel.

Il a l'ordre de venir camper demain à Rethel, où je lui transmettrai la nouvelle destination qui lui sera donnée.

Je dois d'ailleurs vous informer que mon intention est de demander au général de Failly de vouloir bien me laisser prendre les dispositions nécessaires pour que ce parc ne soit jamais éloigné du quartier général du 5ᵉ corps de plus de 10 à 12 kilomètres.

7ᵉ CORPS.

a) Journaux de marche.

Notes sur les opérations de la 1ʳᵉ division d'infanterie du 7ᵉ corps d'armée.

24 août.

Le 24 août, le 7ᵉ corps se dirige sur Vouziers. La 1ʳᵉ division marche par Somme-Py jusqu'à Semide, village bâti au fond d'un large et profond ravin.

Les deux autres divisions s'arrêtent à Contreuve (1).

---

(1) Inexact : $\frac{3\,D}{7}$ était à Saint-Étienne-à-Arnes.

2ᵉ DIVISION (2ᵉ brigade).

Itinéraire.

24 août.

Départ pour aller à Contreuve (23 kilomètres).

Itinéraire donné le 23 au soir : Saint-Martin-l'Heureux, Saint-Souplet, Sainte-Marie-à-Py, Somme-Py, Semide, Contreuve.

Itinéraire suivi le 24 : Saint-Martin-l'Heureux, Saint-Étienne-à-Arnes, Semide, Contreuve.

Grand'halte sur le plateau dominant Semide à l'Ouest (19 kilomètres).

1ʳᵉ brigade, 2ᵉ division.

2ᵉ brigade : 53ᵉ de ligne, 89ᵉ de ligne.

Campement.

La brigade campe sur deux lignes, au Nord de Contreuve, sur la rive gauche du ruisseau passant à Cheppe.

DIVISION DE CAVALERIE.

La division de cavalerie se porte à Contreuve où se trouvent la division Liébert, l'artillerie et les accessoires avec le quartier général du corps.

ARTILLERIE.

Journal de marche du Chef d'état-major.

Des localités occupées, la 3ᵉ division gagne Saint-Étienne en avant de Saint-Martin, tandis que la 2ᵉ et la 1ʳᵉ, avec les états-majors de l'artillerie et du génie, les batteries de réserve, le parc du génie et la cavalerie campent à Contreuve.

b) Organisation.

Ordre général.

Le Maréchal, commandant en chef l'armée de Châlons, rappelle que la discipline est la première vertu du soldat, et que c'est surtout dans les circonstances difficiles, qu'il faut à tout prix la maintenir.

Les hommes qui abandonnent leurs rangs, pour se livrer à la maraude, doivent être flétris.

Les officiers et sous-officiers se feront obéir par tous les moyens même les plus extrêmes. Le commandant en chef les couvre de sa responsabilité.

Cet ordre sera lu aux troupes à trois appels consécutifs.

c) Opérations et mouvements.

Ordre de mouvement.

Contreuve, 24 août.

Demain 25, le 7ᵉ corps se mettra en marche pour Vouziers où il se concentrera. La 2ᵉ division, suivie des réserves d'artillerie et du génie et du convoi administratif du corps d'armée, partira à 6 heures du matin et se dirigera en deux colonnes sur le point qu'elle doit occuper, la colonne de droite prendra la route ferrée qui longe l'Indre à sa sortie de Contreuve et passe au village de Sainte-Marie ; elle se composera de la 1ʳᵉ brigade, de l'artillerie et de la réserve divisionnaire, des bagages du grand quartier général et de la division.

La deuxième colonne prendra le chemin de Bourcq, qu'elle quittera à 800 mètres du village pour prendre le chemin direct de Vouziers à la rencontre de ce chemin avec la route ferrée de Sainte-Marie à Blaise, elle se dirigera par cette route sur Blaise où elle prendra la route impériale qui conduit à Vouziers. Cette colonne se composera de la 2ᵉ brigade et des réserves de l'artillerie et du génie. Ces deux colonnes se mettront en marche à 6 heures du matin.

La 2ᵉ division s'établira sur le plateau au Nord de Vouziers, ayant sa gauche près du château de Condé et sa droite dans la direction de Vouziers.

La cavalerie divisionnaire partira de manière à dégager le terrain pour le départ des troupes et éclairer la 1ʳᵉ brigade en avant et sur la droite, les réserves divisionnaires du génie et de l'artillerie s'établiront en arrière de la droite de la 2ᵉ division, à gauche et à portée de la route impériale.

Les parcs administratifs s'établiront à la même hauteur et à droite de la même route.

Le réveil pour les troupes campées à Contreuve aura lieu à 5 heures au signal parti du quartier général, précédé de trois demi-appels.

La 1ʳᵉ division quittera Semide à 6 heures sur une seule colonne, prendra, après avoir dépassé Contreuve, la route de Sainte-Marie, d'où elle se dirigera sur son campement, occupant la droite du plateau qui est au Sud de Vouziers, sa propre droite étant placée en avant et à hauteur du bois de la Chambre-aux-Loups (ferme).

La 1ʳᵉ et la 2ᵉ division devront laisser entre elles l'espace nécessaire pour la 3ᵉ division, qui aura en arrière de Vouziers une brigade à droite et l'autre à gauche de la route impériale.

La 3ᵉ division partira également à 6 heures du matin de Saint-Étienne-à-Arnes ; arrivée au-dessus de Semide à la jonction de la route impériale n° 77, elle tournera à gauche pour prendre cette route et se redressera ensuite à droite à sa jonction avec la route impériale de Verdun pour se diriger sur Vouziers, où elle s'établira entre les 1re et 2e divisions.

La cavalerie suivra le même itinéraire que la 3e division en réglant son départ de manière à ne pas gêner la marche de cette dernière, et s'établira en arrière de la droite de la 3e division.

d) Situation.

Situation sommaire d'effectif au 24 août 1870.

CORPS.	OFFICIERS.	TROUPE.	TOTAUX.	CHEVAUX.
1re Division d'infanterie.				
1re brigade. { 17e bat. de chasseurs.	16	221	237	5
3e de ligne.	34	1,435	1,469	5
21e de ligne.	33	1,652	1,685	9
2e brigade. { 47e de ligne.	32	2,152	2,184	19
99e de ligne.	41	1,672	1,713	14
Artillerie.	16	458	474	409
Génie.	3	143	146	2
Train des équipages.	»	»	»	»
Services administratifs et de santé.	10	50	60	5
Totaux pour la 1re division.	185	7,783	7,968	468
2e Division d'infanterie.				
1re brigade. { 6e bat. de chasseurs.	22	741	763	11
5e de ligne.	61	2,395	2,456	29
37e de ligne.	66	2,178	2,244	32
2e brigade. { 53e de ligne.	63	1,435	1,498	31
89e de ligne.	59	1,979	2,038	31
Artillerie (8e et 9e batt. du 7e rég.).	7	291	298	232
Génie.	4	93	97	18
Train des équipages.	»	»	»	»
Services administratifs.	»	»	»	»
Totaux pour la 2e division.	282	9,112	9,394	384
3e Division d'infanterie.				
1re brigade. { Bataillon de chasseurs.	»	»	»	»
52e de ligne.	67	2,214	2,281	30
72e de ligne.	62	2,377	2,439	35
2e brigade. { 82e de ligne.	67	2,068	2,135	30
83e de ligne.	65	2,043	2,108	29
Artillerie.	15	421	436	361
Génie.	4	103	107	18
Train des équipages.	»	»	»	»
Services administratifs.	11	99	110	75
Totaux pour la 3e division.	291	11,325	11,616	578
Total général de l'infanterie.	758	28,220	28,978	1,430

CORPS.	OFFI-CIERS.	TROUPE.	TOTAUX.	CHEVAUX.
DIVISION DE CAVALERIE.				
1re brigade. { 4e hussards	47	645	692	671
4e lanciers	39	464	503	489
8e lanciers	39	477	516	516
2e brigade.. { 6e hussards	47	665	712	663
(1) 6e dragons	39	551	590	550
TOTAUX pour la cavalerie.	211	2,802	3,013	2,889
RÉSERVE D'ARTILLERIE.				
Batterie du 7e régiment	4	190	194	134
10e batterie du 7e régiment	4	184	188	134
8e — du 12e —	4	148	152	166
12e — du 12e —	4	148	152	166
3e — du 19e —	4	146	150	202
4e — du 19e — (2)	4	145	149	202
TOTAUX pour l'artillerie..	24	961	985	1,004
RÉSERVE DU GÉNIE.				
12e compagnie de sapeurs	6	130	136	19
Sapeurs conducteurs	»	37	37	61
TOTAUX pour le génie....	6	167	173	80
TOTAUX GÉNÉRAUX	999	32,150	33,149	5,403

(1) La 2e brigade n'a pas encore rejoint le corps d'armée.
(2) Cette batterie a été, sans que le général commandant le corps ni que le général commandant l'artillerie en fussent informés, distrait de la réserve par un ordre qui est resté inconnu.

12e CORPS.

a) Journaux de marche.

2e DIVISION.

24 août.

D'après un ordre de marche émané le 23 août au soir du quartier général du 12ᵉ corps, la 2ᵉ division prit les armes à 7 heures du matin et se mit en marche à 8 heures pour se rendre à Acy, près de Rethel, en passant par Isles-sur-Suippe et Tagnon (distance 22 kilomètres).

L'ordre de marche fut le suivant :

1ᵉʳ bataillon du 14ᵉ de ligne, deux batteries d'artillerie, IIᵉ et IIIᵉ bataillons du 14ᵉ de ligne; 20ᵉ régiment de ligne; 31ᵉ de ligne; génie de la division Bisson; génie de la 2ᵉ division; trois batteries d'artillerie de la 2ᵉ division; 1ʳᵉ brigade de marche; 2ᵉ brigade de marche.

La division arriva à son campement à 3 heures et se plaça en réserve et en ligne par régiment en colonne derrière les deux autres divisions du 12ᵉ corps.

L'artillerie entre les colonnes.

3ᵉ DIVISION.

Compte rendu du général de Vassoigne.

L'ordre de marche du 24 août prescrit à la division de se rendre à Rethel en passant par Warmeriville, Isles-sur-Suippe, Bergnicourt et Tagnon. A Bergnicourt on fait la grand'halte. A 3 heures, la division campe en colonne par brigade dans la plaine entre Acy-Romance, le canal latéral à l'Aisne, l'Aisne et le faubourg de Rethel. L'artillerie et le génie à gauche du chemin d'Acy-Romance au pont du canal, le front de bandière est tourné vers le canal.

Le quartier impérial, le grand quartier général et le quartier général du 12ᵉ corps sont à Rethel. Le quartier général de la division au village d'Acy-Romance. Les bagages de la division rejoignent à 7 heures du soir.....

RÉSERVE D'ARTILLERIE.

Le 24 août, d'Heutrégiville à Rethel, par Isles-sur-Suippe et Tagnon; quartier général à Rethel; le 12ᵉ corps campe avant d'entrer à Rethel sur la gauche de la route au-dessus du village de Romance.

DIVISION DE CAVALERIE.

Les trois escadrons avec le général de division, les deux généraux de brigade partent de Vaudétré à 5 h. 30 du matin et marchent sur Rethel en passant par Saint-Masmes, Isles-sur-Suippe où l'on rejoint la grande route de Reims à Rethel. Les escadrons tiennent la tête du 12ᵉ corps et s'éclairent le plus loin possible. Arrivés au village de Bergnicourt, ils reçoivent l'ordre de faire des reconnaissances sur les deux rives de la Retourne, à gauche jusqu'au village de l'Ecaille et à droite jusqu'à celui de Neuflize, en avant jusqu'à celui de Tagnon que l'on fait occuper par un peloton. Ces différents services sont faits par un escadron du 8ᵉ chasseurs qui fait l'avant-garde. Les reconnaissances ne signalent la présence d'aucun des coureurs de l'ennemi, la cavalerie ne quitte Bergnicourt que quand elle aperçoit la colonne d'infanterie qui arrive en arrière ; on se dirige alors sur Rethel où l'on campe en arrière du village d'Acy-Romance, à gauche de la route de Reims à Rethel.

Pendant que cette fraction de la division faisait le mouvement, le reste, venu du camp de Châlons et ayant campé près de Saint-Hilaire-le-Petit, se porte sur Rethel par le chemin de Pont-Faverger, Aussonce, Alincourt et Perthes-le-Châtelet. Elle campe de l'autre côté de la route, près du chemin de fer.

Toute la division se trouve alors réunie, les cinq escadrons du 7ᵉ chasseurs, trois du 8ᵉ chasseurs, le 6ᵉ cuirassiers et trois escadrons du 6ᵉ ayant rallié à ce point.

Réserve du génie.

L'armée entière continue son mouvement vers le Nord-Est et le 12ᵉ corps va se réunir au 1ᵉʳ et au 5ᵉ à Rethel. Les états-majors sont logés en ville, les troupes campent en dehors. C'est là que le général Dejean, nommé commandant du génie de l'armée de Châlons, rejoint son nouveau poste. Il prend à l'état-major du génie du 5ᵉ corps comme éléments du sien propre, le capitaine Riondel et la 11ᵉ compagnie du 3ᵉ régiment (capitaine Bossy).

Parc du 6ᵉ corps.

Le 24 août, le parc entrait en campagne et quittait Reims pour suivre l'armée ; on arrive le même jour à Saint-Remy-le-Petit.

b) Organisation et administration.

Le général Lebrun au général Lichtlin, commandant la division de cavalerie du 12ᵉ corps.

Rethel, 24 août.

En réponse à votre lettre de ce jour n° 1, j'ai l'honneur de vous informer que j'ai déjà réclamé des cartes au ministère de la guerre, mais que je n'ai encore reçu aucune réponse. Quant aux services administratifs de votre division, ils seront assurés par un officier faisant fonctions de sous-intendant. Vous voudrez bien faire connaître le nom de cet officier à l'intendant militaire du corps d'armée et l'inviter à aller prendre ses ordres.

RÉSERVE DE CAVALERIE.

a) Journal de marche.

2º DIVISION.

A 1 heure de l'après-midi, tous les corps de la division quittent leurs bivouacs. Arrivée à 7 heures du soir. Quartier général à Pont-Faverger.

La brigade de Septeuil (3º hussards, 11º chasseurs) qui était tête de colonne pousse plus avant et va rejoindre son corps d'armée (1er corps).

RENSEIGNEMENTS

Le Préfet au Ministre de l'intérieur et au maréchal de Mac-Mahon (D. T.).

Chaumont, 24 août, 3 h. 15 matin. Expédiée à 5 h. 10 matin (n° 35252).

Hier mardi 23 août, cinq régiments de cavalerie escortant train d'artillerie d'un kilomètre de longueur sont partis subitement de Coussey (Vosges) se dirigeant sur Dainville-aux-Forges (Meuse); c'est la queue du corps d'armée du Prince royal. Plus d'ennemis en deçà de la ligne de Coussey à Dainville.

Le Procureur impérial au Garde des sceaux (1). (D. T.).

Montmédy, 24 août, 10 h. 20 matin. Expédiée à 11 h. 40 matin (n° 35331).

Hier, de 7 heures du matin à 4 heures du soir, une partie de l'armée prussienne, venant d'Étain, a passé en masse sur la route de Maucourt à Ornes, se dirigeant sur Brabant et Consenvoye. L'artillerie, avec une vingtaine de pièces, garde le pont de Consenvoye, laissant passer ceux qui viennent sur la rive droite, mais s'opposant au passage sur la rive gauche. Le gros de l'armée passera probablement à 10 kilomètres, sur le pont de Vilosnes. Au moment de l'arrivée des troupes à Consenvoye les cantonniers ont vu déboucher par Champ-Neuville et traverser la Meuse à gué une colonne de cavalerie qui s'est dirigée vers Marre. Les voitures de fourrage portent le nom de Wurtemberg. On attendait aussi ce matin à Consenvoye le passage d'un corps de 10,000 à 15,000 hommes. Hier, 400 soldats et gardes mobiles montés dans un train sont allés pour surveiller les travaux de réparation de la voie ferrée, mais arrivés près de Joppécourt, ils ont entendu siffler les balles dans les bois et ont dû revenir à Montmédy dans la nuit.

---

(1) Transmise par le Ministre de la guerre au maréchal de Mac-Mahon à 1 h. 55 du soir (n° 26571).

Le Ministre au maréchal de Mac-Mahon, à Reims.
(*Envoyer un exprès à Béthenivillle.*) (*Faire suivre.*)
(D. T. Ch.).

Paris, 24 août, 10 h. 37 matin. Transmise à Reims, à 12 h. 5 soir (n° 26470).

Le sous-préfet de Montmédy me télégraphie à 5 heures du matin :
« L'armée prussienne opère son mouvement pour passer la Meuse entre Consenvoye et Vilosnes. A 7 heures du soir 10,000 hommes environ étaient sur le bord de la rivière avec 80 pièces de canon. Le passage serait commencé. »

Le Préfet au Ministre de l'intérieur (D. T.).

Chaumont, 24 août, 11 h. 15 matin. Expédiée à 12 h. 40 soir (n° 35371).

Toute la partie Nord de l'arrondissement de Vassy, particulièrement celle comprise entre Neufchâteau, Gondrecourt, Ligny, Joinville et Vassy, est dépouillée, ruinée par le corps d'armée de plus de 100,000 hommes du Prince royal. Les habitants de ces contrées sont dans la plus profonde désolation, abandonnent leurs biens et fuient l'ennemi qui pille tout.

Le Ministre au maréchal de Mac-Mahon, par Reims.
(*Faire suivre.*) (D. T. Ch.).

Paris, 24 août, 1 h. 4 soir. Transmise au quartier impérial à 1 h. 55 soir (n° 26550).

Le préfet de Chaumont me télégraphie ce qui suit :
« Samedi 20, huit cents uhlans sont entrés à Saint-Dizier. Ils étaient suivis d'un corps de cavalerie d'environ 12,000 hommes qui précédait le gros de l'armée du prince royal de Prusse. Lundi soir, 22 courant, le prince royal de Prusse arrivait avec son armée campée dans les plaines de Saint-Dizier ; a fait son entrée dans cette ville. Vassy et les environs sont envahis par des détachements prussiens. Toute communication télégraphique et postale est interrompue dans cette direction. »

Le Préfet au Ministre de l'intérieur (D. T.) (1).

Chaumont, 24 août, 1 h. 55 soir. Expédiée à 2 h. 40 soir (n° 35417).

L'instituteur de Chambroncourt envoyé à Dainville-aux-Forges a vu

---

(1) Cette dépêche fut expédiée sous le n° 26653, le 24 août, 4 h. 31 soir, par le Ministre de la guerre au maréchal de Mac-Mahon.

passer constamment jusqu'à 2 heures de l'après-midi, sur quatre rangs sans interruption, l'armée prussienne, artillerie et cavalerie, se dirigeant sur Chassey, en marche depuis 4 heures du matin. Elle passait encore après le départ de l'éclaireur qui déclare avoir vu une voiture portant l'écusson royal de Prusse. Ce renseignement confirme ceux que j'ai donnés cette nuit.

Le Préfet du Haut-Rhin aux Ministres de la guerre et de l'intérieur (D. T.).

Colmar, 24 août, 2 h. 32 soir. Expédiée à 3 h. 35 soir (n° 35429).

L'absence de nouvelles de l'armée cause de vives inquiétudes, bien que les bruits venant de la Suisse soient rassurants. L'ennemi a jeté un pont de bateaux à Rheinau. Il n'a pas dépassé Schlestadt. Le siège de Strasbourg prendrait des proportions plus sérieuses.

En marge au crayon : « *Au préfet du Haut-Rhin*, 24 août, 7 h. 30 soir :

« Les nouvelles de nos armées sont bonnes, rassurez les populations et stimulez leur dévouement à la cause commune. »

Le Préfet au Ministre de l'intérieur (D. T.).

Chaumont, 24 août, 2 h. 35 soir. Expédiée à 4 h. 15 soir (n° 35441).

Résumé d'une lettre allemande datée de Maxey-sous-Brixey, 20 août, oubliée à Coussey par le général de Stolberg, transmise par le sous-préfet de Neufchâteau et que je viens de faire traduire :

« Il paraît certain que Failly a été expédié du côté Est Mirecourt et n'est plus en face la division. Troupes françaises près Metz repoussées dans les fortifications. Sommation de se rendre, résultat inconnu. IV° corps voulant prendre Toul a été repoussé avec pertes sensibles. Nous devons attendre la Ire et IIe armée même; pour après-demain 22, seulement petite marche en avant. »

En marge, au crayon : Transmise au maréchal Mac-Mahon le 24, 7 heures soir.

Le Sous-Préfet aux Ministres de l'intérieur et de la guerre (D. T.).

Schlestadt, 24 août, 3 h. 5 soir. Expédiée à 5 h. 10 soir (n° 35480).

Réception ce matin de Strasbourg, préfet, lettre personnelle du 22 soir.

On attend bombardement sérieux très prochain. Il m'écrit : « Nous sommes prêts et avons confiance en Dieu. Ai fait dépêche chiffrée du Ministre guerre et de vous, mais ligne ennemie est bien gardée. »

Le Général commandant la 4ᵉ division militaire au Ministre de la guerre (D. T.).

Reims, 24 août, 3 h. 15 soir. Expédiée à 5 h. 40 soir (n° 35489).

Je suis arrivé ici hier à 4 heures; à la même heure l'ennemi occupait Châlons. Les éclaireurs se montrent aujourd'hui à Mourmelon et paraissent vouloir se diriger sur Reims. J'envoie une reconnaissance pour m'en assurer. Je déblaye Reims de ses *impedimenta* d'après les ordres du maréchal Mac-Mahon. J'envoie tous les vivres à Rethel ainsi que tous les isolés valides et armés. Je fais partir les invalides pour Laon. Je dirige également sur Laon ou la Fère le parc de réserve d'artillerie du 6ᵉ corps, les pièces de siège qui étaient au camp sont dirigées sur Paris et la réserve de munitions du grand parc d'artillerie sur Laon ou la Fère. 400 mobiles nouvellement arrivés et non armés sont envoyés à la Fère. Je reste ici avec un bataillon de garde nationale mobile de 1100 hommes sans uniformes ni chaussures, pour défendre Reims, suivant l'ordre du Maréchal, dont je vous ai donné connaissance par mon télégramme du 22 courant ; la population, loin de m'aider, pille les convois de vivres destinés à l'armée. Je suis obligé d'employer la force pour les protéger.

Telle est la situation ; la défense, au lieu d'être efficace, ne servira qu'à attirer de grands malheurs sur cette riche cité; en cas de retraite, il ne me reste que la ligne de Paris par Soissons.

Le Juge de paix au Ministre de la justice (D. T.).

Charmes, 24 août, 4 h. 22 soir. Expédiée le 25 à 11 h. 40 soir (n° 35607).

Hier, vers midi, un régiment prussien a traversé Bayon (Meurthe), se dirigeant vers Haroué. A 7 heures du soir, convoi d'un train d'équipages, 94 hommes, 280 chevaux, couché à Bayon et parti ce matin vers 5 heures sur Lunéville. Hier encore, 10,000 hommes de la landwehr, arrivés à Blamont (Meurthe) vers 7 heures du soir, ont campé à 1 kilomètre et fait des réquisitions dans les villages voisins.

Le Préfet de l'Aube au Ministre de la guerre (D. T.).

Troyes, 24 août, 9 h. 45 soir. Expédiée à 11 h. 45 soir (n° 35757).

Le maire de Chavanges m'informe que des Prussiens ont été vus à

Gigny-aux-Bois, Bussy, Arzillières et Saint-Remy-en-Bouzemont (Marne). J'apprends, par une dépêche du maire de Brienne datée d'aujourd'hui 6 heures du soir que, suivant avis transmis par les cantonniers, Vassy et Saint-Dizier sont évacués. Ils reprennent le chemin de Metz.

En marge : Communiquée au maréchal de Mac-Mahon, 25 août, 7 h. 30 matin.

Le Directeur du cabinet au Ministre de la guerre.

Paris, 24 août.

Nous n'avons plus de communications télégraphiques avec Verdun; les dépêches pour cette destination sont restées en dépôt à Montmédy; ce bureau nous avise qu'il ne sait comment les faire parvenir à Verdun.

Journée du 25 août.

ÉTAT-MAJOR GÉNÉRAL.

a) Journal de marche.

Le 7ᵉ corps se porte à Vouziers où sera son quartier général; il a pour mission de s'éclairer avec sa cavalerie dans les directions de Grand-Pré et de Buzancy.

Le 1ᵉʳ corps se porte de Juniville sur Attigny.

Les 5ᵉ et 12ᵉ corps font séjour à Rethel.

La cavalerie du général Margueritte se porte à Semuy, avec ordre de s'éclairer au loin, principalement dans la direction du Chesne-Populeux.

Le général Bonnemains se porte de Pont-Faverger à Rethel. Il amène avec lui quatre régiments de cavalerie commandés par le général Lichtlin, et destinés au 12ᵉ corps; ce sont les 5ᵉ et 6ᵉ cuirassiers, 7ᵉ et 8ᵉ chasseurs, qui sont arrivés au camp de Châlons après le départ du 12ᵉ corps; cette division rejoint le 12ᵉ corps à Rethel.

Le général de Fénelon se porte également le 25 de Bignicourt à Rethel où il rallie son corps d'armée.

On envoie dans la journée, par le canal, 120,000 rations de vivres de toute nature sur Attigny pour le 1ᵉʳ corps.

Le 7ᵉ corps doit en trouver 60,000 à Vouziers.

Les 5ᵉ et 12ᵉ corps touchent à Rethel des vivres; le premier jusqu'au 28 inclus et le second jusqu'au 30.

Plusieurs officiers généraux et supérieurs nouvellement promus sont dirigés, conformément aux ordres du Ministre, sur Paris, où ils doivent être employés dans les corps d'armée de nouvelle formation.

Un détachement de 600 isolés, appartenant au 4ᵉ corps, arrive de Reims. Ceux des 5ᵉ et 12ᵉ corps rejoignent de suite; les autres continuent le même jour sur Attigny où resteront ceux du 1er corps ; ceux destinés au 7e corps se dirigeront le 26 sur Vouziers.

Le 5e corps se porte dans l'après-midi du 25, après avoir touché ses vivres, sur Amagne, à 10 kilomètres de Rethel.

Les éclopés des 5e et 12e corps sont envoyés par le chemin de fer sur Reims, Laon et Soissons, suivant le cas.

Une batterie à cheval du 12e corps part le 25 au soir pour Semuy, pour être mise à la disposition du général Margueritte.

Une seconde batterie à cheval du même corps est attachée jusqu'à nouvel ordre à la cavalerie du général Fénelon dont elle doit suivre les mouvements.

b) Organisation et administration.

Le Ministre de la guerre à l'Empereur, à Rethel (D. T. Ch.).

Paris, 25 août, 3 h. 29 soir. Transmise à Rethel à 3 h. 30 soir (n° 26998).

Si j'ai employé des généraux du cadre de réserve dans des divisions actives, c'est uniquement à défaut de généraux du cadre d'activité disponibles. Dans la situation où je me trouvais, il m'était impossible de me renfermer dans le texte de la loi. Je demande de nouveau à l'Empereur de m'envoyer sans perte de temps deux généraux de division et six généraux de brigade pour commander des troupes d'infanterie. Il me faudrait aussi un colonel ou lieutenant-colonel, plus trois chefs d'escadron d'état-major.

Je le répète à l'Empereur, il y a urgence ; car de cet envoi dépend l'organisation de nouvelles forces importantes.

Le Ministre de la guerre au maréchal de Mac-Mahon.

Paris, 25 août.

M. le Maréchal, d'après le télégramme que Votre Excellence m'a fait l'honneur de m'adresser le 24 août courant, j'ai prescrit de diriger sur Mézières deux fractions attelées du grand parc de l'armée du Rhin, organisées à Douai et à la Fère, ainsi que tous les chariots de parc disponibles sur lesquels on chargera une partie des munitions actuellement en gare à Reims, de manière à former un grand parc sous la direction du général Mitrecé, qui fera connaître à M. le général Forgeot les ressources en munitions entrant dans la composition de ce parc.

LA GUERRE DE 1870-1871.

Le Ministre de la guerre au maréchal de Mac-Mahon.

Paris, 25 août.

En réponse à un télégramme que Votre Excellence m'a fait l'honneur de m'adresser le 24 août courant, j'ai l'honneur de lui faire savoir que je fais diriger sur Mézières l'équipage de pont du 5ᵉ corps d'armée (personnel, matériel et attelages) qui se trouve en ce moment à Paris. Quant à l'équipage de pont de réserve, il ne se trouve pas à Soissons, mais sur le canal, entre Château-Thierry et Paris. Des attelages nécessaires pour traîner cet équipage sont à Paris. Lorsque l'équipage sera arrivé, je le ferai expédier sur Mézières si vous le désirez.

Le 7ᵉ corps d'armée doit avoir son équipage de pont.

Le Ministre de la guerre au maréchal de Mac-Mahon, à Rethel (D. T.).

Paris, 25 août, 10 h. 27 matin. Transmise à Rethel à 10 h. 50 matin (nº 26843).

Une partie des voitures destinées à recompléter l'artillerie du 1ᵉʳ corps est en gare de Reims. J'envoie de Paris à Reims les attelages nécessaires pour atteler ces voitures, ainsi que les voitures qui manquent avec les attelages correspondants. Je prescris au général de Linières de diriger sur Mézières les 124 voitures avec leurs attelages.

Le maréchal de Mac-Mahon aux généraux Lebrun, Forgeot et Margueritte.

25 août.

Une batterie à cheval du 12ᵉ corps sera mise à la disposition du général Margueritte qui sera ce soir à Semuy. Cette batterie devra être mise en route aujourd'hui, de façon à être rendue à Semuy avant la nuit.

Une seconde batterie à cheval du même corps sera attachée jusqu'à nouvel ordre à la cavalerie du général de Fénelon et suivra ses mouvements.

Le général Labastie au général Forgeot.

Rethel, 25 août.

J'ai l'honneur de vous rendre compte que le parc du 6ᵉ corps d'armée a rejoint aujourd'hui 25 août les batteries divisionnaires et de réserve du même corps attachées au 12ᵉ et qu'il les suivra désormais. Je vous prie de vouloir bien me faire connaître de quelle manière devra se réapprovisionner le parc du 6ᵉ corps d'armée.

Au-dessous, comme réponse :

Répondre au général Labastie que le grand parc n'étant pas encore formé, il n'est pas possible de réapprovisionner les parcs des corps d'armée; mais en tout état de choses le général est prié de faire connaître exactement ce qui lui manque en munitions pour se compléter.

Le général Lebrun au maréchal de Mac-Mahon.

Rethel, 25 août.

Le parc de réserve destiné au 12ᵉ corps d'armée se trouve en ce moment à Vincennes ; les besoins du corps d'armée peuvent bien être assurés en ce moment au moyen du parc de réserve du 6ᵉ corps, qui marche avec le 12ᵉ. Mais si le parc du 6ᵉ venait à rejoindre le corps auquel il appartient, il en serait tout autrement. Il est donc nécessaire que le parc qui est à Vincennes se rapproche de l'armée et vienne se placer, soit à Soissons, soit à Mézières, à moins que Votre Excellence ne juge à propos de le porter sur un autre point.

Le général Forgeot au général Susane (1).

Rethel, 25 août.

Mon cher ami,

Je ne te parle pas de la nouvelle direction prise par l'armée, tu la connais et tu sais quel en est le but ; seulement, ce qui était superflu pour nous alors que nous nous dirigions sur Paris devient indispensable aujourd'hui que nous nous portons en avant.

Hier soir, le Maréchal, avec lequel j'avais abordé la question à plusieurs reprises, a enfin consenti à demander au Ministre la création d'un grand parc qui contiendrait 2,500,000 cartouches et 25,000 coups de canon. Il a demandé que le général Mitrecé fût placé à la tête de ce parc. Vois si tu peux l'affecter spécialement à l'armée du maréchal Mac-Mahon. Ma position, un jour venant, serait singulièrement simplifiée.

Le Maréchal a en outre demandé l'envoi des 124 voitures annoncées par la dépêche ministérielle du 15, voitures qui étaient au camp de Châlons en même temps que moi, à Reims en même temps que moi, et

---

(1) Directeur de l'artillerie au ministère de la guerre.

que je n'ai pu faire débarquer ni à Reims, ni au camp de Châlons, par suite de l'encombrement de la gare.

Elles seraient aujourd'hui à Rethel que je n'en pourrais pas plus profiter. En général, je crois indispensable en pareille circonstance de faire le débarquement une ou deux étapes en avant de l'armée si elle recule, une étape en arrière si elle avance. Il est non moins indispensable que ce matériel soit attelé, et si le convoi est un peu considérable, constitué et encadré. Les courses incessantes que nous faisons depuis Frœschwiller contribuent certainement à notre santé, mais ruinent nos chevaux ; il est donc à peu près impossible de penser à ajouter des voitures à celles que nous avons déjà tant de peines à traîner ; les 600 chevaux que le Maréchal a demandés serviront donc non seulement à traîner les 124 voitures que tu vas nous envoyer, mais aussi celles que le 1er corps peut à peine faire marcher aujourd'hui.

Quant aux deux équipages de pont que le Maréchal a réclamés, l'inspection de la carte ne laisse aucun doute sur leur nécessité dans telle éventualité facile à prévoir ; tâche qu'ils soient bien commandés.

Un de mes grands ennuis, c'est de ne pouvoir obtenir de situations même approximatives, c'est de n'être jamais certain qu'une dépêche parvienne à son adresse ; nos marches sont d'une lenteur désespérante, on arrive au gîte fort tard, ennuyé, fatigué (je ne parle pas de moi, qui voyage comme je l'entends et qui, placé non loin du Maréchal, suis toujours bien logé) ; on ne sait où sont campées les différentes fractions de l'artillerie, et on ne se met pas en communication avec le quartier général, ou bien, si on envoie des plantons, ils se perdent.

J'espère d'ailleurs que tu sais à peu près à quoi t'en tenir par les situations qui partent du quartier général pour le Ministre ; ce que je ne puis parvenir à débrouiller, c'est la fusion provisoire des 6e et 12e corps ; il y a là Labastie, d'Ouvrier, Bertrand qui se gênent plutôt qu'ils ne s'aident. Je ne veux pas cependant modifier leur position. Joly est au 1er corps ; je lui ai écrit une lettre très dure ; il m'a répondu en disant franchement la vérité (il aurait pu partir plus tôt) et en me faisant pour l'avenir des promesses qu'il tiendra, j'en suis certain ; voici donc une affaire réglée. Au 7e corps, Liégeard, que je connais, fera bien son affaire. 5e corps : Liédot..... à la tête d'une réserve serait bien placé ; comme chef de service, il est tout à fait insuffisant pour le train-train journalier ; au lieu de lever les difficultés sans rien dire, il les crée..... ; mais c'est un brave et digne garçon qui réparera tout cela quand il faudra se battre, surtout si son commandant de corps est à hauteur du poste qui lui a été confié.

En général, notre organisation est mal connue des officiers étrangers à l'arme, nos parcs, nos réserves leur vont parfaitement comme ressources, fort mal au contraire comme grosses masses, encombrantes et se prêtant peu à leur manière de faire; l'important pour un commandant d'artillerie est donc de leur dissimuler les ennuis de marche, de campement et de ne leur laisser voir que les avantages de ce qu'ils considèrent comme des *impedimenta*.

Je voudrais bien maintenant que tu aies l'obligeance de m'adresser, quand Douradou te le demandera, le télégramme suivant :

« Selon votre demande, je vous autorise à envoyer à Paris un officier de votre état-major », langage figuré et mystérieux dont le vrai sens est celui-ci : « Vos bottes sont percées, votre pantalon est usé, votre tunique est en loques, tous vos effets neufs sont achevés, envoyez-les donc chercher à Paris par votre domestique ; autrement, si on vous les adresse par le chemin de fer, ils ne vous arriveront pas et ce sera pour vous une nouvelle déroute de Frœschwiller. »

Fais-moi l'amitié de m'envoyer en double ou en triple expédition les états, situations, qui peuvent me renseigner sur les 1er, 5e, 6e, 7e et 12e corps. Je n'ai rien, rien absolument, ce sera au moins pour moi un point de départ. En pareil cas, il vaut bien mieux envoyer trop que pas assez, l'inutile se déchire et voilà tout.

c) Opérations et mouvements.

Le Ministre de la guerre à l'Empereur, à Rethel (D. T. Ch.).

Paris, 25 août, 4 h. 5 soir. Transmise à Rethel à 4 h. 35 soir (n° 27011.)

Je destine général de Wimpffen au commandement d'une armée de 60,000 hommes que je ferai partir le plus tôt possible pour Belfort. Je destine ces forces à opérer une puissante diversion dans le grand-duché de Bade, en traversant le Rhin. Je suis assuré que cette opération ne rencontrera aucun obstacle sérieux. Je n'ai plus de généraux. Il est indispensable, ainsi que je l'ai demandé plusieurs fois à l'Empereur, que l'on m'envoie des cadres de l'armée de Mac-Mahon, en donnant de l'avancement aux officiers que Votre Majesté jugera susceptibles d'en recevoir.

Ordre de mouvement.

Au grand quartier général à Rethel, 25 août.

Demain 26 août 1870 :

Le 7e corps fera demain séjour à Vouziers, s'éclairant au loin et poussant des postes avancés dans la direction de Grand-Pré et de Buzancy.

Le 1er corps ira s'installer à Semuy, Neuville et Montgon, se reliant avec les 7e et 5e corps. Quartier général à Neuville.

Le 5ᵉ corps se portera au Chesne, occupant Bairon (1) et se reliant par sa droite avec le 1ᵉʳ corps. Quartier général au Chesne.

Le 12ᵉ corps prendra position en avant de Tourteron, sur le ruisseau de Saint-Lambert qu'il traversera. Quartier général à Tourteron.

La division de cavalerie de réserve du général Bonnemains se portera à Attigny.

La cavalerie du général Margueritte passera le canal pour aller s'établir aux Petites-Armoises et Tannay s'éclairant et poussant au loin des reconnaissances. Quartier général à Tannay.

Le grand quartier général sera demain à Attigny.

Le Maréchal commandant en chef ne peut faire connaître le jour où il y aura de nouvelles distributions régulières. MM. les commandants de corps d'armée devront envoyer à l'avance sur les points où leurs troupes s'établiront, les fonctionnaires de l'intendance pour requérir toutes les ressources en vivres que le pays peut fournir afin de ménager et de conserver en réserve les vivres de l'administration.

Note.

Le grand quartier général sera demain à Tourteron au lieu d'être à Attigny.

1ᵉʳ CORPS.

a) Journaux de marche.

Souvenirs inédits du maréchal de Mac-Mahon.

24 et 25 août.

Le 24, le 7ᵉ corps se porta à Contreuve et dans les villages environnants; le 1ᵉʳ corps à Juniville; les 5ᵉ et 12ᵉ à Rethel. Le général Margueritte fit séjour à Monthois, le général Fénelon à Bignicourt, le grand quartier général à Rethel.

C'est dans cette ville que j'aurais dû recevoir une dépêche du maréchal Bazaine datée du 20 août, ainsi conçue :

« J'ai dû prendre position près de Metz pour donner du repos aux soldats et les ravitailler en vivres et munitions. L'ennemi grossit toujours autour de nous et je suivrai très probablement pour vous rejoindre la ligne des places du Nord et vous préviendrai de ma marche, si toutefois je puis l'entreprendre sans compromettre l'armée. »

---

(1) Ferme de Bairon, à 2 kilomètres au Nord du Chesne.

Cette dépêche avait une importance capitale. Dans les dispositions d'esprit où je me trouvais elle m'aurait peut-être décidé, soit dans ce moment, soit un peu plus tard, sur la Meuse, à abandonner ma marche sur Metz pour me reporter sur Paris. Quoi qu'il en soit, par une fatalité que je n'ai jamais pu m'expliquer, elle ne m'est jamais parvenue.

Le 20 août, le maréchal Bazaine avait envoyé au commandant de Verdun trois dépêches chiffrées destinées à l'Empereur, au Ministre de la guerre et au commandant de l'armée de Châlons.

Les dépêches étaient ainsi conçues :

A l'Empereur.

« Mes troupes occupent toujours les mêmes positions. L'ennemi paraît établir des batteries qui doivent servir à appuyer son investissement. Il reçoit constamment des renforts. Le général Marguenat a été tué le 16. Nous avons dans la place plus de 10,000 blessés. »

Au Ministre de la guerre.

« Nous sommes sous Metz, nous ravitaillons en vivres et en munitions. L'ennemi grossit toujours et paraît commencer à nous investir. J'ai écrit à l'Empereur qui vous donnera communication de ma lettre.

« J'ai reçu la dépêche du maréchal de Mac-Mahon, auquel j'ai répondu ce que je compte pouvoir faire dans quelques jours. »

Enfin au maréchal de Mac-Mahon la dépêche citée plus haut qui ne m'est jamais parvenue.

Les trois dépêches du maréchal Bazaine arrivèrent le 21 à Thionville. Le colonel Turnier, commandant de cette place, les reçut et, le fil électrique étant rompu, il envoya l'original à Longwy par un commissaire de police qui les déposa le lendemain entre les mains du commandant de cette place, le colonel Massaroli.

Le colonel Turnier remit copie de ces dépêches à M. de Bazelaire, élève de l'École polytechnique, qui se rendait à Paris.

Le colonel Massaroli envoya directement à l'Empereur celle qui lui était destinée. Elle parvint le même jour à sa destination. Sa Majesté m'en donna connaissance.

Le colonel remit les deux autres exemplaires destinés au Ministre de la guerre et au commandant de l'armée de Châlons à deux agents du colonel Stoffel. Ils conservèrent les originaux de ces dépêches, adressèrent copie de celle adressée au Ministre de la guerre, à l'Empereur qui la reçut le même jour et l'envoya au Ministre. Ils adressèrent celle qui m'était destinée au colonel Stoffel qui devait me la remettre.

M. Amiot, chef du service télégraphique de l'Empereur, reconnaît avoir reçu cette dépêche et l'avoir fait remettre au colonel Stoffel, qui déclara que s'il l'avait reçue, il me l'aurait certainement envoyée.

Le fait est qu'elle ne m'a pas été remise.

Tous mes officiers interrogés ne se sont jamais souvenus l'avoir vue.

Quant aux dépêches remises à M. de Bazelaire : arrivé à Givet le 22 au soir, ce jeune homme remit les dépêches au directeur du télégraphe de la gare qui les expédia. Le Ministre de la guerre reçut non seulement celle qui lui était destinée, mais encore celle qui était à mon adresse. Il prit connaissance de cette dernière, mais pensant qu'elle m'était déjà parvenue, il ne jugea pas à propos de m'en envoyer une copie comme il le faisait habituellement. Le télégraphe de Paris qui avait reçu cette dépêche l'avait envoyée à Châlons. M. Amiot assure l'avoir reçue et me l'avoir remise par un planton. Qu'est-elle devenue? On a trouvé dans les archives du ministère deux copies de cette même dépêche à lui adressées. Peut-être y a-t-il eu erreur de la part des expéditeurs.

Le 25 août, le 7e corps se rendit à Vouziers, se faisant éclairer par la cavalerie dans la direction de Grand-Pré et de Buzancy.

Le 1er corps marcha sur Attigny.

Les 5e et 12e corps firent séjour à Rethel. Le dernier fut rejoint par la division de cavalerie Lichtlin qui lui était attachée.

Le général Margueritte se porta à Semuy, s'éclairant dans la direction de Chêne-Populeux. Le général Bonnemains s'établit à Rethel.

Souvenirs personnels du capitaine Peloux.

25 août.

Le général Ducrot quitte Juniville avant les troupes elles-mêmes et va reconnaître la position qu'elles doivent occuper à Attigny. Des scènes de désordre très nombreuses s'étant produites dans Béthéniville et Juniville, le général Ducrot avait la veille réuni toute la gendarmerie sous les ordres du capitaine Raymond nommé grand prévôt.

A Attigny les divisions d'infanterie sont placées sur la rive gauche de l'Aisne en arrière d'Attigny; la division de cavalerie en avant de ce village à côté du canal des Ardennes.

Pendant la journée le général Ducrot se rend au grand quartier général à Rethel.

2e DIVISION.

De Bignicourt à Attigny. Le corps d'armée tout entier est réuni et campé en arrière d'Attigny face au canal des Ardennes.

Les distributions sont on ne saurait plus difficiles en raison de l'encombrement et du peu d'ordre qui y préside.

4ᵉ DIVISION.

Journal privé du colonel d'Andigné, chef d'état-major.

Marche sur Attigny et Givry.

Nous occupons une magnifique position défensive en arrière du canal et de l'Aisne. Le quartier général du 1ᵉʳ corps est à Attigny. La 4ᵉ division est auprès de Givry.

Nous logeons chez le sieur Doyen, qui nous reçoit à merveille.

c) Opérations et mouvements.

Ordre de mouvement.

Attigny, 25 août.

La cavalerie partira demain matin à 6 heures, prendra la route qui conduit à Roche, de Roche à Voncq où elle passera le canal de l'Aisne et s'établira sur le plateau de Voncq à hauteur de Semuy entre le canal et le bois de Voncq. Elle détachera un détachement de cavalerie légère en avant de Montgon; le détachement se reliera à droite avec le 5ᵉ corps dont le quartier général sera au Chesne et à gauche avec le 12ᵉ corps dont le quartier général sera à Tourteron.

La 1ʳᵉ division partira également à 6 heures, traversera le canal de l'Aisne au village d'Attigny, prendra le chemin de droite qui va directement à Mont-de-Jeux, de là à Semuy, traversera ce dernier village et s'établira en deçà du village de Neuville, détachant une brigade sur le plateau entre Montgon et Neuville.

La 2ᵉ division partira à 7 heures, suivra le même chemin que la 1ʳᵉ, et s'établira en arrière d'elle parallèlement au canal et en face du plateau de Voncq.

La réserve d'artillerie partira à 8 heures, traversera le canal de l'Aisne au village d'Attigny, passera par Charbogne, Saint-Lambert, Mont-de-Jeux, Semuy et s'établira à droite de la 1ʳᵉ division; les services administratifs et l'ambulance du grand quartier général suivront l'artillerie et s'établiront à l'entrée de Neuville près du canal.

La 3ᵉ division partira à 9 heures, suivra la route qui longe le canal, passe à Roche et Voncq et elle s'établira sur le même plateau que la cavalerie. La 4ᵉ partira à 10 heures et suivra le même itinéraire que la 3ᵉ.

Bagages avec la première colonne.

Garde: Un détachement en avant avec l'avant-garde pour assurer la police à Semuy et Neuville avant l'arrivée des troupes et laissera un détachement en arrière, à Attigny, jusqu'au départ des dernières troupes. Les autres détachements se relèveront sur les flancs des colonnes pour maintenir l'ordre et surveiller les maraudeurs.

d) Situation du 1ᵉʳ corps.

DÉSIGNATION des DIVISIONS.	ÉTAT-MAJOR.			SERVICES ADMINISTRATIFS. Ambulance et force publique.			GÉNIE.			ARTILLERIE.			INFANTERIE.			CAVALERIE.			TOTAUX PAR DIVISION.		
	Officiers.	Troupe.	Chevaux.	Officiers.	Troupe.	Chevaux.	Officiers.	Troupe.	Chevaux.	Officiers.	Troupe.	Chevaux.	Officiers.	Troupe.	Chevaux.	Officiers.	Troupe.	Chevaux.	Officiers.	Troupe.	Chevaux.
État-major général et réserve du génie......	12	6	37	59	362	314	17	214	107	40	1,439	1,430	»	»	»	»	»	»	128	2,048	1,888
1ʳᵉ division d'infanterie...	6	»	22	7	3	58	4	103	15	16	387	279	203	7,536	100	»	»	»	236	8,029	474
2ᵉ —	9	»	18	4	102	131	5	153	18	14	422	333	178	4,729	75	»	»	»	210	5,406	575
3ᵉ —	9	7	24	6	23	7	5	92	19	15	460	394	73	3,418	66	»	»	»	108	4,000	510
4ᵉ —	8	13	26	4	35	28	3	125	11	14	462	297	122	4,448	49	»	»	»	151	5,083	441
Division de cavalerie.....	12	»	50	12	41	8	»	»	»	3	124	95	»	»	»	180	2,956	3,029	207	3,121	3,182
Totaux du corps d'armée......	56	26	177	92	566	546	34	714	470	102	3,294	2,828	576	20,131	290	180	2,956	3,029	1,040	27,687	7,040

5e CORPS.

a) Journaux de marche.

Journal de marche rédigé par le colonel Clémeur.

Le 5e corps se rend à Amagne (10 kilomètres à l'Est de Rethel) en deux colonnes, et part à 1 heure de l'après-midi.

La cavalerie et la division Goze passent par Thugny et Coucy ; la cavalerie ralliant à Amagne les deux escadrons du 12e chasseurs qui s'y trouvent, va camper à Ecordal, 8 kilomètres plus loin. Cette cavalerie forme ainsi l'avant-garde du 5e corps, sur la route du Chesne-Populeux.

La division L'Abadie, l'artillerie de réserve et la division Lespart se rendent de Rethel à Amagne par Doux.

Les autres corps d'armée se déplacent peu.

Le 12e corps et la division Bonnemains restent à Rethel.

Le 7e s'établit à Vouziers même.

Le 1er à Attigny.

La cavalerie Margueritte au Chesne-Populeux.

Journal de marche rédigé par le capitaine de Piépape.

La division de cavalerie se rend de Biermes à Ecordal par Thugny, Coucy et Amagne.

La division Goze la suit jusqu'à Amagne où elle campe.

La divion L'Abadie, la réserve d'artillerie et la division Lespart se rendent de Rethel à Amagne par Doux.

1re DIVISION.

Départ à 1 h. 30 du soir. On passe à Thugny, Coucy ; arrivée vers 5 heures à Amagne où campe tout le 5e corps.

2e DIVISION,

L'armée se porte vers les défilés de l'Argonne.

Le 5e corps s'avance vers le Chesne-Populeux.

La matinée dans le 5e corps est employée aux distributions ; elles ont lieu sur des points éloignés du camp, et prennent ainsi beaucoup de temps.

On fait reconnaître le pont de Thugny pour savoir si l'artillerie pourrait y passer. On cherche à éviter de traverser Rethel. D'après les renseignements rapportés au général en chef, celui-ci prescrit de passer par la ville.

Le départ a lieu à 1 heure de l'après-midi. On se dirige sur Amagne.

On avait, dès le début, deux ponts à franchir : le premier sur le canal, le second sur l'Aisne. Au delà de la rivière on entrait dans une longue rue ayant à peine la voie pour deux voitures. On eut beaucoup de peine à faire le trajet pour sortir de la ville ; le croisement des hommes et des voitures amena une confusion que la circulation des habitants contribua à augmenter ; tous les efforts des officiers de l'état-major ne purent parvenir à empêcher la colonne d'être rompue et d'éprouver des retards. On ne put marcher réuni que lorsqu'on fut sorti de Rethel.

On passa par Resson, Doux, Coucy, en s'avançant par la rive droite du ruisseau de Saulces, ruisseau qui tombe dans l'Aisne en face de Biermes, et remontant cette vallée.

Vers 6 heures du soir, le bivouac fut établi à l'Est d'Amagne et près de ce village.

La division Goze, qui suivait la division de L'Abadie, campa à côté d'elle.

La division Guyot de Lespart et la réserve d'artillerie, ainsi que le parc du génie, s'arrêtèrent avant l'entrée du village pour passer la nuit.

La cavalerie du général Brahaut quitta Biermes à 1 heure de l'après-midi. En passant à Amagne, elle rallia les deux escadrons du 12º chasseurs et alla à Ecordal.

Elle se trouva ainsi à l'avant-garde du corps d'armée, sur la route du Chesne-Populeux.

Le grand quartier général était resté à Rethel.

L'armée du maréchal de Mac-Mahon occupait le 25 au soir les points ci-après :

Grand quartier général de l'armée à Rethel ;
1ᵉʳ corps à Attigny ;
5ᵉ corps à Amagne ;
7ᵉ corps à Vouziers ;
12ᵉ corps à Rethel ;
Cavalerie de réserve à Rethel.

Division de cavalerie.

Le 5ᵉ corps d'armée fait un mouvement dans la direction du Chesne-Populeux. Le quartier général est à Amagne.

La division de cavalerie part à 1 heure de l'après-midi de Biermes, après avoir rallié les deux escadrons du 12ᵉ chasseurs sous les ordres du colonel. Les huit escadrons du 5ᵉ lanciers et du 12ᵉ chasseurs se portent, par Amagne, à Ecordal, où ils sont établis au bivouac, à l'avant-garde du corps d'armée.

c) Opérations et mouvements.

Ordre de mouvement.

Rethel, 25 août, 8 h. 30 matin.

Le 5ᵉ corps se mettra en route aujourd'hui à 1 heure de l'après-midi, pour aller coucher à Amagne (10 kilomètres de Rethel).

Ordre de marche : Divisions : de cavalerie, de L'Abadie, de Lespart ; réserve d'artillerie, division Goze.

Aussitôt l'ordre reçu, on placera des gardes à l'entrée de la ville pour que les hommes ne puissent y pénétrer isolément avant le départ. Ces gardes, l'une (division de Lespart) au pont de bois près du quartier général, l'autre (division L'Abadie) au pont du chemin de fer sur l'Aisne, seront composées chacune d'une section commandée par un officier ; elles rejoindront la colonne au moment du départ.

Le général Liédot fera connaître si le pont de Thugny, sur l'Aisne (à 4 kilomètres du village de Biermes), est suffisamment solide pour le passage de l'artillerie.

On indiquera ultérieurement la route qui sera suivie. Le général en chef suivra la division de cavalerie ; il montera à cheval à 1 heure.

Ordre de mouvement pour le 26 août.

Pour se rendre au Chesne le 5ᵉ corps marchera dans l'ordre suivant :

Division de cavalerie, division de Lespart, division Goze, réserve d'artillerie, division L'Abadie, les bagages, un bataillon d'arrière-garde.

Départ à 5 heures. Étape environ 20 kilomètres. Villages traversés : Écordal, Tourteron, Lametz.

La cavalerie fera sa grand'halte à Lametz, à 4 kilomètres en avant de Tourteron, elle traversera le Chesne, prendra la direction de Châtillon où elle aura deux escadrons d'avant-garde.

La division s'établira près de la ferme de Bassancourt.

La division de tête fera également sa grand'halte à Lametz, le reste de **la colonne** à Tourteron, 11 kilomètres environ d'Amagne.

Pour la route on prendra l'ordre de marche adopté pour la 3ᵉ division, marchant ensemble, les bagages des trois divisions à la gauche de la colonne dans l'ordre de marche.

Le grand parc d'artillerie ira camper à Tourteron en deçà du ruisseau, il ne partira de Rethel qu'une heure après le complet écoulement du 12ᵉ corps.

Le général en chef montera à cheval à 5 heures.

7ᵉ CORPS.

a) Journaux de marche.

Notes sur les opérations de la 1ʳᵉ division d'infanterie du 7ᵉ corps d'armée.

Le 25 août, le 7ᵉ corps arrive à Vouziers. Il est établi tout près de la ville, sur un plateau compris entre les routes de Rethel à Vouziers et de Vouziers à Monthois ; il a derrière lui la rivière de l'Aisne.

On suppose que l'intention du Maréchal est de franchir l'Argonne au défilé de la Croix-aux-Bois, et de marcher sur Stenay, Montmédy et Metz.

2ᵉ DIVISION (2ᵉ brigade).

Départ à 5 heures du matin pour aller de Contreuve à Vouziers.

Itinéraire : Chemin de Contreuve à Bourcq ; à 800 mètres de Contreuve, on prend le chemin direct de Vouziers ; route de Sainte-Marie à Blaise ; à Blaise, on prend la route de Vouziers ; Vouziers ; chemin de Vouziers à Condé.

Ordre de marche : 89ᵉ avec 1 bataillon d'avant-garde ; 2 bataillons du 53ᵉ ; réserve du génie ; réserve d'artillerie ; bagages ; 1 bataillon du 53ᵉ d'arrière-garde.

La 1ʳᵉ brigade va directement à Vouziers.

A l'entrée de la ville de Vouziers, la 2ᵉ division tourne à gauche pour aller camper sur la hauteur qui domine Condé.

Campement : La 1ʳᵉ brigade campe, la gauche appuyée à Condé, face à l'Aisne ; la 2ᵉ brigade campe en seconde ligne sur la hauteur.

Artillerie.

Journal de marche du chef d'état-major.

Tout le corps d'armée est réuni à Vouziers, sur les plateaux de la rive gauche de l'Aisne et campe face à la ville : la 1re division à droite de la route de Reims à Vouziers; la 2e division à gauche, près du cimetière, ayant l'aile gauche près du château de Condé; la 3e division passe l'Aisne, et couvre Vouziers, en passant à droite et à gauche de la route ; la réserve d'artillerie, le parc du génie avec les états-majors en arrière du centre ; la cavalerie en troisième ligne. Parti de Reims le 23, le parc d'artillerie prenait la route de Vouziers d'abord, mais le lendemain, l'approche signalée des colonnes prussiennes fit naître des craintes sur la certitude de son arrivée et le général en chef prescrivit au général Liégeard de lui envoyer l'ordre par exprès de se diriger à marches forcées sur Mézières, ce qui fut exécuté.

c) Opérations et mouvements.

Ordre général du 7e corps.

Vouziers, 25 août.

1° *Dispositions pour la marche d'une division en pays découvert.* — La cavalerie divisionnaire en tête de colonne, s'éclairant en avant et sur les flancs menacés ;

Un demi-bataillon d'extrême avant-garde ;

La compagnie du génie, avec ses deux voitures d'outils bien attelées ;

Deux bataillons d'avant-garde ;

Une batterie de combat ;

Le reste de la brigade d'infanterie ;

L'artillerie divisionnaire et les caissons de réserve ;

La 2e brigade ;

L'ambulance ;

Le trésor et les postes ;

Les bagages divisionnaires et le convoi de l'administration dans l'ordre de marche ;

Un bataillon d'arrière-garde, fournissant des escortes de compagnies dans l'intérieur de la colonne des bagages.

On se conformera à la stricte exécution des prescriptions du service en campagne, en ce qui concerne les marches du convoi des bagages.

Autant que possible, on marchera en colonne par peloton ou par division.

2° *Dispositions pour la marche du corps d'armée en présence de l'ennemi.* — La division de cavalerie marchera selon les circonstances et d'après l'ordre qui lui sera donné par le général commandant le corps, en tête ou sur le flanc de la colonne.

Division de tête.

La cavalerie divisionnaire en pays découvert ;
Deux bataillons d'avant-garde ayant un demi-bataillon et la compagnie du génie divisionnaire d'extrême avant-garde ;
Deux batteries de combat ;
Le reste de la brigade ;
La batterie de canons à balles et la réserve d'artillerie ;
Ambulance divisionnaire ;
La 2ᵉ brigade ;
Le génie du corps d'armée.

Division du centre.

Un régiment de la 1ʳᵉ brigade ;
Toute l'artillerie de la division ;
Le reste de la 1ʳᵉ brigade ;
La 2ᵉ brigade ;
La réserve d'artillerie ;
L'ambulance divisionnaire.

Division de queue.

Le 1ᵉʳ régiment ;
Toute l'artillerie divisionnaire ;
Le reste de la division ;
L'ambulance divisionnaire et l'ambulance du quartier général ;
Les trésors et postes du corps d'armée ;
Les bagages du corps d'armée dans l'ordre de marche ;
Le convoi d'administration.
Le tout sous la garde de deux bataillons de la division de queue.

Ordre du 7ᵉ corps.

Vouziers, 25 août.

Dispositions pour camper. — Les troupes camperont de la manière suivante : les régiments d'infanterie en colonne par division, à 20 pas de distance, soit par bataillons déployés, soit en une seule colonne.

Les tentes formées sur deux lignes en arrière des faisceaux.

Les intervalles entre les bataillons seront déterminés chaque fois et suivant les convenances de la position occupée, par les généraux de division.

La place du génie divisionnaire sera indiquée dans l'intérieur du camp, à l'endroit qui sera déterminé chaque fois par le général de division.

L'artillerie campera par batterie et sera toujours placée un peu en arrière de la position de combat qui lui serait favorable si elle devait entrer en action.

La cavalerie campera en colonne par escadrons à 40 pas de distance, couverte par l'infanterie.

Les ambulances et les services divisionnaires seront placés, suivant les circonstances, par le général de division.

Il est recommandé d'envoyer à l'avance des officiers en nombre suffisant pour reconnaître les emplacements afin d'éviter les hésitations et les lenteurs. Toute troupe arrivée sur la position de bivouac devra, après s'être alignée, former les faisceaux, mettre de suite les sacs à terre et dresser les tentes.

12ᵉ CORPS.

a) **Journaux de marche.**

2ᵉ DIVISION (2ᵉ brigade).

Le 25, séjour à Rethel.

Le général Maissiat, qui avait jusqu'à ce jour commandé la division, reçut une autre destination à l'intérieur et fut remplacé par le général Lacretelle.

3ᵉ DIVISION.

La journée du 25 août, pour les 1ᵉʳ et 12ᵉ corps, s'écoule entièrement sous les murs de Rethel afin de donner plusieurs jours de vivres aux troupes. La difficulté des approvisionnements avait obligé le maréchal de Mac-Mahon à se rapprocher de la ligne du chemin de fer. Il ordonna donc un mouvement sur sa gauche qui nous conduisit à Rethel.

DIVISION DE CAVALERIE.

Séjour à Acy-Romance.

La division reçoit ordre de s'aligner en vivres jusqu'au 28 inclus. Elle le fait avec la plus grande peine à cause de l'encombrement aux lieux de distribution des autres divisions, où elle est obligée de se pourvoir.

Un escadron du 8ᵉ chasseurs part à 4 heures du soir du camp pour aller sur la route de Reims garder un convoi de vivres.

b) Organisation et administration.

Le maréchal de Mac-Mahon au général Lebrun.

J'apprends que les quatre régiments récemment venus de Paris et amenés par le général Bonnemains sont commandés par le général Lichtlin et les généraux de brigade Arbellot et de Béville.

Dans cette situation, ces régiments ne peuvent pas être mis aux ordres du général de Fénelon. Considérez donc comme non avenus les ordres contenus dans ma dépêche du 25 août (n° 472) en ce qui concerne ces quatre régiments qui restent naturellement sous les ordres du général Lichtlin.

Le général de Fénelon conserve le commandement direct des 1ᵉʳ et 7ᵉ lanciers, et provisoirement du 4ᵉ chasseurs d'Afrique.

c) Opérations et mouvements.

Ordre de mouvement.

Rethel, 25 août.

En exécution des ordres contenus dans l'ordre de mouvement donné par le Maréchal commandant en chef à la date du 25 août, le 12ᵉ corps quittera Rethel demain, 26 août, pour aller prendre position en avant de Tourteron, sur le ruisseau de Saint-Lambert qu'il traversera ; le quartier général du général commandant en chef le 12ᵉ corps s'établira à Tourteron.

La division de cavalerie du général de Fénelon partira à 4 heures pour se rendre à Tourteron ; elle s'établira à gauche de ce village, un peu en arrière, de manière à laisser libre la route sur laquelle le corps d'armée passera la rivière un peu à droite de Tourteron. Dès son arrivée au bivouac, elle enverra un de ses régiments en avant d'elle à Lametz de manière à se relier avec le corps d'armée dont le quartier général sera au Chesne. Ce régiment s'éclairera sans dépasser à sa gauche le ruisseau des Prés et à sa droite le village de Montgon. Cette division passera, en quittant son bivouac, par Rethel, Resson, Doux, Coucy, Amagne, Sausseuil, Ecordal et arrivera à Tourteron.

La division de cavalerie du général Lichtlin suivra la division du général de Fénelon.

La cavalerie emmènera avec elle ses bagages; elle s'arrangera de manière à avoir complètement traversé Rethel, avant que l'infanterie, dont le mouvement commencera à 5 heures, passe par cette ville.

La 2ᵉ division d'infanterie partira de son bivouac à 5 heures. Elle sera suivie par la 1ʳᵉ division (Grandchamp), qui partira à 6 heures. La 3ᵉ division partira à 7 heures. Ces trois divisions emmèneront à l'arrière de chacune d'elles non seulement les ambulances divisionnaires, mais les voitures sur lesquelles elles auront leurs réserves de vivres.

Les parcs de l'artillerie et du génie, l'ambulance, les bagages de toutes sortes marcheront dans l'ordre qui a été antérieurement indiqué.

Le parc de réserve du 6ᵉ corps, qui est provisoirement attaché au 12ᵉ corps et qui est arrivé aujourd'hui à Rethel, se portera demain à Amagne.

La tête de colonne de l'infanterie suivra exactement la route qui a été indiquée pour la cavalerie, c'est-à-dire qu'elle passera à Rethel, Resson, Doux, Coucy, Amagne, Sausseuil, Ecordal et arrivera à Tourteron.

d) Situation.

DÉSIGNATION DES SERVICES.	OFFI-CIERS.	TROUPE.	CHEVAUX.
État-major général...................	11	28	29
Intendance, services administratifs, etc. (1).	»	»	»
Gendarmerie........................	1	13	»
1re DIVISION D'INFANTERIE.			
État-major, intendance, etc.............	10	»	25
Gendarmerie (2)....................	»	»	»
1re brigade. { 3 compagnies de chasseurs à pied (1er, 2e, 18e bataillon)........	8	482	1
22e de ligne...................	66	2,380	26
34e de ligne	67	2,369	37
2e brigade. { 58e de ligne...................	67	2,455	39
79e de ligne...................	67	2,294	12
3e et 4e batteries du 15e d'artillerie........	12	446	368
Génie.............................	4	157	18
2e DIVISION D'INFANTERIE.			
État-major, intendance, etc.............	13	93	91
Gendarmerie (2)....................	»	»	»
1re brigade. { 2 compagnies de chasseurs à pied (17e et 20e bataillon)........	6	315	»
1er de marche (1er, 6e, 7e). Colonel Lecomte, H. C.........	38	2,495	11
2e de marche (8e, 24e, 33e). Lieutenant-colonel Guyot, venant de la non-activité.............	42	1,807	12
2e brigade. { 3e de marche (40e, 62e, 64e). Lieutenant-colonel Bernier du 34e..	19	1,006	5
4e de marche (65e, 91e, 94e). Lieutenant-colon. Chauchard du 92e.	41	1,755	7
Artillerie..........................	15	406	364
7e compagnie du 1er régiment du génie......	5	155	18
3e DIVISION D'INFANTERIE (MARINE).			
État-major, commissariat, etc............	29	86	»
Gendarmerie	1	20	11
1re brigade. { 1er régiment de marine.........	67	2,337	29
2e — —	68	2,328	21

(1) Non parvenu.
(2) Manque.

DÉSIGNATION DES SERVICES.	OFFICIERS.	TROUPE.	CHEVAUX.
3ᵉ DIVISION D'INFANTERIE (MARINE) (*suite*).			
2ᵉ brigade. { 3ᵉ régiment de marine.........	68	2,290	31
4ᵉ — —	68	2,311	29
Artillerie...........................	16	516	418
11ᵉ compagnie du 2ᵉ régiment du génie.....	4	160	18
DIVISION DE CAVALERIE (Lichtlin)..........	»	»	»
ARTILLERIE DU 12ᵉ CORPS.			
État-major.........................	9	»	24
Batteries divisionnaires (1)..............	28	883	764
Réserve............................	28	1,104	1,023
Parc..............................	»	420	316
GÉNIE DU 12ᵉ CORPS.			
État-major.........................			
3 compagnies (2) (7ᵉ du 1ᵉʳ, 11ᵉ du 22ᵉ, 5ᵉ du 3ᵉ)........................	24	487	132
Parc..............................			
PARTIE DE LA DIVISION BISSON (6ᵉ CORPS).			
État-major et services administratifs.......	9	28	2
Gendarmerie........................	1	11	6
14ᵉ de ligne........................	65	2,241	29
20ᵉ —	69	2,401	30
31ᵉ —	65	2,290	32
Artillerie..........................	5	149	121
Génie.............................	5	108	21
ARTILLERIE DU 6ᵉ CORPS.			
État-major.........................	26	21	58
Batteries divisionnaires................	22	843	727
Réserve............................	32	1,302	1,163
Parc..............................	8	757	1,078
GÉNIE DU 6ᵉ CORPS.			
État-major.........................			
2 compagnies (11ᵉ du 3ᵉ, 14ᵉ du 3ᵉ).......	21	494	152
Parc..............................			

(1) Déjà comprises dans l'effectif des divisions.
(2) L'effectif des compagnies est déjà compris dans celui des divisions auxquelles elles appartiennent.

DÉSIGNATION DES SERVICES.	OFFI-CIERS.	TROUPE.	CHEVAUX.
Récapitulation.			
État-major général.......................	11	28	29
Intendance, services administratifs, etc.....	»	»	»
Gendarmerie.............................	1	13	»
1re division d'infanterie (y compris l'artillerie et le génie divisionnaire).................	291	10,583	526
2e division d'infanterie (y compris l'artillerie et le génie divisionnaire).................	166	8,029	508
3e division d'infanterie (marine) (y compris le génie divisionnaire)...................	321	10,039	556
Division de cavalerie (Lichtlin)............	»	»	»
Artillerie du 12e corps (état-major, réserve et parc)...............................	37	1,224	1,363
Génie du 12e corps (état-major et parc).....	14	302	117
Partie de la division Bisson (6e corps).....	219	6,828	241
Artillerie du 6e corps (état-major, réserve et parc)...............................	83	2,774	2,905
Génie du 6e corps (état-major, réserve et parc).................................	21	491	152
TOTAL..............	1,034	40,311	6,397

RÉSERVE DE CAVALERIE.

b) Organisation et administration.

Le maréchal de Mac-Mahon aux généraux Margueritte, Lebrun et Bonnemains.

Les 7e et 8e chasseurs, les 5e et 6e cuirassiers, qui sont attachés au 12e corps, le rejoindront aujourd'hui. Le 4e chasseurs d'Afrique, provisoirement rattaché au 12e corps, sera mis, dès que la chose sera possible, à la disposition du général Margueritte, qui gardera également avec lui jusqu'à nouvel ordre le 1er hussards et 6e chasseurs (brigade Tilliard).

D'après cette répartition, le général de Fénelon aura sous ses ordres trois brigades ainsi composées :

1re brigade : 1er et 7e lanciers ;
2e brigade : 7e et 8e chasseurs ;
3e brigade : 5e et 6e cuirassiers.

Le général Margueritte aura sous son commandement deux brigades :
1re brigade : 1er, 3e et 4e chasseurs d'Afrique ;
2e brigade : 1er hussards et 6e chasseurs.

c) Opérations et mouvements.

Le maréchal de Mac-Mahon au général Bonnemains.

25 août.

Le quartier général de l'Empereur sera demain, 26, à Tourteron ; Sa Majesté partira à 8 heures du matin et passera par Attigny. Veuillez faire éclairer la route de Rethel à Attigny jusqu'après le passage de Sa Majesté, sur la droite surtout, où pourraient se montrer quelques coureurs ennemis.

d) Situation.

Situation de la 2e division de réserve de cavalerie.

CORPS.	OFFICIERS.	TROUPE.	TOTAL.	CHEVAUX			VOITURES auxiliaires.
				dis- ponibles.	indis- ponibles.	TOTAL.	
État-major..................	13	7	20	33	»	33	»
1re brigade. { 1er cuirassiers........	30	370	400	342	27	369	»
{ 4e —	33	378	411	318	90	408	»
2e brigade. { 2e cuirassiers........	31	318	349	260	70	330	»
{ 3e —	35	406	441	244	110	354	»
Gendarmerie..................	1	18	19	15	»	15	»
Artillerie : 19e régim. (4e batterie)..	5	150	155	176	»	176	»
TOTAL..........	148	1647	1795	1388	297	1685	46

Rapport du Chef de bataillon commandant le 4e bataillon de mobiles de la Marne, au Ministre de la guerre.

Notre colonne, mise en route vers 1 heure du matin, le 25, arriva sans encombre aux abords d'Épense en passant par Saint-Quentin-les-

Marais, Bassu et Vanault. Nos hommes étaient sur quatre rangs, seule formation possible, conséquence de leur manque d'instruction. Ils suivaient la voie dite romaine qui couvre les hauteurs de ces parages : déjà tout entière elle était engagée sur ce plateau, quand des indices, sur lesquels je ne m'abusai pas, nous révélèrent au loin la présence de l'ennemi. (Sur toutes les routes, à l'horizon, d'épais nuages de poussière, et une couleur sombre qui tranchait avec la couleur naturelle du sol.) Bientôt nous vîmes s'avancer vers nous deux escadrons qui s'arrêtèrent à 1000 mètres environ et détachèrent des tirailleurs pour venir nous reconnaître. Je pus à grand'peine, mais intelligemment et puissamment secondé par M. le capitaine Dautry, du 65e, faire sortir des rangs une centaine d'hommes que nous disposâmes en tirailleurs en les opposant à ceux de l'ennemi, et je fis ouvrir sur les uhlans un feu qui fut et ne pouvait être, par l'inexpérience de mes mobiles, que complètement inoffensif.

Les cavaliers, nous ayant reconnus, s'en furent rejoindre leurs escadrons qui à leur tour rallièrent des colonnes qui se dessinaient nettement dans un horizon de plus en plus rapproché.

A ce moment de retraite que tous nos mobiles saluèrent joyeusement, mais sur la valeur duquel je ne me faisais pas illusion, j'ordonnai à la colonne une marche rapide pour gagner un obstacle qui m'apparaissait proche, et où il me fut possible d'abriter nos hommes.

J'arrivai à la ferme de la Basse, composée de vastes bâtiments d'exploitation clos par des murs en torchis faciles à créneler, entourés de haies vives solides, de plus présentant sur deux de ses abords des obstacles sérieux pour des cavaliers (des plantations, une mare d'eau assez étendue, une petite carrière).

En résumé, une excellente position que l'ennemi n'eût conquise qu'avec de grandes pertes si elle avait été défendue par 200 hommes exercés.

A peine ma 1re compagnie arrivait-elle en tête de la ferme que de tous côtés parurent les cavaliers prussiens : quatre escadrons appuyés par quatre pièces d'artillerie qui vinrent se mettre en batterie à 200 mètres à peine de la ferme, aux abords de la carrière.

Aussi rapidement qu'il me fut possible, je disposai derrière les haies les hommes qui m'étaient sous la main, et je vis les capitaines du 65e et le capitaine Bassuet, sur ma gauche, le capitaine Laffrique, sur ma droite, déployer à cette heure suprême complète activité et vaillant courage, pour rallier autour d'eux quelques soutiens ; le reste du bataillon s'était jeté dans la ferme.

Nous avons reçu les Prussiens à coups de fusil; mais ici encore, comme à Épense, les coups tous tirés trop bas furent presque sans effet, malgré les quelques pas à peine qui nous séparaient de l'ennemi.

J'ai vu cependant frapper et tomber l'un des chefs de cette cavalerie, mais avec lui un ou deux chevaux seulement.

Se firent entendre en même temps quelques obus : alors, sans que nul pouvoir humain pût y faire obstacle, malgré l'énergie de mes officiers et leur exemple, ainsi que celui de quelques gradés, mes mobiles se sont débandés et ont cherché leur salut dans la fuite, jetant bas armes et cartouches, mais bientôt ils étaient rejoints et ramenés par ces cavaliers facilement victorieux.

Le seul point où une résistance un peu énergique s'est prolongée fut aux abords d'une meule de paille protégée par une haie, où fut tué vaillamment un sous-lieutenant, M. Lorette, et où sont tombés, blessés gravement, trois capitaines du 65e et plus légèrement M. le capitaine Bassuet. J'estime à quarante environ, tout au plus, le nombre d'hommes qui restèrent avec nous autour de cette meule, où nous fûmes roulés et renversés, et enfin obligés de nous rendre.

A partir de ce moment, l'ennemi, qui jusqu'alors nous avait attaqués et vaincus en soldats, ne fut plus pour nous que brutal et cruel, jusqu'à ce que, quelques heures de là, il devint notre bourreau.

J'ai vu mes compagnons de tous grades ramenés à coups de hampe de lance ou de plat de sabre ; et moi-même je fus frappé vingt fois et roulé tout autant par terre ; les injures, les épithètes les plus grossières ne nous furent pas ménagés, et c'est ainsi que nous fûmes rassemblés près de Sivry-sur-Ante, à 1 kilomètre environ de la Basse.

Là survint un état-major dont le chef prononça tout d'abord, sinon un ordre, du moins des paroles que j'ai parfaitement comprises. Il parlait de nous fusiller, nous jugeant, à notre tenue, pour des francs-tireurs.

Je pus toutefois lui donner quelques explications qu'il voulut bien heureusement accueillir, et précédés de nos blessés, chargés sur des voitures, nous fûmes dirigés sur Sivry, où nous rallièrent plus d'un de nos malheureux compagnons, les uns attachés à la selle des cavaliers, les autres brutalement à la queue même des chevaux.

Le chef de notre escorte requit une charrette où, par ordre, il fit entasser tous les officiers et nous prîmes tristement la route de l'exil.

Nous gagnons Passavant de sinistre mémoire ; déjà la tête de colonne composée de la voiture des officiers, en était distante de quelques cents mètres, et j'estime que les derniers de nos mobiles avaient à peine franchi le village, que soudain un coup de feu retentit : (ici, mes investigations, mes recherches les plus complètes sont muettes sur l'origine exacte de ce coup de feu), et je vis un cavalier de l'escorte rouler sur le côté droit de la route.

Tous, nous crûmes à une attaque de délivrance, mais notre joie et notre espoir de courte durée, firent bientôt place à une poignante douleur devant le spectacle de la plus horrible cruauté.

J'ai vu ces hommes n'ayant plus d'hommes que la forme se précipiter sur mes compagons sans défense, les charger avec leurs chevaux les frapper sans pitié ; je les ai vus les assassiner avec la plus grande lâcheté ; ivres de vin ou de rage, je les ai vus s'acharnant sur des blessés, sur des morts et les mutilant sans humanité.

A notre premier mouvement de descendre de la charrette pour rallier nos hommes, un officier de l'escorte avec quelques cavaliers, tous le revolver au poing, et le premier surtout, l'injure à la bouche, nous obligèrent à demeurer les témoins navrés et impuissants de tant d'horreurs. Sous les yeux mêmes de cet officier, des Prussiens s'en vinrent nous cracher à la figure, nous ont frappés à coups de crosse et ont arraché, à moi et à un de mes capitaines, nos croix d'honneur sur nos poitrines.

Ces infâmes s'exaltaient dans leur rage, et leur boucherie allait durer jusqu'au dernier de nous, quand survint un cavalier qui devait être un chef supérieur et qui fit cesser cet affreux massacre. Par ses ordres, nos blessés encore valides et tous les survivants durent continuer leur triste route. Ici, encore un acte de cruauté : nous voulûmes en vain donner notre charrette à nos blessés, nous ne pûmes recueillir qu'un seul d'entre eux, un percepteur qui vint prendre la place d'entre nous demeurant debout.

Ce ne fut que loin de ce lieu sinistre que notre escorte, devenant moins sévère, me permit de descendre avec quelques officiers, et nous fûmes remplacés par des blessés jusqu'à un village dont j'ignore le nom où les Prussiens, prenant des chevaux et des voitures de renfort, nous firent tous remonter.

RENSEIGNEMENTS

Le Préfet de l'Aube au Ministre de l'intérieur (D. T.).

Troyes, 25 août, 12 h. 45 matin. Expédiée à 2 h. 59 matin (n° 35835).

Je vous envoie immédiatement tous les renseignements que je reçois :

Le maire de Chavanges informe que le courrier de Brienne à Vitry a été obligé de rétrograder devant un gros détachement de cuirassiers blancs prussiens campés à Saint-Remy et dans les environs. Les soldats disent devoir partir demain matin dans la direction de Sommesous.

Le même au même (D. T.).

Troyes, 25 août, 6 h. 25 matin. Expédiée à 7 h. 25 matin (n° 35849).

De forts détachements de cavalerie prussienne occupent Doulevant et les communes voisines depuis hier soir. Le maire de Doulevant en a donné avis officiel à Bar-sur-Aube. Il pense qu'ils se dirigeront en partie aujourd'hui sur Brienne-Napoléon.

Le Ministre de la guerre au maréchal de Mac-Mahon, à Rethel (D. T.). (*Faire suivre.*)

Paris, 25 août, 7 h. 50 matin (n° 26812).

Le préfet de l'Aube m'informe que des Prussiens ont été vus à Gigny-aux-Bois, Bussy, Arzillières et Saint-Remy-en-Bouzemont (Marne). Suivant avis du maire de Brienne, l'ennemi aurait évacué Vassy et Saint-Dizier pour reprendre la route de Metz.

D'autre part, le préfet de la Marne me télégraphie que, dans la journée du 24, 140 cavaliers ennemis ont occupé Châlons, gardé à vue les portes de la ville et de la préfecture, et sont partis précipitamment vers 6 heures, rebroussant chemin.

Le Préfet au Ministre de l'intérieur (D. T.).

Chaumont, 25 août, 8 h. 45 matin. Expédiée à 10 h. 35 matin (n° 35938).

Les fortes colonnes du corps d'armée du Prince royal qui occupaient Soulosse, Coussey, Grand et Gondrecourt sont descendues sur la Marne et la Blaise. Joinville est occupé depuis lundi. Des troupes nombreuses, cavalerie, artillerie, infanterie sont passées hier à Joinville se dirigeant vers Saint-Dizier par les vallées de la Marne et de la Blaise. Le Nord de l'arrondissement de Vassy est complètement envahi.

Le Préfet au Ministre de la guerre (D. T.).

Épinal, 25 août, 9 h. 20 matin. Expédiée à 9 h. 50 matin (n° 35910).

L'ennemi faisant des réquisitions d'hommes pour faire les tranchées devant Strasbourg, les jeunes gens d'Alsace et des environs se réfugient dans les Vosges et demandent à s'engager. Ils sont sans papiers et ne peuvent s'en procurer.

Dois-je les engager ?

En marge au crayon : « Oui. »

M. de la Tour au Ministre du commerce (D. T.).

Épinal, 25 août, 11 h. matin. Expédiée à 1 h. 15 soir (n° 35989).

N'ayant pas reçu contre-ordre, je poursuis mon affaire ; je pars d'Épinal pour Charmes avec wagons pour embarquer les acquisitions faites sur confins Meurthe et Vosges jusqu'à Lunéville même ; les bruits rapportés hier sur ma route par des réquisitionnaires échappés, sont confirmés par des gens qui m'arrivent de Nancy et de Lunéville. Dans ces deux villes, il n'est bruit que de la défaite de Steinmetz par Bazaine, au-dessus de Toul. J'aime mieux ne pas vous donner détails dans crainte qu'ils ne soient exagérés ; ce serait trop beau.

Le Procureur impérial au Garde des sceaux (D. T.).

Montmédy, 25 août, 11 h. 8 matin. Expédiée à 12 h. 5 soir (n° 35973) (1).

Des troupes prussiennes seraient cantonnées entre Châtillon-sous-les-

---

(1) Les deux dépêches expédiées à 12 h. 5 et à 12 h. 50 ont reçu à Paris le même numéro.

Côtes, Soumazannes, Gremilly et à Azannes. A Ornes seraient passés 3 régiments de hussards, 2 régiments de lanciers, 2 régiments de cuirassiers, de l'artillerie avec 10 pièces, 1 bataillon d'infanterie escortant un convoi de bagages. Ces troupes se dirigeaient sur Varennes par Beaumont, Samogrieux, Brabant, Consenvoye et Vilosnes.

Ce matin, on me fait connaître de Stenay que les bois de Liondevant-Dun, Louppy et Murvaux sont remplis de troupes prussiennes qui, prévenues sans doute de l'approche d'un corps d'armée français, s'informent de sa position ; à Azannes, Ornes et Grémilly-sous-les-Côtes, l'ennemi se serait fait livrer par force des quantités assez considérables de pain, de blé et de fourrages et aurait pillé les villages en se retirant ; les populations des campagnes sont exaspérées.

Le maréchal de Mac-Mahon au Commandant de place, à Montmédy (D. T.).

Rethel, 25 août, 1 h. 35 soir. Expédiée à 2 heures soir (n° 26948).

Le préfet d'Épinal annonce que le bruit court que le maréchal Bazaine aurait remporté un avantage sérieux sur Steinmetz entre Toul et Pont-à-Mousson. Faites votre possible pour vérifier cette nouvelle qui ferait reporter vers l'Ouest les troupes bloquant Metz. Ces troupes ont-elles fait un mouvement ?

Le Procureur impérial au Ministre de la justice (D. T.).

Épinal, 25 août, 11 h. 15 matin. Expédiée à 12 h. 50 soir (n° 35973) (1).

Des renseignements assez précis venus de divers côtés et de différentes sources accréditent ici la nouvelle d'un grand succès remporté par M. le maréchal Bazaine sur l'armée de Steinmetz, mais ces renseignements n'ont aucun caractère officiel. Les corps prussiens campés aux environs de Neufchâteau se replient vers Toul ; rien dans l'arrondissement d'Épinal. Avant-hier, un corps ennemi de 7,000 hommes environ a passé à Bayon, suivant la même direction que les précédentes vers Haroué et Colombey.

---

(1) Les deux dépêches expédiées à 12 h. 5 et 12 h. 50 ont reçu à Paris le même numéro.

Le Préfet au Ministre de la guerre (D. T.).

Chaumont, 25 août, 11 h. 45 matin. Expédiée à 1 h. 25 soir (n° 35998).

Hier 24 août, depuis 11 heures du matin, 15,000 Prussiens, cavalerie et infanterie, sont arrivés à Vaucouleurs par la route de Toul. Ils se sont divisés en deux colonnes et ont pris les deux routes qui, à partir de Vaucouleurs, aboutissent à Gondrecourt; on m'apprend qu'il est arrivé aussi le même jour à Colombey un corps assez considérable de troupes et qu'il se dirige rapidement sur Vaucouleurs. Beaucoup d'infanterie.

Le Commandant de place au Ministre de la guerre (D. T.).

Neuf-Brisach, 25 août, 12 h. 31 soir. Expédiée à 3 h. 30 soir (n° 36070).

A Rhinau, un pont est établi pour le passage de l'artillerie et des approvisionnements de l'ennemi ; un petit corps de troupes partant de Schlestadt ou de Neuf-Brisach pourrait faire un bon coup.

En marge au crayon : « A présenter au Ministre. »

Le maréchal de Mac-Mahon au Préfet des Vosges, à Épinal (D. T.).

Rethel, 25 août, 1 h. 15 soir. Expédiée à 2 h. 5 soir (n° 26946).

Faites tout le possible pour avoir des renseignements plus précis sur le combat qu'aurait livré le maréchal Bazaine à Steinmetz entre Toul et Pont-à-Mousson. Remontez à l'origine du bruit que vous signalez et faites-nous la connaître immédiatement. Informez-vous de toutes manières si ce bruit a quelque fondement. C'est de la plus haute importance. Promettez dix mille francs à celui qui vous apportera en temps utile des nouvelles du maréchal Bazaine.

Le Sous-Préfet au Ministre de l'intérieur (D. T.).

Langres, 25 août, 2 h. 10 soir. Expédiée à 3 h. 5 soir (n° 36061).

Les détachements de uhlans qui avaient été signalés sur différents points de mon arrondissement viennent de se replier sur le corps du Prince royal qui se dirige sur Châlons.

Le Sous-Préfet au Ministre de l'intérieur et au Préfet des Vosges, à Épinal (D. T.).

Mirecourt, 25 août, 3 h. 9 soir. Expédiée à 6 h. 25 soir (n° 36464) (1).

Un brigadier forestier déguisé, sorti de Toul ce matin et porteur de quelques lignes écrites à la hâte par inspecteur forêts, me prie, de la part de mon collègue, de faire connaître au Gouvernement que cette ville, investie, attaquée le 17 août et jours suivants par Prussiens en nombre considérable, se maintient et refuse de se rendre. Bombardement a eu lieu : 15 tués ou blessés parmi assiégés, trois maisons brûlées, pertes nombreuses de la part des assiégeants ; hier, moitié assiégeants partis direction Nancy. Toul a encore dix jours de vivres et demande renfort de troupes.

Prussiens font circuler nouvelles de reddition de Metz, Strasbourg, Verdun et de mort de Mac-Mahon.

Le Préfet aux Ministres de l'intérieur, de la guerre, au maréchal de Mac-Mahon et au général à Langres (D. T.).

Chaumont, 25 août, 3 h. 20 soir. Expédiée à 4 h. 25 soir (n° 36106).

D'après un renseignement donné par le bureau télégraphique de Troyes, l'ennemi serait à Brienne.

Le Directeur des télégraphes à l'inspecteur Amiot (D. T.).

Sedan, 25 août, 5 h. soir. Expédiée le 26 à 5 h. 15 matin (n° 36398).

Je vous communique la dépêche suivante :

Commandant place à général, Mézières.

« Maire d'Inor affirme 10,000 Prussiens avoir couché le 23 à Brieulles ; même nuit, 30 uhlans à Dun. Des bûcherons assurent avoir vu artillerie dans bois du Dieulet.

---

(1) Expédiée au maréchal de Mac-Mahon à 7 h. 45 soir, transmise à Rethel à 8 heures du soir (n° 27090).

« Demande, pour avoir nouvelles de Verdun, à Montmédy de détacher 6 cuirassiers à Mouzon. »

Le Préfet au général de division Besançon, et au Préfet de Seine-et-Marne (D. T.).

Chaumont, 25 août, 5 h. 15 soir. Expédiée à 7 h. 30 soir (n° 36213).

Hier, le Prince royal était encore à Saint-Dizier avec 6,000 hommes. Une partie de son armée a traversé Joinville, se dirigeant sur la Marne.

Le Préfet aux Ministres de la guerre et de l'intérieur (D. T.).

Troyes, 25 août, 5 h. 30 soir. Expédiée à 6 h. 30 soir (n° 36201).

L'ennemi à Chavanges paraît se diriger sur Rosnay ; éclaireurs près de Brienne-Napoléon. Communications télégraphiques interrompues. Vallée de la Blaise occupée par la cavalerie ennemie. Quantité de détachements des équipages auxiliaires en destination de Troyes et dirigés sur Paris par ordre de l'intendance.

Le Sous-Préfet au Chef du 2ᵉ bataillon de la garde nationale mobile, à Châtillon-sur-Seine (D. T.).

Bar-sur-Aube, 25 août, 5 h. 45 soir. Expédiée à 7 h. 25 soir (n° 36241).

Des forces prussiennes appartenant au corps du Prince royal ont occupé depuis hier l'arrondissement de Vassy et se sont dirigées sur Saint-Remy-en-Bouzemont. J'ai reçu la nouvelle qu'un détachement allait de Montiérender à Brienne-Napoléon. Ce fait n'a pu être confirmé encore.

Le Sous-Préfet au Ministre de l'intérieur (D. T.).

Schlestadt, 25 août, 6 h. 11 soir. Expédiée à 9 h. 50 soir (n° 36313).

Je reçois de Strasbourg la dépêche suivante du préfet à Ministre intérieur :

« Le 15 août, à 11 heures soir, canonnade ennemie sur la ville, plusieurs maisons atteintes ; le 19 à minuit, nouvelle canonnade qui a incendié sept grandes maisons du faubourg national. Le 20, à 7 heures du matin, canonnade recommencée, tué cinq enfants dans une maison. Hier soir, le bombardement régulier a recommencé ; il continue sans trêve; l'ennemi tire sur la ville sans égard pour les habitants inoffensifs; ceux-ci montrent grand patriotisme. Nous espérons du secours gouvernemental. »

Le Sous-Préfet aux Ministres de la guerre et de l'intérieur (D. T.).

Schlestadt, 25 août, 6 h. 12 soir. Expédiée à 10 h. 50 (n° 36312).

Je reçois du maire de Benfeld renseignements suivants : Cette nuit, Strasbourg aurait été bombardé; on aurait vu grand incendie. Autre renseignement venu aujourd'hui de la femme du commandant de recrutement de Bourges, qui a quitté ce matin Geispolsheim avec sauf-conduit du général Keller : l'ennemi prétend avoir 25,000 hommes autour de Strasbourg; cette dame affirme que Strasbourg aurait été bombardé toute cette nuit et qu'elle a remarqué un incendie violent; elle aurait vu à Geispolsheim, ces jours-ci, trois de nos canons et passer prisonniers sergent turco, deux soldats de ligne et deux mobiles.

Le Sous-Préfet au Sous-Préfet de Provins (D. T.).

Épernay, 25 août, 6 h. 45 soir. Expédiée à 8 h. 55 soir (n° 36282).

Les coureurs ennemis n'ont pas, jusqu'à présent, dépassé Châlons de notre côté.

Le capitaine Vosseur au maréchal de Mac-Mahon, à Rethel (D. T. Ch.).

Montmédy, 25 août, 7 h. 45 soir. Expédiée à 9 h. 35 soir (n° 36311).

Armée ennemie paraît marcher sur Varennes. Des cavaliers formant éclaireurs de droite ont été vus les 23 et 24 à Damvillers. On évalue à 25,000 la force ennemie qui a passé le 24 par Azannes, Chaumont-devant-Damvillers, se rendant à Consenvoye. On assure que 60,000 ennemis ont passé la Meuse sur bateaux à Bras, vis-à-vis Charny aujourd'hui. Verdun paraît bloqué par quelque milles hommes sur lesquels la place aurait tiré hier. Aucun avis donnant crédit au renseignement d'Épinal.

Le Ministre de la guerre au maréchal de Mac-Mahon, à Rethel (D. T.). (*Faire suivre*).

Paris, 25 août, 7 h. 50 soir. Transmise à Rethel à 8 h. 11 soir (n° 27091).

Le préfet de l'Aube me communique la dépêche suivante : « Le bureau télégraphique de Brienne prévient celui de Bar-sur-Aube que les Prussiens sont tous à 3 kilomètres de Brienne, sur la route de Montiérender. »

Le préfet de la Marne me télégraphie en outre que le Prince royal de Prusse était encore à Saint-Dizier, avant-hier 23.

Le Sous-Préfet aux Ministres de l'intérieur et de la guerre (D. T.).

Épernay, 25 août, 8 h. 5 soir. Expédiée à 10 h. soir (n° 36314).

Des nouvelles me sont apportées par le commissaire spécial du camp de Châlons et un citoyen dévoué, le sieur Bouvier, propriétaire, marchand boucher, qui lui a donné les moyens de transport.

450 dragons, commandés par un major, se trouvent au camp. Ils appartiennent au corps d'armée du Prince royal. Ils explorent la route de la voie romaine. Ils sont aussi échelonnés du côté de Châlons, dans la direction de Bar-le-Duc. On évalue la force ennemie détachée dans tout le pays environ à 2,000 hommes. Ils ont pillé hier au soir le bureau de poste, se sont emparés le matin de dépêches adressées, dit-on, à des généraux, et ont jeté le reste du courrier dans les bois. Il m'en apporte. Elles étaient envoyées ce matin par le courrier de Châlons.

Le détachement du camp a pillé la ferme impériale; ils ont pris 14 chevaux et les bestiaux modèles; ils se conduisent d'une façon brutale avec les autorités et les habitants.

En marge : Transmise au maréchal Mac-Mahon.

Le Commandant de place au maréchal de Mac-Mahon, à Rethel (D. T.).

Montmédy, 25 août, 9 h. 40 soir. Expédiée le 26 à 5 h. 30 matin (n° 36342).

Maire de Stenay prévient que les Prussiens venant de Dun se dirigent sur Stenay, entre Mouzay et Stenay, et occupent toute la ligne de la Meuse au bois. Pas de nouvelles du maréchal Bazaine.

Des émissaires partis ce soir; je rendrai compte à leur rentrée.

En marge au crayon : Communiqué maréchal de Mac-Mahon.

Le Sous-Préfet au Ministre de l'intérieur (D. T.).

Verdun, 25 août. Expédiée le 27 à 1 h. 35 soir (n° 37231).

Hier 24 août, à 9 heures du matin, Verdun a été attaqué par un corps prussien de 8,000 à 10,000 hommes, commandé par le prince de Saxe. 4,000 environ ont été engagés, infanterie et artillerie.

Après un combat très vif de trois heures, pendant lequel plus de 300 obus ont été lancés contre la ville, les Prussiens, fort maltraités par notre artillerie, ont été repoussés sur toute la ligne. Les pertes sont relativement considérables. Nos pièces, servies en majeure partie par la garde nationale sédentaire, ont fait de grands ravages.

Nous avons eu 5 hommes tués, savoir :
  3 gardes nationaux sédentaires ;
  1 mobile ;
  1 fantassin.

12 blessés, dont 4 grièvement.

L'ennemi a tiré sur l'ambulance de l'évêché qui a reçu 17 projectiles, y a tué deux personnes de service et blessé une troisième.

La population a été admirable de patriotisme et de mâle énergie.

Journée du 26 août.

ÉTAT-MAJOR GÉNÉRAL.

a) Journal de marche.

Le 26, l'armée continue son mouvement en avant vers l'Est.

Le 1er corps va s'établir à Semuy, Neuville et Montgon, se reliant avec les 5e et 7e corps. Quartier général à Semuy.

Le 5e corps se porte au Chesne, occupant Bairon et se reliant par sa droite avec le 1er corps. Quartier général au Chesne.

Le 12e corps prend position en avant à Tourteron sur le ruisseau de Saint-Lambert, qu'il traverse. Quartier général à Tourteron.

Le 7e corps fait séjour à Vouziers, se reliant par sa gauche avec le 1er corps, et poussant des postes avancés dans les directions de Grand-Pré et de Buzancy.

La division de cavalerie du général Bonnemains se porte à Attigny.

La cavalerie du général Margueritte passe le canal pour aller s'établir aux Petites-Armoises et à Tannay, avec mission de pousser au loin des reconnaissances.

Grand quartier général à Tourteron.

Un convoi de vivres, venu de Verdun à Rethel, est dirigé le 26, partie sur Attigny, partie sur Tourteron ; ces deux convois sont escortés chacun par un escadron de cavalerie.

Dans la soirée du 26, les avant-postes du 7e corps, établis à Grand-Pré et à Buzancy, signalent l'approche de forces ennemies considérables. Le poste de Buzancy est obligé de se retirer à Boult-aux-Bois; celui de Grand-Pré est sur le point de se retirer également. Dans cette situation, le général Douay fait prendre à son corps des positions de combat, s'attendant à être attaqué dans la nuit ou au point du jour. Une brigade est dirigée sur Grand-Pré pour renforcer le régiment qui s'y trouvait un peu en l'air. Le reste des troupes prend position entre Boult-aux-Bois et Vouziers, le gros des forces à Longwé. Le 4e hussards a un engagement avec la cavalerie ennemie et lui fait quelques prisonniers.

Ces nouvelles, parvenues au grand quartier général dans la soirée, font croire à une rencontre pour le lendemain. En conséquence, le Maréchal modifie l'ordre de marche qui avait été donné pour le 27, et par suite duquel l'armée devait continuer son mouvement vers l'Est. Les divers corps devront se porter vers le Sud, de manière à appuyer le 7ᵉ corps et à pouvoir entrer en ligne le cas échéant. En même temps, le maréchal donne avis de ces mouvements au général Douay, en lui prescrivant de s'engager carrément si l'ennemi se présente.

Souvenirs inédits du maréchal de Mac-Mahon.

Le 26 août, l'armée continua son mouvement vers l'Est.
Le 1ᵉʳ corps établit son quartier général à Semuy.
Le 5ᵉ au Chesne-Populeux.
Le 12ᵉ à Tourteron.
Le 7ᵉ à Vouziers.
Le général Margueritte passa le canal pour aller s'établir aux Petites-Armoises, avec mission de pousser au loin des reconnaissances. La division Bonnemains se porta à Attigny.
Le grand quartier général à Tourteron.
La brigade Bordas, de la division Dumont du 7ᵉ corps, à Grand-Pré et Buzancy.

Dans la soirée, le général Bordas fit connaître au général Douay que, menacé par des forces supérieures, il rétrogradait sur Buzancy et un peu plus tard sur Boult-aux-Bois.

Le général Bordas reconnut bientôt qu'il n'avait devant lui que quelques escadrons ennemis et se reporta alors sur Grand-Pré, qu'il occupa de nouveau sans coup férir.

Au moment où le général Douay recevait ce rapport, il était informé d'autre part par le 8ᵉ lanciers, établi au Sud de Vouziers, qu'un gros détachement de uhlans s'avançait près de Monthois.

La cavalerie signalée à Buzancy et à Vouziers était l'avant-garde de la cavalerie ennemie dirigée par le commandant de l'armée de la Meuse et celui de la IIIᵉ armée.

Ces deux renseignements peu exacts firent penser au général Douay qu'il avait devant lui des forces considérables.

Par suite, il envoya la 2ᵉ brigade de la division Dumont soutenir la 1ʳᵉ et prit des dispositions pour se mettre à même de livrer bataille sur les positions de la rive droite de l'Aisne près de Vouziers, entre Chestres et Falaise. Il les fit fortifier. Dès que j'eus reçu les renseignements du général Douay, je lui ordonnai de faire charger sa cavalerie afin d'essayer de ramener des prisonniers et de savoir par eux quelles étaient les forces de l'ennemi.

Le général prescrivit au 4ᵉ hussards, attaché à la brigade Bordas, de charger à fond les premières troupes de cavalerie qu'il rencontrerait. Le régiment n'avait devant lui que quelques escadrons. Il ramena des prisonniers dont les réponses firent supposer que nous avions devant nous l'armée du prince de Saxe.

Pensant que nous aurions peut-être à livrer bataille le lendemain, je donnai les ordres pour que, suivant les circonstances, les différents corps puissent appuyer le 7ᵉ ou continuer leur marche vers l'Est.

Toujours sans nouvelles du maréchal Bazaine, j'invitai le colonel Stoffel à faire de nouveaux efforts pour découvrir où il se trouvait.

J'adressai au général commandant la place de Sedan la lettre suivante :

« Il est de la plus haute importance de savoir en ce moment où se trouve le maréchal Bazaine. Employez donc tous les moyens possibles pour avoir de ses nouvelles. Je mets à votre dispositions tous les fonds nécessaires : 10,000, 15,000, 20,000 francs à quiconque me rapporterait un mot de lui me faisant connaître sa situation.

« Vous avez à Sedan le capitaine du génie Mélard, que l'on dit très intelligent, très énergique. Chargez-le de trouver des agents capables de remplir cette mission. S'il voulait s'en charger lui-même, il rendrait au pays un immense service. S'il ne pouvait parvenir jusqu'au Maréchal, ce serait déjà beaucoup de s'assurer qu'il n'a pas quitté Metz et, dans le cas contraire, de savoir quelle direction il a prise. Tenez-moi au courant des nouvelles que vous pourriez recueillir. »

Je lui envoyai en même temps, pour le maréchal Bazaine, la dépêche suivante :

Maréchal Mac-Mahon au maréchal Bazaine.

Tourteron, 26 août.

« J'occupe, aujourd'hui 26, Vouziers et le Chesne avec plus de 100,000 hommes. L'ennemi, en forces, étant déjà entre la Meuse et l'Aisne, et le Prince royal ayant dépassé Saint-Dizier, je ne crois pas pouvoir me porter beaucoup plus loin vers l'Est sans avoir de vos nouvelles et connaître vos projets, car si l'armée du Prince royal marche sur Rethel, je serais obligé de me retirer. »

b) Organisation et administration.

Le Général commandant l'artillerie au Général commandant le parc de l'armée du Rhin, à Mézières (D. T.).

Douai, 26 août, 12 h. 35 soir (n° 22004).

Je fais partir, aujourd'hui 26 août, à 4 h. 35 du soir : 3 chariots de parc pour canons à balles, 1 chariot poudre en barils, 1 chariot ustensiles d'artifices, 2 affûts de rechange de 12, 26 caissons de cartouches modèle 1866, 2 caissons de cartouches modèle 1863, 7 affûts de rechange de 4, 30 caissons pour le 4. Ce matériel est accompagné par un officier d'État. La 9ᵉ compagnie bis, qui doit atteler ce matériel, arrivera en deux détachements, l'un dans la journée et l'autre ce soir.

Le Général commandant l'artillerie au général Mitrecé, directeur du grand parc, à Tourteron (D. T.).

Douai, 26 août, 1 h. 15 soir (n° 22003).

45 wagons chargés du matériel de la fraction 1 du grand parc arriveront à Hirson à 10 h. 40 ce soir et se dirigeront ensuite sur Mézières.

Le train arrivera en deux détachements, dont le dernier sera à Mézières deux heures environ après l'arrivée du matériel.

c) Opérations et mouvements.

Le maréchal de Mac-Mahon au Commandant supérieur, à Montmédy (D. T.).

Le Chesne, 26 août, 9 h. 20 matin. Reçue à 12 h. 35 (n° 810).

Envoyez-moi à Le Chesne, par le télégraphe, les renseignements que vous pourrez avoir sur le maréchal Bazaine.

Le Ministre de la guerre à l'Empereur, à Rethel (D. T.). (*Faire suivre*).

Paris, 26 août, 10 h. 25 matin.

C'est sur la stupéfaction que le projet dont j'avais parlé produirait sur l'armée prussienne et sur la population allemande, que je comptais pour surexciter le patriotisme des Alsaciens. En admettant que Paris succombât, la guerre ne serait pas terminée; il faudrait prendre une ligne de défense derrière la Loire et épuiser les forces des Prussiens.

Puisque l'Empereur n'adhère pas à ce projet, je vais concentrer les forces près de Paris, dans les mains de Wimpffen, à moins que Votre Majesté ne m'envoie un général vigoureux et capable ; j'ai tout employé ici.

Le Ministre de la guerre au Général commandant, à Reims (D. T.).

Le service du génie a l'ordre d'exécuter des travaux de défense à Reims. Prêtez à cet ordre le concours de votre autorité.

Ordre de mouvement pour le 27 août.

Le Chesne, 26 août, 10 h. 30 soir.

Demain 27 août, toute l'armée se portera en avant.

Le général Douay, commandant le 7ᵉ corps, établi à Vouziers, a devant lui des forces considérables ; son avant-garde, qui était à Grand-Pré, s'est repliée sur Buzancy. Le 7ᵉ corps s'est porté sur Longwé.

Le 1ᵉʳ corps se mettra en marche au point du jour, par la route de Semuy, Voncq, Terron, Vandy, pour se relier au 7ᵉ corps et le soutenir.

Le 5ᵉ corps, général de Failly, qui est au Chesne, partira à 3 heures du matin et marchera dans la direction de Buzancy par les deux routes qui y conduisent, celle de Châtillon et celle de Brieulles.

Le 12ᵉ corps, général Lebrun, se mettra en mouvement à 3 heures du matin, passera le canal à Montgon et se portera à Châtillon par la route qui conduit à ce point.

La division de réserve, général Bonnemains, partira à 5 heures du matin, se portera par Tourteron à Montgon, où elle traversera le canal, et suivra ensuite le 12ᵉ corps. La cavalerie du général Margueritte surveillera au loin toutes les routes dans la direction de Stenay, de Dun, etc.

Tous les bagages, sans exception, et voitures portant des approvisionnements autres que des munitions, resteront en arrière du canal ; ceux des 1ᵉʳ et 12ᵉ corps seront laissés à hauteur de Montgon ; ceux du 5ᵉ corps resteront en arrière du Chesne.

On devra faire en sorte que toutes les voitures laissent les routes libres aux troupes.

Le Maréchal marchera en tête du 12ᵉ corps.

Un bataillon par corps d'armée sera laissé à la garde des bagages, qui devront être réunis et parqués.

1er CORPS.

a) Journaux de marche.

Souvenirs personnels du capitaine Peloux.

Les divisions reçoivent l'ordre de se tenir prêtes à faire le 26 un mouvement en avant, mais de très faible étendue, et qui ne doit commencer qu'à midi.

Des nouvelles arrivées dans la nuit modifient ces dispositions et les divisions se mettent en marche dès 6 heures du matin.

Le général Ducrot précède les divisions à Voncq et à Semuy, et installe son quartier général au moulin de Semuy. La journée se passe en distributions de vivres. Les troupes se rendent le long du canal pour y recevoir des rations de biscuit, de sucre et de café ; les distributions ne finissent que fort avant dans la nuit. Le soir, conseil de guerre auquel assistent les généraux commandant les divisions, le général Michel, commandant la division de cavalerie.

La présence de l'ennemi ayant été signalée à Buzancy et le corps qui s'y trouvait attaqué, l'on décide que le 1er corps se portera dès la pointe du jour le lendemain, sur deux colonnes, dans la direction de Vouziers.

La colonne de gauche (4e et 3e divisions) par les Alleux et Quatre-Champs. La colonne de droite (1re et 2e) par Terron et Vandy. La cavalerie, à droite de cette colonne, doit éclairer la route. Le parc, les bagages restent à Voncq, qui demeure occupé par une brigade sous les ordres du général de Bellemare et que le génie doit fortifier.

2e DIVISION.

D'Attigny à Semuy.

La 2e division, arrivée à Semuy après une route longue et rendue pénible par la pluie, avait campé en avant de ce village, vers le Nord-Est, quand, à 5 heures du soir, sur une fausse alerte, l'ordre lui est donné de lever son camp pour aller s'établir en avant du village de Voncq et le couvrir dans la direction du Sud-Est.

Ce mouvement dut être exécuté si précipitamment, que les troupes qui venaient de mettre la soupe sur le feu durent la jeter.

Deux compagnies du 16e bataillon de chasseurs occupèrent le village de Voncq pendant la nuit, tandis que le reste de la division s'établissait au bivouac dans la position qui lui avait été indiquée.

3ᵉ DIVISION.

Départ de Givry à 9 heures du matin. La division traverse le village de Voncq par un temps affreux et vient camper dans la plaine au bas de ce village et près de Neuville.

4ᵉ DIVISION.

Journal privé du colonel d'Andigné, chef d'état-major.

Pluie continue dans la nuit et toute la matinée.
Départ à 10 heures.
Nous n'arrivons qu'à 3 heures sur le plateau en avant de Voncq. La distance n'est que de 10 kilomètres, mais la rampe est assez forte et la pluie, en rendant le terrain glissant, a obligé à doubler quelques attelages et par suite la marche a été retardée.

Cette position, couverte en arrière par l'Aisne et au Nord par le canal de l'Aisne à la Meuse, est sans abri vers l'Est.

La 4ᵉ division bivouaque sur le plateau dit du Moulin-à-Vent, proche du canal, sur un terrain rendu fangeux par l'orage épouvantable du matin.

c) Opérations et mouvements.

Ordre de mouvement.

Quartier général à Neuville, 26 août.

Demain le 1ᵉʳ corps se mettra en mouvement, la 4ᵉ division en tête. Elle aura un régiment d'avant-garde, avec une section d'artillerie, puis viendra le reste de la division, les batteries de combat suivies des caisses de munitions d'infanterie.

L'ambulance de la division, qui n'aura qu'un caisson d'ambulance et des mulets de cacolet. Le génie, sans ses outils ni chariots d'aucune sorte, fermera la marche.

La 3ᵉ division suivra la 4ᵉ et absolument dans le même ordre si elle est obligée en chemin de suivre une autre route que la 4ᵉ. Mais si elle suit la même route, elle n'aura pas de régiment d'avant-garde ni d'artillerie d'avant-garde.

La 2ᵉ division marchera suivant les mêmes prescriptions.

Après la 2ᵉ division et avant la 1ʳᵉ marcheront les 6 batteries de combat de la réserve, lesquelles se dirigeront sur le village de Voncq, sous la garde d'un bataillon pris dans la 1ʳᵉ division (45ᵉ de ligne).

La réserve d'artillerie sera également à Voncq. Tous les bagages des officiers, sans exception, les voitures de réquisition, le trésor, seront aussi dirigés sur Voncq, dont le colonel de Bellemare a le commandement supérieur ; de là ces *impedimenta*, ainsi que les éclopés, seront, sous la direction d'un officier par corps, dirigés sur Montgon, où ils recevront des ordres ultérieurs. On les y parquera avec le plus grand ordre et les officiers des corps utiliseront les éclopés pour la défense, si cela devient nécessaire.

M. le sous-intendant de la division, M. Robert, restera avec la partie de l'ambulance et de l'administration qui n'aura pas marché.

Les points de concentration de la 1re position de combat seront les villages de Quatre-Champs, Noirval, Châtillon, dont la direction est du Sud au Nord-Est.

Dans le cas où le corps d'armée serait obligé de battre en retraite après un échec, il se dirigerait d'abord sur Le Chesne et de là sur Mézières.

La cavalerie est chargée d'éclairer notre droite.

Les heures de départ sont : pour la 4e division, 4 h. 30; pour la 3e division, 5 heures.

5e CORPS.

a) Journaux de marche.

Journal de marche rédigé par le colonel Clémeur.

L'armée doit marcher en deux colonnes principales sur Stenay, par les deux routes à peu près parallèles qui passent, l'une au Nord par le Chesne-Populeux et Beaumont, l'autre au Sud par Vouziers et Buzancy.

Par suite de ce mouvement vers l'Est, le 5e corps reçoit l'ordre de se rendre d'Amagne et Écordal au Chesne-Populeux (22 kilomètres), nœud de communications importantes.

La cavalerie traversera Le Chesne-Populeux pour aller s'établir à Châtillon-sur-Bar, à 6 kilomètres Sud-Ouest du Chesne, entre les deux lignes d'opérations.

Parti d'Amagne à 5 heures du matin, le corps d'armée suit, par une pluie battante, le chemin d'Écordal, Tourteron, Lametz et le Chesne dans l'ordre de marche suivant :

    Division de Lespart ;
    Division Goze ;

L'artillerie de réserve ;
Division de L'Abadie ;
Les bagages.

Le grand parc d'artillerie du 5ᵉ corps, qui, de Langres, avait été dirigé, depuis le 17, sur Paris, Reims et Rethel, arrive ce jour-là à Tourteron, où il s'établit au bivouac.

Arrivée du 5ᵉ corps au Chesne-Populeux, par une pluie battante, entre 3 et 4 heures de l'après-midi.

Une fraction campe au Sud-Est du Chesne ; le reste de l'autre côté, derrière le canal des Ardennes, qui couvre la position.

Le 7ᵉ corps est resté à droite à Vouziers ; le 1ᵉʳ s'établit à Semuy et Voncq sur l'Aisne ; le 12ᵉ, à gauche, arrive à Tourteron, après avoir coupé la colonne de bagages du 5ᵉ corps et y avoir occasionné un grand désordre.

La cavalerie Margueritte s'avance jusqu'aux Grandes-Armoises sur la route du Chesne à Stenay.

L'armée est donc en ligne, le 26, de Tourteron (où est le grand quartier général) à Vouziers, avec le 5ᵉ corps en avant au Chesne et la cavalerie Margueritte aux Grandes-Armoises.

1ʳᵉ DIVISION.

Départ à 6 heures pour Le Chesne. On passe par Écordal, Tourteron (temps affreux).

Arrivée au Chesne vers 4 heures. La 1ʳᵉ brigade campe sur la rive gauche du canal, la 2ᵉ brigade sur la rive droite.

2ᵉ DIVISION.

Le 5ᵉ corps a reçu l'ordre de se porter au Chesne-Populeux, sur le canal des Ardennes, qui relie l'Aisne à la Meuse. On arrive à l'un des points de partage des eaux de ces deux cours d'eau.

C'est un nœud de communications importantes.

Le départ a lieu à 4 heures du matin ; la division de L'Abadie est chargée d'escorter les bagages et doit marcher à la gauche de la colonne. La division Goze prend la tête et la division Guyot de Lespart, la réserve d'artillerie et le parc du génie viennent ensuite.

La pluie commence au moment où on lève le camp, elle tombe avec abondance et continue ainsi toute la matinée.

Le 12ᵉ corps venant de Rethel marche aussi sur la même route pour se rendre à Tourteron ; il était en arrière, mais il coupe la colonne et occasionne une grande confusion. Des portions de convoi sont rejetées hors de la route par ordre du général qui commande ce corps ; la marche présente le fâcheux spectacle d'un grand désordre dans plusieurs parties de la colonne. On ne peut rétablir de l'ensemble, malgré la surveillance que le général de division fait exercer et les efforts des officiers de l'état-major pour y parvenir. Le convoi est pour ainsi dire recouvert comme par une vague, par suite de l'envahissement de la route par les quatre divisions d'infanterie et par la cavalerie du 12e corps.

On passe par Sausseuil, Ecordal, Tourteron, Lametz.

On fait la grand'halte vers 11 heures, un peu après avoir dépassé Tourteron. C'est dans ce village que le quartier impérial se trouve établi. La division arrive vers 4 heures de l'après-midi au Chesne-Populeux. Le temps s'était amélioré.

Le bivouac, établi d'après les indications de l'état-major général, est formé entre celui des autres divisions et le bourg du Chesne, à gauche de la route d'Amagne, à laquelle il appuie sa droite.

Le front est contre la grande route de Mézières, par Bouvellemont et Poix ; le campement est couvert par le canal des Ardennes, l'étang de Bairon et le ruisseau qui en sort.

La brigade Saurin et la division Guyot de Lespart étaient près de la division de L'Abadie. La brigade Nicolas campait au Sud-Est du Chesne au delà du canal.

La réserve d'artillerie et le parc du génie se placèrent entre le canal et la route d'Amagne touchant aux maisons du bourg, à l'Ouest de la voie conduisant à Mézières.

La cavalerie Brahaut traversa Le Chesne et entra dans la vallée de la Meuse ; elle alla jusqu'à la ferme de Basancourt, détachant à Châtillon une pointe d'avant-garde composée de deux escadrons du 12e chasseurs.

Le 26, le grand quartier général de l'armée est à Tourteron.

Le 1er corps à Semuy, Neuville, Montgon.

Le 5e corps au Chesne-Populeux.

Le 7e corps à Vouziers.

Le 12e corps à Tourteron.

La cavalerie de réserve à Attigny.

Le 7e corps a rencontré des forces considérables en se dirigeant vers Grand-Pré et Buzancy, il s'est replié sur Longwé, près du défilé de la Croix-aux-Bois.

Pendant la nuit, le général de Failly réunit les généraux de division et les commandants d'armes pour leur donner des instructions au sujet d'un mouvement qui doit être exécuté le lendemain par le 5e corps, afin d'appuyer la marche du 7e.

On partira à 3 heures du matin, on laissera les bagages au Chesne, à l'emplacement où campe la réserve d'artillerie (entre le bourg, la

LA GUERRE DE 1870-1871.

route d'Amagne et le canal), un bataillon sera laissé pour assurer leur protection. C'est le IIIᵉ bataillon du 49ᵉ de ligne qui est désigné pour cette mission.

Division de cavalerie.

Le quartier général du corps d'armée est au Chesne-Populeux.

Le général de division forme l'avant-garde avec ses huit escadrons. Il se rend par Le Chesne à la ferme de Basancourt, où il établit au bivouac le 5ᵉ lanciers et deux escadrons du 12ᵉ chasseurs. Les deux autres escadrons du 12ᵉ chasseurs sont envoyés en pointe d'avant-garde à Châtillon.

c) Opérations et mouvements.

Ordre de mouvement pour le 27 août.

10 h. 30 soir.

En exécution des ordres du Maréchal, la division de Lespart prendra les armes à 3 heures du matin et se mettra en marche en ordre de combat; elle viendra passer au Chesne, prendra la route de Châtillon, à droite du canal, se dirigera sur Belleville, Boult-aux-Bois et Germont, où elle recevra de nouveaux ordres pour sa direction ; il ne sera pas fait de grand'halte.

La division Goze, brigade Saurin, prendra les armes à trois heures du matin et se mettra en marche de combat et suivra la route de Stenay jusqu'à Pont-Bar, tournera à droite en passant le canal, et de là gagnera les Petites-Armoises, Brieulles-sur-Bar, Authe, où elle recevra des ordres. La brigade Nicolas, campée sur la route de Châtillon, se mettra en marche à la même heure et dans le même ordre, suivra la route de Châtillon jusqu'à Châtillon, où elle tournera à gauche et gagnera Brieulles ; là elle rejoindra la brigade Saurin et toute la division sera réunie sous les ordres du général Goze. La division Goze réglera sa marche de manière à se tenir à hauteur de la division de Lespart, qui a à faire plus de chemin qu'elle.

La réserve du génie marchera à la suite de la division de Lespart, sera suivie par l'artillerie de réserve.

La brigade de Maussion, de la division de L'Abadie, prendra les armes à l'heure indiquée par son chef et suivra la route fixée pour la division de Lespart, suivant l'artillerie de réserve. Cette brigade fournira un bataillon de garde aux bagages de tout le corps d'armée, lesquels resteront au Chesne et seront réunis et parqués sur l'emplacement actuellement occupé par l'artillerie de réserve. Conformément aux ordres du Maréchal, toutes les voitures portant des approvisionnements autres que des munitions devront rester au Chesne, les ambulances seules suivront leur division (à la gauche), celles de la division de Lespart après la réserve d'artillerie.

Le général renouvelle l'ordre du Maréchal de ménager les vivres et surtout les munitions.

Les hommes ne doivent pas compter sur des distributions régulières pendant plusieurs jours.

Le général commandant le 5e corps compte, avec confiance, que dans les engagements avec l'ennemi, le 5e corps saura se tenir à hauteur de la réputation acquise avec tant de gloire et de persistance par les divers corps d'armée sous les ordres du maréchal Bazaine.

Le général commandant le 5e corps montera à cheval à 3 heures et marchera en tête de la division de Lespart.

Le colonel Flogny marchera avec l'escadron divisionnaire du général Goze.

La division de cavalerie montera à cheval à 4 heures et ira à Châtillon, Brieulles, d'où elle gagnera Authe, Autruche, Bar, Buzancy, éclairant ainsi le corps d'armée.

7e CORPS.

a) Journaux de marche.

Notes sur les opérations de la 1re division d'infanterie du 7e corps.

Le 26 août, il fait quitter au 7e corps son bivouac et franchir l'Aisne et le canal des Ardennes pour prendre position de l'autre côté de Vouziers.

La 1re division, par ordre du général Douay, est placée d'abord face à la ville de Vouziers, la droite appuyée au village de Chestres. Mais dans la soirée même du 26, on fait faire volte-face à la division qui, dans cette nouvelle position, tourne le dos à Vouziers et a le village de Chestres à sa gauche.

2e DIVISION (2e brigade).

La 2e division reçoit l'ordre de changer de campement.

La 1re brigade passe sur la rive droite de l'Aisne; la 2e brigade, restant sur la rive gauche, va prendre son campement au Sud de Vouziers, adossée aux jardins de la ville, ayant sa gauche au chemin de Vouziers à Sainte-Marie.

Le mouvement commence à 10 heures (2 kilomètres), après que la 1re brigade a quitté son campement.

Ordre de marche. — Un bataillon du 53e; génie avec ses voitures; une batterie de 4; deux bataillons du 53e; artillerie divisionnaire; un bataillon du 89e; trésor, postes, ambulances; un bataillon du 89e; bagages et convoi; un bataillon du 89e.

En passant devant le cimetière de Vouziers, situé au Nord de la ville, le bataillon d'arrière-garde devra laisser deux compagnies pour occuper militairement ce poste destiné à observer le canal, la route et le fond de la vallée.

Campement. — 89e de ligne et 53e, ayant derrière eux le convoi, ainsi que l'artillerie et le génie; le 6e bataillon de chasseurs.

On détache comme grand'gardes :

1° Un bataillon du 89e, avec une batterie au Sud (direction de Monthois);

2° Trois compagnies du 53e, dont deux sur la route même de Monthois;

3° Une compagnie de chasseurs à pied.

DIVISION DE CAVALERIE.

Le 26, dans l'après-midi, elle reçoit l'ordre de descendre du camp (établi sur le plateau dominant Vouziers) et d'aller s'établir dans la plaine en avant, faisant face à Buzancy.

Le camp n'était pas dressé que l'avis d'une attaque assez vive de la brigade Bordas par l'ennemi (dans la position qu'elle occupait avec une batterie pour couvrir le défilé de Grand-Pré) parvient au général Douay et me fait envoyer aussitôt dans cette direction en reconnaissance jusqu'à 12 kilomètres de Vouziers.

Je précédais la division Dumont, envoyée pour appuyer la brigade Bordas dans sa défense, et je poussai jusqu'à Beaurepaire.

Quelques uhlans, rencontrés par mes éclaireurs sous la direction de mon aide de camp, M. le capitaine Leroy, et du lieutenant Laffeuillade, un de mes officiers d'ordonnance, se retirèrent rapidement et je rentrai fort tard à mon bivouac sous Vouziers, laissant en arrière la division Dumont (3e), que la brigade Bordas avait reçu l'ordre de rallier.

De grand matin, toute cette division était de retour à son bivouac sous Vouziers, s'étendant dans la direction de Falaise.

ARTILLERIE.

Journal de marche du Chef d'état-major.

Le 26, des renseignements sur les mouvements des Prussiens sur la rive droite de l'Aisne et des deux côtés de la forêt de l'Argonne, vers Grand-Pré, déterminèrent le général en chef à passer l'Aisne et à y prendre position à 6 kilomètres environ ; la 1re division est à gauche, du côté de Chestres, et une portion à droite ; une brigade de la 2e division reste sur la rive gauche pour couvrir Vouziers et prend le campement occupé la veille par la 1re division. La brigade Guiomar est portée en avant et à droite jusqu'à l'embranchement des routes de Buzancy et Grand-Pré. La 3e division place une brigade à Falaise et, avec la batterie de canons à balles du lieutenant-colonel Clouzet, détache la brigade Bordas jusqu'à Grand-Pré, avec une batterie de la division Medoni et de la cavalerie.

Des éclaireurs prussiens s'étant montrés, la batterie Capitain, ayant pris une bonne position, leur envoie quelques coups de canon ; le général Bordas, après ce petit engagement, craignant d'être entouré, fait un mouvement en arrière et en prévient le général en chef, qui lui envoie la brigade Bittard des Portes (2e brigade de la 3e division), mais lui donne en même temps l'ordre de rejoindre le corps et la 3e division. La cavalerie, ramenant quelques prisonniers, revenait passer la nuit du côté de Falaise.

c) Opérations et mouvements.

Le général Douay, commandant le 7e corps, au maréchal de Mac-Mahon (D. T.).

26 août.

Le général Bordas, que j'avais envoyé à Grand-Pré avec un régiment, six pièces, quatre escadrons, m'informe que, se trouvant en présence de forces considérables, il abandonne les défilés de Grand-Pré pour se porter sur Buzancy.

Il me découvre complètement.

Je fais prendre les armes au corps d'armée. Je vais prendre position à Longwé pour y arrêter l'ennemi.

Je vais faire prendre à mes bagages la route du Chesne par Ballay et Quatre-Champs.

12ᵉ CORPS.

a) Journaux de marche.

3ᵉ DIVISION.

L'ordre de marche pour le 26 enjoint au 12ᵉ corps de se rendre à Tourteron ; la distance à parcourir est de 26 kilomètres ; l'on doit passer par Doux, Coucy, Amagne, Sausseuil, Écordal et prendre la route d'Attigny pour entrer ensuite dans la vallée de Tourteron.

Je crois nécessaire, avant de parler de cette route qui a été la plus pénible de toutes celles que nous avons faites, d'observer que les ordres de marche n'ont jamais paru qu'assez tard, 9 ou 10 heures du soir ; il en est résulté l'inconvénient suivant : malgré toute la diligence de l'état-major divisionnaire, les copies d'ordres n'arrivaient qu'au milieu de la nuit aux généraux de brigade ; les colonels et les troupes placées sous leurs ordres éprouvaient un retard encore plus grand à être prévenus des dispositions prises.

La route de Rethel à Tourteron, comme je l'ai déjà dit il n'y a qu'un moment, a été une des plus pénibles que nous avons entreprises, bien qu'elle n'eût que 26 kilomètres.

Nos troupes en marche sont coupées à Amagne par d'interminables convois appartenant aux 5ᵉ et 7ᵉ corps, ainsi qu'à la division de cavalerie du général de Salignac-Fénelon, du 6ᵉ corps ; elles sont coupées de nouveau au bas du village d'Écordal par l'escorte et les bagages nombreux de la maison de l'Empereur.

A la nuit tombante, le chef d'état-major, ayant reconnu avec les officiers qui l'accompagnaient, les hauteurs sur lesquelles doit camper la division, envoie au-devant d'elle l'adjudant-major Montagniès de la Roque, pour indiquer le chemin qu'elle doit prendre.

Dans la crainte d'une erreur, car le chemin se bifurque, le commandant Lambert reçoit l'ordre d'accompagner Moutagniès, mais il s'arrête et laisse cet officier aller seul. Ce dernier, incapable de s'orienter au milieu de l'obscurité et des convois de tout genre qui obstruent la route, s'égare, et c'est après les plus grandes difficultés que la 1ʳᵉ brigade seule peut arriver au camp à 11 heures du soir ; quant à la 2ᵉ brigade, elle campe à droite et à gauche de la route, là où elle peut trouver de la place.

Le campement de la 1ʳᵉ brigade s'effectue donc à l'endroit indiqué, c'est-à-dire dans des terres labourées, parallèlement à la direction du petit ruisseau de Tourteron, à mi-côte d'un mamelon escarpé, à gauche de la 1re division du 12e corps et à droite de la 2e.

Le génie et l'artillerie campent le long de la rive gauche du ruisseau, en arrière du moulin et à peu près au pied du mamelon.

Le quartier impérial, le grand quartier général et le quartier général du 12e corps sont au village de Tourteron.

Le quartier général de la division à la ferme de Villers, à droite du campement.

Les bagages de la division ne la rejoignent pas.

Division de cavalerie.

A 5 h. 15 du matin, toute la division se met en route pour se rendre à Tourteron. Elle suit l'infanterie du corps d'armée et arrive à 4 heures du soir, après avoir subi de nombreux temps d'arrêt à cause de l'encombrement de la route. Une division de l'escadron du 8e chasseurs, détachée la veille, rentre à la division le matin avant le départ; l'autre, divisée en deux pelotons, escorte les deux fractions du convoi, dont l'une se rend à Tourteron et l'autre se dirige sur Attigny. Le général Arbellot, que les mauvais temps ont rendu malade, entre à l'hôpital, et le colonel Thornton prend provisoirement le commandement de la brigade de cavalerie légère. On campe en arrière du ruisseau de Saint-Lambert.

c) Opérations et mouvements.

Ordre de mouvement.

Quartier général à Tourteron, 26 août.

Demain, le 12e corps se mettra en mouvement pour aller prendre position à Châtillon, en passant par Lametz et Le Chesne. Il marchera dans l'ordre suivant :

1re division d'infanterie, 3e division d'infanterie, 2e division d'infanterie, division Lichtlin, réserves d'artillerie et du génie, division de Fénelon.

Le réveil de la 1re division sera sonné à 2 heures, cette division se mettra en route à 3 heures précises en traversant Tourteron pour prendre la route du Chesne.

La 3e division sonnera le réveil à 3 h. 30 et se mettra en route à 4 h. 30 précises, et marchera dans les traces de la 1re division.

La 2e division sonnera son réveil à 5 heures et se mettra en route à 6 heures ; sa tête de colonne marchera dans les traces de la 3e division. La 2e division d'infanterie laissera à son camp un bataillon, qui sera chargé de la garde des bagages, marchera avec eux et s'arrêtera au Chesne, où le convoi sera parqué. Le commandant du bataillon prendra toutes les dispositions nécessaires pour assurer la garde du convoi.

La division Lichtlin sonnera le réveil de manière à pouvoir se mettre en marche à 7 h. 30 précises. Les deux régiments de chasseurs marcheront en tête de cette division.

Les réserves d'artillerie suivront la division Lichtlin dans l'ordre qui sera indiqué par M. le général Labastie, qui fixera l'heure du réveil; la tête de colonne se mettra en mouvement à 8 h. 30.

La division du général de Fénelon sonnera son réveil à l'heure indiquée par le général de division, qui prendra ses dispositions pour mettre sa division en mouvement, de manière à ce qu'elle suive immédiatement la queue des réserves d'artillerie.

Toutes ces divisions emmèneront avec elles ce qu'elles ont d'ambulances divisionnaires; elles ne seront suivies d'aucun bagage.

Le parc du génie, l'ambulance du corps d'armée et les bagages, dans l'ordre prescrit par les instructions antérieures, suivront le mouvement de la division de cavalerie de Fénelon; la tête du convoi se mettra en marche à 11 heures. L'ambulance internationale suivra le convoi des bagages du corps d'armée pour aller s'établir au Chesne.

Ce convoi et cette ambulance ne passeront pas le canal qui passe au Chesne et y attendront de nouveaux ordres.

Le 4ᵉ régiment de chasseurs d'Afrique, qui est en ce moment à Lametz, ne fera pas de mouvement avant que le général commandant le corps d'armée ne soit arrivé à Lametz; il devra être prêt à monter à cheval à 4 heures.

RÉSERVE DE CAVALERIE.

a) Journal de marche.

2ᵉ DIVISION.

Les corps étrangers à la division restent à Rethel. Départ à midi. Arrivée à Attigny à 4 heures du soir.

Le bivouac est établi au sud du village, deux pelotons sont placés en grand'garde dans la direction de Somme-Py.

RENSEIGNEMENTS

X..., à l'Agence Havas, à Paris (D. T.).

Bruxelles, 25 août, 8 h. 52 soir. Expédiée le 26 à 5 h. 30 matin (n° 36346).

Berlin, 25 août, Staats-Anzeiger dit : « Quartier général royal transféré Pont-à-Mousson à Bar-le-Duc, corps de première et de deuxième armée restés en présence Bazaine. Autres parties armées allemandes marchent sur Paris. »

Le Juge de paix au Ministre de la justice (D. T.).

Carignan, 26 août, 7 heures matin. Expédiée à 10 h. 30 matin (n° 36448).

Dépêche de Margut à gare de Carignan annonçant Prussiens à Lamouilly, brûlant le pont, détruisant les rails. Lamouilly (Meuse) 14 à 15 kilomètres de Carignan.

Le Ministre de la guerre au maréchal de Mac-Mahon, à Rethel (D. T.). (*Faire suivre*).

Paris, 26 août, 7 h. 55 matin (n° 27149).

On me télégraphie :

Le Procureur impérial de Reims, ce qui suit :

« On signale la présence d'un détachement de uhlans à Sillery, à 10 kilomètres de Reims ; la garnison veille. »

Le Sous-Préfet d'Épernay, ce qui suit :

« 450 dragons, commandés par un major, se trouvent au camp de Châlons ; ils appartiennent au corps d'armée du Prince royal ; ils sont échelonnés du côté de Châlons, dans la direction de Bar-le-Duc. On évalue les forces ennemies détachées dans tout le pays environ à 2,000 hommes. Ils se conduisent d'une façon brutale avec les autorités et les habitants. »

Le Préfet de la Haute-Marne, ce qui suit :

« Hier, pendant toute la journée, les troupes du Prince royal ont traversé Joinville, paraissant se diriger par les vallées de la Marne et de la Blaise sur la Marne. »

Le Procureur impérial de Montmédy, ce qui suit :

« L'armée prussienne est entre Stenay et Mouzay. Ils occupent la ligne de la Meuse au bois, à 15 kilomètres de Montmédy. »

Le Préfet aux Ministres de la guerre et de l'intérieur et aux Sous-Préfets de Rethel et de Vouziers (D. T.).

Mézières, 26 août, 8 h. 35 matin. Expédiée à 10 heures matin (n° 36447).

Le chef de gare de Margut transmet à Charleville la dépêche suivante :
« Prussiens sont à Lamouilly. Ils brûlent le pont du chemin de fer.
« Montmédy ne répond plus par fil direct. »

Le Préfet aux Ministres de la guerre et de l'intérieur (D. T.).

Troyes, 26 août, 8 h. 45 matin. Expédiée à 11 heures matin (n° 36482).

Les Prussiens arrivant de la Haute-Marne occupaient hier, dans l'arrondissement d'Arcis, Chavanges et Pars ; dans l'arrondissement de Bar-sur-Aube, la vallée de la Voire jusqu'à Maizières, Perthes et Yèvres. Ils n'étaient pas encore entrés à Brienne. Je n'ai pu encore être fixé sur le nombre. La situation ne s'est pas modifiée ce matin.

Le Préfet aux Ministres de la guerre et de l'intérieur (D. T.).

Chaumont, 26 août, 9 h. 32 matin (n° 36475).

Renseignements venant de Neufchâteau :
« L'ennemi renoncerait à prendre Toul et les troupes assiégeantes se dirigeraient vers la Marne. Hier 8,000 hommes d'infanterie et de cavalerie venant de Toul et de Colombey, escortant trois trains de fourgons à munitions de 150 voitures chacun, se sont dirigés par Maxey-sous-Brixey sur Gondrecourt. La route de Lunéville était gardée par 1200 hommes. 40 voitures emportant des malades prussiens revenant de la Marne se dirigeraient vers Vézelise.

Le Sous-Préfet au Ministre de l'intérieur (D. T.).

Sedan, 26 août, 10 h. 40 matin. Expédiée à 12 h. 20 soir (n° 36547).

Pont du chemin de fer coupé cette nuit à Lamouilly par les Prussiens ; communications interrompues ; fil télégraphique coupé. Le receveur d'enregistrement de Stenay qui s'est réfugié ici avec sa caisse, dit qu'ils sont arrivés hier au nombre de 5,000 à 6,000 à Stenay, à 6 heures du soir.

Le Procureur impérial au Ministre de la justice (D. T.).

Mirecourt, 26 août, 11 h. 10 matin. Expédiée à 12 h. 55 soir (n° 36567).

Des troupes passent à Nancy sans interruption. 30,000 hommes environ, Bavarois, Prussiens et Badois l'ont traversée le 24, se dirigeant vers Toul. N° 11 sur fourgons. Hier y est arrivé régiment de vieux soldats pour service de place. Un convoi de plus de 100 voitures allemandes est en marche ce matin de Bayon à Vézelise. Un témoin oculaire m'affirme que de Pagny, Vaucouleurs à Châlons, et de Maxey-sur-Vaise à Joinville par Gondrecourt, il y aurait actuellement plus de 600,000 Prussiens. De Houdelaincourt à Vaucouleurs passaient, le 22 août, fourgons de munitions sur espace de deux lieues. Le 23, à Burey-la-Côte, 52 pièces de canon étaient disposées pour combat sur les hauteurs du village, tournées vers Goussaincourt et Sauvigny.

Le Procureur impérial au Ministre de la justice (D. T.).

Charleville, 26 août, 11 h. 25 matin. Expédiée à 2 heures soir (n° 36625).

Renseignements dignes de foi font connaître que le centre des troupes de reconnaissance de l'ennemi est à Sivry-sur-Meuse, à 6 kilomètres de Dun. Le centre de l'armée doit être entre Damvillers, Étain et Pierrepont. Tout le pays occupé par l'ennemi est boisé; les éclaireurs seulement se sont montrés dans la vallée de la Meuse, entre Dun et Verdun, dans dix ou douze localités.

Le Préfet aux Ministres de l'intérieur et de la guerre (D. T.) (1).

Chaumont, 26 août, 11 h. 50 matin. Expédiée à 1 h. 20 soir (n° 36359).

Je reçois du sous-préfet de Neufchâteau (Vosges) la note suivante :

---

(1) Expédiée par le Ministre de la guerre au maréchal de Mac-Mahon, à Rethel (faire suivre), à 3 h. 22 soir (n° 26239).

Jeudi, 25 août, 9 heures du soir.

« J'apprends d'une personne sûre que samedi et dimanche il est passé 30,000 Prussiens à Gondrecourt, venant de Toul. Aujourd'hui, il est passé beaucoup de caissons à Gondrecourt et on a compté au passage 120 canons sur les routes qui avoisinent Vaucouleurs et Gondrecourt. On annonce que 6,000 hommes arriveront demain dans cette dernière localité. Toutes ces troupes se dirigent *très rapidement* sur la vallée de la Marne. On m'affirme que le duc de Saxe est depuis six jours à la forge d'Abainville. »

Le Procureur impérial au Ministre de la justice, à Paris (D. T.).

Montmédy, 26 août, 12 h. 45 soir. Expédiée à 3 h. soir (n° 36648).

Les Prussiens au nombre de 800 cavaliers environ qui étaient venus camper hier entre Stenay et Mouzay sont retournés vers Dun. Ils n'avaient pas d'artillerie et n'ont requis que des voitures pour les blessés. Le général commandant les troupes campées à Ornes aurait reçu dans la nuit du 23 au 24 plus de cent dépêches ; quand il a reçu celle qui lui donnait l'ordre de lever le camp, il aurait dit : « Malheur, tournés ! » Des paysans racontent aussi que les soldats prussiens disent qu'ils vont à Paris, mais qu'ils savent bien qu'ils n'en reviendront pas. Quand ils rencontrent des enfants, ils les embrassent avec transport en pleurant. Ce matin, la voie ferrée a été coupée à Chauvency près Montmédy, et réparée presque immédiatement ; deux poteaux télégraphiques ont été sciés, mais on a pu rétablir les communications provisoirement.

Le Commandant supérieur au maréchal de Mac-Mahon, au quartier général à Reims, pour faire suivre à Béthéniville, et au Ministre de la guerre, à Paris (D. T.).

Longwy, 26 août, 1 h. 55 soir. Transmise à Reims à 7 h. 42 soir, à Paris à 7 h. 5 soir (n° 36798).

Le chef de gare de Longuyon télégraphie :

« J'apprends que la voie est coupée à Lamouilly, au-dessus de Montmédy. Émissaires envoyés à Bazaine, de nouveau, n'ont pu pénétrer à Metz et au quartier général. »

Le Ministre de la guerre au maréchal de Mac-Mahon, à Rethel (D. T.). *(Faire suivre).*

    Paris, 26 août, 4 heures soir. Transmise au quartier impérial à 4 h. 10 soir (n° 27253).

Le juge de paix de Monthois télégraphie ce qui suit (1) :
« Les troupes prussiennes arrivent en nombre considérable sur les Ardennes ; ils se concentrent et ne puis indiquer direction présumée. On s'attend à une grande affaire pour demain ou après-demain. »

Le Procureur impérial au Ministre de la justice (D. T.).

    Sedan, 26 août, 3 h. 50 soir. Expédiée à 4 h. 50 soir (n° 36705).

Incendie du pont de Lamouilly éteint avant tout dommage ; rails replacés, communications rétablies. Source certaine.

Le Préfet au Ministre de la guerre (D. T.).

    Mézières, 26 août, 5 h. 30 soir. Expédiée à 10 h. 45 soir (n° 36819).

Le sous-préfet de Vouziers m'informe que des Prussiens sont à Monthois et que M. Doury, conseiller général du canton, est fait prisonnier.

Le Préfet au Ministre de la guerre (D. T.).

    Chaumont, 26 août, 7 h. 40 soir. Expédiée à 9 h. 45 soir (n° 36852).

Les Prussiens, qui étaient campés dans la vallée de la Blaise, entre Vassy et Dommartin-le-Franc, avaient reçu l'ordre de séjourner dans leurs campements. Ce matin à 8 heures, ordre leur a été donné de revenir immédiatement sur Vassy et Saint-Dizier. Le maire de Courcelles a été arrêté ce matin et conduit au quartier général pour avoir dit « que les armes de pompiers étaient renvoyées ». Joinville est occupé par environ 1000 hommes d'infanterie qui y font séjour et les troupes prussiennes continuent à y passer, venant du côté de Gondrecourt et se dirigeant sur Vassy et Saint-Dizier. Renseignements venant de Neufchâteau : dimanche dernier les trains d'artillerie prussiens venant

---

(1) Expédiée de Vouziers, le 26 août, à 2 h. 50 soir (n° 36626).

de Colombey sur Vaucouleurs formaient sur la route deux lignes de 7 kilomètres de longueur.

En marge au crayon. — « Maréchal Mac-Mahon à Tourteron, faire savoir. »

Le Préfet au Ministre de l'intérieur (D. T.).

Laon, 26 août, 8 h. 5 soir. Expédiée à 10 h. 15 soir (n° 36867).

L'agent télégraphique de Château-Thierry informe que les Prussiens sont entrés à Épernay, qu'un train a dû rétrograder de Port-à-Binson. Il maintiendra communication télégraphique sur Laon jusqu'au dernier moment.

Le Général commandant la 4e division militaire au Ministre de la guerre (D. T.).

Reims, 26 août, 8 h. 5 soir. Expédiée à 8 h. 50 soir (n° 36906).

Le préfet de la Marne m'envoie un exprès qui m'apprend que le prince Frédéric-Charles et toute sa suite couchent à la préfecture de Châlons. Il a avec lui 6,000 cavaliers et de l'artillerie.

Le maire d'Épernay écrit qu'au moment où la gare a été envahie, comme je vous l'ai fait connaître, et défendue par les soldats du génie, les habitants avaient pris les armes et tué, dit-on, 17 uhlans. Ils ont annoncé qu'ils allaient venir au nombre de 700 à 800 et ont dû trouver alors le bataillon que j'y envoyais. Je donne les premiers renseignements au maréchal Mac-Mahon sans grand espoir qu'ils lui parviennent, ne sachant trop où le trouver.

J'envoie un autre bataillon et 50 gendarmes à cheval pour soutenir le premier et occuper ce point tant que l'ennemi ne sera pas en forces supérieures.

Le Sous-Préfet d'Épernay au Ministre de l'intérieur (D. T.).

Château-Thierry, 26 août, 9 h. 40 soir. Expédiée à 11 h. 50 soir (n° 36954).

Un détachement de uhlans est arrivé à Épernay à 2 h. 30 environ. Il s'était divisé en plusieurs pelotons, dont un a attaqué la gare, qui a été défendue avec la plus grande énergie par le sergent du génie Harmand, arrivé le matin avec le colonel Fervel et un détachement de neuf hommes.

Un peloton a traversé la place de la Mairie, où je me trouvais avec le maire et les adjoints, où il a été également accueilli à coups de fusil par les habitants.

D'autres uhlans se sont portés sur le pont du chemin de fer, coupant la route au train d'évacuation. Le sergent et deux chasseurs les ont chassés de cette situation à coups de fusil.

En présence de ces événements et conformément à vos instructions, je me suis retiré à Château-Thierry afin de n'être pas fait prisonnier dans de pareilles conditions.

Le sergent et ses hommes, moins deux blessés, sont également à Château-Thierry et seront dirigés demain sur Paris.

Le train d'évacuation a eu lieu par Reims, emmenant le colonel Fervel.

La cavalerie ennemie va probablement venir en grand nombre et la ville sera certainement mise au pillage si on ne lui envoie un secours immédiat.

J'attends vos instructions.

Le Préfet au Ministre de la guerre (D. T.).

Auxerre, 26 août, 10 heures soir. Expédiée à 11 h. 50 soir (n° 36956).

Le maire de Villeneuve-l'Archevêque me télégraphie :

« Le bruit court que des éclaireurs prussiens ont été signalés à Dierrey, près Estissac, à 25 kilomètres de Villeneuve. »

Le Sous-Préfet au Ministre de la guerre (D. T.).

Reims, 26 août, 10 h. 22 soir. Expédiée à 11 h. 45 soir (n° 36951).

Le préfet vient d'envoyer un exprès pour me charger de vous faire savoir que 6,000 hommes de cavalerie et d'artillerie prussiennes sont entrés aujourd'hui, vers midi, à Châlons. Un prince, frère du Roi, est installé à la préfecture. Le préfet a une position très difficile et demande s'il doit rester et des instructions. L'exprès attend ici la réponse de Votre Excellence.

En marge au crayon. — « Que le préfet se retire, on lui a déjà donné cet ordre. »

L'Inspecteur principal au Directeur de l'exploitation de la gare de l'Est, à Paris (D. T.).

Rethel, 26 août, 10 h. 40 soir. Expédiée le 27, à 4 heure matin (n° 36995).

Longuyon m'informe que 400 Prussiens sont dans la gare et démolissent tout.

Le Sous-Préfet au Préfet, à Melun (D. T.).

Provins, 26 août, 11 h. 45 soir. Expédiée le 27 à 2 heures matin (n° 37007).

Le sous-préfet Nogent me dit que les Prussiens ont été signalés à Arcis. Des employés chemin de fer en auraient vu à ce que je viens d'apprendre à Mégrigny, entre Longueville et Troyes. Le train venant de Troyes aurait été arrêté par des coureurs prussiens et deux machines jetées sur la voie.

Journée du 27 août.

ÉTAT-MAJOR GÉNÉRAL.

a) Journal de marche.

En exécution des ordres dont il est question ci-dessus (1), le 7ᵉ corps reste le 27 en position à Longwé.

Le 1ᵉʳ corps se met en marche au point du jour par la route de Semuy, Voncq, Terron et Vandy pour se relier au 7ᵉ corps et le soutenir. Quartier général à Voncq.

Le 5ᵉ corps, qui est au Chesne, part à 3 heures du matin et marche dans la direction de Buzancy par les deux routes qui y conduisent, celle de Châtillon et celle de Brieulles. Il arrive jusque près de Bar où sa cavalerie d'avant-garde rencontre des forces nombreuses de cavalerie avec lesquelles elle a un engagement.

Le 12ᵉ corps se met également en mouvement à 3 heures du matin et se porte par Le Chesne dans la direction de Châtillon.

La cavalerie du général Bonnemains se dirige sur Le Chesne et doit suivre le 12ᵉ corps.

La cavalerie du général Margueritte surveille toutes les routes dans la direction de Stenay et de Dun.

Dans la nuit, le général de brigade qui commande à Grand-Pré fait connaître que l'ennemi cherche à l'envelopper et qu'il craint que sa ligne de retraite ne soit coupée. En conséquence le général Douay envoie tout le reste de la division pour le dégager. Le 27, au matin, l'ennemi ne présente dans toute la plaine, depuis Grand-Pré jusqu'au delà de Buzancy, que des masses de cavalerie, éclairant le gros de ses forces qui ne s'engagent pas. Pour ces motifs, le Maréchal fait arrêter le 12ᵉ corps au Chesne, après lui avoir fait traverser le canal, ce corps étant très fatigué par une marche faite sous une pluie battante. De son

---

(1) Voir p. 250.

côté le 5e corps revient sur Châtillon où il bivouaque. Le mouvement de concentration fait le 27, en prévision d'une rencontre avec l'ennemi, a fait perdre un temps précieux; tout fait supposer que la cavalerie signalée à Grand-Pré et à Buzancy est celle de l'armée du prince royal de Prusse qui était en marche sur Châlons et qui, à la nouvelle de notre mouvement, a fait un à-droite pour nous gagner de vitesse et nous empêcher d'arriver à Metz. Dans cette situation, il sera dangereux de tenter le passage de la Meuse ayant devant soi l'armée du prince royal de Saxe, signalée à Dun et à Stenay, et sur ses derrières ou sur son flanc droit, celle du prince royal de Prusse. En conséquence, le Maréchal donne des ordres pour reprendre la direction du Nord dans le but de ne pas compromettre le sort de son armée et de la réserver pour la défense de Paris, qu'il cherchera à gagner par Mézières et le département du Nord.

Mais une dépêche télégraphique venue de Paris lui enjoint formellement, au nom du Conseil des Ministres et du Conseil privé, de continuer sa marche sur Metz pour tâcher de dégager à tout prix le maréchal Bazaine. Il reprend en conséquence sa marche vers l'Est.

Souvenirs inédits du maréchal de Mac-Mahon.

Le 27 au matin le 7e corps resta en position à Voncq.

Le 1er corps se mit en route au point du jour par Semuy pour se lier au 7e et le soutenir au besoin.

Le 12e corps se porta sur Le Chesne-Populeux dans la direction de Châtillon.

La division Bonnemains sur Le Chesne à sa suite.

La cavalerie Margueritte surveillait toutes les routes dans la direction de Stenay et de Dun.

Le 5e corps partit du Chesne à 3 heures du matin et marcha dans la direction de Buzancy par les routes de Châtillon et de Brieulles. Arrivé près de Bar, sa cavalerie rencontra la cavalerie ennemie. Le 12e chasseurs, de la division Brahaut, attaché à ce corps, aperçut devant lui plusieurs régiments de cavalerie ennemie et fit mettre pied à terre à une partie de ses hommes, qui s'embusquèrent dans les premières maisons de la ville. Deux escadrons se portèrent alors plus en avant et rétrogradèrent bientôt sur la ville devant des forces très supérieures. L'avant-garde ennemie les chargea et arriva jusque sous le feu de nos cavaliers à pied. Reçue par une vive fusillade, puis chargée par nos escadrons, elle se replia avec quelques pertes sur les troupes en arrière, qui se retirèrent en bon ordre, se bornant à nous envoyer quelques coups de canon.

Dans la matinée du 27, ne présentant dans toute la plaine depuis Grand-Pré jusqu'au delà de Buzancy que de la cavalerie, le 5ᵉ corps s'arrêta à Châtillon et le 12ᵉ au Chesne.

Ce mouvement de concentration du 27 en vue d'une bataille a fait perdre à l'armée un temps précieux.

Sur les 9 heures, les généraux Douay et de Failly m'informèrent qu'ils n'avaient aperçu devant eux aucune troupe d'infanterie.

D'un autre côté, d'après les renseignements qui m'étaient parvenus, je dus penser que l'armée du prince de Saxe, qui était précédemment devant Verdun, avait descendu la Meuse et devait se trouver en face du général de Failly, et que sur notre droite, l'armée du prince royal de Prusse, précédemment en marche sur Châlons, devait s'être rabattue à droite et se trouver à hauteur d'Ardeuil.

Sachant que, l'avant-veille au soir, le maréchal Bazaine n'avait point encore quitté Metz, et craignant d'être pris en flanc et en arrière avant de l'avoir rejoint, je résolus de me retirer vers l'Ouest. Comme l'armée du Prince royal occupait déjà une position qui m'empêchait de me diriger directement sur Paris, je donnai mes ordres pour porter l'armée sur Mézières d'où elle pourrait regagner la capitale.

Les ordres de marche furent expédiés dans ce sens dans la soirée. Le 5ᵉ corps devait se retirer sur Châtillon et Brieulles, le 7ᵉ suivrait son mouvement. Dans le cas où ils seraient attaqués, le général de Failly, le plus ancien de grade, devrait prendre le commandement des deux corps et entrer immédiatement en relations avec le général Douay que j'avais prévenu de cette décision.

J'informai le Ministre et le maréchal Bazaine de ce mouvement de retraite par la dépêche suivante :

Le maréchal de Mac-Mahon au maréchal Bazaine.

Le Chesne, 27 août, 9 heures soir.

« Le maréchal Mac-Mahon prévient le maréchal Bazaine que l'arrivée du prince royal de Prusse à Châlons le force à opérer, le 28, sa retraite sur Mézières et de là à l'Ouest, s'il n'apprend point que le mouvement de retraite du maréchal Bazaine est commencé. »

Cette dépêche fut envoyée au commandant supérieur de Sedan avec cette instruction :

« Je vous prie de prendre tous les moyens possibles pour faire parvenir la dépêche ci-jointe dont je vous envoie copie. »

Le maréchal de Mac-Mahon au Ministre de la guerre.

Le Chesne-Populeux, 27 août, 8 h. 30 soir.

« Les Ire et IIe armées, plus de 200,000 hommes, bloquent Metz, principalement sur la rive gauche. Une force évaluée à 50,000 hommes serait établie sur la rive droite de la Meuse pour gêner ma marche sur Metz. Des renseignements annoncent que l'armée du prince royal de Prusse se dirige aujourd'hui sur les Ardennes avec 150,000 hommes, elle serait déjà à Ardeuil. Je suis au Chesne avec un peu plus de 100,000 hommes.

« Depuis le 19, je n'ai aucune nouvelle de Bazaine. Si je me porte à sa rencontre, je serai attaqué de front par une partie de la Ire et de la IIe armée, qui, à la faveur des bois, peuvent dérober une force supérieure à la mienne; en même temps par l'armée du prince royal de Prusse me coupant toute ligne de retraite. Je me rapprocherai demain de Mézières d'où je continuerai ma retraite, suivant les événements, vers l'Ouest. »

En réponse à cette communication, je reçus à 1 heure du matin une dépêche du Ministre de la guerre ainsi conçue (1) :

« Si vous abandonnez Bazaine, la révolution est dans Paris, et vous serez attaqué vous-même par toutes les forces de l'ennemi. Contre le dehors, Paris se gardera; les fortifications sont terminées. Il me paraît urgent que vous puissiez parvenir rapidement jusqu'à Bazaine.

« Ce n'est pas le prince royal de Prusse qui est à Châlons, mais un des princes, frère du roi de Prusse, avec une avant-garde et des forces considérables de cavalerie.

« Je vous ai télégraphié ce matin deux renseignements qui indiquent que le prince royal de Prusse, sentant le danger auquel votre marche tournante expose et son armée et l'armée qui bloque Bazaine, aurait changé de direction et marcherait vers le Nord.

« Vous avez au moins trente-six heures d'avance sur lui, peut-être quarante-huit; vous n'avez devant vous qu'une faible partie des forces qui bloquent Metz et qui, vous voyant vous retirer de Châlons à Reims, s'étaient étendues vers l'Argonne.

« Votre mouvement sur Reims les avait trompées comme le prince royal de Prusse.

---

(1) Le Ministre de la guerre à l'Empereur, Paris, 27 août, 11 heures soir, transmise au quartier impérial, 11 h. 25. D. T. Ch., n° 27,698.

« Ici tout le monde a senti la nécessité de dégager Bazaine et l'anxiété avec laquelle on vous suit est extrême. »

J'avoue que cette dépêche me jeta dans une grande hésitation. Comme le général Ducrot, en qui j'avais grande confiance, avait son quartier général dans le même village, je le fis chercher et lui demandai ce qu'il pensait de la continuation de notre marche sur Montmédy.

Il me répondit que cette marche présenterait selon lui des dangers. Mais qu'il était persuadé qu'en jetant toute notre cavalerie sur notre droite on pourrait arrêter la marche de l'ennemi et arriver à rejoindre le maréchal Bazaine.

Le général Ducrot venait de me quitter quand je reçus la dépêche suivante du Ministre de la guerre :

« Au nom du Conseil des Ministres et du Conseil privé, je vous demande de porter secours à Bazaine en profitant des trente-six heures d'avance que vous avez sur le prince royal de Prusse. Je fais porter le corps Vinoy sur Reims. »

Cet avis du Ministre de la guerre m'informait que j'avais encore sur l'ennemi une avance de trente-six heures et peut-être de quarante-huit. Cette invitation, pour ne pas dire cet ordre, du Ministre, du Conseil des Ministres et du Conseil privé qui formaient alors le Conseil de régence de l'Empire, me firent juger que je devais continuer à me diriger sur Montmédy.

Je contremandai dans ce sens les ordres donnés.

Cette décision prise j'envoyai un aide de camp auprès de l'Empereur pour l'en informer. Peu après le général Pajol vint de la part de Sa Majesté me dire qu'il regrettait le dernier ordre que je venais de donner. Je lui fis répondre que j'avais mûrement réfléchi et qu'il m'était impossible de contremander les ordres que je venais de donner.

Ce fut la seule fois dans toute la campagne que l'Empereur m'adressa une observation au sujet de la marche des opérations.

b) Organisation et administration.

Le capitaine Queillé au général Forgeot (D. T.).

Montmédy, 27 août, 3 h. 30 soir. Transmise à Mézières à 6 h. 22 soir (n° 430).

La place de Montmédy ne possède rien comme artillerie de campagne. Elle a 100,000 cartouches modèle 1866.

Pour la gare :

Il n'y a qu'une grue et un quai de débarquement de 16 mètres. Chef de gare se charge en 24 heures d'établir des ponts volants pour décharger 50 wagons à la fois; attends des ordres.

A Sedan :

Un quai découvert de 20 mètres avec grue et plaque tournante et deux quais couverts, un de 50 mètres, l'autre de 40, qu'on peut installer immédiatement pour débarquer matériel.

Le Ministre de la guerre à l'intendant général inspecteur Wolf, à Montmédy (D. T.).

Paris, 27 août, 3 h. 35 soir Expédiée à 6 h. 10 soir (n° 816).

M. Richard demande qu'il ne soit plus rien expédié à Charleville. Le Maréchal demande que j'y fasse expédier deux millions de rations. Il serait prudent de faire emmagasiner ce que vous pourrez de biscuits à Montmédy, Sedan et Mézières et de laisser continuer les expéditions. Les communications par Reims pouvant être coupées et la ligne d'Hirson devenant alors insuffisante.

Le colonel Fabre au général Forgeot (D. T.).

Mézières, 27 août, 7 h. 4 soir. Expédiée à 8 h. 5 soir (n° 37469).

L'équipage des ponts du 5e corps est en gare de Mézières avec ses chevaux. Doit-il débarquer ou continuer sa route ? A Mézières, quai de débarquement de 40 mètres, deux pans coupés, deux grues. Le chemin de fer installe un nouveau quai de 40 mètres ; l'artillerie construit deux ponts mobiles pouvant voyager.

Capitaine Queillé à Montmédy pour vous renseigner.

Le Ministre de la guerre à l'Empereur, à Rethel ou Tourteron (D. T. Ch.). *(Faire suivre.)*

Paris, 25 août, 11 h. 22 matin. Transmise au quartier impérial à 12 h. 5 matin (n° 27434).

Je constitue des corps d'armée. J'envoie derrière la Loire tout ce qu sera disponible. Je fournis la garnison des forts et de l'enceinte de Paris et je n'ai pas un seul général de brigade. Je supplie avec instance Votre Majesté de m'envoyer des généraux de brigade de l'armée. Que l'Empereur fasse de nouvelles et importantes promotions et m'envoie de suite les nouveaux promus, j'en ai absolument besoin pour le 14e corps, et, à plus forte raison, pour ceux que je pourrai former encore.

Le Ministre de la guerre à l'Empereur, au Chesne-Populeux (D. T. Ch.).

Paris, 27 août, 7 h. 40 soir. Transmise au quartier impérial à 7 h. 18 soir (n° 27645).

Je remercie Votre Majesté des officiers généraux qu'Elle m'envoie ; je vais les utiliser de suite pour le 13ᵉ corps d'armée ; mais ils ne suffiront pas. Je serai forcé de prendre encore des officiers généraux du cadre de réserve, conformément à la loi nouvelle qui autorise le Ministre de la guerre à utiliser les officiers généraux jusqu'à 70 ans et les autres jusqu'à 60 ans.

Si Votre Majesté me renvoie encore des officiers du cadre de réserve, nommés par moi dans les corps formés à Paris, Elle me mettra dans le plus cruel embarras ; ceux que l'on a renvoyés sont profondément blessés.

c) **Opérations et mouvements.**

Ordre de mouvement (1).

Demain, 28 août :
Le 1ᵉʳ corps se portera à Mazerny ;
Le 5ᵉ corps à Poix ;
Le 7ᵉ corps à Chagny-les-Omont ;
Le 12ᵉ corps à Vendresse ;
La cavalerie de réserve à Launois ;
Le grand quartier général à Poix ;
Le général Margueritte qui est à Sommauthe restera en position pour assurer les derrières de l'armée et ira coucher dans les environs de Chémery.

---

(1) N'a pas été exécuté.

1ᵉʳ CORPS.

a) Journaux de marche.

Souvenirs personnels du capitaine Peloux.

27 août.

La colonne de gauche se met en route à la pointe du jour, arrive aux Alleux et s'y arrête ; envoyant le 3ᵉ zouaves (4ᵉ division) à Quatre-Champs.

A midi elle reçoit l'ordre de retourner à Voncq. Toutes les divisions campent autour du village.

La cavalerie reste à Terron.

Le soir le général Ducrot se rend au grand quartier général au Chesne, et reçoit l'ordre de faire filer tous les gros bagages sur Tourteron et Mézières.

Pendant la nuit, l'ambulance, les bagages, les convois de bestiaux se mettent en route pour Tourteron.

2ᵉ DIVISION.

Départ de Voncq dans la direction de Vouziers où l'on disait que le 7ᵉ corps était engagé.

Après avoir fait quelques kilomètres, on apprend que cet engagement est sans gravité, et après quelques heures d'attente sans ordres, qui fatiguent beaucoup la troupe, avis est donné aux divisions du 1ᵉʳ corps de rétrograder pour reprendre autour de Voncq les positions de la veille.

Arrivée à Voncq du bataillon des francs-tireurs de Paris, fort d'environ 600 hommes, et qui est versé à la 2ᵉ division.

3ᵉ DIVISION.

Départ de Neuville par la route de Vouziers pour se diriger sur Montmédy. Le corps d'armée devait prendre position à Quatre-Champs, à Noirval et Châtillon.

En cas d'échec, la ligne de retraite est indiquée sur Le Chesne-Populeux et de là sur Mézières.

La division fait le café aux Alleux et reçoit l'ordre de reprendre la route de Neuville.

4ᵉ DIVISION.

Journal privé du colonel d'Andigné, chef d'état-major.

Le Maréchal, prévenu que le général Bordas a été attaqué à Grand-Pré et contraint, par des forces supérieures, à battre en retraite sur Buzancy, ordonne un mouvement de combat.

La 4ᵉ division va aux Alleux et porte à Quatre-Champs le 3ᵉ de zouaves. Après avoir passé la journée en position et fait faire beaucoup de reconnaissances sans rencontrer l'ennemi, nous rentrons le soir sur le plateau de Voncq détrempé.

c) Opérations et mouvements.

Ordre de marche du 27 août.

Les bagages des divisions seront laissés pour être réunis sur Voncq après le départ. On désignera un officier par corps pour les commander.

La 4ᵉ division prendra la tête de colonne. Elle mettra un régiment en avant-garde avec une section d'artillerie. Elle sera suivie de ses batteries, avec leurs caissons d'infanterie, des mulets de cacolets et d'un caisson d'ambulance; la compagnie du génie fermera la colonne.

Les autres divisions marcheront successivement dans le même ordre, la 3ᵉ suivant la 4ᵉ, la 2ᵉ suivant la 3ᵉ et la 1ʳᵉ fermant la marche, mais en observant ce qui suit : un bataillon du 45ᵉ restera à Voncq pour garder la réserve d'artillerie, et les batteries de combat de la 1ʳᵉ division marcheront entre le 1ᵉʳ et le 2ᵉ régiment.

Le départ de la 4ᵉ division aura lieu à 4 h. 30 du matin; les autres divisions régleront leur mouvement d'après cette donnée, de manière à ne pas allonger la colonne.

Dans les divisions où il y a plusieurs sous-intendants, un seul marchera avec l'ambulance divisionnaire, les autres resteront avec les bagages.

d) Situation du 1ᵉʳ corps.

DÉSIGNATION des DIVISIONS.	ÉTAT-MAJOR.			SERVICES ADMINISTRATIFS. Ambulance et force publique.			GÉNIE.			ARTILLERIE.			INFANTERIE.			CAVALERIE.			TOTAUX PAR DIVISION.		
	Officiers.	Troupe.	Chevaux.	Officiers.	Troupe.	Chevaux.	Officiers.	Troupe.	Chevaux.	Officiers.	Troupe.	Chevaux.	Officiers.	Troupe.	Chevaux.	Officiers.	Troupe.	Chevaux.	Officiers.	Troupe.	Chevaux.
État-major général et réserve du génie......	12	6	37	12	59	314	17	21	107	45	469	597	»	»	»	»	»	»	133	2,304	2,055
1ʳᵉ division d'infanterie...	6	»	22	7	362	68	4	103	15	16	387	279	208	7,681	115	»	»	»	241	8,222	499
2ᵉ —	8	»	7	2	51	5	5	99	16	14	442	333	162	5,438	77	»	»	»	191	5,705	438
3ᵉ —	9	»	24	6	26	144	5	104	20	16	452	376	84	4,631	67	»	»	»	120	5,310	628
4ᵉ —	7	24	26	12	446	130	3	425	11	14	473	299	126	4,401	52	»	»	»	162	5,484	518
Division de cavalerie......	12	»	50	12	161	8	»	»	»	»	»	»	»	»	»	180	2,953	3,029	204	2,997	3,087
Totaux du corps d'armée......	54	37	166	98	757	666	34	672	169	105	3,449	2,884	580	24,851	314	180	2,953	3,029	1,051	29,722	7,225

5e CORPS.

a) Journaux de marche.

Journal de marche rédigé par le colonel Clémeur.

Des reconnaissances du 7e corps, parties de Vouziers par Grand-Pré, ont signalé la veille au soir la présence de l'ennemi sur l'Aisne, au delà de Grand-Pré.

Il semble s'avancer du Sud au Nord vers Buzancy. Le Maréchal craignant dès lors pour sa droite, y concentre ses forces; le 1er corps s'avance sur Vouziers, le 12e sur Le Chesne et le 5e reçoit l'ordre de marcher sur Buzancy. Cet ordre était ainsi conçu :

« Le 5e corps partira du Chesne-Populeux au point du jour pour aller prendre position à Buzancy, laissant au Chesne les bagages sous le commandement d'un chef de bataillon d'infanterie. »

A cet ordre était joint l'avis que cette marche sans bagages pourrait être de quelques jours.

En conséquence, le 5e corps part du Chesne à 3 heures du matin, dans la direction de Buzancy par les deux chemins qui y conduisent, celui de Châtillon-sur-Bar et celui de Brieulles-sur-Bar plus à l'Est.

Les bagages et approvisionnements sont parqués au Chesne, en arrière du canal. La division de cavalerie Margueritte couvre la route du Chesne à Stenay, jusqu'à Stonne et Osches.

L'ordre de marche du 5e corps est le suivant :

Division de Lespart, à droite, par Châtillon, Belleville, Boult-aux-Bois, Briquenay.

Division Goze, à gauche ; brigade Saurin, la grande route du Chesne à Stenay jusqu'à Pont-Bar, les Petites Armoises, Brieulles, Authe; brigade Nicolas, Châtillon et Brieulles. Là doit se réunir la division Goze pour déboucher ensuite par Authe.

La division de Lespart emmène avec elle le génie et l'artillerie de réserve suivie de la division de L'Abadie qui part de son bivouac à 5 h. 30. Le général en chef marche avec sa 3e division. La division de cavalerie partie à 4 heures doit éclairer le corps et passer par Châtillon, Brieulles, Authe, Autruche, Bar, pour arriver à Buzancy.

Les colonnes avancent lentement, en raison du mauvais état des chemins défoncés par les pluies.

Vers 10 heures, la tête de colonne arrive à Bar, où l'on ordonne une grand'halte. La cavalerie continue sa reconnaissance sur Buzancy.

Pendant cette halte arrive un ordre du maréchal de Mac-Mahon qui prescrit de rétrograder sur Châtillon et Brieulles pour y coucher.

Cet ordre de retraite est motivé par un mouvement latéral du 7° corps, par suite duquel le 5° se trouve trop en l'air.

Après une halte de deux heures, la colonne commence à rétrograder, lorsque l'avant-garde rentrant à Bar signale des uhlans, descendant des hauteurs au Sud et à l'Est de Buzancy, d'Imécourt à Nouart. Des forêts couronnent ce plateau et en font une position très forte.

Le général de Failly ordonne aussitôt au général de Bernis de faire reconnaître l'ennemi, ainsi que la position qu'il occupe, et recommande de faire des prisonniers pour tâcher d'avoir des renseignements.

Le 12° chasseurs est chargé de cette reconnaissance, tandis que la division Goze prend position sur les hauteurs à l'Ouest de Bar (la division de L'Abadie en réserve), la 1re ligne déployée, la 2e en colonnes de soutien.

Le 12° chasseurs gravit avec élan les hauteurs situées au Nord-Est de Buzancy. Il charge avec vigueur la cavalerie ennemie qui avait été signalée, et, après l'avoir repoussée, se porte en fourrageurs contre une batterie de huit pièces, qui a pris position au plateau de Sivry et commencé immédiatement son feu.

Mais le 12° chasseurs est tout à coup chargé à son tour en flanc par des escadrons ennemis qui s'étaient tenus cachés dans les bois de la Folie couronnant les hauteurs. De l'infanterie prussienne sort en même temps de ces bois et vient appuyer la batterie, ainsi que la charge de cavalerie.

Les escadrons du 12° chasseurs, en présence de ces forces, sont obligés de se replier sur la route de Buzancy, après avoir eu une quinzaine de blessés, au nombre desquels se trouvent le lieutenant-colonel de La Porte et le capitaine d'Ollone.

Croyant à un engagement sérieux, le général de Failly, envoie l'ordre au général de Lespart, à Briquenay, de s'arrêter, de prendre position et de se relier avec la division Goze par Harricourt, petit village situé en avant et près de Bar.

Mais l'ennemi, à la vue des dispositions prises par le corps d'armée, cesse son feu et ne dessine aucune attaque.

Le général en chef songe alors à exécuter l'ordre de retraite qu'il a reçu pour retourner à Châtillon et à Brieulles.

Cette retraite s'exécute par échelons, sous la protection de la cavalerie qui forme l'arrière-garde avec une batterie d'artillerie. On reprend ainsi les chemins suivis le matin par Germont, Boult-aux-Bois, Belleville et Authe, et l'on campe le soir à Châtillon, à Brieulles et Authe sans avoir été suivi ni inquiété.

La division Goze est établie à Authe et Brieulles.

La division de Lespart à Châtillon avec l'artillerie de réserve et le parc du génie. La brigade de Maussion de la division de L'Abadie à Belleville et la cavalerie à Autruche.

Vers 7 heures, le général de Failly reçoit du général Douay, commandant le 7e corps, la dépêche suivante :

« Des détachements ont rencontré l'ennemi à Buzancy et Grand-Pré. Des prisonniers ont dit qu'il y avait là les Xe et XIe corps prussiens ayant l'ordre d'occuper Grand-Pré. »

A 10 heures, le général en chef reçoit une autre dépêche du maréchal de Mac-Mahon ainsi conçue :

« Demain, 28 août, le 5e corps se mettra en marche de très bonne heure, pour se porter à Poix par Le Chesne, Chagny-les-Omont, Bouvellemont.

« Le 1er corps se portera à Mazerny.

« Le 7e à Chagny.

« Le 12e à Vendresse. »

Tous ces mouvements indiquaient une retraite générale de l'armée vers le Nord. On sut depuis que le Maréchal, se voyant définitivement attaqué par la IIIe armée, qui avait déjà des corps vers Châlons et par la IVe armée, qui avait franchi la Meuse près de Verdun et s'avançait sur Buzancy, eut des craintes sérieuses pour sa retraite vers l'Ouest et qu'il forma le projet de se retirer sur Mézières, pour se porter de là vers l'Ouest, suivant les événements.

C'est cette résolution qui dicta le mouvement indiqué plus haut. De Châtillon, où est établi le quartier général, le général de Failly envoie en conséquence les ordres de mouvement pour le lendemain matin pour Poix.

Mais pendant la nuit, le général de Failly reçoit le contre-ordre suivant :

« Le 5e corps se reportera le 28 à Buzancy et prendra ensuite la route de Stenay, pour se rendre aux environs de Nouart.

« Le général en chef prendra position sur le point qui lui paraîtra le plus convenable, se reliant avec le 7e corps, établi près de Boult-aux-Bois. »

Un ordre impératif venu de Paris changeait au dernier moment les dispositions précédentes.

L'armée dut continuer son mouvement vers l'Est, pour venir en aide au maréchal Bazaine, par Stenay et Montmédy, en suivant les deux routes de Beaumont et de Buzancy, qui convergent sur Stenay.

Le nouvel ordre de marche est le suivant :

« Le 5ᵉ corps se tiendra en tête de la colonne de droite se dirigeant par Buzancy sur Nouart.

« Le 7ᵉ marchera derrière le 5ᵉ et ira camper entre Buzancy et Nouart.

« En tête de la colonne de gauche marchera le 12ᵉ corps, du Chesne sur Stonne et la Besace.

« Derrière lui, le 1ᵉʳ corps, de Vouziers au Chesne.

« La cavalerie Bonnemains aux Grandes Armoises.

« Celle de Margueritte plus à gauche, vers Mouzon. (Elle revint plus tard à Sommauthe, entre les deux colonnes.) »

Ce contre-ordre apporte quelque confusion dans la marche des corps. Il y eut des contretemps, des croisements de colonnes et des pertes de bagages.

Le 7ᵉ corps se trouva séparé de ses parcs et ne put suivre le 5ᵉ corps que de loin, et après de longs retards et de grandes fatigues.

Journal de marche rédigé par le capitaine de Piépape.

Des forces considérables sont signalées en avant de Vouziers, où est le 7ᵉ corps.

L'armée prussienne a abandonné la route de Paris pour faire une marche de flanc et écraser l'armée de Mac-Mahon en l'acculant à la frontière.

Des avant-gardes ayant été signalées au Maréchal dans la direction de Buzancy, une tentative sur ce point est décidée. Le 5ᵉ corps reçoit l'ordre suivant :

« Le 5ᵉ corps partira du Chesne-Populeux au point du jour pour aller prendre position à Buzancy, laissant au Chesne les bagages du corps sous les ordres d'un chef de bataillon d'infanterie. »

A cet ordre était joint l'avis que cette marche sans bagages pourrait être de quelques jours. Cette marche sans destination précise semblait avoir pour but de s'assurer si l'ennemi signalé à Vouziers et à Grand-Pré ne rétrogradait pas vers Stenay, ou s'il continuait sa marche sur Paris.

Première affaire de Buzancy.

En conséquence, le 5ᵉ corps part à 3 heures du matin dans la direction de Buzancy, par les deux routes qui y conduisent : celle de Châtillon et celle de Brieulles.

Les bagages et approvisionnements sont parqués au Chesne, en arrière du canal.

L'ordre de marche est le suivant :

Division de Lespart : par Belleville, Boult-aux-Bois, Germont.

Division Goze (brigade Saurin) : par la route de Stenay jusqu'à Pont-Bar, puis les Petites Armoises, Brieulles, Authe.

Division Goze (brigade Nicolas) : jusqu'à Châtillon, puis Brieulles. Là se réunit la division Goze.

La division de Lespart est accompagnée ou suivie du génie et de l'artillerie de réserve.

La division de cavalerie passe par Châtillon, Brieulles, Authe, Autruche, Bar, Buzancy, éclairant le corps d'armée.

Le général en chef marche avec la division de Lespart.

Les colonnes avancent lentement, en raison du mauvais état des chemins.

A Buzancy, la position, qui a été seulement fouillée par l'ennemi le matin, se trouve inoccupée.

Après une halte de deux heures, le général en chef reçoit l'ordre du maréchal de Mac-Mahon de rétrograder sur Châtillon (pour y coucher) et sur Brieulles.

Cet ordre de retraite est motivé par un mouvement latéral du 7ᵉ corps, qui devait appuyer le 5ᵉ, et, par ce mouvement, le laisse trop en l'air.

A peine la tête de la colonne a-t-elle commencé à rétrograder qu'arrivée au village de Bar, où se fait la grand'halte, l'avant-garde de cavalerie signale des uhlans descendant des positions au-dessus de Buzancy.

Ces positions, en allant vers Imécourt et Nouart, sont très fortes et appuyées par des bois, d'où l'on domine le pays.

Le général en chef charge le 12ᵉ régiment de chasseurs de pousser en avant pour culbuter l'ennemi, tâcher de faire des prisonniers et obtenir ainsi des renseignements, tandis qu'il fait prendre position à la division Goze sur le plateau à l'Ouest de Bar (la division de L'Abadie en réserve), la première ligne déployée, la deuxième en colonnes de soutien.

Un engagement de cavalerie a lieu aussitôt sur la hauteur au Nord-Est de Buzancy. Une batterie ennemie de huit pièces a pris position au plateau de Sivry. Les cavaliers chargent en fourrageurs, en gravissant les pentes pour l'enlever. Mais ils sont chargés en flanc à leur tour par une cavalerie ennemie qui sort des bois de la Folie. Deux compagnies prussiennes sont également établies à cheval sur le haut de la route de Stenay, mais elles ne font pas feu.

La cavalerie prussienne, cachée dans les bois, ne déployait les escadrons que successivement et n'en avait pas d'abord laissé deviner le nombre. Des régiments d'infanterie appuyaient aussi les batteries d'artillerie. Le corps tout entier du général de Goltz se trouvait là. Les ponts sur la Meuse à Stenay avaient été déjà en partie détruits.

Dans la charge qui a eu lieu, deux escadrons du 12ᵉ chasseurs ont été engagés. On s'est abordé au sabre. Il y a eu une quinzaine de blessés français, dont le lieutenant-colonel de La Porte, le capitaine d'Ollone et un autre officier.

Les uhlans ont fait des pertes plus considérables. Leurs obus n'ont pas causé de dommages.

Croyant à un engagement général, le général en chef envoie de Bar à la division de Lespart l'ordre d'arrêter son mouvement de retraite à Briquenay et d'y prendre position. Cet ordre allait s'exécuter, et la tête de colonne de la division de Lespart débouchait au-dessus de la ferme qui domine Harricourt, quand le feu des Prussiens cessa. L'ennemi ne débouchant pas de ses positions de Sivry, le général en chef, suivant l'ordre supérieur qu'il avait reçu, fit battre en retraite par échelons, la cavalerie couvrant le mouvement.

La division Goze vint bivouaquer à Authe, la division de cavalerie à Autruche, la division de Lespart en avant et en arrière de Châtillon, la division de L'Abadie à Belleville.

Les troupes ne rentrèrent dans leur campement qu'à 5 heures du soir.

Le soir, le général en chef reçoit du général Douay, commandant le 7ᵉ corps, la dépêche suivante :

« Des détachements ont rencontré l'ennemi à Buzancy et Grand-Pré. Des prisonniers ont dit qu'il y avait là les Xᵉ et XIᵉ corps prussiens, ayant l'ordre d'occuper Grand-Pré. »

A 10 heures du soir, le maréchal de Mac-Mahon adresse au général en chef le télégramme suivant :

« Demain, 28 août, le 5ᵉ corps se mettra en route de très bonne heure, pour se porter à Poix par Le Chesne, Chagny-les-Omont, Bouvellemont.

(Au Chesne, les bagages laissés la veille par le corps d'armée devaient être repris.)

« Le 1ᵉʳ corps se portera à Mazerny; le 7ᵉ à Chagny-les-Omont; le 12ᵉ à Vendresse. »

Pendant la nuit, ce mouvement, qui devait faire partie d'un grand mouvement de retraite de l'armée sur Paris, en s'appuyant sur le chemin de fer des Ardennes, est contremandé par suite de la volonté de l'Empereur.

La reprise de la tentative pour donner la main au maréchal Bazaine est manifestée au 5ᵉ corps par le contre-ordre suivant :

« Le 5ᵉ corps se reportera le 28 à Buzancy et prendra ensuite la route de Stenay, pour se rendre aux environs de Nouart. Le général en chef y prendra position sur le point qui lui paraîtra le plus convenable, se reliant avec le 7ᵉ corps, établi près de Boult-aux-Bois. »

Cette dépêche était adressée au Chesne, où devait revenir le 5ᵉ corps. Mais le général en chef, en raison de la fatigue des troupes, avait demandé et obtenu l'autorisation de les arrêter à Châtillon, où parvint en effet le contre-ordre.

Journal du capitaine de Lanouvelle, de l'état-major du 5ᵉ corps.

27 août.

Le mouvement commença à 4 heures du matin. La division de cavalerie et la division Goze prirent la route de Pont-Bar. Les divisions de L'Abadie et de Lespart, celle de Châtillon avec l'artillerie de réserve et le général en chef.

A Boult-aux-Bois (8 h. 30 du matin) aucune nouvelle du général Douay. Un officier fut envoyé dans la direction de Vouziers pour le prévenir que nous marchions sur Buzancy par Briquenay et Thénorgues.

Les divisions Goze et de L'Abadie se réunirent à Germont sur la route de Vouziers à Stenay. A 10 h. 30, la tête de colonne de l'infanterie arriva au village de Bar ; la cavalerie se trouvait à Buzancy en présence d'éclaireurs ennemis.

Halte pour le déjeuner.

A 11 heures pendant cette halte, un ordre du maréchal de Mac-Mahon prescrivait au général de Failly de se porter en arrière à Châtillon-sur-Bar pour marcher le lendemain dans la direction de Mézières par Le Chesne et Poix.

Au moment où cet ordre était transmis aux généraux de division notre avant-garde échangeait les premiers coups de feu avec la cavalerie ennemie. Notre longue colonne longeant à découvert la ligne de hauteurs entre Châtillon et Boult-aux-Bois, était depuis longtemps signalée à Buzancy ; des escadrons de Saxons, appuyés par de l'artillerie se préparaient à soutenir notre premier choc pendant que d'autres troupes arrivaient en toute hâte. Nul doute cependant que le 5ᵉ corps, si le contre-ordre n'était pas arrivé et s'il avait été lancé sans retard, n'ait enlevé à l'ennemi les hauteurs de Buzancy à Poix et les bois de la Folie, car le 7ᵉ corps manœuvrait alors devant l'ennemi et occupait une partie de ses forces, du côté de Grand-Pré.

L'ordre de se retirer sur Châtillon au moment où une action sérieuse allait s'engager, eut une conséquence fâcheuse sur l'esprit des troupes ; elles crurent qu'on reculait avant d'avoir combattu et on entendait dans les rangs de nombreuses plaintes contre l'incertitude des mouvements faits jusqu'alors. Les mouvements des jours suivants donnèrent encore plus de force et plus de justesse à ces récriminations.

Le 12ᵉ chasseurs envoya deux escadrons contre les dragons saxons qui se montraient au delà de Buzancy : après une fusillade assez vive, nos chasseurs chargèrent vigoureusement la cavalerie ennemie dans un terrain où tout l'avantage était pour l'adversaire et où celui-ci fut soutenu par le feu de son artillerie.

Le capitaine d'Ollone, du 12ᵉ chasseurs, fut blessé dans cette charge. On se contenta de faire avancer deux escadrons de soutien, la division de cavalerie (général Brahaut) resta en position entre Bar et Harricourt ; on ne fit pas avancer d'artillerie bien que toute l'artillerie de réserve fut là et que le moment d'envoyer l'artillerie à cheval au général commandant la cavalerie fut assez clairement indiqué (1).

Enfin on eut hâte de se dégager et d'aller prendre à Châtillon et à Brieulles la position du matin ; du reste l'ordre du Maréchal commandant en chef fut exécuté à la lettre et après avoir essuyé un orage d'environ une heure et demie qui rendit les chemins détestables, on prit de 4 heures à 5 heures les positions de Brieulles (division Goze), Authe (division de cavalerie), Châtillon (division de Lespart) et Belleville (division de L'Abadie).

1ʳᵉ DIVISION.

Départ à 3 heures du matin. Ordre est donné de laisser tous les bagages au Chesne.

La 1ʳᵉ brigade, avec l'état-major, suit la route de Stenay, passe par Pont-Bar, les Petites Armoises et Brieulles où elle est rejointe par la 2ᵉ brigade qui a suivi la route de Châtillon. On passe ensuite par Authe où l'on attend pendant une demi-heure les ordres du général en chef. Ordre est donné de marcher sur Buzancy. La 1ʳᵉ division s'arrête à l'embranchement de la route de Germont en avant du village de Harricourt.

---

(1) Le lieutenant-colonel de La Porte, du 12ᵉ chasseurs, blessé pendant l'action, était resté dans le village de Bar que la cavalerie avait été obligée d'évacuer. Ne voulant pas laisser leur chef aux mains de l'ennemi, les officiers de ce vaillant régiment demandèrent que la retraite fut ralentie afin de leur permettre de reprendre le village. Le général Brahaut, à qui je venais de porter l'ordre de se retirer sur Authe me chargea de soumettre cette demande au général en chef en ajoutant que la division de cavalerie seule soutiendrait le 12ᵉ chasseurs. Le général refusa.

La division de cavalerie (Brahaut), craignant le feu d'une batterie ennemie qui a pris position sur les hauteurs et a tiré quelques coups, se retire.

Ordre est donné au 5ᵉ corps de se porter en avant. La 1ʳᵉ division prend position à gauche de la route de Bar à Buzancy. On aperçoit au delà de Buzancy quelques petites colonnes d'infanterie. On reste quelque temps en position, puis la 1ʳᵉ division reçoit l'ordre d'aller camper à Brieulles, où elle se rend en passant par Autruche.

2ᵉ DIVISION.

Le 5ᵉ corps opère dans la vallée de la Meuse, tournant les défilés de la Croix-aux-Bois et de Grand-Pré.

Reconnaissance vers Buzancy.

Les ordres pour le 27 août laissent pressentir qu'on rencontrera l'ennemi, car le général en chef ajoute à ses prescriptions qu'il espère que les troupes placées sous ses ordres répondront à ce qu'on doit attendre d'elles, si elles ont à combattre.

Le mouvement commence à 3 heures du matin, la division Goze suit la route du Chesne-Populeux à Stenay franchit le canal des Ardennes aux Petites Armoises, de là elle doit se porter par Brieulles et Authe à Autruche où le général attendra des ordres.

La division Guyot de Lespart passe le canal au Chesne et se dirige par Châtillon, Belleville, Boult-aux-Bois sur Briquenay, d'où l'on découvre le débouché du défilé de Grand-Pré ; elle attendra des ordres à Briquenay.

La division de L'Abadie se met en marche à 5 h. 30 du matin à la suite de la réserve d'artillerie et du parc du génie, sur le même chemin que la division Guyot de Lespart. Arrivée à Boult-aux-Bois, elle s'engage sur la grande route de Vouziers à Stenay, se portant sur Germont où elle devait recevoir des ordres ; mais ils lui furent apportés avant qu'elle atteignit ce dernier village ; on lui prescrivait de continuer sur les traces de la réserve d'artillerie qui s'avançait vers Buzancy par la grande route.

La cavalerie du général Brahaut partit à 4 heures du matin ; sa direction était Buzancy par Autruche et Bar.

Arrivée à ce dernier village, elle reçut l'ordre de reconnaître d'une manière bien positive les forces que l'ennemi pouvait avoir dans la direction de Stenay et de Bayonville.

Déjà des éclaireurs ennemis s'étaient montrés à Buzancy. Pendant cette opération, trois escadrons du 12ᵉ chasseurs se trouvèrent engagés à plusieurs reprises contre des forces supérieures de cavalerie qu'ils combattirent avec beaucoup de vigueur et à laquelle ils firent éprouver des pertes sensibles. Mais l'ennemi démasqua de nouveaux escadrons et une batterie d'artillerie. On crut même voir au loin de l'infanterie. Le général Brahaut n'avait pas d'artillerie à sa disposition, et jugeant d'ailleurs que le but de la reconnaissance était atteint, il fit cesser le combat, qui en raison de la supériorité des forces et de la position de l'ennemi, aurait pu tourner au désavantage des Français. Il se replia de position en position sans être inquiété, et il revint à Authe pour y passer la nuit.

Dans cet engagement, le 12ᵉ chasseurs fut assez éprouvé ; six officiers furent blessés, le lieutenant-colonel de La Porte disparut.

La division Goze s'avança d'Authe par les hauteurs à gauche de la route de Buzancy, et prit position, sa tête au bord du ravin de Bar ; elle reçut l'ordre de se retirer sur Brieulles.

Pendant ce temps la réserve d'artillerie s'était avancée par Boult-aux-Bois et Germont sur la grande route suivie par la division de L'Abadie. Toute cette colonne fut arrêtée quand la tête de l'artillerie fut parvenue à hauteur de Harricourt. La cavalerie ayant achevé sa mission, le corps d'armée se replia sur Belleville, Châtillon, Brieulles et Authe.

L'ennemi ayant paru suivre ce mouvement de retraite, on lui fit tête. La division Goze, qui était déjà en marche rétrograda sur Brieulles, fut arrêtée et chargée de former l'arrière-garde. La réserve d'artillerie et le parc du génie, suivant la route qu'ils avaient prise le matin, se dirigèrent sur Châtillon où ils avaient été précédés par la division Guyot de Lespart. Celle-ci avait repassé par Boult-aux-Bois et Belleville pour aller camper à Châtillon.

La division de L'Abadie revint par Germont d'abord à Boult-aux-Bois où elle devait bivouaquer la nuit pour garder le débouché de Vouziers. Le général en chef avait fait reconnaître une position favorable à cet effet, mais la décision fut modifiée, et la division alla s'établir à Belleville, sur la hauteur. Le bivouac fut formé dans un terrain dépendant du château de Montholon ; les débouchés en furent reconnus avec soin et indiqués aux troupes ; ils étaient nombreux ; les recommandations furent faites pour se garder, un poste spécial fut établi pour surveiller les passages du côté de Boult-aux-Bois.

On campait sur la ligne de partage des eaux de l'Aisne et de la Meuse.

Le temps, qui était beau dans la matinée, devient mauvais le soir.

Le général de Maussion, nommé général de division, et le colonel Courty, du 88ᵉ, nommé général de brigade, partent le soir même pour Paris. Le capitaine de Maindreville, aide de camp du général de Maussion, suit son général.

Le 27 au soir, le grand quartier général de l'armée était au Chesne-Populeux.

Le 1ᵉʳ corps à Voncq.

Le 5ᵉ corps à Châtillon, Brieulles, Belleville, Authe.

Le 7ᵉ corps à Longwé.

Le 12ᵉ corps entre Châtillon et Le Chesne-Populeux.

La cavalerie de réserve à Attigny. (Elle avait fait une marche vers Vouziers et était revenue à Attigny.)

2ᵉ DIVISION (2ᵉ brigade).

Souvenirs du général Faulte de Vanteaux (49ᵉ de ligne).

Le 27 août le départ de la 2ᵉ brigade de la 2ᵉ division du 5ᵉ corps quittant Le Chesne-Populeux eut lieu le matin vers 6 heures. Le IIIᵉ bataillon du 49ᵉ fut laissé au Chesne pour servir d'escorte au convoi du corps d'armée. Nous traversâmes Le Chesne au son de la musique, qu'on n'avait pas entendue depuis longtemps. Aux premiers villages que nous rencontrâmes, les gens du pays nous signalèrent la proximité de l'ennemi. Les soldats avaient bon moral, marchaient bien, ce fut comme un soulagement quand nous apprîmes qu'enfin nous allions engager l'action. Nous rencontrâmes des détachements d'hommes à pied, de la cavalerie, c'était un indice que les escadrons étaient au contact. Belleville, Boult-aux-Bois, halte à Germont assez longue. Coups de canon tirés au-dessus de Buzancy. Quelques instants après nous vîmes revenir les blessés, deux officiers et quelques hommes du 12ᵉ chasseurs à cheval; quelques chevaux allemands marqués des lettres R. R. R. (cavalerie de la Garde royale saxonne). Cet engagement s'était terminé par la retraite des cavaliers allemands soutenus par leur artillerie. Le lieutenant-colonel du 12ᵉ chasseurs avait été pris.

A notre gauche, des troupes que je supposai être la 3ᵉ division (Guyot de Lespart), s'étaient formées en échelons. Nous nous portâmes un moment sur la route pour monter vers Bar—Buzancy; en outre un régiment de chasseurs d'Afrique se trouvait en colonne serrée de quatre escadrons, à la droite de la route près Germont. La route était en chaussée à la traversée d'un vallon. Nous nous attendions avec satisfaction à un déploiement. Mais tout à coup on nous fit faire volte-face, rebrousser chemin, et à notre grand désappointement nous repassâmes à Germont, Boult-aux-Bois et nous nous retirâmes jusqu'à Belleville. Nous y dressâmes notre camp, contre la partie Ouest du village, vers 4 heures de l'après-midi.

Le soir on nous distribua de la viande sur pied.

DIVISION DE CAVALERIE.

Rapport sur les opérations de la division de cavalerie, du 27 août au 1er septembre 1870.

27 août 1870 (1).

D'après les ordres du Maréchal commandant en chef, le 5ᵉ corps devait, le 27 août, faire un mouvement pour appuyer le 7ᵉ corps qu'on croyait menacé par des forces considérables. L'infanterie devait se porter à Brieulles et à Authe; la cavalerie devait, par Autruche et Bar, pousser jusqu'à Buzancy.

Arrivée à ce dernier village, où des éclaireurs ennemis s'étaient déjà montrés, elle reçut l'ordre écrit de reconnaître d'une manière bien positive les forces que l'ennemi pouvait avoir en avant dans la direction de Stenay et de Bayonville.

Pendant cette opération, trois escadrons du 12ᵉ régiment de chasseurs se trouvèrent engagés à plusieurs reprises contre des forces supérieures de cavalerie qu'ils combattirent avec beaucoup de vigueur. Ils avaient déjà fait subir à cette cavalerie des pertes sensibles, lorsque l'ennemi démasqua de nouveaux escadrons et une batterie d'artillerie. Quelques officiers disent même qu'ils ont vu de l'infanterie.

N'ayant pas d'artillerie à ma disposition et jugeant d'ailleurs que le but de la reconnaissance était atteint, je fis cesser ce combat qui, en raison de la supériorité des forces et de la position de l'ennemi, aurait pu tourner à notre désavantage. Je me repliai de position en position sans être inquiété, et enfin je revins camper à Authe.

Je n'ai pas pu avoir l'état exact des pertes subies par le 12ᵉ chasseurs dans cette journée; mais elles furent assez sensibles. Il y eut un assez grand nombre d'hommes blessés (2), un plus grand nombre disparus, et parmi ceux-ci le lieutenant-colonel de La Porte. Il y eut aussi beaucoup de chevaux tués ou blessés.

DIVISION DE CAVALERIE (1ʳᵉ brigade).

La brigade part à 4 heures du matin de la ferme de Basancourt; les bagages et les chevaux de main vont au Chesne, et elle se dirige, servant d'avant-garde au 5ᵉ corps, sur Buzancy en passant par Brieulles, Authe, Autruche et Bar.

---

(1) Cette affaire a déjà été l'objet d'un rapport spécial; celui-ci en est seulement le résumé sommaire.

(2) Dont six officiers.

Quelques cavaliers allemands qui étaient dans le village d'Autruche l'abandonnent à l'approche de nos éclaireurs, ils traversent les villages de Bar, Buzancy et disparaissent en suivant la route qui conduit à Nouart.

La division Goze prend position auprès du village de Bar, où se trouve également le général commandant le corps d'armée. La division de cavalerie s'établit auprès et en arrière du village de Buzancy. L'ordre suivant est communiqué à 11 heures du matin :

« Par ordre du maréchal de Mac-Mahon, le 5ᵉ corps, après avoir fait une halte d'une heure et demie dans la position qu'il occupe dans ce moment, rétrogradera sur celle qu'il occupait dans la matinée.

« La cavalerie, après avoir reconnu et apprécié d'une manière aussi positive que possible la force de la cavalerie qu'elle a devant elle, prendra une position en arrière et rétrogradera en continuant à couvrir le corps d'armée. Elle viendra camper à Authe.

« Bar, 11 heures du matin, 27 août 1870.

« Par ordre du Maréchal :

« *Le chef d'état-major,*

« Besson. »

La brigade est chargée d'exécuter la reconnaissance prescrite par l'ordre ci-dessus, elle prend position à l'entrée de Buzancy et se couvre au delà de cette localité par un escadron du 12ᵉ chasseurs (le 4ᵉ), qui détache des petits postes et des vedettes jusqu'aux approches du bois de la Folie et sur la hauteur de la Fontaines des Parades. Des éclaireurs reconnaissent l'ennemi au delà, derrière le bois de la Folie. Ils l'attirent en l'attaquant et se retirant lentement.

Des cavaliers allemands se montrent sur la route, d'autres paraissent sur la lisière du bois de la Folie, puis ils disparaissent. Ils reviennent quelques instants après, plus nombreux, et s'avancent avec plus de résolution que la première fois. Ils sont reçus à coups de chassepot par nos vedettes et par une division qui avait été disposée en tirailleurs. Ils se retirent emmenant des blessés dont les armes et les coiffures sont abandonnées.

Les tirailleurs les poursuivent rapidement, mais alors apparaît sur la crête un régiment de dragons saxons qui s'avance au galop pour les charger. Ils se rallient et tout le 4ᵉ escadron redescend vers Buzancy suivi de près par les cavaliers ennemis. Mais ceux-ci sont reçus et chargés en flanc par le 3ᵉ escadron que le général commandant la brigade a envoyé avec le lieutenant-colonel de La Porte sur le côté droit de la route.

Le 4ᵉ escadron se reforme promptement sous cette protection et se met à charger de nouveau; alors s'engage une mêlée à l'arme blanche dans laquelle un grand nombre de cavaliers ennemis sont tués.

Ceux-ci, ébranlés par ce retour offensif, font demi-tour et remontent, vivement poursuivis, vers le bois de la Folie, mais là ils sont appuyés par deux nouveaux escadrons saxons et ils reprennent l'offensive.

Pendant que ceci se passait, le général commandant la brigade avait ordonné au colonel du 12e chasseurs, d'aller par une rue latérale, avec les deux escadrons qui lui restaient, prendre une bonne position indiquée sur le flanc droit des cavaliers allemands qui suivaient la route; il y arrivait au moment où ceux-ci prononçaient leur retour offensif; alors les chasseurs de ces deux escadrons font une décharge de toutes leurs armes sur les dragons allemands et, après avoir mis rapidement le sabre en main, se précipitent sur eux. Ceux-ci, déconcertés par cette attaque vigoureuse et inopinée, font bientôt demi-tour et s'enfuient, laissant un grand nombre de morts et de blessés.

Les chasseurs les poursuivent avec acharnement, mais une batterie d'artillerie qui, pendant le combat, était venue prendre position sur la hauteur, les couvre d'obus. Des fantassins embusqués dans le bois gardent cette batterie.

Le but de la reconnaissance était atteint, la brigade avait engagé son dernier escadron; elle se rallia et vint reprendre sa position en arrière de Buzancy.

Nous eûmes dans ce combat, qui fit grand honneur au 12e chasseurs, 3 cavaliers tués, 5 officiers et environ 33 cavaliers blessés.

Les officiers qui furent blessés sont :

M. de La Porte, lieutenant-colonel, trois coups de sabre et le bras droit cassé, est resté au pouvoir de l'ennemi;

M. d'Ollone, capitaine commandant du 4e escadron, coup de sabre à la joue droite;

M. de Bournazel, capitaine commandant du 3e escadron, coup de sabre sur la tête;

M. Rossignol, sous-lieutenant, coup de sabre sur la tête;

M. Marécaux, sous-lieutenant, coup de sabre sur le dos.

M. de Merval, jeune sous-lieutenant arrivé de l'école de Saint-Cyr depuis quelques jours seulement, montra beaucoup d'énergie et de sang-froid, ayant eu son cheval tué et étant environné de cavaliers allemands, profite du retour offensif pour tuer l'un d'eux et s'emparer de son cheval, sur lequel il revient, les vêtements en lambeaux.

Les cavaliers allemands (dragons saxons) eurent beaucoup de morts; le lendemain, en occupant des localités où se trouvaient des cavaliers de ce régiment, nous apprîmes qu'ils avaient parlé de ce combat dans le village; ils disaient avoir eu de 45 à 50 hommes tués; cette différence s'explique, les cavaliers allemands ne portaient que des coups de tranchant de leurs sabres, les cavaliers français presque uniquement des coups de pointe.

A la suite de ce combat les chasseurs prirent une grande confiance en eux-mêmes, et furent convaincus de leur supériorité sur les cavaliers allemands.

M. le lieutenant-colonel de La Porte a fait connaître plus tard que les troupes allemandes qui se trouvaient sur ce point étaient sous les ordres d'un général ; qu'elles se composaient d'une batterie d'artillerie et de six escadrons qui avaient tous donné ; que, conduit immédiatement à Clermont-en-Argonne, où il arriva à 3 heures du matin, en passant par Dun et Varennes, il avait vu à Dun l'état-major du prince royal de Saxe, à Varennes celui d'un corps d'armée saxon, et qu'à Clermont se trouvaient le roi de Prusse, le prince royal de Saxe et M. de Bismarck ; qu'il avait pendant son voyage croisé des troupes en marche, de la cavalerie jusqu'à Dun, ensuite, après cette localité, des troupes de toutes armes, principalement de l'artillerie.

Le jour même on reçut l'ordre suivant :

Ordre de marche pour le 28 août.

« Le 5ᵉ corps se mettra en route de très bonne heure pour se porter à Poix par Le Chesne, Chagny-les-Omont et Bouvellemont.

« Le 1ᵉʳ corps se portera à Mazerny.

« Le 7ᵉ corps à Chagny-les-Omont.

« Le 12ᵉ corps à Vendresse.

En exécution des ordres du Maréchal,

Ordre de marche pour le 5ᵉ corps.

« Le général de L'Abadie et le général de Lespart se mettront en marche à 4 h. 30 du matin et se dirigeront sur Poix par Le Chesne, ainsi qu'il est indiqué ci-dessus. Arrivée au Chesne, la tête de colonne prendra la route de Charleville et se dirigera sur Louvergny et Chagny, etc.

« La division Goze partira de manière à prendre au Chesne la queue de la division de L'Abadie, à la suite de laquelle marchera la réserve d'artillerie.

« La division de cavalerie partira de son camp à 3 heures du matin, précédant le corps d'armée, et se rendra (en passant par Brieulles, les Petites Armoises et Pont-Bar) à Poix, où elle campera à 1 ou 2 kilomètres en avant vers le Nord.

« Châtillon-sur-Bar, 27 août.

« Par ordre :
« *Le chef d'état-major*,
« Besson. »

« En exécution de l'ordre précédent, la division de cavalerie marchera dans le même ordre qu'hier, les chasseurs fourniront l'avant-garde.

« La grand'garde de lanciers établie à Autruche fera relever ses petits postes et ses vedettes assez à temps pour pouvoir se mettre en marche à 3 heures du matin. Elle rejoindra la colonne sur la route de Brieulles et formera l'arrière-garde.

« Autruche, 27 août.

« Brahaut. »

Historique du 12e chasseurs.

Le régiment part de Basancourt à 4 heures du matin, et après avoir rejoint les deux escadrons détachés, forme la tête de colonne de la division du général de Lespart. L'ennemi est signalé à peu de distance dans la direction de Buzancy, et il est venu la veille reconnaître les différents villages que nous traversons. A midi l'on arrive à Buzancy, où des cavaliers ont réquisitionné le matin même ; on en aperçoit sur les crêtes qui dominent le village ; ils viennent voir notre force et connaître nos intentions.

Le général de Bernis donne alors l'ordre au colonel de Tucé de faire reconnaître les positions en avant et de fouiller les bois que l'on a devant soi. Le 4e escadron est envoyé en avant. La deuxième division, sous les ordres de M. Raimond, capitaine en second, est dispersée en tirailleurs ; des cavaliers ennemis apparaissent sur la lisière du bois, disparaissent et reparaissent alternativement ; après quelques coups de feu de nos tirailleurs, tous rentrent dans le bois, quelques-uns même abandonnent leurs armes dans leur précipitation. Encouragés par cette vue, nos tirailleurs s'avancent rapidement ; mais alors apparaît au-dessus de la crête un régiment de cavalerie saxonne qui s'avance bride abattue. La division d'éclaireurs n'a que le temps de se replier sur la troupe de soutien après avoir fait une décharge générale, et tout le 4e escadron, chargé par les escadrons prussiens, redescend vers le village.

Le 3e escadron se porte alors rapidement en avant de Buzancy pour soutenir le 4e qui, à peine reformé, s'apprête de nouveau à charger, et alors s'engage un combat corps à corps à l'arme blanche, de cavalerie contre cavalerie, le seul de toute la campagne.

L'ennemi, surpris de ce brusque retour offensif et vivement poussé par nos chasseurs, n'a que le temps de faire demi-tour et de remonter, poursuivi par nos chasseurs, les hauteurs de Buzancy.

Mais alors deux nouveaux escadrons saxons viennent renforcer les leurs et nous accabler par le nombre ; les 3e et 4e escadrons sont forcés de redescendre les hauteurs qu'ils viennent de gravir.

A ce moment, le colonel de Tucé, à la tête du 5e escadron, traverse le village au galop et débouche par une ruelle sur le flanc de l'ennemi, et fait immédiatement commencer le feu sur les escadrons qui nous poursuivent. Ce mouvement encourage les nôtres et déconcerte l'ennemi qui, pour la deuxième fois, fait demi-tour, laissant sur le terrain un grand nombre de morts et de blessés. Nous nous élançons à sa poursuite, mais deux pièces d'artillerie qui, pendant le combat, avaient pris position, commencent à tirer sur nous, en même temps qu'un bataillon d'infanterie s'avance par le bois. Le colonel fait alors sonner le demi-tour et les trois escadrons engagés viennent se former en arrière du village.

Ont été blessés dans ce combat :

M. de La Porte, lieutenant-colonel, coup de sabre au poignet et sur la tête, fait prisonnier ;

M. d'Ollone, capitaine commandant au 4e escadron, coup de sabre à la joue droite ;

M. de Bournazel, capitaine commandant au 3e escadron, coup de sabre sur la tête ayant touché le dos (blessure grave) ;

M. Rossignol, sous-lieutenant au 4e escadron, coup de sabre sur la tête et le front ;

M. Marécaux, sous-lieutenant au 3e escadron, blessure légère au front.

30 chasseurs environ ont été blessés, un ou deux seulement ont été tués ; 12 chevaux ont été pris à l'ennemi qui, le lendemain, avoua une vingtaine de morts.

Le soir, exténué de fatigue, on alla coucher à Authe, où l'on arriva à 6 heures du soir. Un peloton de lanciers envoyé en grand'garde pour soulager le régiment provoque une fausse alerte pendant la nuit.

ARTILLERIE.

Rapport du colonel de Fénelon.

Une reconnaissance est faite à Buzancy ; cette reconnaissance donne lieu à un engagement entre deux escadrons du 12e chasseurs et de la cavalerie ennemie, soutenue par du canon ; la division Goze prend position sur les crêtes à gauche de la route de Stenay par Buzancy ; mais la reconnaissance n'est pas poussée plus loin et cette division reçoit l'ordre d'aller camper à Brieulles-sur-Bar en se repliant par les villages d'Autruche et d'Authe. Le reste du 5e corps retourne sur ses pas pour aller camper à Châtillon, à 4 kilomètres du Chesne, village par lequel il avait déjà passé le matin.

Ordre avait été donné de laisser au Chesne tous les bagages du

5e corps, mais craignant qu'il n'arrivât à ces bagages ce qui était arrivé à ceux de Bitche, j'obtins du général en chef l'autorisation de faire ramener ceux de la réserve d'artillerie le soir même du Chesne à Châtillon.

Le général de Failly au général de L'Abadie et à l'artillerie de réserve.

Boult-aux-Bois, 27 août, 7 h. 30.

Au lieu de suivre la division de Lespart, à partir de Boult, suivez la grande route impériale par Germont et Bar, précédé par l'artillerie de réserve. Envoyez de suite un officier d'état-major à Buzancy, pour reconnaître avec le chef d'état-major la position à occuper.

Bar, 27 août, 11 heures matin.

Par ordre du maréchal de Mac-Mahon, le corps d'armée rétrograde après avoir fait une grand'halte d'une heure et demie dans la position qu'il occupe en ce moment.

La cavalerie, après avoir reconnu et apprécié d'une manière aussi positive que possible la force de la cavalerie qui est devant elle, prendra une position en arrière et rétrogradera en continuant de couvrir le corps d'armée. Elle viendra camper à Authe.

Le maréchal de Mac-Mahon au général de Failly.

27 août.

Demain, 28 août, le 5e corps se mettra en route de très bonne heure pour se porter à Poix par Le Chesne, Chagny-les-Omont, Bouvellemont.

Le 1er corps se portera à Mazerny.

Le 7e à Chagny-les-Omont.

Le 12e à Vendresse.

Ordre de marche du 5e corps, en exécution des ordres du Maréchal (1).

Le général de L'Abadie et le général de Lespart se mettront en marche à 4 h. 30 du matin en se dirigeant sur Poix par Le Chesne, ainsi qu'il est indiqué ci-dessus. Arrivés au Chesne, la tête de colonne prendra la route de Charleville et se dirigera sur Louvergny, Chagny, etc.

---

(1) N'a pas été exécuté.

La division Goze partira sur l'ordre de son chef, de manière à prendre au Chesne la queue de la division de L'Abadie, à la suite de laquelle marchera la réserve d'artillerie.

Le parc du génie de réserve marchera entre les deux brigades de Lespart; les bagages marcheront à la suite de tout le corps d'armée. Le dernier régiment fournira un bataillon d'arrière-garde. On enverra à l'avance un officier par division au Chesne, assez à temps pour faire diriger les bagages et leur faire prendre rang dans la colonne, suivant l'ordre de marche.

La division de cavalerie partira de son camp à 3 heures du matin, précédera le corps d'armée et se rendra à Poix en passant par Brieulles, les Petites Armoises et Pont-Bar, où elle campera à 1 ou 2 kilomètres en avant vers le Nord.

La division Goze prendra le même itinéraire que la cavalerie.

Le général en chef montera à cheval à 4 h. 30 et précédera la colonne.

P.-S. à l'ordre de marche du 5e corps pour le 28 :

Le corps d'armée aura soin de marcher aussi serré que possible, le 7e corps devant suivre sur la même route; les voitures doubleront. Mettre aux bagages un officier faisant fonctions de vaguemestre par division, chargé de faire serrer les voitures, avec une garde pour la police du convoi.

Dans chaque division, un officier d'état-major rejoindra le chef d'état-major général avant d'arriver à Poix, pour recevoir l'emplacement de son bivouac.

Cette mesure aura lieu à l'avenir à toutes les marches.

La grand'halte ne durera pas plus de trois quarts d'heure, pour ne pas arrêter le mouvement du 7e corps.

Les emplacements seront indiqués demain.

Ordre de la division de cavalerie.

La division marchera dans le même ordre qu'hier. Les chasseurs fourniront l'avant-garde (un escadron); ils devront avoir soin de se munir d'un guide, qu'ils feront demander au maire, qui les conduira jusqu'à la grande route du Chesne.

L'avant-garde de lanciers établie à Autruche fera relever ses petits postes assez à temps pour pouvoir se mettre en marche à 3 heures du matin. Elle rejoindra la colonne sur la route de Brieulles et formera l'arrière-garde.

7e CORPS.

a) Journaux de marche.

1re DIVISION.

Notes sur les opérations de la 1re division d'infanterie du 7e corps d'armée.

27 août.

Le 27 août, la division se trouve placée de la manière suivante :
La route de Vouziers à Grand-Pré s'étend derrière la division, et la route de Buzancy, qui aboutit à la première, coupe la division en deux. A droite de cette dernière route se trouve le 3e de ligne, le front protégé par des tranchées-abris ; à gauche, et également derrière des tranchées-abris, le 21e de ligne et un bataillon du 99e. Le 47e est plus à gauche, vers le village de Chestres, le long d'un chemin qui relie ce village à la route de Buzancy. Deux bataillons du 99e occupent et fouillent les bois qui se trouvent en avant de la division et à gauche de la route de Buzancy. Une batterie de 4 est placée sur un mamelon qui finit sur le bord gauche de cette route, qu'elle bat à une assez grande distance. Les deux autres batteries d'artillerie sont établies sur le front du 47e de ligne. Toute l'artillerie est sous la protection du 17e bataillon de chasseurs.

La division Liébert est dans la direction de Longwé, en avant et sur la droite de la division Conseil Dumesnil. Le flanc droit de celle-ci est complètement couvert par la division Dumont, campée près de Falaise, sur les hauteurs qui bordent la rive droite de l'Aisne.

La position qu'occupe le 7e corps est très forte et très avantageuse. Elle permet de repousser une attaque d'un ennemi supérieur en nombre ayant franchi l'Argonne. Elle est également favorable à l'offensive, en donnant toute facilité pour traverser l'Argonne et marcher vers Stenay et Montmédy. Le 7e corps, qui s'attend à prendre cette direction, est, au contraire, porté sur la route du Chesne.

2e DIVISION (2e brigade).

27 août : séjour.

A 11 heures du matin, on se met sous les armes, et la brigade prend des dispositions défensives, par suite de l'annonce de l'arrivée de l'ennemi, dont on voit les coureurs et les avant-gardes.

Le convoi reçoit l'ordre de passer l'Aisne.

La batterie de mitrailleuses qui a été mise à la disposition de la division Dumont (3e du 7e corps) passe sur la rive droite de l'Aisne.

Vers 4 h. 30, la brigade revient bivouaquer sur l'emplacement de son camp, ayant une batterie entre le 53e et le 89e et la batterie de grand'garde entre le 53e et le 6e bataillon de chasseurs.

Dans la soirée, on prévient que toutes les voitures devront être prêtes à partir le lendemain matin de bonne heure pour être dirigées sur le quartier général du corps d'armée, sur la rive droite de l'Aisne, et que les troupes devront être prêtes à prendre les armes à 5 heures du matin.

Dès 8 heures du soir, à la suite de nouveaux ordres, on fait partir les voitures de bagages et le génie, puis l'artillerie.

A 3 heures du matin, l'infanterie devra se retirer de telle façon que le jour la trouve sur la rive droite de l'Aisne.

3e DIVISION (1re brigade).

La 1re brigade est désignée pour occuper Grand-Pré et Buzancy. Je me porte à Grand-Pré avec le 52e et une batterie; le 72e va à Buzancy. Je pars sans ordre *écrit;* je suis prévenu seulement verbalement que je relève le 4e hussards, qui est de grand'garde à Grand-Pré.

Grand-Pré est à 17 kilomètres de Vouziers; le pays est très boisé; aucune carte ni renseignement n'étant en mon pouvoir, je prends un croquis à l'état-major pour être sûr de ma route.

Arrivée vers 11 heures à Grand-Pré; orage pendant la marche, forte pluie. Le 4e hussards est à cheval; de nombreuses vedettes sont dans plusieurs directions; le lieutenant-colonel de Montauban vient me trouver et m'avertir que, depuis le matin, les vedettes sont en présence de l'ennemi, qui paraît assez nombreux; je vois un groupe, qui peut être au moins d'un escadron, hors du bois, à peu de distance de la route que je viens de parcourir. C'est d'accord avec ce que m'ont dit des paysans pendant la marche que l'ennemi était à Monthois, à 2 ou 3 kilomètres de la route que je suivais.

D'autres détachements de cavalerie se montrent en avant de Grand-Pré. Je dis au lieutenant-colonel de Montauban que, vu ce que j'avais appris pendant la marche, l'ennemi était à peu de distance de la route que j'avais suivie, et qu'il serait peu prudent à lui de se retirer par la même route. Un paysan propose de lui indiquer un chemin qui l'éloignera des points suspects et lui permettra de regagner Vouziers.

Le 4e hussards part. Je place une compagnie pour surveiller la vallée à droite et les points où la cavalerie s'est montrée; j'entre dans Grand-Pré; je m'étais arrêté à un kilomètre, où j'avais rencontré le 4e hussards.

Ce pays n'est plus ce qu'il était au temps de Dumouriez, il était alors couvert de forêts et sans routes ; le plateau, connu dans le pays sous le nom de plateau de Dumouriez, est à droite de Grand-Pré ; mais toute la vallée entre ces deux points, dans une longueur de 2 à 3 kilomètres, est déboisée, défrichée et une très bonne route passe au pied du plateau.

Pour défendre ce qu'on appelle le défilé de Grand-Pré, toute la division n'aurait pas suffi. La défense devenait difficile avec 1500 hommes et une batterie.

La colonne s'arrête à l'entrée du village ; beaucoup d'habitants s'approchent de moi pour me donner des renseignements. Le maire me montre des notes envoyées par ses collègues des environs ; les dires des habitants sont que vers Buzancy, à 8 kilomètres à peu près, on a vu une troupe d'infanterie évaluée à 6,000 hommes ; dans les environs de Grand-Pré, on n'a vu que des détachements de cavalerie.

Une note, écrite à la hâte par un maire, dit que par Varennes, à peu près à 16 kilomètres de Grand-Pré, c'est une véritable armée qui s'avance.

Un autre maire annonce, dans les environs, une colonne qui vient à 2 kilomètres sur la route, et composée toute de cavalerie.

L'important pour moi est de savoir s'il se trouve de l'infanterie dans les bois de Monthois, sur ma ligne de retraite. Un brigadier de gendarmerie en retraite m'offre d'aller s'en assurer.

J'expédie un paysan au général Douay pour lui rendre compte de ma position et lui dire que je vais tâcher de me rapprocher du 72ᵉ pour avoir plus de moyens de résistance.

Je fais reconnaître un chemin qui mène à Buzancy par les hauteurs boisées ; il est impraticable pour l'artillerie. Il est à peu près 5 heures ; le brigadier en retraite m'assure qu'il n'y a que de la cavalerie sur mes derrières. Aucune infanterie n'est en vue.

Je fais prendre aux troupes une bonne position de défense, barricader quelques rues, enlever deux ponts en bois qui sont sur le cours d'eau.

L'artillerie est bien placée sur une hauteur et sur la terrasse d'un ancien château ; elle voit bien le terrain en avant. J'envoie prévenir le général Douay que, ne voyant pas d'attaque sérieuse immédiatement à craindre, je reste à Grand-Pré.

Vers 4 heures, un peloton du 4ᵉ chasseurs arrive dans Grand-Pré, l'officier me dit qu'il vient aux renseignements ; je lui dis de dire au général que j'ai une position tenable pendant quelque temps ; il s'en retourne.

La position que j'occupe est très forte dans certaines parties, mais elle peut être tournée ; je n'ai pas assez de monde pour surveiller les bois et mes derrières. Vers 5 heures, un détachement de uhlans s'avance jusqu'à 700 à 800 mètres; un coup de canon le met en fuite.

Quelque temps après, un détachement d'une quinzaine de hussards s'engage au trot dans la route qui, mène à Grand-Pré; ils ne voient pas la troupe qui est sur le mamelon; quelques coups de fusils, démontent et blessent une dizaine de ces hussards, nous faisons 8 prisonniers, dont le maréchal des logis qui commandait.

Ce sous-officier, interrogé en ma présence, dit qu'il ne parle pas français; il avoue avoir travaillé quelques mois à Strasbourg comme ouvrier sellier; il avoue qu'il était envoyé en reconnaissance; qu'il fait partie d'une colonne de trois régiments de hussards (*3e, 10e, 17e*), envoyée à la recherche d'une division saxonne qui a fait fausse route et qui doit être dans les environs. C'est peut-être le corps d'infanterie dont on m'avait parlé, et cette colonne de hussards doit être la troupe de cavalerie signalée comme occupant 2 kilomètres sur la route.

La nuit est arrivée; la troupe se fait à manger; les gardes sont placées; je n'attends pas d'attaque avant le matin.

Vers 10 heures du soir, le lieutenant Faure, attaché à l'état-major de la division, vient me trouver et me prévient que la 2e brigade, avec le général Dumont, s'est avancée pour favoriser mon retour sur Vouziers, qui doit s'effectuer de suite.

Je prends des dispositions pour me mettre en marche et, vers 1 heure du matin, je rejoins la 2e brigade. Nous arrivons à Vouziers vers 4 heures du matin.

Artillerie.

Journal de marche du Chef d'état-major.

Chaque fraction, en gardant les emplacements de la veille, prit position en prévision d'un combat, car les Prussiens se rapprochaient et étaient entrés à Grand-Pré après le départ du général Bordas.

Pendant les deux nuits du 26 et du 27, on bivouaqua.

12e CORPS.

a) Journaux de marche.

2e DIVISION.

D'après un ordre de mouvement, émané le 26 au soir du quartier général du 12e corps, la 2e division prit les armes à 5 heures du matin et se mit en marche à 5 h. 30, en traversant Tourteron pour se rendre au Chesne-Populeux, en passant par Lametz dans l'ordre précédemment indiqué pour les jours précédents.

En passant par Lametz, la 2ᵉ division trouva le général Lacretelle, qui en prit le commandement des mains du général Marquisan. La 2ᵉ division arriva à son bivouac à 10 h. 30 et se campa en avant du Chesne, ayant en première ligne la division Bisson déployée et en deuxième ligne les brigades de marche par colonnes, ayant au centre les cinq batteries d'artillerie et les deux compagnies du génie.

Les bagages du 12ᵉ corps réunis en parc furent laissés en arrière du Chesne, protégés par la ligne du canal et par un bataillon du 31ᵉ de ligne.

3ᵉ DIVISION.

D'après l'ordre de marche du 27, la division doit se rendre au Chesne-Populeux; la distance à parcourir est de 13 kilomètres. On passe par Lametz, par le moulin de Longwé où l'on fait la grand'halte et l'on arrive au Chesne-Populeux à 1 h. 30.

La division campe à 1500 mètres du Chesne et du canal des Ardennes, dans les terres labourées, sur le plateau, par brigades accolées, le front de bandière est parallèle à la ligne de Buzancy à Vouziers, face au Sud-Ouest.

Le quartier impérial, le grand quartier général, le quartier général du 12ᵉ corps, sont au Chesne.

Le quartier général de la division au bivouac dans un enclos à droite de la deuxième ligne de la 1ʳᵉ brigade, près de la route de Vouziers.

Les bagages n'ont pas rejoint.

La marche a été facile, elle s'est exécutée rapidement, on est maintenant débarrassé des traînards, tout ce qui nous reste est valide, bien portant et prêt à entrer en ligne.

Dans la journée, la cavalerie du général Margueritte a eu un engagement à Buzancy.

Arrivé au Chesne, le Maréchal voyant l'ennemi le gagner de vitesse, résolut, pour la deuxième fois, de battre en retraite et à cet effet de reprendre la direction de l'Ouest. A 8 heures du soir, il expédia la dépêche suivante au Ministre de la guerre..... (Voir p. 278.)

Le Maréchal télégraphiait en même temps et à la même date, au commandant supérieur de Sedan..... (Voir p. 277.)

Le Maréchal ne fut pas écouté; il reçut par le télégraphe, le 27 août, la dépêche suivante :

« Si vous abandonnez Bazaine..... » (Voir p. 278.)

DIVISION DE CAVALERIE.

La division reçoit ordre de partir à 7 h. 30 et de marcher sur le Chesne. Elle doit suivre l'infanterie.

Elle ne peut quitter le camp que vers 10 heures à cause du retard apporté au mouvement de la division d'infanterie de marine ; elle traverse Tourteron et se dirige sur le Chesne en passant par Lametz. Elle traverse le village du Chesne et commençait son campement au delà et à la gauche de la route quand elle reçoit l'ordre de faire demi-tour, de repasser au Chesne, de prendre le chemin de Châtillon et d'aller camper à la ferme de Basancourt qui est située entre ce chemin et le ruisseau de Bar.

Arrivée à 5 heures du soir près de la ferme, elle y campe sur deux lignes, la cavalerie légère en première ligne du ruisseau vers le chemin de Châtillon ; la grosse cavalerie en deuxième ligne. La cavalerie légère fournit deux grand'gardes en avant de son front à la tombée de la nuit. La division est rejointe par le 4ᵉ chasseurs d'Afrique et une batterie d'artillerie détachée de la division de Fénelon.

Temps affreux toute la nuit ; on campe dans la boue ; la ferme de Basancourt fournit quelques centaines de bottes de paille qui sont achetées par le sous-intendant et distribuées immédiatement.

c) Opérations et mouvements.

Ordre du général commandant le 12ᵉ corps.

Au quartier général du Chesne, 27 août.

Le 4ᵉ de chasseurs d'Afrique viendra ce soir prendre position à la ferme de Basancourt, sur la route de Buzancy au Chesne, où se trouve déjà la division Lichtlin.

Demain, dans le mouvement que fera le 12ᵉ corps pour se porter du Chesne sur Vendresse, par Tannay, Chémery et Malmy, cette division, y compris le 4ᵉ de chasseurs d'Afrique, éclairera les derrières du corps d'armée et en protégera la marche.

La batterie qui se trouve en ce moment à la division Fénelon ira ce soir se mettre à la disposition du général Lichtlin.

La division Lichtlin se mettra en mouvement, pour gagner la route de Tannay, que suivra le corps d'armée pour se rendre à Vendresse. Le général Lichtlin descendra la rive gauche du ruisseau de Bar, qui passe à la ferme de Basancourt, jusqu'à ce qu'il trouve sur le cours d'eau un passage que va y pratiquer le génie ; de ce passage, il gagnera directement la grande route que va suivre le corps d'armée pour se rendre à Vendresse, par Taunay, Chémery et Malmy. Le général Lichtlin ne se mettra en mouvement que lorsqu'il aura vu défiler dans les traces de la 3e division les réserves d'artillerie et la colonne des bagages.

Le général Lichtlin accusera réception du présent ordre lorsqu'il lui aura été remis par le colonel du 4e de chasseurs d'Afrique.

RÉSERVE DE CAVALERIE.

a) Journal de marche.

2e DIVISION.

Dans la nuit du 26 au 27, le général reçoit l'ordre d'aller se mettre le lendemain à la disposition du général commandant le 7e corps, qui se trouvait à Vouziers.

Départ d'Attigny à 5 heures du matin.

La division laisse ses bagages au bivouac.

Arrivée à Vouziers à 8 heures du matin. Le chef d'état-major va prendre les ordres du général Douay.

Le général reçoit l'ordre de regagner Attigny, en faisant une reconnaissance sur la route de Reims.

Départ de Vouziers à midi; la colonne passe par Mazagran, Coulommes; arrivée au bivouac à 4 h. 30.

D'après les renseignements recueillis, l'armée du prince royal de Prusse a ses éclaireurs à quelques lieues; elle fait de nombreuses réquisitions et s'avance à marches forcées perpendiculairement à notre flanc.

On dit qu'il y a 80,000 hommes. J'en informe le Maréchal.

RENSEIGNEMENTS

Le maréchal de Mac-Mahon au Commandant supérieur, à Montmédy (D. T.).

Le Chesne, 27 août, 9 h. 35 matin. Expédiée à 10 h. 20 matin (n° 27390).

Envoyez-moi au Chesne, par le télégraphe, les renseignements que vous pourrez avoir sur le maréchal Bazaine. L'officier dont je vous ai parlé est-il parti?

Le Ministre de la guerre au maréchal de Mac-Mahon, à Tourteron (D. T.). (*Faire suivre.*)

Paris, 27 août, 9 h. 45 matin. Transmise au quartier impérial à 10 h. 9 matin (n° 27394).

Le préfet de la Haute-Marne télégraphie de Chaumont, le 26 (1) :
« Les Prussiens qui étaient campés dans la vallée de la Blaise, entre Vassy et Dommartin-le-Franc, avaient reçu ordre de séjourner dans leurs campements. Ce matin, à 8 heures, ordre leur a été donné de revenir immédiatement sur Vassy et Saint-Dizier. Joinville est occupé par 1000 hommes d'infanterie environ, qui y séjournent, et les troupes prussiennes continuent à y passer, venant du côté de Gondrecourt et se dirigeant sur Vassy et Saint-Dizier. Renseignements venant de Neufchâteau : dimanche dernier les trains d'artillerie prussiens venant de Colombey sur Vaucouleurs formaient sur la route deux lignes de 7 kilomètres de longueur. »

Le même au même (D. T.).

Paris, 27 août, 10 h. 2 matin. Transmise au quartier impérial à 10 h. 18 matin (n° 27398).

Le général commandant la 4ᵉ division militaire me télégraphie (2) :
« Le préfet de la Marne m'envoie un exprès qui m'apprend que le

---

(1) Voir p. 270. D. T. (n° 36852).
(2) Voir p. 271. D. T. (n° 36906).

prince Frédéric-Charles et toute sa suite couchent à la préfecture de Châlons. Il a avec lui 6,000 cavaliers et de l'artillerie.

Le maire d'Épernay écrit qu'au moment où la gare avait été envahie, comme je vous l'ai fait connaître, et défendue par les soldats du génie, les habitants avaient pris les armes et tué, dit-on, 17 uhlans. Ils ont annoncé qu'ils allaient venir au nombre de 700 à 800 et ont dû trouver alors le bataillon que j'y envoyais. Je donne les premiers renseignements au maréchal de Mac-Mahon, sans grand espoir qu'ils lui parviennent, ne sachant trop où le trouver.

« J'envoie un autre bataillon et 50 gendarmes à cheval pour soutenir le premier et occuper ce point tant que l'ennemi ne sera pas en forces supérieures. »

Le Sous-Préfet au Maire du Chesne (D. T.).

Sedan, 27 août, 10 h. 5 matin. Expédiée à 1 heure soir (n° 37200).

Si renseignement peut être utile à M. le Maréchal Mac-Mahon, lui faire savoir que de nombreux Prussiens campent à Baalon et Mouzay, près Stenay et se dirigent sur Dun-sur-Meuse.

En marge : « Communiqué au maréchal Mac-Mahon, 27 août, 6 heures soir (1). »

Le Procureur impérial au Garde des sceaux (D. T.).

Charleville, 27 août, 10 h. 25 matin. Expédiée à 12 h. 35 soir (n° 37157).

L'ennemi a été vu hier près de Stenay (Meuse), se dirigeant sur Mouzon (Ardennes). Il a été vu aussi à Monthois, arrondissement de Vouziers. On pense qu'un corps ennemi considérable se trouve dans les environs de Grand-Pré.

Le Général commandant au maréchal de Mac-Mahon, au Chesne (D. T.).

Reims, 27 août, 11 h. 12 matin. Expédiée à 12 h. 50 soir (n° 37194).

D'après de nouveaux renseignements, ce serait le prince Albert, frère du roi, qui aurait couché à Châlons.

---

(1) Voir p. 317. D. T. (n° 27652).

Le Procureur impérial au Ministre de la justice (D. T.).

Montmédy, 27 août, 12 h. 30 soir. Expédiée à 2 h. 5 soir (n° 37250).

400 uhlans environ ont occupé hier au soir militairement la gare de Longuyon, après avoir coupé les fils, pillé la gare et enlevé les rails. Ce matin ils sont venus faire une reconnaissance jusqu'au tunnel de Vezin, à 8 kilomètres de Montmédy, puis sont repartis dans les bois.

On croit que les Prussiens ont abandonné la forêt de Saint-Dagobert.

Le Procureur impérial au Procureur impérial, à Vouziers (D. T.).

Rethel, 27 août, 1 h. 50 soir. Expédiée à 3 h. 15 soir (n° 37264).

Avertir l'autorité militaire et, si faire se peut, par exprès, le quartier général qui doit se trouver vers Tourteron, que M. Doury, maire de Juniville, signale l'ennemi comme approchant de Somme-Py et le gros de l'armée comme étant du côté d'Ardeuil.

En marge : « Communiqué au maréchal de Mac-Mahon, le 27 août, à 6 heures du soir (1). »

Le Général de division au maréchal de Mac-Mahon, au Chesne (D. T.).

Reims, 27 août, 1 h. 55 soir. Expédiée à 5 h. 5 soir (n° 52214).

Des renseignements apportés de Châlons par les hommes du chemin de fer et qui me sont transmis par le sous-préfet d'Épernay, font connaître que le prince royal de Prusse serait entré à Châlons avec 40,000 hommes.

Le Préfet aux Ministres de l'intérieur et de la guerre et au Général, à Langres (D. T.).

Chaumont, 27 août, 2 h. 10 soir. Expédiée à 4 h. 25 soir (n° 37346).

Toute la nuit dernière des troupes et du matériel de guerre sont passés à Joinville.

Cette ville et ses environs sont à peu près évacués. 25,000 hommes

---

(1) Voir p. 317. D. T. (n° 27652).

au moins y sont passés se dirigeant sur Vassy. Plus rien vers Saudron, Poissons, Chevillon. Vassy occupé et sous-préfecture envahie.

Le Directeur au Directeur, à Paris (D. T.).

Dijon, 27 août, 2 h. 15 soir (n° 37254).

Je crois utile de vous communiquer la dépêche suivante relative à la marche de l'ennemi.

Besançon de Langres : *Le général commandant supérieur à général de division, Besançon.*

« Hier pendant toute la journée des troupes prussiennes ont encore traversé Joinville et Froncles se dirigeant vers la Marne. Leur mouvement vers l'Aube semble s'être arrêté car celles qui étaient campées avant-hier entre Dommartin-le-Franc et Vassy ont reçu ordre de se diriger sur Saint-Dizier. Plus de Prussiens dans l'arrondissement de Neufchâteau (Vosges).

« Depuis mardi soir on n'en a plus vu dans celui de Chaumont. »

Le Commandant de place au maréchal de Mac-Mahon, au Chesne (D. T.).

Montmédy, 27 août, 2 h. 20 soir. Expédiée à 3 h. 55 soir (n° 37125).

Aucune nouvelle du maréchal Bazaine. Votre dépêche chiffrée a dû lui parvenir par la voie du commandant de Thionville.

On signale des forces prussiennes dans la forêt de Saint-Dagobert à Chauvency et dans les environs de Longuyon.

Le Sous-Préfet au Préfet de Mézières (D. T.) (1).

Vouziers, 27 août, 2 h. 20 soir. Expédiée à 4 h. 15 soir (n° 27572).

Prussiens entrés hier soir à Somme-Py, Marne ; campés à Rougemont(?) Marne ; on évalue leurs forces à 120,000 hommes ; ils viennent d'entrer encore dans mon arrondissement par un autre côté ; ils sont à Semide (Ardennes). Réquisitions et mauvais traitements. Avant-postes prussiens à 3 kilomètres de Vouziers.

En note : Cette dépêche a été communiquée à l'Empereur et au maréchal de Mac-Mahon.

---

(1) Transmise par le préfet aux Ministres de la guerre et de l'intérieur, 27 août, 5 h. 15 soir (n° 37406).

Reuter à l'Agence Havas, à Paris (D. T.).

Londres, 27 août, 2 h. 35 soir. Expédiée à 4 h. 20 soir (n° 37340).

Quatrième armée, formée sous prince royal Saxe, comprend deux corps prince Frédéric-Charles et couvre flanc prince héritier Prusse. Prince Frédéric-Charles renforcé par deux divisions landwehr. Thionville cernée par landwehr.

Le Ministre de la guerre au maréchal de Mac-Mahon, au Chesne-Populeux. (Faire suivre.) (D. T.).

Paris, 27 août, 2 h. 55 soir. Transmise au quartier impérial à 6 h. 11 soir (n° 27534).

Le préfet de l'Aube me télégraphie (1) :

« L'ennemi, 4,000 cavaliers, a passé sur la ligne Nord-Est département, passé la nuit dans les bois ; marche en ligne directe. Pas de violence contre les personnes ; Arcis envahi par 150 hommes. Contribution de 5,000 francs ; remise des fusils des sapeurs-pompiers. Le sous-préfet replié. Le corps d'armée du prince Frédéric, qui passait à Vitry, se dirigeant sur Châlons, a reçu contre-ordre hier matin à 8 heures. Il se dirige sur Sainte-Menehould. On dit que le gros de l'armée a passé à Sermaize. »

Un peu plus tard le sous-préfet de Nogent-sur-Seine me télégraphie (2) :

« Un exprès envoyé par mon collègue de Vitry m'annonce que le corps d'armée du prince Fritz, qui se dirigeait sur Châlons, a fait hier un mouvement de recul par Vitry-le-Brûlé, Sermaize, semblant se diriger sur Sainte-Menehould. On me signale la présence de quelques uhlans dans la commune de Sainte-Flavy, à 23 kilomètres de Nogent. »

Dépêche télégraphique adressée à X..., à Paris.

Vienne, 27 août, 3 h. 40 soir. Expédiée à 3 h. 40 soir (n° 37252).

Suivant lettres Berlin : Steinmetz révoqué du commandement Ire armée pour avoir sacrifié trop soldats. Vogel de Falkenstein refuse sa succession, conséquemment Ire et IIe armées fusionnées sous Frédéric-

---

(1) D. T. Troyes, 27 août, 10 h. 45 matin (n° 37177).
(2) D. T. Nogent-sur-Seine, 27 août, 11 h. 25 matin (n° 37183).

Charles. Six corps restent devant Metz; deux suivront armée du Kronprinz qui marche en avant. Quartier général du Roi rejoint Kronprinz. Total forces marchant sur Paris : 250,000. Autriche, avec approbation italienne et russe, propose à Londres qu'aucune puissance neutre ne doit faire médiation séparément, mais toutes ensemble.

Le Procureur impérial au Ministre de la justice (D. T.).

Reims, 27 août. Expédiée à 3 h. 35 soir (n° 37269).

L'ennemi est signalé aux portes de Reims. Il y a lieu de craindre qu'il ne soit en force.

Le Préfet aux Ministres de la guerre et de l'intérieur (D. T.).

Mézières, 27 août, 5 h. 15 soir. Expédiée à 5 h. 50 soir (n° 37406).

Le sous-préfet de Vouziers m'envoie la dépêche suivante :

« Prussiens entrés hier soir à Somme-Py (Marne); on évalue leurs forces à 120,000 hommes. Ils viennent d'entrer encore dans mon arrondissement par un autre côté. Ils sont à Semide (Ardennes).

« Réquisitions et mauvais traitements.

« Avant-postes prussiens à 3 kilomètres de Vouziers. »

Le Commandant de place au maréchal de Mac-Mahon, au Chesne (D. T.).

Sedan, 27 août, 5 h. 42 soir. Expédiée à 7 h. 15 soir (n° 37443).

Reçu dépêche chiffrée. J'ai fait partir aujourd'hui deux hommes sûrs, connaissant pays, pour quartier général au Chesne afin d'y prendre instruction pour mission prescrite. Je vais faire nouvelles recherches pour remplir volontés du Maréchal.

L'Aide de camp du Prince impérial à l'Empereur, au Chesne (D. T.).

Mézières, 27 août, 6 h. 45 soir. Expédiée à 7 h. 50 soir (n° 37458).

Le sous-préfet de Rethel télégraphie au préfet :

« Les uhlans prussiens sont aujourd'hui à Saint-Étienne-à-Arnes; l'infanterie prussienne est à Somme-Py.

Le Ministre de la guerre au maréchal de Mac-Mahon, au Chesne (D. T.).

Paris, 27 août, 7 h. 20 soir. Transmise au quartier impérial à 7 h. 37 soir (n° 27652).

Le sous-préfet de Sedan télégraphie au maire du Chesne (1) que de nombreux Prussiens campent à Baalon et Mouzay près Stenay et se dirigent sur Dun-sur-Meuse.

Le maire de Juniville télégraphie au procureur impérial de Rethel (2) que l'ennemi est signalé du côté de Somme-Py, et le gros de l'armée du côté d'Ardeuil.

Le préfet de Chaumont télégraphie (3) qu'un déserteur prussien de Silésie du V⁰ corps (général Kirchoff), caporal au 6ᵉ grenadiers à pied de l'armée Frédéric-Guillaume, a raconté qu'il a quitté l'armée entre Stainville et Bar-le-Duc, que tous les soldats marchaient sur Paris avec confiance, pensant que les portes de la capitale leur seraient ouvertes après une bataille qu'on espérait livrer dans les plaines de Châlons; il était à Wœrth, où se trouvaient, dit-il, 182,000 Prussiens. Son régiment y aurait perdu 10 capitaines sur 12 et 1600 hommes sur 3,000 ; il croit que beaucoup de soldats désertent le XIᵉ corps composé de gens de Nassau, de la Hesse électorale et du Hanovre ; il ne connaissait pas la marche des armées, mais déclare qu'on a annoncé aux troupes que les armées ont eu de grands succès sous Metz et ont éprouvé des pertes considérables.

Le Sous-Préfet au Ministre de l'intérieur (D. T.).

Château-Thierry, 27 août, 8 h. 35 soir. Expédiée à 10 h. soir (n° 37511).

J'apprends de source certaine que l'armée du Prince royal occupe Châlons et se dirige dans les directions de Reims et Épernay.

Le Procureur impérial au Garde des sceaux (D. T.).

Charleville, 27 août, 9 h. 12 soir. Expédiée à 9 h. 15 soir (n° 37592).

L'ennemi arrivant par la Croix-aux-Bois, Grand-Pré et Monthois, se trouve près de Vouziers.

---

(1) Voir p. 312. D. T. (n° 37200).
(2) Voir p. 313. D. T. (n° 37264).
(3) D. T. Chaumont, 27 août, 1 h. 52 soir (n° 37291).

Au bas de la page : « Renvoyer au maréchal Mac-Mahon et lui dire :
« Pensez-vous qu'une force de 20,000 à 25,000 hommes à Mézières
pourrait assurer vos derrières ? »

Le Ministre de l'intérieur aux Préfets, Sous-Préfets, Commandants de divisions et subdivisions, Gouverneur général de l'Algérie (D. T.). (*Circulaire.*)

Paris, 27 août, 9 h. 55 soir. Expédiée à 11 h. 45 soir (n° 1676).

Par une dépêche arrivée aujourd'hui et datée du 25 août (1), le sous-préfet de Verdun informe le Ministre de l'intérieur que cette ville a été réattaquée le 24 par un corps prussien de 8,000 à 10,000 hommes commandés par le prince de Saxe.

Après un combat très vif de trois heures pendant lequel plus de 300 obus ont été lancés contre la ville, les Prussiens, fort maltraités par notre artillerie, ont été repoussés sur toute la ligne. Nos pièces, servies en grande partie par la garde nationale sédentaire, ont causé de grands dommages à l'ennemi. Nous avons eu : 5 hommes tués (3 gardes nationaux sédentaires, 1 mobile et 1 fantassin), 12 blessés, dont 4 grièvement. L'ennemi a tiré sur l'ambulance de l'évêché qui a reçu 17 projectiles. La population a été admirable de patriotisme et de mâle énergie.

Le Procureur impérial au général Douay, à Vouziers, et au Ministre de la guerre. (*Faire suivre.*) (D. T.)

Rethel, 27 août, 10 h. soir. Expédiée à 11 h. 15 soir (n° 34487).

Aujourd'hui, 27 août, des uhlans en assez grand nombre sont à la Neuville-en-Tourne-à-Fuy, Saint-Étienne-à-Arnes et Aure, tandis que l'infanterie se trouve à Somme-Py où il y a eu des réquisitions. D'un autre côté 4 uhlans sont allés à Witry-lez-Reims, première station près Reims.

Renseignements fournis au parquet par les maires eux-mêmes des communes précitées.

Le Sous-Préfet au Ministre de l'intérieur (D. T.).

Reims, 27 août, 10 h. 20 soir. Expédiée à 11 h. 42 soir (n° 37546).

Le Prince royal et le prince Albert ont traversé aujourd'hui Mour-

---

(1) Voir p. 247. D. T. (n° 37231).

melon et ont pris la route de Suippes. Une cavalerie nombreuse est signalée entre Châlons et la Veuve. Les reconnaissances prussiennes parcourent toujours les environs de Reims au Nord et à l'Est. J'envoie à Suippes pour avoir des renseignements précis sur la direction de l'ennemi. Les Prussiens ne paraissent pas être retournés à Épernay.

Le Colonel du génie au Ministre des travaux publics (D. T.).

Damery, 27 août (n° 37026).

Aujourd'hui, 26 courant, vers 3 heures du soir, Épernay parcouru et gare abordée par une cinquantaine de uhlans repoussés par 10 sapeurs du génie dont 2 sont blessés non grièvement, 6 uhlans tués dont un officier, plusieurs blessés, officier prisonnier; un bataillon vient d'arriver de Reims; demain une nouvelle et plus sérieuse attaque et un second bataillon peut être nécessaire pour assurer la communication avec Reims.

En marge au crayon : « Entendez-vous avec le général commandant la 4° division à Reims. Vous me rendrez compte. »

Journée du 28 août.

ÉTAT-MAJOR GÉNÉRAL.

a) **Journal de marche**.

Le 28, le 1er corps se porte au Chesne.

Le 12e corps repasse le canal au Chesne et suit la route de Stenay par Stonne. Il prend position à la Besace.

Le 7e corps, qui à la pointe du jour avait déjà commencé son mouvement vers le Nord, par la route de Vouziers au Chesne, change de direction à Quatre-Champs et se dirige vers Boult-aux-Bois ; il s'établit en avant de ce point.

Le 5e corps a l'ordre de se porter sur Nouart. Il suit à cet effet la ligne des crêtes qui s'étend entre Buzancy et Fossé, et qui domine la plaine de Buzancy. Il prend position sur les hauteurs et pousse des avant-postes dans la direction de Nouart et de Beauclair, direction qu'il doit suivre le lendemain pour gagner Stenay.

La division de cavalerie Bonnemains vient coucher entre Le Chesne et Stonne, près des Petites Armoises.

La cavalerie Margueritte se porte à Mouzon, franchit la Meuse sur ce point et couvre le passage en prenant position sur les hauteurs entre Mouzon et Stenay.

Grand quartier général à Stonne.

Souvenirs inédits du maréchal de Mac-Mahon.

D'après ces nouveaux ordres (1), le 28, le 12e corps campé près du Chesne alla prendre position à la Besace.

Le 1er corps se porta à Stonne, le 5e sur Buzancy, le 7e sur Châtillon.

---

(1) Voir page 279.

La division de cavalerie de réserve devait s'établir près des Petites Armoises. Le général Margueritte devait franchir la Meuse à Mouzon et se porter sur les hauteurs entre cette ville et Stenay.

Ces différents mouvements devaient s'exécuter à la pointe du jour. Mais plusieurs corps ne reçurent pas le contre-ordre à temps et leurs bagages ainsi que leurs parcs d'artillerie qui, d'après le premier ordre de marche s'étaient déjà mis en route pour Mézières continuèrent dans cette direction, et encombrèrent dans la matinée, les routes que nous suivions.

Le 7e corps, qui avait déjà commencé son mouvement vers le Nord, par la route de Vouziers au Chesne, changea de direction pour aller s'établir à Boult-aux-Bois.

Le 5e corps qui, la veille, avait rétrogradé jusqu'à Châtillon et Brieulles, partit à la pointe du jour pour gagner Buzancy. L'avant-garde était arrivée à Boult-aux-Bois, lorsque le général de Failly aperçut des forces considérables en marche au Sud de Buzancy. C'était le XIIe corps allemand, précédé de la division de cavalerie. Le général de Failly, pensant qu'il allait être attaqué, envoya une brigade de la division de L'Abadie, occuper un petit plateau, près du village de Briquenay, afin de protéger son flanc droit pendant sa marche. Le reste de ses troupes fut dirigé sur Bar. La tête de colonne arrivait à Harricourt, quand il reçut la dépêche suivante que je lui adressais :

Le Chesne, 28 août.

« Il est de la plus haute importance que nous traversions la Meuse le plus tôt possible. Poussez donc, dès ce soir, dans la direction de Stenay aussi loin que vous le pourrez,

« Le général Douay, qui vous suit, a été invité à marcher derrière votre dernière colonne. Il campera au delà de Bar. Si l'ennemi vous force à quitter momentanément la grande route, faites-le connaître au général Douay, pour que sa tête de colonne prenne la même direction.

« Nous marchons sur Montmédy pour délivrer le maréchal Bazaine. Attendez-vous à rencontrer demain une vive résistance pour enlever Stenay.

« Faites interroger tous les gens qui viennent de ce côté pour savoir si l'ennemi n'a pas fait sauter les ponts. Dans le cas où il les aurait fait sauter, faites-le-moi connaître.

« Je pars pour Stonne ».

Le général venait d'être informé que le général Douay ne pouvait dépasser dans la journée Boult-aux-Bois et qu'il lui serait impossible par suite de l'appuyer ce jour-là.

Voyant qu'il ne pouvait rappeler que tard dans la soirée la brigade de Briquenay, séparée de lui par un marais impraticable, et sous une pluie battante, qui ne cessait pas depuis le matin, il vint établir son corps d'armée dans les positions en avant de Bois des Dames et de Belval.

Dans la soirée du 28, j'appris qu'une division ennemie occupait Stenay et que le pont avait été rompu.

N'ayant point d'équipage de pont, je prescrivis le lendemain 29 la marche sur Mouzon et Remilly, où les corps devaient passer la Meuse.

c) Opérations et mouvements.

Le Ministre de la guerre au Commandant des troupes, à Épernay (D. T.).

Paris, 28 août, 9 h. 37 matin (n° 27993).

Je suis informé que Châlons est occupé et qu'un régiment de uhlans se dirige de votre côté.

Résistez tant que vous serez en forces et ne laissez insulter ni la ville ni la gare par les uhlans.

Rendez-moi compte de la situation et dites-moi si je puis faire passer demain, par Épernay, se rendant à Reims, en chemin de fer, une brigade de cavalerie.

Le maréchal de Mac-Mahon au Ministre de la guerre (D. T. Ch.).

Stonne, 28 août, 12 h. 30 soir. Expédiée à 1 h. 20 soir (n° 27820).

Je marche sur Montmédy; tenterai demain de forcer le passage de la Meuse à Stenay, dont je crains que ennemi ait déjà fait sauter les ponts (1).

---

(1) Cette dépêche porte en note : La communication avec le quartier impérial a été de nouveau interrompue après la transmission de la dépêche ci-dessus qui ne contient que 22 groupes au lieu de 23 annoncés par le quartier impérial. Il n'a pas été possible de la compléter.

Le général Mitrecé au général Forgeot (D. T.).

Mézières, 28 août, 5 h. 25.

Existant à Mézières : En gare, sur trucs, à destination du 1er corps d'armée : 25 canons de 4, 12 affûts de rechange, 14 chariots de batterie, 25 caissons d'artillerie, 6 canons de 12, 2 affûts de rechange, 17 chariots de batterie, 17 caissons d'artillerie, 230 chevaux de trait du 1er régiment du train.

A terre, 370 chevaux du même régiment.

Qu'en faut-il faire?

J'attends réponse pour décharger ou maintenir sur trucs.

Le maréchal de Mac-Mahon au Ministre de la guerre (D. T. Ch.).

Stonne, 28 août, 7 h. 50 soir. Expédiée à 9 heures soir (n° 27989).

L'occupation de Mézières par une force de 20,000 hommes aurait l'avantage de nous assurer quelque temps nos communications avec Paris par le Nord, et ces troupes pourraient toujours se replier par voie de fer; mais il faut un chef entreprenant, le général de Wimpffen.

Le Commandant supérieur et le Sous-Préfet, à Belfort, aux Ministres de la guerre et de l'intérieur, à Paris (D. T.).

Belfort, 28 août, 9 h. 25 soir. Expédiée à 11 h. 20 soir (n° 38001).

Un douanier nous a remis la dépêche suivante :

Au général Douay.

« Strasbourg est perdu si vous ne venez immédiatement à son secours. Faire ce que pourrez.

« Général UHRICH. »

Cette dépêche a déjà dû vous être transmise. Nous avons dû néanmoins vous en rendre compte.

En marge est écrit de la main du général de Palikao, ministre de la guerre :

« Faire savoir par Belfort et par dépêche chiffrée que l'on tienne le plus longtemps possible, que bataille doit avoir lieu aujourd'hui auprès de Metz et que l'on espère heureux résultat. Comme dernière ressource, la garnison ne pourrait-elle pas traverser le Rhin pendant la nuit? »

1er CORPS.

a) Journaux de marche.

Souvenirs personnels du capitaine Peloux.

28 août.

Le matin, le général Ducrot reçoit l'ordre de faire filer sur Mézières tous les éclopés, tous les gros bagages, et de se porter avec ses troupes dans la direction de Stonne.

Contre-ordre est envoyé à la colonne des bagages, dont la tête se trouvait au delà de Tourteron. Les voitures qui restent encore à Voncq sont triées; tout ce qui n'est point indispensable est envoyé à Tourteron et de là à Mézières.

Les différentes divisions devaient se mettre en marche à midi. Les 3e et 4e se rendant directement au Chesne par la voie romaine; les 2e et 1re en passant par les Alleux et en suivant la route de Vouziers au Chesne.

L'artillerie et les bagages doivent prendre cette dernière route.

En arrivant au Chesne, le général Ducrot trouve tout le village encombré par les convois des 7e et 12e corps et envoie en conséquence l'ordre aux divisions de camper en arrière du Chesne.

La 4e division arrive au Chesne vers 4 heures, campe sur la gauche de la voie romaine; les autres divisions sur la droite de la route de Vouziers; la 3e entre ces deux routes.

La 1re division, restée à l'arrière-garde, eut avec les uhlans prussiens une légère escarmouche; elle n'arriva au bivouac que fort avant dans la nuit.

2e DIVISION.

Dans la nuit du 27 au 28, les bagages des corps, escortés par un bataillon du 74e, sont dirigés vers Rethel. La division reçoit ordre de se porter vers Le Chesne-Populeux.

Des éclaireurs prussiens apparaissent sur nos derrières, et engagent un instant le feu avec la compagnie divisionnaire du génie.

Relevée par la 1re division (Wolff), qui doit former l'arrière-garde, la 2e division s'engage dans la voie romaine, tandis que toute l'artillerie et la cavalerie du 1er corps suivent la grand'route.

Arrivée au Chesne-Populeux vers 5 heures du soir.

3e DIVISION.

Départ définitif de Neuville à 6 heures du matin par la voie romaine.

Arrivée au Chesne-Populeux et aux Grandes Armoises. Quelques actes d'indiscipline se produisent malheureusement de nouveau dans les rangs de l'armée accumulée au Chesne-Populeux.

4ᵉ DIVISION.

Journal privé du colonel d'Andigné, chef d'état-major.

Le général de Carrey de Bellemare, arrive prendre le commandement de la 2ᵉ brigade.

L'ordre de mouvement nous arrive enfin à 1 heure. Il prescrit de marcher sur Metz et nous assigne pour gîte de ce jour les Grandes Armoises.

L'encombrement sur les routes, et la pluie qui ne cesse de tomber, nous retardent, et la 4ᵉ division ne peut arriver qu'au Chesne, où elle se rend par la voie romaine et où nous logeons.

L'ordre d'aller à Mézières, était dû à un appel du général Trochu, qui veut nous rappeler à Paris; celui de reprendre la marche sur Metz, à un ordre du comte de Palikao, disant que notre retour à Paris serait le signal d'une révolution et que la dynastie serait perdue.

c) Opérations et mouvements.

Le général de Lartigue au général Ducrot (1).

J'ai l'honneur de vous rendre compte que j'ai commencé mon mouvement en avant à 1 h. 30. Deux régiments de ma division, le 3ᵉ tirailleurs et 3ᵉ de zouaves ainsi que mon artillerie, avaient déjà pris la route de Stonne, lorsque le capitaine Bossan, votre aide de camp, est venu m'informer que je devais faire filer tout le convoi que le bataillon de chasseurs à pied avait été chargé par vous, ce matin, de maintenir en place.

Les postes que j'avais placés en avant de mon campement avaient échangé, depuis environ 11 heures, quelques coups de fusil avec les cavaliers prussiens, principalement sur la route qui conduit aux Quatre-Champs. Vers midi, la fusillade avait été assez nourrie, et elle a produit

---

(1) Cette lettre ne porte aucune indication de jour, d'heure, ni de lieu. Elle provient des papiers Ducrot.

une panique telle dans le convoi que vous m'avez chargé d'accompagner, celui qui d'abord ne devait pas passer, que beaucoup de conducteurs sont partis avec leurs chevaux, abandonnant leurs voitures.

Il résulte de tout cela que j'ai beaucoup de peine à faire marcher toutes ces voitures, et j'estime que je ne pourrai me mettre en marche, avec le reste de ma division qui me reste en main, que vers 6 heures du soir; il est actuellement 4 h. 15.

Je fais tenir l'entrée du village par un bataillon du 56°; j'ai avec moi les deux autres bataillons et le bataillon de chasseurs à pied; mon artillerie est tellement engagée dans le convoi qu'il n'est pas possible de l'arrêter.

Quelques cavaliers ennemis se montrent sur les hauteurs, vers la route de Voncq : je pense n'avoir rien à redouter de ces petites découvertes.

5° CORPS.

a) Journaux de marche.

Journal de marche rédigé par le colonel Clémeur.

Le 28 donc, le 5° corps se met en marche au point du jour, par une pluie torrentielle, pour retourner à Buzancy par les chemins suivis la veille.

On devait reprendre les bagages au passage au Chesne. Avis est donné au chef de bataillon chargé de leur garde du nouveau changement de route, avec ordre de rejoindre aussitôt que possible.

La division de Lespart et la brigade de Maussion, qui prend la tête de colonne à Belleville, sont suivies de l'artillerie de réserve et se dirigent sur Boult-aux-Bois et Germont sur la grande route de Buzancy.

La division Goze campée à Authe, et la division de cavalerie, s'avançant par Autruche, doivent également rejoindre la grande route de Buzancy.

Arrivé vers 9 heures à Boult-aux-Bois, le général en chef apprend que des forces ennemies considérables défilent derrière Buzancy sur Stenay, que des avant-postes sont établis à Bar et Harricourt, et que les hauteurs de Sivry sont occupées par de l'artillerie comme la veille au soir.

Il envoie aussitôt le général de L'Abadie avec son unique brigade (de Maussion) s'établir en position sur un petit plateau à droite de la route près du village de Briquenay, afin de protéger le flanc droit du corps d'armée dans sa marche sur Buzancy. Le général de L'Abadie laisse ses bagages en deçà de Germont ainsi que ses voitures d'ambulance, et va prendre position sur le plateau indiqué, couvert par des marais et le ruisseau de la Bar.

La division Goze, arrivant de Brieulles et Authe, est formée sur deux lignes comme la veille, sur les coteaux à gauche de la route, la droite près de Harricourt, sa première ligne déployée, la deuxième par bataillons en colonne.

Derrière elle, la division de Lespart est en réserve avec le parc du génie et l'artillerie de réserve. Elle se forme sur deux colonnes de régiment.

L'avant-garde de cavalerie, formée de deux escadrons de hussards divisionnaires, se porte en avant, traverse le village de Bar et arrive jusqu'à Buzancy. Les uhlans qui l'occupent l'évacuent après une courte fusillade qui leur blesse et leur démonte plusieurs cavaliers.

Quelques coups de canon ennemis tirés des hauteurs de Sivry sont sans résultat. La division de cavalerie, qui était partie à 3 heures du matin pour Poix, revient sur ses pas au reçu du contre-ordre, et vient se placer vers 10 heures, en arrière de la gauche de la division Goze qui établit sa ligne de bataille parallèlement à la route de Harricourt à Sommauthe.

Deux compagnies du 61ᵉ de ligne occupent Bar, évacué dès l'arrivée de l'avant-garde.

D'après les renseignements recueillis, les forces ennemies en position sur les hauteurs qui sont à l'Est de Buzancy (de Sivry à Fossé), pouvaient être évaluées à une division. La position traversée par la route de Buzancy à Stenay, et couronnée par la grande forêt de la Folie, est très forte en raison de tous les accidents de terrain qui en rendent les abords difficiles. Le Maréchal avait prescrit au général Douay de porter son corps d'armée de Vouziers à Boult-aux-Bois, pour attaquer et tourner la position par la droite, tandis que le 5ᵉ corps l'attaquerait à gauche vers Fossé.

Ses troupes une fois en position, le général de Failly prescrit au général de L'Abadie d'envoyer un de ses officiers à Boult-aux-Bois pour entrer en communication avec le général Douay, et réclamer son concours. Mais le 7ᵉ corps, arrêté dans sa marche par un encombrement de bagages et un croisement de colonnes avec le 1ᵉʳ corps, résultat du dernier contre-ordre, est arrivé très fatigué à Boult-aux-Bois. Son arrière-garde est encore engagée dans le défilé de la Croix-aux-Bois. Le général Douay fait dire, en conséquence, qu'il lui est impossible d'appuyer le 5ᵉ corps et de remplacer par une de ses brigades celle du général de L'Abadie

A 2 heures de l'après-midi, le général en chef reçoit du Maréchal la dépêche suivante : « Il est de la plus haute importance... » (Voir p. 322.)

Dans l'ignorance des forces de l'ennemi sur la position en arrière de Buzancy, et ne pouvant plus pour ce jour compter sur le concours du général Douay, dont les troupes fatiguées sont en retard, le général de Failly se décide à tourner cette position, et à se porter vers le Nord pour arriver à Nouart, regagner ainsi la route de Stenay, et se rendre de là à Beaufort et Beauclair (à 5 kilomètres de Stenay).

Ce mouvement remplissait complètement les intentions du Maréchal sans avoir recours à une attaque de vive force. Mais pour l'exécuter, il faut d'abord rappeler la brigade du général de L'Abadie, laissée sur le plateau de Briquenay pour couvrir le flanc droit du corps d'armée.

On se met en marche vers 5 heures seulement. La cavalerie forme l'avant-garde, prend le chemin de Vaux-en-Dieulet, traverse Belval, et arrive vers 7 heures sur le plateau de Bois des Dames vers la ferme d'Harbeaumont, d'où elle repousse quelques petits postes ennemis.

La division Goze reste déployée, face à Buzancy pour couvrir le mouvement. La 2ᵉ brigade (Nicolas) formera l'arrière-garde.

La division de Lespart s'écoule par les Petites Sartelles, Vaux-en-Dieulet et traverse Belval, pour se rendre sur le plateau escarpé de Bois des Dames, où elle arrive à 8 heures du soir pour camper, et relever la cavalerie qui va s'établir au-dessous de Bois des Dames sous la protection de la brigade de Fontanges.

La 1ʳᵉ brigade de la division Goze la suit avec l'artillerie de réserve et s'établit à 10 heures à Belval.

La brigade de L'Abadie, marchant ensuite, arrive à Belval, à 11 heures avec son convoi. La brigade Nicolas, renforcée du 4ᵉ bataillon de chasseurs, et formant l'arrière-garde vient également camper à Belval, à minuit.

Le quartier général est à la ferme d'Harbeaumont sur le plateau de Bois des Dames.

Pendant toute cette journée, la pluie n'a pas cessé de tomber et la marche a été des plus pénibles à travers un pays montueux et difficile.

Aucune distribution régulière n'a été faite aux troupes pendant cette journée et la plupart ont été réduites au biscuit de réserve contenu dans le sac.

Partout l'ennemi est signalé comme se repliant en masse derrière la Meuse, et ne laissant sur la rive gauche que des partis de cavalerie, après avoir détruit les ponts.

A 10 heures du soir le colonel Broye, aide de camp du Maréchal apporte des instructions verbales au général de Failly, et un ordre ainsi conçu :

« Les 5ᵉ et 7ᵉ corps devront opérer de concert jusqu'au passage de la

Meuse. Le général de Failly prendra le commandement des deux corps d'armée. »

D'après les renseignements donnés par le colonel Broye, la marche décidée sur Beaufort et Beauclair fut maintenue, et il fut convenu que le général y attendrait de nouvelles instructions relatives à une attaque combinée sur Stenay.

Journal de marche rédigé par le capitaine de Piépape.

Le mouvement prescrit s'exécute au point du jour par un temps affreux, les routes étaient complètement détrempées par la pluie. La division de Lespart et la brigade de Maussion (qui prend la tête de colonne à Belleville) sont suivies de l'artillerie de réserve et se dirigent sur Boult-aux-Bois et Germont. Arrivé à Boult-aux-Bois on apprend que l'armée ennemie en très grand nombre défile par une marche rapide avec artillerie et cavalerie à quelques kilomètres en arrière de Buzancy.

La division Goze et la division de cavalerie sont rappelées et marchent en avant vers Buzancy par Autruche.

La division Goze prend position au même coteau que la veille, près, mais un peu en arrière du tournant de Germont ; la réserve d'artillerie au-dessus et à sa gauche ; la division de cavalerie en arrière et sur le flanc gauche. La brigade de L'Abadie va occuper la position qui avait été déterminée la veille pour la division de Lespart, au-dessus de la ferme. La division de Lespart reste en réserve, à Briquenay.

Deuxième affaire de Buzancy. — L'avant-garde de cavalerie, formée de deux escadrons de hussards divisionnaires, se porte en avant, traverse le village de Bar et arrive jusqu'à Buzancy. Les uhlans qui l'occupent, l'évacuent après une courte fusillade, quelques cavaliers prussiens sont démontés.

Quelques coups de canon ennemis sont tirés sans résultat. Une batterie française prend position, à gauche et au-dessus de Buzancy.

Deux compagnies du 61e de ligne occupent Bar. Pour appuyer l'attaque de Buzancy où, d'après les renseignements recueillis, l'ennemi avait au moins une division établie dans une très forte position appuyée à des bois, le Maréchal avait prescrit au général Douay de porter son corps d'armée en avant de Boult-aux-Bois, pour tourner la position par la droite, tandis que l'attaque du 5e aurait lieu vers Fossé. Mais le 7e corps, arrêté dans sa marche par un encombrement de bagages et un croisement de colonnes avec le 1er corps, ne se présente pas à temps sur le lieu de l'action et reste à Boult-au-Bois, avec ses troupes fatiguées.

A 2 heures du soir au tournant de Germont, le général de Failly reçoit la dépêche suivante qui lui est adressée par le Maréchal et envoyée par un officier de son état-major : « Il est de la plus haute importance..... » (Voir p. 322.)

En conséquence de cet ordre, le général de Failly, qui avait déjà donné des ordres pour attaquer la position de Buzancy, renonce à l'enlever de vive force et cherche simplement à passer, en tournant la position, pour regagner la route de Stenay, vers Nouart.

La division Goze reste déployée pour couvrir ce mouvement, tandis que la division de Lespart s'écoule par les Petites Sartelles, Vaux-en-Dieulet, Belval. Cette division va camper le soir au plateau du Bois des Dames.

La division Goze, suivie de l'artillerie de réserve, va camper à Belval, au fond du vallon.

La division de L'Abadie quitte sa position la dernière pour aller à Vaux-en-Dieulet.

Les bagages, qui étaient restés parqués à Germont, rejoignent le quartier général à la ferme de Belval.

Cette journée du 28 est marquée par une pluie sans interruption. La marche des troupes est rendue ainsi doublement pénible et s'opère à travers un pays montueux et difficile. Pour la division Goze, elle ne se termine qu'à 11 heures du soir et l'artillerie de réserve est obligée souvent de doubler les attelages pour gravir les pentes de Bois des Dames, du côté de Belval.

On n'eut pu enlever de vive force la position de Buzancy. La brigade de la division de L'Abadie se trouvait séparée du corps d'armée par un marais infranchissable. La position qu'elle occupait était indispensable à maintenir pour menacer le flanc de l'ennemi. Elle dut la conserver, le 7ᵉ corps auquel cette position était destinée n'ayant pu venir à l'aide.

Par suite de l'obligation de contenir l'ennemi et de donner au général de L'Abadie le temps de rejoindre, la mise en marche du corps d'armée ne put avoir lieu que vers 3 heures. Cette marche tardive se trouva encore ralentie par le mauvais état des routes détrempées et par une côte rapide avant l'arrivée à Bois des Dames. La division de Lespart n'arriva à son campement sur le plateau qu'à 8 heures du soir. Le reste du corps d'armée dut camper dans les plaines, à Belval.

Les troupes sont inquiétées seulement par quelques coups de canon en arrivant à Belval.

Partout, sur leur passage, l'ennemi est signalé comme se repliant en masse derrière la Meuse et ne laissant sur la rive gauche que des partis de cavalerie, après avoir détruit les ponts.

Le 5ᵉ corps va camper à Bois des Dames sur une position militaire très élevée.

Aucune distribution régulière n'a pu être faite aux troupes pendant cette journée et la plupart ont été réduits au biscuit de réserve contenu dans le sac.

A 10 heures du soir, le colonel Broye, de l'état-major du maréchal de Mac-Mahon, apporte des instructions verbales au général en chef et un ordre ainsi conçu :

« Les 5ᵉ et 7ᵉ corps devront opérer de concert jusqu'au passage de la Meuse. Le général de Failly prendra le commandement des deux corps d'armée. »

Journal du capitaine de Lanouvelle, de l'état-major du 5ᵉ corps.

L'ordre du 27 portait le 12ᵉ corps à Vendresse, le 5ᵉ à Poix par Le Chesne, le 7ᵉ probablement au Chesne ; ainsi on se dirigeait vers le Nord-Ouest, on renonçait à joindre le maréchal Bazaine.

Vers 2 ou 3 heures du matin, un ordre nouveau modifia toutes les dispositions prises la veille au soir. On reprenait la direction de Stenay et Montmédy par Buzancy (5ᵉ et 7ᵉ corps), par Stonne (1ᵉʳ et 12ᵉ corps).

Ce contre-ordre ne put être transmis aux troupes qu'alors qu'une partie était déjà en marche ; la division de cavalerie, notamment, partie avant l'heure fixée du bivouac d'Authe, où elle avait été alarmée plusieurs fois pendant la nuit, ne fut arrêtée qu'à Pont-Bar, tout près du Chesne-Populeux.

On reprit le chemin suivi la veille et sur lequel il s'agissait de pousser le plus possible. Le général commandant le 5ᵉ corps d'armée se décida à ne pas attaquer la position de Buzancy et de Fossé, qu'il avait lieu de croire fortement occupée depuis la veille ; il prit position à 6 heures du matin sur la route en avant de Germont, le corps d'armée déployé sur deux lignes, la gauche au village d'Autruche, la droite à la route, envoya le général de L'Abadie occuper la ferme de la Malmaison et resta à cette place jusqu'à midi, couvert sur le front par des patrouilles et reconnaissances d'infanterie.

La cavalerie arriva alors et s'établit à la gauche de la ligne.

Le temps avait été détestable dans cette première partie de la journée et les troupes avaient beaucoup souffert de leur immobilité.

Vers midi, la division Goze en première ligne, la division de Lespart en deuxième ligne marchèrent en avant jusqu'à hauteur du village d'Harricourt ; la division de L'Abadie, qui avait été rappelée de bonne heure (?) rejoignit celles-ci ; on échangea quelques coup de feu et quelques coups de canon avec l'ennemi ; celui-ci, qui n'était sans doute pas en force, paraissait nous attendre à l'Est et au Nord de Buzancy.

Cependant l'ordre de marcher ne fut donné qu'à 5 heures du soir. Le mouvement se fit par la gauche, c'est-à-dire par Vaux-en-Dieulet et Belval, en sorte qu'au lieu d'attaquer l'ennemi à Buzancy, on essayait de le tourner.

La division de Lespart arriva au bivouac du Bois des Dames à 7 heures environ ; la division Brahaut prit position en avant, sur la droite de la route de Stenay. Les divisions Goze et de L'Abadie, qui n'avaient quitté la position qu'à la nuit, arrivèrent fort tard au bivouac de Belval.

Pendant cette journée, nos troupes souffrirent beaucoup de la pluie et de l'humidité ; elles ne purent boire le café et eurent encore à supporter pendant la nuit une pluie torrentielle.

Cependant l'ennemi était proche, car ses éclaireurs se montraient partout ; il barrait la route entre Buzancy et Nouart, et nous n'avions pas essayé de le culbuter.

Le général Douay (7e corps), retardé dans sa marche par des démonstrations de l'ennemi, arriva ce soir-là à Boult-aux-Bois.

Les audacieux et habiles éclaireurs ennemis se montraient au-dessus de Sommauthe, à Fontenoy et à Autruche, c'est-à-dire dans l'espace compris entre les deux corps d'armée destinés à opérer ensemble.

1re DIVISION.

Départ de Brieulles à 5 h. 30 du matin par une pluie battante. On traverse Authe, on arrive sur l'emplacement de la veille. La 1re division est placée sur deux lignes dans la plaine comprise entre les routes de Germont et de Sommauthe à Harricourt.

Les cavaliers du 5e hussards escarmouchent avec des tirailleurs ennemis qui sont dans Bar et Buzancy. La division se porte en avant, la tête à hauteur de la route de Sommauthe.

Le 46e et la 5e batterie du 6e d'artillerie traversent la route et se portent sur les hauteurs situées à gauche. Quelques coups de canon sont tirés sur des cavaliers ennemis. On reste en position jusqu'à 1 h. 30, puis le général en chef fait défiler le corps d'armée sur la route de Sommauthe, la 2e brigade de la 1re division formant l'arrière-garde.

La division arrive vers 8 heures du soir à Belval, où elle campe dans un fonds détrempé et marécageux. La 2e brigade arrive vers 10 heures.

2e DIVISION.

Pendant la nuit, le général de L'Abadie avait reçu l'ordre de quitter à 4 h. 30 du matin son bivouac de Belleville, de repasser par Le Chesne-Populeux et de se diriger sur Poix en suivant la route de Charleville. Le maréchal de Mac-Mahon, trouvant l'ennemi en force devant lui sur la route de Stenay, et informé que le Prince royal de Prusse, avec 120,000 hommes, arrivant sur son flanc droit, avait déjà atteint Ardeuil, voulait se dérober aux Allemands, dont le plan paraissait être de le cerner entre leurs armées et la Belgique et de lui couper toute ligne de retraite.

Déjà une grande partie de la division était engagée sur le chemin de Châtillon lorsqu'arriva un contre-ordre prescrivant de se porter de nouveau sur Buzancy. On revenait au projet d'aller du côté de Metz donner la main au maréchal Bazaine.

Les nouvelles apportées par les habitants confirmaient la présence dans le pays de forces allemandes nombreuses se dissimulant à la faveur des bois. Ces colonnes ennemies défilaient par Grand-Pré, Le Morthomme, Thénorgues, par Beffu, Verpel, Bayonville, Barricourt; le village de Fossé était occupé, ainsi que Buzancy et les hauteurs en arrière; un quartier général de cavalerie était arrivé à Rémonville.

La division de L'Abadie, descendue de Belleville à Boult-aux-Bois à 6 heures du matin, prit la route de Vouziers à Stenay par Buzancy. Elle reçut l'ordre de flanquer à droite les autres divisions du corps d'armée, qui devaient rejoindre cette même route : la division Guyot de Lespart par Belleville, la division Goze par Authe. En conséquence, on laisse l'ambulance, les voitures du génie, le parc des batteries et les bagages en deçà de Germont, à gauche de la chaussée, et, après avoir dépassé ce village, la division, disposée en trois colonnes parallèles, se porte sur les hauteurs situées sur Boult-aux-Bois, Briquenay et Harricourt, et s'arrête sur celles qui s'étendent de Briquenay aux prairies marécageuses traversées par le ruisseau de Bar. Le front de cette position était séparé des collines de Thénorgues par des marais paraissant n'en faire qu'un avec le précédent et au milieu desquels coulent le ruisseau dit du Moulin, le canal des Arches et le canal de Thénorgues. Ce terrain et les canaux, malgré leur largeur peu considérable, sont des obstacles dangereux pour des troupes. La disposition en trois colonnes pendant la marche permettait, par une simple conversion à droite, de se trouver de suite formé sur trois lignes pour résister à une attaque dirigée du flanc droit contre le corps d'armée.

Le temps, devenu fort mauvais pendant toute la nuit précédente, est loin de s'améliorer; la pluie tombe avec violence pendant presque toute la journée.

Tandis que la division était ainsi postée, la division Goze vint s'établir en bataille en avant d'Autruche, perpendiculairement à la route et sur deux lignes : la première, déployée, formée par la brigade Saurin; la deuxième, composée de la brigade Nicolas, en ligne par bataillons en colonne. L'artillerie était placée au centre et à chacune des ailes; elle observait le village de Harricourt et ses débouchés. Ces dispositions déterminèrent deux batteries ennemies à quitter Buzancy et à se replier sur les hauteurs boisées situées à l'Est et en arrière de ce bourg.

La division Guyot de Lespart, arrivée ensuite avec la réserve d'artillerie et le parc du génie, s'établit sur deux colonnes de régiment à 500 mètres en arrière du centre de la division Goze.

La cavalerie du général Brahaut partie d'Authe à 3 heures du matin, se dirigeant sur Poix, avait dépassé Le Chesne-Populeux et se trouvait déjà à 3 kilomètres de ce bourg quand le contre-ordre parvint ; elle reprit immédiatement la route de Brieulles et y fit une halte vers 8 heures du matin. Vers 9 heures elle remonta à cheval, se porta sur Autruche. Au sortir de ce village elle rencontra le corps d'armée en position, et d'après les ordres du général en chef se plaça sur deux lignes à gauche et un peu en arrière de l'infanterie, subordonnant ses mouvements à ceux de cette arme, quand opérant par sa gauche, elle exécuta un quart de conversion à droite, de manière à avoir sa ligne de bataille parallèle à la ligne de Harricourt à Sommauthe, et lorsqu'elle se porta ensuite en avant jusqu'à cette route, les vedettes et les tirailleurs poussèrent au delà et jusque sur les crêtes qui dominent Buzancy.

La présence de deux escadrons allemands sortis d'un bois situé sur un mamelon au Nord de Buzancy ayant été signalée, la batterie Lanaud fut portée un peu en arrière de la crête sur la ligne de tirailleurs ; elle ouvrit son feu, à une distance de 1200 mètres et dispersa cette petite colonne qui se retira au delà du bourg. Deux compagnies d'infanterie furent envoyées à Bar ; ce village et Buzancy furent évacués par l'ennemi qui se retira par la route de Nouart.

Pendant ce temps le 7ᵉ corps venant de Vouziers, allait déboucher à Boult-aux-Bois ; le général de Failly prescrivit au général de L'Abadie d'envoyer au général Douay (Félix) un officier d'état-major chargé de lui porter une demande écrite, tendant à obtenir une brigade pour remplacer la division de L'Abadie sur ses positions, et couvrir ainsi le mouvement que le 5ᵉ corps devait effectuer en vue des Allemands pour continuer sa marche vers Stenay en tournant Buzancy.

Le capitaine Poulain, à qui cette mission fut confiée, trouva à Boult-aux-Bois le commandant du 7ᵉ corps et rapporta une réponse, d'après laquelle, cet officier général, ayant, disait-il, un convoi nombreux à conduire, et son arrière-garde étant aux prises avec l'ennemi, il ne lui était pas possible de prêter son concours.

Néanmoins, vers 5 heures du soir, le 5ᵉ corps se mit en route.

La cavalerie forma l'avant-garde et prit le chemin de Vaux-en-Dieulet, Belval et atteignit les hauteurs entre la Wamme et la Wiseppe, affluents de la Meuse, où elle s'arrêta dans des enclos voisins de la ferme d'Harbeaumont. Elle y trouva des postes ennemis qu'elle éloigna. Elle y attendit l'arrivée de la division Guyot de Lespart, puis s'établit pour passer la nuit au-dessous du village de Bois des Dames, à l'Est de la ferme de la Fontaine au Croncq, sous la protection de la brigade de Fontauges. Celle-ci en plaçant ses grand'gardes eut à essuyer quelques coups de canon ; elle régla la force de ses postes en conséquence, et un bataillon du 68e occupa la hauteur qui dominait la position. La division Guyot de Lespart appuyait sa droite sur la ferme de Bellevue.

La brigade Saurin de la division Goze suivit le mouvement de la division Guyot de Lespart.

La brigade Nicolas, de la même division, fut chargée de contenir les détachements qui essaieraient de sortir par Bar, et de former l'arrière-garde du corps d'armée. On la renforça avec le 4e bataillon de chasseurs à pied. Elle devait aussi tâcher de donner le change à l'ennemi en entretenant des feux jusque vers 10 heures du soir, pour faire croire à l'existence d'un bivouac considérable.

La division de L'Abadie reçut l'ordre d'évacuer sa position et de marcher avec la brigade Nicolas. Elle rappela l'ambulance, les bagages, les voitures du génie et le parc des batteries laissées près de Germont; ils la rejoignirent à Harricourt, après avoir suivi la grande route; on requit dans ce village et à la ferme de la Malmaison quelques attelages de renfort pour la division.

Il était environ 7 heures du soir lorsqu'on commença à s'engager sur le chemin d'Harricourt à Sommauthe.

Le général Nicolas communiqua l'itinéraire à suivre; on cherchait à prendre pied sur la route de Stenay en évitant Buzancy et se dirigeant sur Beauclair. La nuit était faite lorsqu'on arriva au sommet de la rampe qui descend à Vaux-en-Dieulet. Dans ce village un convoi de vivres de l'administration encombrait la route, la division était gênée et même arrêtée dans sa marche. Le sous-intendant militaire attaché au grand quartier général réclamait l'urgence pour ses voitures. Le général de L'Abadie crut devoir alors envoyer en avant son chef d'état-major pour demander à ce sujet les ordres du général en chef. Cet officier supérieur rejoignit le général de Failly un peu en avant Belval; il fut chargé de dire à son général de s'arrêter et de camper au lieu où il le rencontrerait, et de l'informer que le grand quartier général de l'armée allait à Bois des Dames. Le chef d'état-major de la division de L'Abadie fut chargé aussi de prévenir le général Nicolas de continuer jusqu'à Belval, et d'y bivouaquer auprès de la brigade Saurin déjà installée à ce point. Il fut recommandé de placer des grand'gardes sur les hauteurs. Pendant ce temps la division de L'Abadie avait pu avancer, malgré le convoi de l'administration, elle arrivait aussi près de Belval, quand le chef d'état-major rencontra le général. Elle prit immédiatement son bivouac à gauche de la route. Il était à peu près 10 heures du soir. Le convoi la suivait. La brigade Nicolas arriva à minuit. On se garda avec vigilance dans cette position dominée de tous côtés.

La réserve du génie et le parc d'artillerie s'étaient arrêtés à Belval sous la protection de la brigade Saurin.

Le 28 au soir, le grand quartier général de l'armée se trouvait à Stonne.

Le 1er corps au Chesne-Populeux (il devait aller à Stonne et ne le put pas).

Le 5e corps à Belval et Bois des Dames.

Le 7e corps à Boult-aux-Bois.

Le 12e corps à la Besace.

La cavalerie de réserve à Tannay.

49e de ligne (1). — *Souvenirs du général Faulte de Vanteaux.*

Le 49e quitte Belleville à la pointe du jour. Je ne sortis de mon logis qu'au dernier moment, mais déjà le régiment était hors de ma vue sur la route du Chesne, lorsque tout à coup sur un ordre contraire, il revint sur ses pas et vers moi. Nous remarchâmes sur Buzancy, repassant par Boult-aux-Bois et Germont. Arrivée à l'extrémité Est de ce village la tête de colonne fut arrêtée, et le général de division donna l'ordre d'envoyer en avant à travers champs, sur la droite une compagnie en éclaireurs. C'était la 4e du 1er qui n'avait pas d'officier titulaire, j'en pris le commandement et la déployai en tirailleurs, partagée en deux sections. Nous montâmes des coteaux couverts de bois... enfin nous arrivâmes à un plateau élevé dominant Bar et découvrant Buzancy sur notre gauche ; je réunis mes hommes par escouades dans les excavations d'une carrière, ils pouvaient voir tout en étant masqués. A ce moment arrivèrent à côté de nous deux officiers et un peloton du 5e hussards, envoyés également en découverte, puis les colonels Beaudoin et Kampf. On apercevait au loin quelques hommes isolés marchant le long des bois, probablement des éclaireurs ennemis. Un paysan me dit que la ferme de la Maisus (2) était occupée par l'ennemi ; je la cernai, mais les quelques cavaliers ennemis qui l'avaient occupée en étaient partis le matin. J'installai ma compagnie en une ligne de tirailleurs peu espacés dans un chemin creux protégé par un talus, d'où la vue dominait sur Bar et vers Buzancy et sur tout le pays. Il se mit à pleuvoir, le régiment était en arrière dans les champs, exposé à une

---

(1) 2e division, 2e brigade.
(2) Probablement la Malmaison.

pluie battante ; ce fut une journée dure de fatigues. Nous aperçûmes trois cavaliers allemands, mais ils ne s'aventurèrent pas, et ne pouvant passer commodément, tournèrent bride.

Entre 3 et 4 heures de l'après-midi nous fûmes relevés à la Malmaison par la compagnie du génie de la division. Nous nous dirigeâmes en lignes de tirailleurs sur Bar. Tous les troupeaux du village étaient rassemblés dans les prairies, des hommes vinrent les chercher probablement pour l'intendance. On voyait sur la hauteur du côté de l'ennemi, des voitures défiler parallèlement à nous.

Nous traversâmes Bar; on nous dit que les Prussiens y avaient commis une atrocité la nuit. La pluie avait gonflé les ruisseaux. De l'autre côté de Bar, quelques troupes de la 3e division bordaient la route qui couronnait le versant Ouest du vallon assez découvert, au milieu duquel coulait le ruisseau de Bar.

Il fait presque nuit lorsque nous quittâmes la route pour prendre un chemin boueux qui nous mena à Vaux-en-Dieulet. Le village avait été traversé dans la journée par de nombreuses troupes et n'avait plus de provisions.

Nous nous arrêtâmes à environ 1500 mètres au delà de Vaux-en-Dieulet; il faisait presque nuit. On campa dans des terres à gauche du chemin, dans le voisinage des fermes des Tyrônes et de Bellevue, mais dans un fond entouré de bois. On envoya une compagnie en grand'-garde je ne sais de quel côté sur la hauteur. Nous n'avions aucun abri et nous passâmes toute la nuit à la pluie ; ce fut la plus dure nuit que j'aie jamais eu à passer.

Rapport sur les marches et opérations de la division de cavalerie du 5e corps.

Le 28 août, la division de cavalerie avait ordre de partir d'Authe à 3 heures du matin pour se rendre à Poix, en passant par les Petites Armoises et Le Chesne. Elle était déjà arrivée à 2 ou 3 kilomètres de ce dernier point lorsqu'un officier de l'état-major général vint l'arrêter et lui prescrire de revenir sur ses pas et de se porter de nouveau sur Buzancy.

Ce mouvement fut commencé sans retard et, après cinq heures de marche, la division se retrouvait à Authe, où il était nécessaire de lui faire faire halte, afin de donner le temps de manger aux hommes et aux chevaux.

Une heure après, elle reprenait la route d'Autruche, et à peine au sortir de ce village, elle trouvait le 5e corps en position, en face des hauteurs de Thénorgues.

D'après les ordres du général en chef, qui avait été immédiatement prévenu de l'arrivée de la cavalerie, le 12e chasseurs et le 5e lanciers furent placés sur deux lignes un peu en arrière et sur le flanc gauche de l'infanterie du corps d'armée. Leurs mouvements furent subordonnés à ceux de cette arme lorsque, opérant par sa gauche, elle se porta en face même des hauteurs de Buzancy, au pied desquelles avait eu lieu le combat de la veille et où quelques coups de canon furent encore échangés avec l'ennemi.

Enfin, lorsque le général en chef eut pris le parti de passer par Vaux-en-Dieulet pour tourner la position de Buzancy, la cavalerie forma l'avant-garde et refoula devant elle les postes ennemis établis auprès de la ferme d'Harbeaumont et dans le village de Bois des Dames.

Elle passa la nuit au bas de ce village, couverte à son tour par la brigade de Fontanges, qui, en plaçant ses grand'gardes, eut encore à essuyer quelques coups de canon de l'ennemi.

Division de cavalerie (1re brigade).

En exécution de l'ordre ci-dessus, la brigade part à 3 heures du matin et se dirige sur Poix, une des stations du chemin de fer de Reims à Mézières.

A Pont-Bar (2 kilomètres environ avant d'arriver au Chesne), un ordre change cette direction pour celle de Buzancy.

Le corps d'armée prend position au Nord-Ouest de cette localité, sur la hauteur qui la domine, en arrière du ruisseau dit du Moulin, et engage la canonnade contre les troupes ennemies qui sont dans la direction de Nouart.

La brigade manœuvre autour des bouquets de bois dits Trompe-Filles et les Anuettes, qui sont en avant du village d'Autruche.

Elle prend ensuite vivement la direction de Vaux-en-Dieulet, précédée d'éclaireurs et servant d'avant-garde à la division de Lespart; elle traverse cette localité, passe à Belval; c'est un ancien couvent, aujourd'hui une ferme importante appartenant à M. Mathis; nous apprenons qu'elle est fréquemment visitée par des détachements allemands qui viennent y faire des réquisitions. Le général commandant la brigade fait recommander aux éclaireurs de redoubler d'attention, de fouiller les localités et les bois avec beaucoup de soin et de circonspection. Ils débusquent dans le bois, sur la hauteur, un poste de cavaliers allemands qu'ils poursuivent vivement et qui s'échappent en fuyant à toute bride dans la direction du Bois des Dames. Ils passent près de la ferme d'Harbeaumont, rallient quelques-uns des leurs en traversant le village, toujours poursuivis de très près, et se réfugient, ayant eu plusieurs des leurs blessés, derrière un ruisseau marécageux, qu'ils franchissent sur un pont à un moulin, près de la ferme dite la Fontaine au Croncq. Un peloton du 12ᵉ chasseurs est envoyé en tirailleurs; des coups de feu nombreux sont échangés jusqu'à l'arrivée de la division d'infanterie, devant laquelle ils s'éloignent définitivement.

La brigade s'établit en bas de Bois des Dames; le pays est très accidenté. Le bivouac est couvert par les troupes de la division de Lespart. Le reste du corps d'armée occupe diverses positions depuis Vaux-en-Dieulet.

Vers 6 heures du soir, on entendit du côté de Nouart, vers lequel on avait vu les cavaliers allemands se diriger, le bruit à intervalles réguliers, de six coups de canon qui paraissaient être un signal.

Réserve d'artillerie.

Le lendemain, 28 août, le 5ᵉ corps ayant pour mission de faire évacuer Buzancy par l'ennemi, la division Goze vint occuper les mêmes positions que la veille en avant du village d'Autruche et à la gauche de la route de Buzancy; la batterie Desmazières était placée à la droite de la ligne de manière à observer les débouchés du village d'Harricourt; la batterie Gastine occupait le centre de la ligne, la batterie Lanaud l'extrême gauche.

On aperçut de cette position deux batteries ennemies qui, ne voulant pas engager le combat dans une position désavantageuse, quittaient Buzancy pour se retirer sur les hauteurs boisées en arrière. La division exécuta alors un quart de conversion à droite, de manière à avoir sa ligne de bataille parallèle à la route d'Harricourt à Sommauthe; elle se porta ensuite en avant jusqu'à cette route, les vedettes et les tirailleurs s'avançant au delà sur les crêtes qui dominent Buzancy.

Les vedettes ayant signalé la présence de deux escadrons ennemis sortis du bois situé sur un mamelon au nord de Buzancy et se dirigeant sur Bar, la batterie Lanaud fut portée en avant à hauteur des tirailleurs, un peu en arrière de la crête; elle ouvrit immédiatement son feu sur ces deux escadrons, à une distance de 1200 mètres environ; quelques coups bien dirigés dispersèrent cette colonne qui se replia en arrière de Buzancy.

Pendant ce temps, deux compagnies d'infanterie s'étant portées sur le village du Bar, l'ennemi évacua successivement ce village et le bourg de Buzancy pour se retirer par la route de Nouart.

Quant aux deux autres divisions et à la réserve d'artillerie, elles n'exécutèrent qu'une manœuvre ayant pour but de tourner Buzancy par la gauche et n'eurent pas à s'engager. Le 5ᵉ corps, après avoir consacré la journée entière du 28 à cette démonstration, partit pour aller camper à Bois des Dames en prenant la route de Sommauthe et de Vaux; la réserve d'artillerie n'arriva à son campement qu'à 9 heures du soir.

c) Opérations et mouvements.

Le maréchal de Mac-Mahon au général de Failly.

Le 5e corps se reportera le 28 à Buzancy et prendra ensuite la route de Stenay pour se rendre aux environs de Nouart.

Le général en chef y prendra position sur le point qui lui paraîtra le plus convenable, se reliant avec le 7e corps établi à Boult-aux-Bois.

Le même au même.
28 août, 11 h. 30 matin.

Mettez-vous en communication avec le général Douay, dont le corps est, au besoin, placé sous vos ordres. Le général Douay en est informé.

7e CORPS.

a) Journaux de marche.

Notes sur les opérations de la 1re division d'infanterie du 7e corps.

Le 7e corps lève son bivouac le 28 août, à 1 heure du matin, par un temps épouvantable. Le général Douay lui fait exécuter une retraite par échelons. La 1re division est en arrière-garde. Pour protéger la retraite des autres divisions, elle prend position à gauche de la route du Chesne, entre cette route et le village de Chestres, faisant face à Vouziers. La 1re brigade forme la 1re ligne dans la plaine couverte de prés et de vignes ; l'artillerie se met en batterie en avant du front. La 2e brigade est en arrière, sur des hauteurs escarpées, boisées et d'un accès difficile. Quand le 7e corps a défilé, la division Conseil Dumesnil se met en route à la queue de la colonne. Au village de Quatre-Champs la route se bifurque : à gauche elle conduit au Chesne, à droite à Boult-aux-Bois (sur la route de Buzancy).

C'est cette dernière direction que prend le 7e corps. Les divisions Liébert et Dumont poussent jusqu'à Boult-aux-Bois ; la division Conseil Dumesnil, formant toujours l'arrière-garde, reste près du village de Quatre-Champs. On lui donne la garde des convois des 5e et 7e corps d'armée. Ces convois, qui ont été d'abord dirigés sur Le Chesne, doivent en être ramenés dans la journée du 28. Ils arrivent, en effet, le 28 au soir et sont parqués à l'angle des chemins de Boult-aux-Bois et de Noirval.

Pour éviter toute surprise, des grand'gardes d'infanterie et des vedettes de cavalerie (4e hussards) sont portées jusqu'au village de Quatre-Champs et vers les lisières des bois qui s'étendent, d'un côté, entre Boult-aux-Bois et Quatre-Champs, et de l'autre côté, entre ce dernier village et Noirval. L'artillerie met quelques pièces en batterie pour protéger au besoin, par ses feux, les débouchés du camp. Ces précautions ne sont pas inutiles, car l'ennemi n'est pas loin. A peine le 7º corps avait-il quitté Vouziers et Chestres, que l'extrême avant-garde allemande y faisait son entrée. Le 28, on aperçoit de nombreux uhlans s'aventurer sur les bords des forêts dont nous venons de parler, et épier les mouvements de l'armée française.

A Quatre-Champs même quelques coups de feu sont échangés entre les éclaireurs prussiens et les avant-postes de la division.

2ᵉ DIVISION (2ᵉ brigade).

Départ à 3 heures du matin sans batteries ni sonneries, laissant les feux du bivouac allumés.

Ordre de marche : 89ᵉ, 53ᵉ de ligne, 6ᵉ bataillon de chasseurs.

A 4 h. 30 du matin, toute la brigade a passé le pont de Vouziers et pris la route du Chesne-Populeux.

Le 7ᵉ corps marche en laissant des échelons de position par brigades.

Dans ce but, la 2ᵉ brigade prend un instant position entre Ballay et Quatre-Champs, le 89ᵉ à gauche de la route, couronnant la hauteur, le 53ᵉ et une batterie à droite de la route et perpendiculairement à elle.

Grand'halte de quatre heures à Quatre-Champs (8 kilomètres) pour tout le corps d'armée.

La 2ᵉ division reçoit l'ordre d'aller camper à Boult-aux-Bois.

Campement : la division campe sur deux lignes dans chaque brigade ; la droite de la 1ʳᵉ brigade s'appuyant au village de Boult-aux-Bois, le front de la division parallèlement à la route de Buzancy ; l'artillerie derrière la 1ʳᵉ brigade.

Ordre de marche de Quatre-Champs à Boult-aux-Bois : 1ʳᵉ brigade, 2ᵉ brigade (53ᵉ de ligne, une batterie de 4, un bataillon du 89ᵉ, ambulance, deux bataillons du 89ᵉ).

Itinéraire (16 kilomètres) : Vouziers, route du Chesne-Populeux, Ballay, Quatre-Champs, Belleville, Boult-aux-Bois.

Division de cavalerie.

Le 28, à 4 heures du matin, je quittai Vouziers avec les six escadrons laissés à ma disposition pour me rendre à Boult-aux-Bois, après un arrêt prolongé à Quatre-Champs, où le général Douay prit ses dispositions de combat par une pluie battante. Le 7e corps va s'établir au bivouac sous Boult et y passe la nuit du 28 au 29.

Artillerie.

Journal de marche du Chef d'état-major.

Dans la soirée du 27, le convoi et les bagages sont dirigés vers Le Chesne-Populeux et, le 28 au matin, avant le jour, sans sonneries, après avoir ravivé les feux, les divisions prennent la même route, se retirant par échelons; les batteries de réserve prennent des positions successives.

Derrière nous, l'avant-garde prussienne incendiait Falaise.

Le corps d'armée réuni à Quatre-Champs y fait une grand'halte prolongée, après laquelle, au lieu de suivre la route du Chesne, il se dirige, par un temps pluvieux, sur Boult-aux-Bois par Belleville; la 1re division restait à Quatre-Champs pour y attendre les bagages et le convoi redemandés au Chesne. Elle campa le soir entre Belleville e Boult-aux-Bois pour prendre le lendemain la tête de la colonne.

12e CORPS.

a) Journaux de marche.

2e division.

D'après un ordre de mouvement émané le 27 août au soir du quartier général du 12e corps, la 2e division prit les armes à 4 h. 30 du matin et se mit en marche à 5 heures pour se rendre à la Besace en passant par Le Chesne-Populeux, Grandes Armoises et Stonne, dans l'ordre précédemment indiqué pour les jours précédents.

Les bagages du 12e corps suivirent le mouvement et furent formés en parc en arrière des campements du 12e corps.

La 2e division arriva à la Besace à 11 heures du matin et se campa sur la droite du village, la brigade Bisson en première ligne, déployée, les brigades de marche en colonne par régiment formant deuxième ligne, et les cinq batteries d'artillerie, et les deux compagnies du génie entre la brigade Bisson et les deux brigades de marche.

3ᵉ DIVISION.

L'ordre de marche prescrit en conséquence à la division de gagner la route de Stenay par les Petites Armoises.

Le matin, au départ, faute de guide et dans l'obscurité, la division ne trouve pas son chemin; elle s'engage sur le pont du Chesne lorsque le maréchal de Mac-Mahon lui-même, l'arrête dans son mouvement et lui fait prendre la route de Stenay par Tannay.

A 2 kilomètres du Chesne, pendant la route, le capitaine Wendling, attaché à l'état-major de la division reçoit l'ordre du général Lebrun de partir en avant avec le lieutenant de Gaufridy, officier d'ordonnance du général de Vassoigne, pour aller à Beaumont faire une réquisition de vivres.

A peine arrivés à ce village, ces deux officiers, qui sont partis sans un seul soldat d'escorte, sont obligés, pendant un moment, de se soustraire à la vue de quelques dragons de Saxe, qui sont venus en reconnaissance et qui inspirent la plus grande crainte au maire et aux habitants.

Les éclaireurs ennemis disparus, ils quittent le village et rejoignent la colonne en arrière de la Bagnolle, à la grande joie de tout le monde, car le bruit a déjà circulé qu'ils avaient été faits prisonniers.

A leur retour, ces officiers donnent au général Lebrun les renseignements qu'ils ont recueillis sur les mouvements de l'ennemi et reçoivent l'ordre de retourner à Beaumont, où la brigade de cavalerie du général Margueritte doit se rendre; cette cavalerie n'y arrive qu'à 3 heures; elle trouve la brigade des Pallières, qui a quitté Le Chesne en se portant par le chemin qui nous a été indiqué par l'ordre de marche et qui est arrivé à Beaumont à 2 h. 30 en passant par les Petites Armoises et Sommauthe. Les dragons de Saxe, qui occupaient le village depuis trois quarts d'heure, s'enfuient dans le bois de Belval à la vue de nos soldats dont les grand'gardes échangent quelques coups de fusil avec leurs vedettes.

La route s'est exécutée sans peine, malgré une pluie battante; la distance à parcourir du Chesne à la Besace était, du reste, très courte, 18 kilomètres.

La 1ʳᵉ brigade forme la droite du 12ᵉ corps; elle campe à 10 h. 30, sur deux lignes, en avant et parallèlement à la route de Sommauthe, le front de bandière vers Beaumont, la droite adossée à un bois; l'artillerie campe avec la réserve de son arme sur le plateau, entre la route et le ruisseau. La 2ᵉ brigade campe sur la place de Beaumont en gardant la route de Stenay et celle de Létanne. Le quartier impérial et le grand quartier général sont à Stonne. Le quartier général du 12ᵉ corps à la Besace ; les bagages ne rejoignent pas la division.

L'on craignait toujours à Paris que le maréchal de Mac-Mahon ne continuât pas sa marche sur Metz ; en effet, à Stonne, il reçut encore une dépêche du Ministre de la guerre, elle était ainsi conçue :

« Au nom du conseil des Ministres..... » (Voir p. 279.)

Division de cavalerie.

La division et les troupes qui l'ont rejointe se mettent en route vers 10 heures du matin, traversant le ruisseau de la Bar et arrivant au village des Petites Armoises où elles trouvent un chemin qui rejoint la grande route avec l'intention de se rendre à Vendresse au Nord du Chesne et sur les bords du canal des Ardennes.

Le 4ᵉ chasseurs et la brigade de cavalerie légère sont en tête, la batterie d'artillerie et la brigade de grosse cavalerie.

Quand la tête de colonne est arrivée à la croisée du chemin des Armoises avec la route de Stenay, elle est obligée de s'arrêter pendant plusieurs heures.

Le mauvais temps a rendu la sortie du Chesne tellement difficile que la colonne d'infanterie s'allonge indéfiniment.

C'est dans cette position d'attente que la division reçoit ordre de se porter le plus rapidement possible sur Beaumont où les coureurs de l'ennemi sont signalés. Le général Leforestier de Vandeuvre, nommé en remplacement du général Arbellot, rejoint la division et il reçoit l'ordre de partir avec la brigade de cavalerie légère (les trois régiments) et de se porter sur Beaumont au trot ; le général de division part avec cette colonne, laissant en arrière, avec ordre de le suivre, les deux régiments de grosse cavalerie entre lesquels se place la batterie d'artillerie ; leur mouvement se règle sur la vitesse de cette batterie dans les côtes de la route. On traverse Grandes Armoises, Stonne, la Besace, et on arrive à Beaumont où effectivement des coureurs ennemis se sont montrés.

On dépasse Beaumont, et l'on campe vers 4 heures du soir, à droite du village faisant face à Sommauthe ; on trouve à Beaumont le général des Pallières avec deux bataillons (1) d'infanterie de marine.

La position est très mauvaise pour la cavalerie ; Beaumont est dans

---

(1) Régiments.

un fond entouré de bois sur la lisière desquels on voit galoper des uhlans.

Effectivement, vers 7 heures du soir, il y a une alerte et un certain nombre de coups de fusils sont tirés par les grand'gardes d'infanterie et de cavalerie.

L'infanterie de marine ayant reçu ordre de quitter Beaumont à 2 heures du matin, la division de cavalerie se trouve abandonnée à elle-même ; afin d'éviter toute surprise, ordre est donné d'avoir dès la pointe du jour les chevaux sellés, bridés et que tous les cavaliers attendent la bride au bras.

Puis à cette heure-là, et d'heure en heure, le 7e chasseurs enverra en reconnaissance des pelotons sur la route de Stenay pendant que le 8e fera le même service sur le chemin de Beaumont au bois de Dieulet.

c) Opérations et mouvements.

Ordre de mouvement.

La Besacé, 28 août.

Par ordre de S. E. le Maréchal commandant en chef, le 12e corps se portera demain, 29 août, sur Mouzon ; l'heure du départ sera indiquée ultérieurement.

La division Bonnemains se portera à Raucourt, le 1er corps s'y portera également.

En conséquence, le général commandant le 12e corps prescrit que dès demain matin à 4 heures, toutes les troupes se tiennent prêtes à prendre les armes et à se mettre en marche pour se porter sur Mouzon ; aucun mouvement cependant ne sera fait avant qu'un ordre ultérieur n'ait été donné aux commandants des divisions et aux chefs des différents services. Toute l'infanterie qui se trouve en ce moment sur la position de la Besace, ainsi que la division Grandchamp qui se trouve à Stonne, prendra pour se porter sur Mouzon la grande route de Stenay jusqu'à la ferme de Warniforêt. En ce point la tête de colonne de ces troupes prendra le chemin de grande communication qui conduit à Mouzon par le village de Yoncq et la fonderie du Grésil. Les réserves d'artillerie se mettront dans les traces de l'infanterie, elles seront suivies par le parc du génie. Le convoi des bagages suivra les traces du parc du génie. Toute la cavalerie réunie à Beaumont se dirigera sur Mouzon par le chemin de grande communication qui passe à travers les bois de Givodeau.

Les heures de départ des différentes colonnes seront indiquées par l'ordre ultérieur qui a été annoncé ci-dessus.

Les commandants des divisions et les chefs de service sont prévenus qu'on doit s'attendre à combattre dans la journée de demain.

La brigade d'infanterie de marine qui est actuellement à Beaumont rétrogradera demain matin de manière à se trouver à Warniforêt à 6 heures précises.

Les bagages du 12ᵉ corps qui ont suivi cette brigade à Beaumont rétrograderont à sa suite sur Warniforêt où ils se formeront de manière à ne pas gêner le mouvement des troupes.

RÉSERVE DE CAVALERIE.

a) Journal de marche.

2ᵉ DIVISION.

Un ordre arrivé dans la nuit prescrivait à la division de se diriger sur Launois. La division part, en conséquence, le 28, dès le point du jour, après avoir fait filer en avant, pendant la nuit même, tous les bagages; mais, arrivée à Amagne, elle reçoit l'ordre de changer de direction et de se rendre au Chesne-Populeux.

Le temps est affreux, la route embarrassée par des convois qui retardent la marche.

A peine le bivouac est-il établi au Chesne que la division a l'ordre de le quitter et de s'établir plus loin. Le général choisit le campement près du village de Tannay, où les bagages de la division la rejoignent le soir même.

c) Opérations et mouvements.

Le maréchal de Mac-Mahon au général Margueritte.

Le Chesne, 28 août, 4 h. 15 matin.

L'armée se porte décidément sur Stenay, cherchant à gagner Montmédy.

Les 5ᵉ et 7ᵉ corps seront en position sur la route de Buzancy à Stenay, les quartiers généraux à Nouart et Buzancy.

Les 12ᵉ et 1ᵉʳ corps sur la route du Chesne à Stenay; le général Lebrun un peu en arrière de Beaumont; le général Ducrot en avant du Chesne. Établissez-vous sur le point que vous jugerez le plus convenable, de manière à éclairer la Meuse spécialement dans la direction de Stenay, dont je crains bien qu'on fasse sauter les ponts.

Faites examiner, sans trop vous montrer, si l'ennemi est en face du gué qui se trouve à hauteur de Cesse, dans la direction de Luzy.

(Suit une note signée du général Brahaut, relatant comment cette lettre du maréchal de Mac-Mahon (recueillie par le capitaine d'état-major Hacquart, aide de camp du général Brahaut) ne parvint pas au général Margueritte.)

RENSEIGNEMENTS

Le Ministre de la guerre au maréchal de Mac-Mahon, au Chesne (Ardennes) (D. T. Ch.). (Faire suivre.)

Paris, 28 août 8 h. 35 matin. Transmise à Mézières à 9 h. matin (n° 27738).

Le procureur impérial de Charleville télégraphie :
« L'ennemi, arrivant par la Croix-aux-Bois, Grand-Pré, Monthois, se trouve près de Vouziers. » Pensez-vous qu'une force de 20,000 à 25,000 hommes à Mézières pourrait assurer vos derrières (1) ?

Le préfet des Ardennes télégraphie :
« Je reçois du maire de Margut, canton de Carignan, la dépêche suivante :
« Mouzay, Stenay, Servizy envahis par l'ennemi ; réquisitions faites, bétail et fourrages.
« On dit les Prussiens dans les bois de Malandry et de Blanchampagne. »

Le même au même (D. T.).

Paris, 28 août, 8 h. 30 matin. Transmise à Mézières à 9 h. 15 matin (n° 27739).

Le sous-préfet de Château-Thierry télégraphie le 27 août, 8 h. 35 soir (2) :

« J'apprends de source certaine que l'armée du Prince royal occupe Châlons et se dirige dans les directions de Reims et d'Épernay. »

D'autre part, le sous-préfet de Reims télégraphie le 27 août, 10 h. 20 soir (3) :

---

(1) Voir p. 317. D. T. (n° 37592).
(2) Voir p. 317. D. T. (n° 37511).
(3) Voir p. 318. D. T. (n° 37546).

« Le Prince royal et le prince Albert ont traversé aujourd'hui Mourmelon et ont pris la route de Suippes. Une cavalerie nombreuse est signalée entre Châlons et la Veuve. Les reconnaissances prussiennes parcourent toujours les environs de Reims au Nord et à l'Est. J'envoie à Suippes pour avoir des renseignements précis sur la direction de l'ennemi. Les Prussiens ne paraissent pas être retournés à Épernay. »

Le Ministre de la guerre au maréchal de Mac-Mahon, à Stonne et à Beaumont (D. T.). (*Faire suivre.*)

Paris, 28 août, 8 h. 50 matin (n° 28090).

Le préfet de l'Aube me télégraphie :

« Les ennemis ont évacué le département, se dirigeant vers Sainte-Menehould. »

Le lieutenant-colonel commandant les troupes à Épernay me télégraphie de son côté :

« A 5 h. 30, j'ai été informé qu'un régiment de cavalerie, qui avait quitté Châlons à 4 heures, se rendait de mon côté. Les mesures de défense sont prises. Les coureurs ennemis se sont approchés aujourd'hui, 28 août, des stations de Rilly, Germaine et Avenay, mais ils n'ont pas attaqué. La voie est libre de Paris à Épernay, en passant par Reims. Le quartier général de l'armée en retraite du Prince royal était aujourd'hui à Souain. »

Le sous-préfet de Meaux me fait savoir également que la marche des uhlans sur Verdun, qui n'est évidemment qu'une feinte pour masquer le mouvement de l'ennemi de Châlons évacué sur Suippes, se continue sur Montmirail et menace la Ferté.

Le général de division à Reims m'annonce que 15,000 hommes environ de l'armée prussienne ont campé à Châlons la nuit dernière et sont partis ce matin dans la direction de Suippes. 25,000 hommes, arrivés ce matin par la route de Troyes, ont reçu à 3 heures l'ordre de partir et se sont dirigés sur Sainte-Menehould.

Le Préfet au Ministre de l'intérieur, à Paris (D. T.).

Troyes, 28 août, 8 h. 50 matin. Expédiée à 10 h. 25 matin (n° 37600).

Hier, midi, 4,000 cavaliers prussiens ont quitté précipitamment leur campement de Coclois pour se diriger sur Sompuis par Dampierre ; le Nord-Est du département est dégagé. Communications rétablies avec

Arcis. Sous-préfet à son poste, fil direct de Paris coupé. Voies ferrées coupées par nous, gare évacuée, Troyes demande que le pont de Fouchères, ligne de Troyes à Châtillon, ne soit détruit qu'à la dernière extrémité, afin de continuer les approvisionnements nécessaires à l'industrie.

Le Préfet au Ministre de la guerre et au Général, à Langres (D. T.).

Chaumont, 28 août, 9 heures matin. Expédiée à 10 h. 30 matin (n° 37603).

Il est passé à Joinville les 24, 25 et 26 août environ 25,000 hommes dont 6 régiments d'infanterie, 6 batteries d'artillerie, 8 batteries de train comprenant 24 nacelles en tôle avec madriers en bois et 24 grosses nacelles en bois qui, dit un témoin oculaire, pourraient fort bien servir à introduire une masse de soldats prussiens dans une place quelconque sans que l'on s'en doutât, chaque nacelle pouvant dissimuler une quarantaine d'hommes.

Le matériel qui suivait ces batteries est incroyable, comme aussi la quantité de provisions, troupeaux de vaches, bœufs, moutons, pain, foin, avoine, etc. Le 5ᵉ d'infanterie, qui devait séjourner le 26 à Joinville, a reçu subitement, à 9 heures du matin, son ordre de départ. Toutes ces troupes se dirigent vers Vassy et Montiérender.

Le Procureur impérial au Ministre de la justice, à Paris (D. T.).

Épernay, 28 août, 9 h. 40 matin. Expédiée à 10 h. 50 matin (n° 37604).

Le 26, à 3 h. 40, cinquante uhlans appartenant au Vᵉ corps de la IIIᵉ armée sont entrés à Épernay. Dix soldats du génie ont repoussé un détachement qui se dirigeait à la gare. Deux tués, deux blessés, un officier prisonnier. Des troupes françaises ont ordre de défendre la gare. La journée du 27 s'est passée sans nouvelles apparitions de l'ennemi que l'on attend toujours.

L'Ingénieur principal au Directeur de la construction (D. T.).

Charleville, 28 août, 9 h. 45 matin. Expédiée à 11 h. 30 matin (n° 37605).

Tête du souterrain de Longuyon, kilomètre 226, côté Thionville, démolie par l'ennemi.

Il n'y avait pas de fourneau de mine.

Le Préfet au Ministre de l'intérieur (D. T.).

Troyes, 28 août, 11 heures matin. Expédiée à 1 h. 10 soir (n° 37665).

On signale immédiatement la présence à Coole (Marne) à 30 kilomètres d'Arcis, d'un corps considérable de Prussiens, qu'on croit être celui du Prince royal de Prusse.

Le Sous-Préfet au Préfet de l'Aisne, à Laon (D. T.).

Château-Thierry, 28 août, 11 h. 25 matin. Expédiée à 1 heure soir (n° 37664).

Les nouvelles de ce matin sont meilleures, le courrier faisant le service des dépêches d'Épernay à Château-Thierry a annoncé que l'armée du Prince royal avait évacué Châlons pour se porter au secours d'un corps d'armée prussien battu par Mac-Mahon.

Un détachement de 500 uhlans se dirigeait cependant sur Vertus et Montmirail pour se porter peut-être sur la Ferté-sous-Jouarre.

Les mêmes nouvelles viennent de plusieurs côtés. Ne pourrait-on pas envoyer de Paris quelques troupes du côté de la Ferté-sous-Jouarre et de Montmirail?

Le Préfet aux Préfets de la Haute-Marne, Seine-et-Marne, Yonne, et aux Sous-Préfets de Bar-sur-Aube, Bar-sur-Seine, Nogent-sur-Seine, Arcis, Joigny, Châtillon-sur-Seine (D. T.).

Troyes, 28 août. Expédiée à 12 h. 55 soir (n° 37676).

Depuis hier midi le Nord-Est du département a été évacué par les 4,000 cavaliers prussiens qui se sont dirigés précipitamment vers Sompuis par Dampierre.

Paraissent très préoccupés de la position de Mac-Mahon.

Le Sous-Préfet au Préfet, à Melun (D. T.).

Meaux, 28 août, 1 heure soir. Expédiée à 2 h. 10 soir (n° 37700).

J'apprends d'une source digne de foi que l'ennemi a évacué hier Châlons, se dirigeant sur Suippes. Un détachement de 500 uhlans se dirigeait sur Vertus. Tout mouvement pareil (*sic*) arrêté dans notre direction.

Le Sous-Préfet au Ministre de la guerre (D. T.).

Reims, 28 août, 1 h. 15 soir. Expédiée à 2 h. 30 soir (n° 27698).

Les deux personnes que j'ai envoyées cette nuit à Suippes, pour me renseigner sur les mouvements de l'armée prussienne, ne sont pas encore revenues. Mais d'après des renseignements qui me parviennent de Mourmelon, les forces prussiennes se dirigent sur Vouziers en passant par Suippes. Le quartier général serait établi à Souain, où camperaient 20,000 cavaliers; l'avant-garde serait à Somme-Py avec cinq régiments de lanciers. L'infanterie serait à 6 lieues en arrière.

Le Général (1) *commandant la division du 13ᵉ corps, à Reims, au maréchal de Mac-Mahon, au Chesne* (D. T.).

Reims, 28 août, 1 h. 20 soir. Expédiée à 2 h. 25 soir (n° 37699).

J'apprends de source certaine que les princes Albert et Adalbert étaient ce matin à Souain, au-dessus de Suippes, avec 20,000 hommes de cavalerie et de l'artillerie. Ils sont suivis à six lieues de distance par de l'infanterie dont on ne m'a point indiqué la force. On croit que leur intention est de marcher sur Vouziers ou de prendre la vallée de l'Aisne. Par précaution, j'ai donné l'ordre de faire rentrer à Reims tous les moyens de transport qui se trouvaient à Rethel.

Le Général commandant la 4ᵉ division militaire au Ministre de la guerre et au maréchal de Mac-Mahon, au Chesne (D. T.).

Reims, 28 août, 2 heures soir. Expédiée à 3 h. 40 soir (n° 37718).

On assure qu'hier le prince Albert, frère du Roi, et le Prince royal, ont traversé le camp dans une voiture à quatre chevaux de front, venant de Châlons, passant par le quartier impérial et se dirigeant sur Suippes ou Souain, où ils auraient couché. Leur avant-garde, composée de cinq régiments de lanciers, était à Somme-Py. On estime à 20,000 hommes leur cavalerie. Leur infanterie serait à 6 lieues en arrière et semble marcher vers Vouziers.

---

(1) Général d'Exéa, $\left(\frac{1\ D}{13}\right)$.

Le Commandant du recrutement de l'Aube au Général commandant la 1re division militaire, à Paris (D. T.). (*Visée.*)

Fontainebleau, 28 août, 2 heures soir. Expédiée à 2 h. 55 soir (n° 37726).

Ayant appris que l'ennemi qui se dirigeait sur Troyes (Aube), et qui n'en était qu'à 30 kilomètres lorsque j'en suis parti le 26, avait changé de direction, je rentre immédiatement à mon poste.

Le Préfet aux Ministres de l'intérieur et de la guerre (D. T.).

Chaumont, 28 août, 2 h. 25 soir. Expédiée à 5 h. 47 soir (n° 37846).

Hier 27 août, il est encore passé à Joinville 750 hommes d'infanterie prussienne suivis de près de 30 fourgons avec 25 voitures de réquisition ; le tout se dirigeant sur Vassy. A 2 heures du soir est arrivé un nouvel envoi comprenant 76 voitures silésiennes à 2 chevaux, chargées de denrées et de provisions de toute espèce. Les 750 fantassins appartiennent au *63e* de ligne. Un officier a dit en passant que son régiment arriverait vers midi ; à 9 heures du soir on ne l'avait pas encore vu.

Le Juge de paix au Ministre de la justice (D. T.).

Carignan, 28 août, 3 h. 20 soir. Expédiée à 8 h. 25 soir (n° 27969).

10,000 à 12,000 Prussiens à Stenay et environs. 12 cavaliers, 50 fantassins auraient été vus se dirigeant sur Mouzon par Inor et Moulins.

Le Receveur des postes au Directeur général des postes, à Paris (D. T.).

Rethel, 28 août, 3 h. 26 soir. Expédiée à 4 h. 40 soir (n° 37794).

Par une lettre d'hier soir 27, M. le Maire de Juniville, 12 kilomètres de Rethel, me fait connaître la présence de l'ennemi sur son territoire. M. le Procureur impérial, à 2 heures du matin, m'engage à expédier les dépêches sur Mézières, qui ne sont plus en sûreté ici. J'ai suivi son avis et les quatre employés les ont accompagnées.

Le Procureur impérial au Ministre de la justice (D. T.).

Reims, 28 août, 4 h. 20 soir. Expédiée à 5 h. 55 soir (n° 37851).

L'ennemi, dont les avant-coureurs étaient hier en vue de Reims, a brusquement changé de direction et marche sur Suippes.

Le Procureur impérial au Ministre de la justice, à Paris (D. T.).

Sedan, 28 août, 4 h. 25 soir. Expédiée à 7 h. 15 soir (n° 27956).

10,000 à 12,000 ennemis; *107e* Saxons à Stenay.
Quelques cavaliers prussiens se sont présentés devant Mouzon, demandant des renseignements. On entend d'ici, en ce moment, la canonnade dans la direction de Buzancy.

L'Inspecteur principal au Directeur de l'exploitation de la gare de l'Est, à Paris (D. T.).

Épernay, 28 août, 5 h. 50 soir. Expédiée à 7 h. 40 soir (n° 37907).

Châlons, qui était dégagé ce matin, est occupé depuis 3 heures du soir par 20,000 hommes environ. Un régiment de uhlans se dirige sur Montmirail ou Épernay. Ces renseignements m'ont été donnés par machine qui arrive de Châlons en reconnaissance. Pas prudent de faire service voyageurs. Bureau ambulant avec machine du train 39 viendra si possibilité. Deux bataillons de ligne sont toujours en gare.

En marge : « Écrit à Épernay et à Versailles suspendre ».

Le Sous-Préfet aux Ministres de la guerre et de l'intérieur, à Paris (D. T.).

Schlestadt, 28 août, 6 heures soir. Expédiée à 7 h. 50 soir (n° 37935).

On me signale un mouvement inusité parmi les troupes qui entourent Strasbourg. Les tabacs de Benfeld, qui avaient été emmenés par l'ennemi vers Rhinau, ont opéré aussi un mouvement. Une personne sûre venant de Saverne, me dit qu'il y a eu un grand mouvement de troupes passant par la vallée de Duntzenheim. La landsturm de tous les pays, même des Polonais du duché de Posen, qui sont venus jusque-là en 7 jours. Ils paraissent assez démoralisés et peu satisfaits. Le passage aurait lieu depuis 5 à 6 jours et cette personne était à Saverne hier et logeait des soldats.
Phalsbourg tient toujours et son canon a fait merveille.

Le Ministre de la guerre au maréchal de Mac-Mahon, à Stonne (Ardennes) (D. T.).

Paris, 28 août, 7 h. 55 soir. Transmise à Stonne à 9 h. 3 soir (n° 27984).

La compagnie du chemin de fer de l'Est me communique la dépêche suivante (1) :

« Combat à Chauvency. 50 Français contre 800 Prussiens. 10 hommes tués ou blessés. Général à Mézières prévenu. Prenons mesures. »

Le Procureur impérial au Ministre de la justice, à Paris (D. T.).

Mézières, 28 août, 8 h. 30 soir. Expédiée à 8 h. 55 soir (n° 37978).

L'ennemi est entré ce matin à 8 heures à Vouziers. Il était aussi à Buzancy dans la journée.

Le Sous-Préfet au Préfet de Melun (D. T.).

Meaux, 28 août, 9 h. 20 soir. Expédiée le 29 à 12 h. 30 matin (n° 38012).

La marche des uhlans sur Vertus, qui n'est évidemment qu'une feinte pour masquer le mouvement de l'ennemi de Châlons évacué sur Suippes, se continue sur Montmirail et menace La Ferté. Le colonel du génie chargé de la défense de la ligne de l'Est, demande que la gare de La Ferté soit gardée, afin d'empêcher qu'on ne coupe la ligne de Paris à Épernay.

Le commandant de la garde mobile envoie ce soir, par un train spécial, 200 mobiles à La Ferté avec fusils et cartouches. Ce détachement se repliera sur Meaux en cas de forces supérieures et on fera sauter le tunnel d'Armentières.

Toutes les dispositions sont prises ici pour protéger la voie, éviter une surprise.

En marge : « Prévenu que le Ministre approuve, 29 août, 7 heures du matin.

---

(1) Expédiée de Charleville à 4 h. 50 soir (n° 37973).

Le Sous-Préfet au Préfet de Laon et au Ministre de l'intérieur (D. T.).

Château-Thierry, 28 août, 10 h. 20 soir. Expédiée à 11 h. 45 soir (n° 38005).

D'après renseignements certains, des forces prussiennes considérables occupent en ce moment Châlons. Les éclaireurs de ce corps d'armée arrivent jusqu'aux villages situés à 10 kilomètres d'Épernay.

PARIS. — IMPRIMERIE R. CHAPELOT ET C°, 2, RUE CHRISTINE.

LIBRAIRIE MILITAIRE R. CHAPELOT & Cᵉ
30, Rue et Passage Dauphine, à Paris.

LA

Guerre de 1870-1871

NOUVELLE ÉDITION

Fascicule spécial : La Préparation à la guerre.
1 vol. in-8 .... 2 fr.

Les Opérations en Alsace et sur la Sarre

FASC. I. — Journées du 28 juillet au 2 août. 1 vol. in-8. 3 fr.
— II. — Journées des 3, 4 et 5 août. (*Paraîtra prochainement.*)
— III. — Journée du 6 août en Alsace. (*Sous presse.*)
— IV. — Journée du 6 août en Lorraine. (*Sous presse.*)
— V. — La retraite sur Metz et sur Châlons. (*Sous presse.*)

Ces nouveaux fascicules ne comprennent que le **texte seul et les cartes,** les fascicules de documents devant être publiés séparément et ensuite.

DEUXIÈME SÉRIE
Les Batailles autour de Metz

FASC. I. — Journées des 13 et 14 août. — Bataille de Borny.
2 vol. in-8 avec cartes .... 10 fr.
Le texte seul et les cartes......... 6 fr. 50
Les documents seuls................. 5 fr.
— II. — Journées des 15 et 16 août. — Bataille de Rezonville—Mars-la-Tour. 2 vol. in-8 avec atlas. 18 fr.
Le texte seul et l'atlas .... 13 fr. 50
Les documents seuls................. 6 fr.
— III. — Journées des 17 et 18 août. — Bataille de Saint-Privat. 2 vol. in-8 avec atlas .... 25 fr.
Le texte seul et l'atlas .... 20 fr.
Les documents seuls................. 8 fr.

Paris. — Imprimerie R. CHAPELOT et Cᵉ, rue Christine, 2.

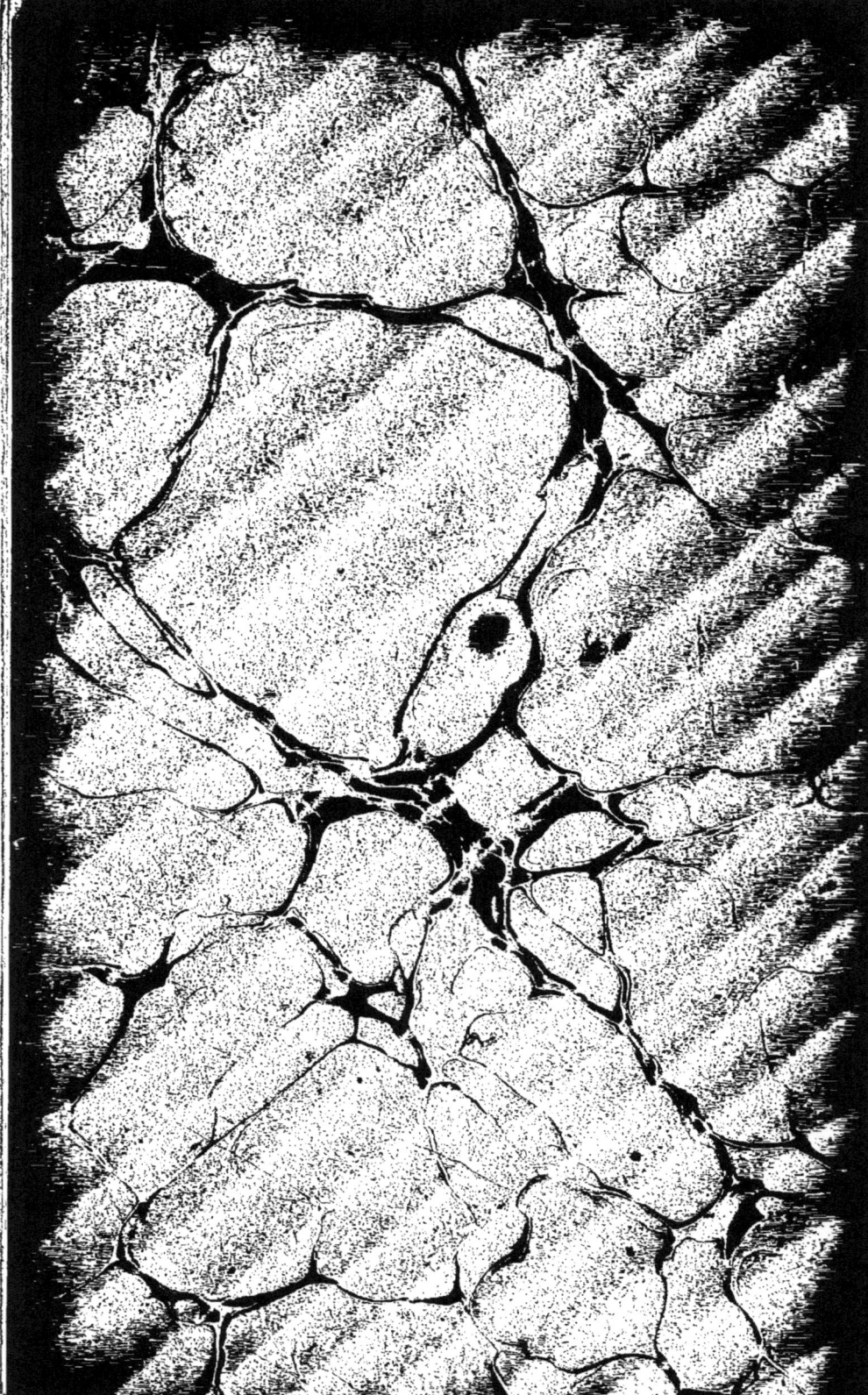

www.ingramcontent.com/pod-product-compliance
Lightning Source LLC
Chambersburg PA
CBHW070437170426
43201CB00010B/1122